석학
人文
강좌
40

지성적 공간 안에서의 종교
─종교문화에 대한 비판적 인식을 위하여

석학人文강좌 40

지성적 공간 안에서의 종교
— 종교문화에 대한 비판적 인식을 위하여

초판 1쇄 인쇄 2015년 3월 25일
초판 1쇄 발행 2015년 4월 1일
지은이 정진홍
펴낸이 이방원
편 집 김명희·안효희·강윤경·김민균
디자인 박선옥·손경화
마케팅 최성수
펴낸곳 세창출판사
출판신고 1990년 10월 8일 제300-1990-63호
주소 120-050 서울시 서대문구 경기대로 88 냉천빌딩 4층
전화 723-8660
팩스 720-4579
이메일 sc1992@empal.com
홈페이지 http://www.sechangpub.co.kr

ISBN 978-89-8411-517-0 04200
     978-89-8411-350-3(세트)

이 도서의 국립중앙도서관 출판시도서목록(CIP)은 서지정보유통지원시스템 홈페이지(http://seoji.nl.go.kr)와
국가자료공동목록시스템(http://www.nl.go.kr/kolisnet)에서 이용하실 수 있습니다. (CIP제어번호: CIP2015008998)

석학
人文
강좌
40

지성적 공간 안에서의 종교
─ 종교문화에 대한 비판적 인식을 위하여

정진홍 지음

세창출판사

사람이 사람다움을 마음껏 발휘하면서 이룩한 놀라운 일이 한둘이 아닙니다. 사람들은 흔히 자연과학의 발전을 기려 마땅한 성취라고 일컫습니다. 그렇습니다. 그 일이 사람살이에 끼친 영향을 생각해보면 경이(驚異)를 넘어 찬탄(讚嘆)에 이릅니다.

그런데 저는 종교가 있다는 사실이 어쩌면 그보다 훨씬 드높은 성취라고 일컫고 싶습니다. 종교는 좋은 겁니다. 저는 그렇게 생각합니다. 종교는 사실을 넘어서는 '다른 삶'을 이야기하기 때문입니다. 유한의 닫힘에서 무한의 열림을 숨 쉬게 하고, 불가능의 벽과 마주치면서 가능성의 낌새를 터득하게 합니다. 미움의 늪이 사랑의 들판이 된다는 사실을 실감하게 하고, 사람의 귀함이 어떤 까닭으로도 가려지거나 지워질 수 없다는 것도 알게 하기 때문입니다. 삶은 이러한 경험을 통해 맑아지고 퍼지고 다듬어지고 온전해집니다. '지금 여기의 삶'에 스미는 '다른 삶'이 없었더라면 사람살이는 무척 황폐했으리라는 사실조차 일컫고 싶습니다.

종교는 이렇게 아득한 때로부터 지금 여기에까지 이어 있는 우리 삶의 한 모습입니다. 그러나 인간의 성취는 그렇게만 있지 않습니다. 마치 '자연과학의 저주'라고 할 만한 짙은 그늘이 우리를 우울하게 하듯이 종교라는 삶의 모습이 지닌 짓누름과 답답함도 없지 않습니다. 이를 길게 설명할 필요조차 없습니다. 우리가 다 겪는 일이기 때문입니다. 아직 잊히지 않은 지난 경험을 살펴보아도 그렇고, 지금 여기에서 부닥치는 오늘의 정황을 살펴보아도 그렇습니다. 종교는 좋은 거라는 발언이 무색할 만큼 그 기억과 그 상황은 혼란스럽습니다. 갈등하고 시샘하고 다투고 싸우는 일이 예사롭지 않습니다.

그렇다고 해서 이 슬픈 역설을 그저 체념할 수는 없습니다. 그렇게 한다면 그것은 그 좋은 것을 이룬 인간의 자존(自尊)을 상하게 하는 일과 다르지 않습니다. 우리는 과학을 아껴야 하듯이 종교를 아껴야 합니다. 좋은 것이기 때문입니다. 그렇게 하기 위한 온갖 노력을 마다하지 말아야 합니다. 그것은 누구에게 미룰 일도 아닙니다.

그런데 뜻밖에도 이러한 일이 수월하지 않습니다. 종교는 좋은 것이라는 어쩌면 우리의 전제일 법한 선언 자체를 종교는 아예 나쁜 것이라고 전제하면서 부정하는 소리가 작지 않습니다. 종교는 신성하고 초월적인 지엄한 것인데 이를 간과한 채 감히 자연과학의 현상에 빗대어 종교를 삶의 한 모습으로 묘사하는 것 자체를 무엄하게 여기는 질책도 적지 않습니다. 어차피 삶의 모습이란 다양하고 복잡한데 무관심해도 괜찮을 현상도 있는 법이라면서 종교에 대한 관심을 가볍게 스치려는 태도도 꽤 많습니다. 하지만 이러한 반응들이 잘못된 것이라고 판단하는 것은 신중하지 못합니다. 이러한 복잡하고 다양한 발언이 마음대로 터지는 것이 우리가 처한 삶의 현실이기 때문입니다.

분명한 것은 어렵든 쉽든 좋은 점이 분명한 사물을 잘 다듬어 그 밝은 면이 어두운 면보다 더 드러나게 하고 이를 건강하게 키우는 일은 마땅히 우리가 해야 할 일이라는 사실입니다. 그래서 우선 우리가 해야 할 일은 음지가 돋보여 양지가 흐려지는 까닭을 서둘러 찾는 일입니다. 많은 것들이 지목될 수 있겠습니다만, 저는 그런 일이 종교와 만나 사람들이 가지는 태도가 대체로 '신념'에 매몰되어 있기 때문에 그런 것은 아닌가 하는 생각을 했습니다. 종교 안에 있는 사람의 태도는 말할 것도 없거니와, 종교 밖에서 종교를 만나는 사람들도 종교에 대한 태도를 신념을 가지고 일컫고 있기 때문에, 그 귀함이 기려지지 않는 것은 아닐까 하는 생각을 하게 된 것입니다. 달리 표현하면 저는 종교에 대한 긍정적인 태도든 부정적인 태도든 아니면 무관심한 태도든 그 태도가 결과적으로 '종교적'이어서는 안 된다는 판단을 한 것입니다.

늘 그런 생각을 하면서 기회 있을 때마다 이러한 주장을 폈습니다. 그래서 2011년 한국연구재단에서 주관한 인문석학강좌에 불림을 받았을 때 저는 〈지성적 공간 안에서의 종교: 종교문화에 대한 비판적 인식을 위하여〉라는 주제로 네 차례의 강의와 한 차례의 토론을 했습니다. 그 내용을 다듬은 것이 이 책입니다. 그리고 거기에다 이미 다른 곳에서 발표한 바 있습니다만 지금 여기에서의 한국종교를 어떻게 이해하면 좋을까 하는 글을 이 책을 위해 첨가했습니다.

위에서 말씀드린 제 문제의식 때문에 이 글은 종교에 즉한 이야기가 거의 없습니다. 종교를 어떻게 인식할 것인가 하는 어쩌면 방법론적 접근만을 장황하게 서술하고 있을 뿐입니다. 그렇다고 해서 많은 훌륭한 학자들의 이론이나 주장을 꼼꼼하게 살펴 논의의 장으로 끌어와 제 주장과 어우러지게 다듬으면서 제 생각을 펴는 일도 하지 않았습니다. 제가 천학(淺學)인 탓도 있지만 독자들로 하여금 자신과의 대화를 의도하도록 하는 데 혹 장애가 될지도 모른다는 염려가 있었기 때문입니다. 제 경험에 의하면 학문은 때로 내 물음보다 이미 물어진 물음을 가르치면서 그 물음을 나로 하여금 묻도록 하는 힘을 발휘하기도 하는데, 그렇게 배운 물음을 좇다 보면 지적 유희의 즐거움은 있어도 나 자신의 실존의 자리가 공허해지는 것을 감출 수 없었습니다.

그러다보니 제 마음대로 제 생각을 두서없이 써내려가기만 한 글이 되었습니다. 전형적인 만연체(蔓衍體) 문장으로 가득 채우고 만 것입니다. 그래서 문장이 길어지면서 꼬이고 거듭거듭 한 말이 되풀이되고 논의의 단락이 모호해지면서 결국 무척 혼란스럽고 지루하고 난해한 책이 되고 말았습니다.

그래도 그나마 이렇게 책 모습을 하게 된 것은 강연에서 논평을 해주신 여러 귀한 동학들, 그리고 이 원고를 다시 읽어 문장을 다듬고 주장에 대한 이견을 제시해주고 참고자료를 찾아 제시된 논의를 독자들이 이어가도록 도와준 동료들 덕입니다. 한양대 박규태 교수, 한신대 김윤성 교수, 서울대 이연승 교수, 한림대 이창익 교수, 한국종교문화연구소 이진구 교수, 안동대 이용범 교수, 한국종교문화연구소 소장 장석만 박사께 감사를 드립니다. 그분들의 지적을 따라 고친 것도 많지만 질책을 들으면서도 바꾸지 않은 것도 적지 않습니다. 그러므로 이 글에 대한 책임은 전적으로 제게 있습니다.

출판을 망설이다가 뒤늦게 결정하여 많은 어려움을 끼친 한국연구재단 관계자들께 사죄와 감사의 말씀을 드립니다. 울산대학교 관계자 여러분께도 감사를 드립니다.

이 졸저가 종교에 대해 어떻게 생각해야 하나 하는 것을 유념한 적이 있는 모든 분들에게 작은 도움이라도 되길 바랍니다.

글쓴이

제 1 강

—

물음과 해답
—종교를 정의하는 일

1. 인식의 출발: 모호성

'내가 모르는 것이 무언지 아는 일'은 진정으로 내가 알려는 사물을 향해 다가가는 '방법론적인 처음'이 됩니다.

우리가 만나는 사물이 뚜렷하게 틀지어 보이면 우리는 그 사물에 대하여 아무것도 묻지 않습니다. 그 사물과 다른 사물이 구분될 뿐만 아니라 그것이 무엇인지, 어떤 것인지, 나와 어떤 관계를 맺고 있는지 충분히 짐작되기 때문입니다. 이렇게 되면 우리는 그것을 '안다'고 말할 수 있습니다. 그것을 설명할 수 있고, 그것이 현존하는 의미마저 서술할 수 있습니다.

그러나 우리가 만나는 사물이 늘 이러한 것은 아닙니다. 때로 우리는 이제까지 익숙했던 울을 벗어난 낯선 사물과 만납니다. 또 익히 더불어 있던 사물인데 그것을 만나리라고 미처 예상하지 않았던 때, 거기 있으리라고 짐작하지 못했던 자리에서 그 사물과 부닥치기도 합니다. 그렇게 되면 자기 안에서 가지런히 다듬어졌던 서로 다른 사물 간의 분별이 엉키어 뚜렷하게 나누기 힘들어지고 편했던 일상이 깨집니다. 사물의 의미나 가치를 논의하는 것은 고사하고 그것을 설명하는 일도, 더 나아가 그것을 기술하는 일도, 불가능해지기조차 합니다. 알았다고 판단했었는데 실은 몰랐던 것이기도 하고, 알아왔다고 자신했던 사물에 대한 이제까지의 앎이 벽에 부닥치면서 그것을 달리 알게 되어 이전의 앎이 온전하지 못했음을 바로잡아야 하는 경우도 생깁니다. 이렇게 되면 우리는 심한 혼란에 빠져들 수밖에 없습니다.

뚜렷하게 '아는 것'이 아무것도 없게 됩니다. 서술 불가능한 현실과 부닥치는 일, 설명을 의도할 수조차 없는 암담함에 갇히는 일, 그렇기 때문에 결국 내가 만난 사물의 현존 자체조차 확인하거나 판별하거나 논의할 수조차 없는 소용돌이에 빠지는 일, 이를 우리는 내 앎(인식)이 송두리째 모호해지는 거라고 말할 수 있습니다.

하지만 이런 경험이 우리의 의식조차 몽롱하게 하는 것은 아닙니다. 우리는 절망적인 닫힌 정황에서 머물러 있지 않습니다. 뜻밖에도 우리는 바로 그러한 모호성 속에서 오히려 진정한 인식을 도모합니다. 모호한 실재를 더 깊이 살피고, 다른 사물들과의 다름과 같음을 더 넓게 견주어 찾아내고, 시공(時空) 안에서 그 사물의 추이(推移)를 조심스레 좇습니다. 이를 위해 우리는 사물을 서술하는 범주를 재구성하기도 하고, 사물의 사물다움을 실증하기 위한 준거를 새삼 설정하기도 하며, 사물에 대한 인식과 관계된다고 판단되는 많은 논의들을 모아 다듬기도 하고, 이 일련의 작업을 위해 각기 그 과정에 알맞은 새로운 언어를 빚기도 합니다. 인식을 위한 물음을 더 진지하게 또는 일상적인 앎을 넘어 비로소 묻기 시작하는 것입니다. 그렇다면 사물과의 만남에서 이는 당혹스러운 모호성은 오히려 적극적인 인식을 촉발하는 계기가 됩니다. 따라서 '모름'에 대한 '앎'이 '앎의 비롯함'이라고 하는 것은, 그러니까 '무지'를 터득하는 것이 '지(知)'의 처음이라고 하는 묘사는 소홀할 수 없는 현실성을 갖습니다.

그러므로 어떤 사물에 대한 인식을 의도하는 경우에 방법론적으로 우선해야 하는 것은 그 현상과의 만남에서 빚어지는 알 듯 말 듯한 '모호성에 대한 인식'을 서술하는 일입니다. 이제까지 그것에 대한 내 이해였음 직했던 것은 무엇이었는지, 그런데 왜 그것이 갑작스럽게 낯선 것이 되었는지, 무엇이 그것에 대한 나의 지속적인 이해를 차단하면서 내가 '모름'을 실토하게 하는지, 그래서 마침내 내가 만난 그것이 실제로 현존하는지 여부조차 회의하지 않으면 안 되게 되었는지 하는 것들을, 곧 그 사물에 대한 내 낯섦이란 어떤 것인지를, 차근차근 살피는 일이 그것입니다. 따라서 '내가 모르는 것이 무언지 아는 일'은 이렇듯 진정으로 내가 알려는 사물을 향해 다가가는 '방법론적인 처음'이 됩니다. 동시에 그것은 또한 우리가 인식을 의도할 때 지녀야 하는 당연한 '실존적 태도'이기도 합니다.

2. 모름의 실상: 자명성(自明性)의 늪

자명성은 인식이 함몰되어 끝내 질식하는 늪입니다. 그런데 종교를 알겠다고 의도하는 경우, 우리가 흔히 부닥치는 현실은 바로 이러한 자명성, 또는 이로부터 비롯하는 상식과의 만남입니다.

그러나 그렇게 해나가는 일이 그리 쉬운 것은 아닙니다. 그 과정에서 우리가 겪는 삶은 고비마다 막막하고, 넘어서기가 쉽지 않아 힘들고 답답합니다. 그래서 그 과정은 때로는 불안하고 때로는 두렵기조차 합니다. 모름과 직면하여 앎을 추구하는 과정은 어쩌면 그렇게 암울하게 채색되어 있다고 해야 옳을지도 모릅니다. 앎을 모색하는 것인데도 우리의 삶은 아예 '모름의 지속'이라고 해야 더 분명한 그러한 삶의 모습을 보여주고 있습니다. 모름을 풀어 '알아가며' 살아가는 우리의 삶의 본연이 그러합니다.

하지만 비록 암울하다 해도 이러한 과정이 우리의 삶을 모름에 머물게 하는 것은 아닙니다. 그러한 삶 자체가 삶을 모름에 머물게 하지 않으려는 과정에서 드러나는 모습이기 때문입니다. 앎을 충동한 것은 바로 모름입니다.

그리고 모름을 깨트리는 것이 앎을 추구하는 처음입니다. 따라서 앎을 추구하는 삶은 모름을 파괴하는 일의 지속과 다르지 않습니다. 그렇다면 모름을 깨트리고 앎에 이르러 살아가는 것이 앎을 추구하는 삶의 모습인 한 이를 굳이 '모름의 지속'이라고 묘사하는 것은 적절하지 않습니다. 모름을 깨트리는 순간 이미 그 파괴된 모름에서 비롯하는 무수한 앎에 도달하곤 하는 삶을 경험하기 때문입니다. 우리는 그러한 '앎들'과 그것들이 이루는 '지적(知的) 풍토'라고 할 수 있는 '앎의 문화'들이 서로 잇고 엮어 빚은 커다란 '앎의 현존'을 인류사를 통해 확인합니다. 더 나아가 바로 그 앎의 현실 속에서 마침내 인간은 더 편해지고, 더 가벼워지고, 더 행복해지곤 하는 것조차 확인합니다. 모름과 앎의 구조가 이러하다면, 비록 '모름의 지속'이라는 묘사가 더 현실적인 것 같아도 우리는 그것이 '앎의 끝없는 확장'과 다르지 않은 것이라고 말할 수 있습니다.

이러한 서술을 하나로 엮어 말한다면 우리는 우리의 삶의 기반을 '모름'이 아니라 '앎'에다 두고 있다는 것이 오히려 현실성 있는 서술이라고 주장할 수 있습니다. 물론 우리는 이런저런 무지와 직면합니다. 그것이 일상입니다. 그리고 그것이 곧 우리의 문제입니다. 하지만 살다 보면 우리는 많은 경우에 '나도 모르게' 이 모름을 넘어섭니다. 전혀 알 수 없는 어떤 일도 이렇게 저렇게 여러 번 겪다 보면 자연히 그것이 어떤 것인지 짐작하게 되고, 그러다 보면 마침내 그것을 알게 되곤 하기 때문입니다. 막연한 서술이지만 우리는 '살다 보면' 우리가 직면한 어떤 문제를 어느 틈에 기술하고, 설명하고, 예측하고, 판단하는 우리 자신을 발견하게 됩니다. 모름에 아예 침잠되어 그것을 스스로 깨트리겠다는 의도를 실현하지 못하는 경우라든지 모름을 터득하지 못한 채 왜 그런지 자신의 한계를 감지하지 못하는 경우를 제외하면 이렇듯 스스로 겪어 알게 된 앎을 축적해 가면서 우리는 그것을 삶을 위해 적절하게 구사합니다. 우리는 대체로 그렇게 해서 막혔던 것들을 뚫고 얽힌 것들을 풉니다.

이를테면 우리 삶의 주변에는 특정한 사물을 알기 위해 이에 대해 깊이 천착하는 사람들이 있습니다. 더 나은 앎, 그리고 새로운 앎을 지어내는 사람들이 그렇습니다. 그들은 여느 사람들보다 훨씬 '모름을 견디지 못하는 사람들'이라 해도 좋을지 모르겠습니다. 중요한 것은 새로운 앎을 끊임없이 빚어 이제까지 인류가 추구해 얻은 기존의 앎을 수정하고 보완하면서 그 새로운 앎을 이에 첨가하는 사람들이 있다는 사실입니다. 우리는 이들을 통해서, 그리고 그러한 사람들이 빚은 축적된 지적(知的) 전통을 좇아, 많은 것을 알게 됩니다. 학자들이 이루는 학문이란 그러한 것입니다. 이러한 지적 전통이 담고 있는 앎을 통해 우리는 '내 무지'를 상당히 극복할 수 있습니다.

앎을 추구하는 양태는 이렇듯 다양합니다. 사사로운 실존의 차원에서 스스로 찾고 다듬어 앎을 이루기도 하고 자기가 속한 공동체의 일정한 지식의 틀 안에서 '앎의 추구'를 배워 이루기도 합니다. 그런가 하면 하나의 공동체가 전승하는 '축적된 앎'을 토대로 스스로 이루어 가기도 합니다. 또 그러한 전승의 '풍토' 안에서 '자연스레' 앎을 빚기도 합니다. 중요한 것은 어떤 형태로든 '알기 위한 배움과 알도록 하기 위한 가르침'이 그대로 우리의 일상적인 삶의 내용이 되고 있다는 사실입니다.

이처럼 우리는 자기의 경험을 통해서 얻은 소박한 앎, 그리고 지적 전통이 마련한 전문적인 앎을 아우르면서 그것을 기반으로 삶을 엮어 갑니다. 어제 해가 떴고, 그제도 그랬고, 여러 해 전에도 그랬습니다. 그리고 오늘도 해가 떴습니다. 그렇다면 내일도 해가 뜨리라고 생각합니다. 그러므로 내일 아침에 해가 뜨는 것은 '자명(自明)'한 일입니다. 우리는 그렇다는 것을 압니다. 우리 스스로 이러한 누적되는 경험을 통해 하나의 앎을 정립합니다. 그래서 해가 져도 아무런 걱정이 없습니다. 내일 다시 해가 뜬다는 사실을 '알기' 때문입니다. 일몰과 일출은 우리 일상 속에 있는 '자명한 사실'입니다.

그런데 그렇지 않은 경우도 있습니다. 우리는 일식이나 월식을 만납니다. 그런데 그것은 이제까지 우리가 겪어 얻은 '일상적인 앎'으로는 설명할 수 없는 일입니다. 그래서 꽤 오랫동안 사람들은 이 현상을 두려워했습니다. 그랬던 인류의 모습을 우리는 생생하게 기억합니다. 그것은 모름과의 직면, 그것도 몹시 불안한 모름과의 만남이었습니다. 자명성의 범주에 드는 일이 아니었기 때문입니다. 그런데 그 현상을 집요하게 살펴 까닭을 밝힌 전문적인 학자들에 의하여 이제는 그 '사건'의 실상이 환하게 드러났습니다. 그 현상에 대한 모름이 충동한 앎으로 인해 그 모름을 깨트리고 이를 넘어서게 된 것입니다. 그 현상에 대한 '천문학의 설명'은 그것에 대한 앎을 가능하게 하면서 이에 대한 무지로 인해 일었던 두려움을 가시게 해주었습니다. 해가 뜨고 지는 것과 다르지 않게 일식이나 월식 현상도 '자명한 일'이 되었습니다.

그렇다면 모름이 모호성을 걷어내면서 투명하게 앎으로 자리 잡아 내 일상의 기반이 될 때 앎을 적시(摘示)하는 가장 뚜렷한 서술은 '그것은 자명한 것'이라는 진술입니다. 우리는 그렇게 생각하고 그렇게 말합니다. 깊이 생각하거나 특별한 논리를 다듬을 필요도 없습니다. 그것을 실증할 필요도 없습니다. 자연스럽게 우리는 "그것은 그런 것이다"라고 말합니다. 우리가 어떤 사물에 대해 그렇게 발언하는 것은 그 사물이 모르는 것이 아니라는 것을 선포하는 것과 다르지 않습니다. "그것은 자명한 것"이라는 발언은 그 사물에 대해 아무것도 물을 것이 없다는 주장이기도 합니다. 모든 것이 투명하게 '아는 것'이 되었기 때문입니다. 우리가 직면하는 사물이 모두 그렇게 자명해지면 삶은 온전히 편해집니다. 그래서 우리는 이에서 더 나아가 자명성을 또 다른, 또는 '더 나아간 인식'을 위한, 논거로 삼기조차 합니다. 우리는 이것을 '상식'이라 부릅니다. 물론 '상식이라는 앎'은 대체로 '축적된 경험'이나 '전문적인 지식'에서 비롯한 것입니다. 하지만 이미 그것이 일상화되었기 때문에 그러한 앎을 '탐구해 얻은 일상적인 앎'과 다른 또 하나의 범주를 꾸려 이를 '상식'이라 일컫습니다. 끊임없는 모름과의 직면은 그 모름을 넘어 앎에 이르려는 노력에 의해 이렇게 자명한 사실들을 구축하면서 '상식'이라는 앎의 범주 안에서 일정한 '지적 안주(安住)'를 하게 합니다. 삶을 알면서 잇도록 하는 것입니다.

일반적으로 모름은 이러한 앎에 이르러 대체로 풀립니다. 하지만 실제 삶에서 우리가 부닥치는 '진정한 모름'은 그러한 '상식'에 의해서조차 풀리지 않는 모름입니다. 달리 말하면 상식이 더 이상 온전한 앎으로 기능하지 못하는 경우와 직면할 때 등장하는 모름이 우리의 '진정한 모름'입니다. 우리는 살아가면서 이처럼 '상식의 한계'에 부닥친다고 해도 좋을 그러한 사태에 직면하곤 합니다. 인류의 지적 전승이 온전한 것이라고 확인한 앎, 즉 내가 배워 알고 있는 앎이, 그리고 내가 겪어 알 뿐만 아니라 수많은 실증을 거쳐 내가 알게 된 것임을 내가 알고 있는 앎이, 그래서 내가 거침없이 '이것은 자명한 사실이라고' 판단한 앎이 갑자기 벽에 부닥치면서 실제 삶에서 그 앎이 전혀 적합성을 드러내지 못하는 경우와 마주치는 것입니다.

이러한 경우 우리는 심각한 상황에 빠집니다. 처음 직면한 무지를 모호성이라고 한다면, 그런데 그것을 앎을 통해 넘어섰다면, 그리고 그 넘어섬을 통해 확보한 자명한 앎을 바탕으로 바야흐로 삶을 편하게 영위하고 있었다면, 이 계기에서 직면하는 '상식의 무력함'은 '이전의 모름'으로는 감당할 수 없는 '새로운 모름'이기 때문입니다. 다시 말하면 이제까지는 자명성이 내 삶을 순항(順航)하게 했는데 그것이 더 기능하지 못하게 된 상황을 낳는 '새로운 모름'과 부닥친 것이기 때문입니다. 우리는 이를 '자명성에 의한 좌초

(坐礁)'라고 이름 지어도 좋을 것 같습니다. 그렇다면 도대체 자명성을 좇는 일이 왜 좌초하는가 하는 까닭을 묻지 않을 수 없습니다. 이에 대한 대답은 여러 모습의 설명들이 펼쳐지고 있어 그리 단순하지 않습니다. 그래도 두 가지 두드러진 주장을 살펴볼 수 있습니다.

하나는 자명성이 이제까지 '예상하지 못했던 갑작스러운 사태'와 직면했기 때문이라는 설명입니다. 그러한 자리에서는 자명성에 문제가 있는 것이 아니라 우연하고 비정상적인 '돌발적인 사태'에 책임이 있다고 판단합니다. 따라서 자명성의 좌초를 부정하지는 않지만 자명성 자체의 완벽성에 대한 신뢰는 포기하지 않습니다. 상식을 버리지 않는 것입니다. 오히려 돌발적인 사태의 소멸을 기다리든가, 이를 초극하기 위해 자명성을 더 강화하든가, 우연성이나 돌발성을 설명하는 논리를 자명성 안에 마련하면서 여전히 '자명성에 근거하여' 그것이 좌초한 정황을 효과적으로 넘어서기를 기대합니다. 작은 우회, 조금의 후진, 잠시 머무는 일, 아니면 장애의 적극적인 제거를 통해 그렇게 할 수 있다고 판단합니다.

그런데 이러한 주장이 갖는 불안한 사실이 있습니다. '자명성의 좌초'란 '자명성의 한계'이기도 하다는 것을 간과하고 있다는 사실이 그것입니다. 그러므로 이 주장을 충분히 타당한 것으로 승인하기는 어렵습니다. '자명성의 좌초'를 '예상하지 못한 사태'와의 직면이라고 하든 '돌발적인 사건'과의 부닥침이라고 하든 중요한 것은 자명성에 근거한 상식이 더 이상 앎으로 기능하지 않는다는 사실이기 때문입니다. 그것은 자명성에 뿌리를 둔 '상식이라는 앎'이 새로운 모름과 직면했다는 것을 의미합니다. 이 사태는 모름을 넘어서기 위한 새로운 앎을 터득하기 위해 불가피하게 기존의 '상식' 곧 자명한 앎을 대가로 지불하지 않으면 안 된다는 것을 뜻하기도 합니다. 문제는 그렇다는 사실을 모르지 않으면서도 이제까지 자기를 지탱해준 앎을 포기할 수 없다는 불안감을 스스로 감춘 채 오히려 상식 밖에서 구실을 찾아 상식을 옹호하면서 그 앎이 지닌 한계를 부정하려는 것이 이 주장의 실상일지도 모른다는 데 있습니다.

그뿐만 아니라 이러한 주장은 어떤 자명성이라 할지라도 그것이 상식으로 기능하는 경우에 그 앎은 '맥락 의존적'이라는 것을 간과하고 있습니다. 앎은 역사 안에서 빚어진 것입니다. 그리고 거기에서 자기를 구현합니다. 그런데 '예상외의 사태'나 '돌발적인 일'도 역사 안에서 일어나는 현상입니다. 그러므로 자명성이 '이제까지의 맥락'에서 타당한 앎으로 승인된 것이라 해서 또 다른 역사적 현실의 맥락에서도 그러하리라고 당연하게 주장할수는 없습니다. 그렇다면 새로운 앎이 요청되는 자리에서 이전의 앎에 집착한다든지 자명성 자체가 역사적 현상인 것을 자각하지 않는다는 것은 자명성의 좌초를 구조적으로 내장하고 있는 것과 다르지 않습니다. 자명성 또한 근원적으로 항구적이지 않고 끊임없이 되살펴져야 한다는 것을 잊은 채 되살핌의 필연적인 계기를 우연한 장애로 잘못 판단하기 때문입니다. 역사적 맥락이란 구조적으로 기지(既知)와 미지(未知)의 접속입니다. 그렇다면 '상식의 영토'는 언제나 '지금 여기'가 그 단애(斷崖)일 수밖에 없습니다.

'자명성의 좌초'를 이와 다르게 서술하는 자리도 있습니다. 그런데 그 자리는 방금 언급한 그러한 문제의식에서부터 논의를 폅니다. 자명성 자체가 온전한 것일 수 없는데도 그것을 마치 '더 물을 것이 없는 앎'으로 여겨 이를 절대적으로 신뢰하는 우리의 태도가 결국 그러한 '좌초'를 겪게 하는 것이라고 설명하고 있습니다. 이 주장에 의하면 사실에 대한 앎이나 설명은 어떤 것이라도 '잠정적(暫定的)'입니다. 따라서 앎은 근원적으로 '자명한 것'으로 서술될 수 있는 것이 아닙니다. '자명한 앎'이란 아예 없기 때문입니다. 그럼에도 불구하고 우리는 '누적된 앎'이 지금 여기에서 '잠정적'으로 적합성을 지닌다는 사실을 짐짓 '자명하다'고 수식하면서 그것을 보편타당한 것으로 여깁니다. 그러나 이때 일컫는 '자명성'이란 다만 수사적(修辭的)인 표현일 뿐 하나의 앎이 마치 사물처럼 '자명한 것'으로 실재한다는 주장은 아닙니다. 그런데도 우리는 자명성이라는 개념이 지닌 '편의'에 실려 그것을 마치 존재론적 본질 개념으로 여길 뿐만 아니라 이를 '신뢰'하며 살아갑니다. 상식이라는 이름의 자명한 앎이란 이러합니다. 그것이 '편리'하기 때문입니다. 이것이 상식의 실상이라면 우리가 일컫는 '자명한 앎'이란 자명한 것일 수 없습니다.

따라서 이러한 자리에서는 자명하다는 것을 전제하고 이루어진 상식이 이윽고 스스로 한계를 드러내는 것은 불가피하다고 말합니다. 그렇다면 '자명성의 좌초'란 우리의 앎의 과정에서 당연할 수밖에 없습니다. 문제는 그렇다는 현실에 대한 '인식' 또는 '성찰'이 이루어지고 있지 않다는 사실에 있습니다. 우리가 염려해야 할 일은 당연하게 일어나야 할 일이 일어나지 않는 '자연스럽지 못한 정황'입니다. 그런데도 우리는 '자명성의 좌초'로 지칭되는 이러한 사태에 대해 자명성의 개념을 교정하거나 더 온전하게 함으로써 그것이 초래하는 문제를 지양할 수 있으리라고 기대합니다.

하지만 이 자리에서는 그러한 일이 비현실적일 뿐만 아니라 불가능합니다. 그렇게 할 수 있는 수단이 없어서가 아니라 근본적으로 그렇게 할 수 있는 일이 아니기 때문입니다. 또한 이른바 '자명성의 좌초'라는 사태에 대해 앞의 자리에서 펼친 설명에 공감하지도 않습니다. '상식의 한계에 직면한다'든지 '상식의 부적합성'이라든지 하는 '자명성의 좌초' 현상이 실제로 우리가 겪는 현실을 일컫는 것이라고 인정하긴 하지만 그러한 묘사 자체가 처음부터 없어야 하는데 그렇게 잘못 일컫는다고 판단하기 때문입니다. 앎은 잠정적인 것이지 어떤 앎도 온전한 것은 아닌데도 '앎'에 대한 그릇된 신뢰가 낳은 잘못된 태도에서 '자명성조차 좌초한다'는 착각이 비롯한 것이라고 판단하는 것입니다.

이 뒷자리에서의 주장이 보여주듯 '자명성 또는 상식의 좌초'가 상식을 잘못 적용해서 빚어진 사태가 아니라 자명성을 전제한 상식에의 의존 자체가 이미 잘못된 것이기 때문에 빚어진 사태라면 우리는 우리의 일상이 '인식의 한계'에 늘 노출되어 있다는 것을 예감하지 않을 수 없습니다. 개인의 경험 및 축적된 지적 전통이 지지하는 자명한 앎인 상식이야말로 결과적으로 삶의 주체들을 새로운 문제정황으로 끌어들이는 가장 직접적인 요인이라고 판단되기 때문입니다. 자명성은 앎과 판단의 토대가 될 만한 단단한 바닥이 아니라 발을 들여놓으면 한 걸음도 쉽게 움직일 수 없는, 그래서 그 현실에서 벗어나려 해도 헤어 나오기가 점점 어려워지는, 늪일지도 모른다는 두려움이 솟기 때문입니다. 당혹스러운 일이지만 바로 이것이 '자명성의 현실'입니다. 이를 미처 터득하지 못한 채 살아가는 것이 우리의 삶입니다. 그러한 삶은 우리가 애써 이루었다고 믿는 우리의 앎을 무참하게 깨트리면서 마침내 우리가 또 다른 새로운 모름과 직면할 수밖에 없도록 합니다. 그렇다면 자명하다고 확신한 지식이 스스로 자신이 자명하지 않다는 것을 드러내는 이러한 현상은 아무래도 '자명성의 좌초'보다는 '자명성의 늪'이라고 묘사하는 것이 더 어울릴 것 같습니다. 앞의 주장은 자명성 자체의 온전함을 전제하는 데 반해 뒤의 주장은 자명성 자체가 온전하지 못한 것임을 전제하고 있기 때문입니다. 이를 다음과 같이 서술할 수도 있습니다. 자명성은 '그것이 그러하다'는 것을 서술하기 위한 아무런 설명도 요청하지 않습니다. 그것은 이미 개인의 경험이나 축적된 지적 전통 안에서 충분히 반추되면서 확인된 것이기 때문입니다. 그러한 의미에서 그것은 '자족적(自足的)'입니다. 그것이 바로 그러한 묘사가 수식하는 앎이 온전하다는 것을 지탱하는 논거입니다. 상식은 자족적인 앎입니다.

　그러나 인식은 인식주체와 인식객체로 이루어지는 소박한 구조로 이루어집니다. 그 둘은 언제 어디서나 서로 의존적입니다. 무릇 인식행위는 그 둘의 관계가 빚는 상황 속에서 일어납니다. 그뿐만 아니라 인식주체와 인식객체는 제각기 자기가 처한 맥락을 지니고 있으면서 그것이 서로 얽힌 더 커다란 '겹친 맥락' 속에 있습니다. 그러므로 인식은 어떤 경우에도 정태적(靜態的)이지 않습니다. 그럴 수도 없습니다. 비록 자명하다 할지라도 사물에 대한 인식은 끊임없이 '부유(浮游)하는 자명성' 또는 '잠정적인 자명성'을 지닐 수밖에 없습니다.

　그러나 우리는 어떤 사물이 자명하다고 주장할 때 그것이 지닌 이러한 속성을 간과합니다. 자명성을 부동(不動)하는 절대적인 것, 또는 고착된 자족적인 것으로 전제합니다. 그러한 이해의 자리에서 자명성을 주장하면 그 주장은 우리의 삶이 처한 상황-맥락적인 망(網)을 의도적으로 거두어 내거나 삭제해버리게 됩니다. 자명성은 그러한 제거와 삭제가 이루어진 뒤에 발언된 것입니다. 이러한 사태는 '인식의 현실'일 수 없습니다. 인식의 주객조차 간과해 버리는 '차원'에서나 가능한 일입니다. 상상이나 신념의 차원에서는 가능하지만 사실의 차원에서는 불가능합니다. 그렇다면 자명성이란 현실적이고 실제적인 사실을 지칭하는 개념이 아닙니다. 그러한 것들을 사상(捨象)함으로써 획득되는 형이상학적인 개념입니다. 따라서 자기 인식의 타당성을 보편적인 것으로 각인하기 위하여 작위적으로 의도하지 않는다면 이러한 태도는 쉽게 주장할 수 있는 것이 아닙니다. 우리는 사물에 대한 인식을 대체로 이러한 자리에서 구축합니다. 어떤 앎에 대해 그렇게 자명성을 전제하면 당연히 그 사물에 대한 나의 이해(理解)가 나의 이해이자 동시에 보편적이고 절대적인 이해로 승인된다는 '암묵적인 신뢰'가 우리 안에 스며 있기 때문입니다.

이제까지 논의한 것 외에도 자명성과 관련하여 주목할 사실이 있습니다. 하나의 사물에 대해 그것이 '자명하다'고 할 때조차 우리는 실제 삶 속에서 그것을 동일한 음조(音調)로 발언하거나 동일한 색깔로 채색하지 않는다는 사실이 그것입니다. 그 사물에 대한 인식의 논거가 자명성이라는 사실에는 다름이 없지만 그 주장의 '결'은 다를 수 있습니다. 각기 다른 인식주체는 '자신의 자리'에서 자신이 선택한 '인식의 투'로 그 사물의 자명성을 드러내기 때문입니다. 그래서 사물은 인식주체에 따라 제각기 '자명한 다른 것'이 됩니다. 그렇게 되면 그 사물은 우리의 인식의 장(場)에서 '오롯하게' 자명한 것일 수 없게 됩니다. 이를테면 '일출'과 '일몰'은 누구도 부정할 수 없는 자명한 사실이지만 인식주체에 따라 또는 상황에 따라 희망을 진술하기도 하고 절망을 진술하기도 합니다.

이뿐만 아니라 '자명하다'는 전제는 앎의 귀결이기보다 사물에 대한 인식을 빚어내는 '틀'일 수도 있습니다. 어떤 잠정적인 앎이나 미완의 앎이라 할지라도 자명성의 틀에 넣으면 그 앎은 '더 물을 것이 없는' 것이 됩니다, 어떤 미지의 사실이라 할지라도 이 틀을 통해 자신을 일정한 앎으로 드러낼 수 있습니다. 그러한 경우 자명성의 원초적 근거는 '사실에 대한 실증'이 아닙니다. "그것은 그런 거야. 왜냐하면 그것은 그런 거니까!"라는 동어반복(同語反覆)이 자명성을 일컫는 기반이 됩니다. 동어반복은 설명을 수반하지 않습니다. 그렇게 한다면 그것은 이미 동어반복이 아닙니다. 우리는 많은 경우 우리의 인식의 논리가 이러한 동어반복의 구조로 이루어져 있다는 사실을 간과합니다. 자명성의 늪에 빠져 있기 때문입니다. 이른바 '전승된 지혜'라는 상식에 대한 우리의 신뢰가 그러합니다. "산다는 것, 다 그런 거야."하는 발언에 대한 공감의 근원이 그것입니다.

이러한 사실을 유념하면 일정한 시공(時空)을 간과하거나 인식주체와 인식객체가 더불어 빚는 인식정황을 의도적으로 눈 감지 않는 한 자명한 앎이라든지 그것을 지탱하는 자족적인 앎이란 없습니다. 아니면 동일한 사물에 대한 서로 다른 인식의 내용이 제각기 자기가 '전제한 자명성'을 빙자하여 스스로 자기를 본래적으로 자명한 것으로 간주하면서 마련한 앎이 이른바 '자명한 앎'이 되어 아무데나 산재(散在)해 있는 것이 우리가 살아가는 상식의 세계라고 말할 수도 있습니다. 그렇지 않다면 근원적으로 '자명성'이란 상대적이고 상황적이고 맥락적이고 가변적일 수밖에 없다는 것을 우리는 새삼 확인할 수밖에 없습니다.

모름을 좇아 도달한 앎이라고 일컫는 '사물에 대한 자명한 이해'는 우리가 기대하는 바와 같은 절대 불변하는 정당한 인식이라는 논거를 '자명하게' 우리에게 확보해 주지 못합니다. 그러므로 그 주장은 자족적일 수도 없습니다. 인식의 대단원이라고 여길 만한 자명성이 그리 자명하지 않다는 이러한 우리의 '경험'은 인식을 혼란 속으로 몰아넣습니다. 자명성은 인식이 함몰되어 끝내 질식하는 늪입니다. 그런데 종교를 알겠다는 경우 우리가 흔히 부닥치는 현실은 바로 이러한 자명성, 또는 이로부터 비롯하는 상식과의 만남입니다.

3. 종교 논의의 난점: '세계종교'

'세계종교'라는 전제된 범주에 의하여 이른바 '지워진 종교'나 '치워진 종교', 중심을 차지한 종교들 때문에 '주변적인 것으로 밀려난 종교'나 '종교인 듯, 그러나 종교 아닌 종교'가 되어 버린 현상들에 대한 관심을 우리의 물음에 정직하게 포함할 필요가 있습니다.

    지금 우리는 '종교'라고 일컫는 '사물'에 대한 논의를 하려고 합니다. 그런 데 앞에서 다른 이야기만 했습니다. 종교에 대한 발언을 한마디도 하지 않았습니다. 게다가 지금부터 종교를 주제로 이야기를 하겠다는 서두에서 종교를 '사물'이라고 칭했습니다. 이러한 지칭은 조심스럽습니다. 종교를 그렇게 칭하는 것은 '상식'에 어긋나는 일이라는 이견이 일거라 예상되기 때문입니다.

    유념할 것은 우리의 과제가 종교라는 현상에 대한 앎을 구축하는 일이라는 사실입니다. 종교라고 일컫는 현상은 분명하게 있는데 이에 대한 서술과 설명은 긍정에서 부정에 이르는 넓은 폭에서 얽히고설켜 있어 어느 것이 옳은지 가늠하기가 쉽지 않기 때문입니다. 찬(贊)의 자리에서 이를 설명하는 내용이나 논리를 좇기도 힘들고, 반(反)의 자리에서 이를 설명하는 내용이나 논리를 받아들이기도 쉽지 않습니다. 그렇다면 우리는 '종교'를 그것에 대한 '앎'을 의도하는 맥락에 자리매김할 수밖에 없습니다. '인식의 객체'로 상정할 수밖에 없는 것입니다. 종교에 대해 관심을 기울이는 현장이 이러하다면 그곳에서 종교를 우리가 '알아야 하는 사물'이라고 부르는 것은 당연합니다. '종교논의의 장'에서는 종교를 그렇게 전제하지 않으면 안 됩니다.

    종교는 그것이 '종교이기 때문에' 인식의 객체이게 해서는 안 되는 '예외적인 것'으로 여겨야 한다는 '태도'가 없지 않습니다. 그러한 태도가 지속적으로 종교에 대한 인식을 차단했다고 해야 옳을 만큼 그 전통은 길고 강합니다. 그러나 그것은 우리의 물음맥락 안에서는 있을 수 없는 태도입니다. 그것은 '이미' 종교가 무엇이라는 '분명한 이해'에 근거하고 있기 때문입니다. 더 나아가 종교란 우리 일상의 범주에 드는 것이 아니라는 것을 전제할 때 비로소 가능한 주장이기도 합니다. 그러한 자리는 '종교에 대한 앎'을 추구하는 자리와 사뭇 다릅니다. 그러한 자리에서는 종교에 대하여 물을 것 곧 알아야 할 것이 없습니다. 그러한 자리를 우리는 종교가 주장하는 바를 그대로 승인하고 수용하는 '믿음의 자리'이거나, 그러한 태도를 가지고 '종교에다 자신을 봉헌하는 자리'라고 할 수 있습니다.

그러나 우리가 지금 논의를 펼치려는 자리는 바로 그러한 믿음이나 봉헌의 태도를 생기게 한 종교라는 현상이 궁금하고 그것이 또 어떤 현실을 초래하는지 알고 싶은 '인식의 자리'입니다. 달리 말하면 지금 우리는 '종교와 관련된 앎'을 펼치려는 것이 아닙니다. '종교와 관련된 모름'을 펼치려는 것입니다. '종교가 무언지 알고 싶다'는 주제에 참여하도록 우리를 충동한 것은 종교에 대한 우리의 '모름'이기 때문입니다.

이 계기에서 우리가 주목해야 할 것이 있습니다. 만약 우리가 만난 어떤 대상이나 현상을 '까맣게' 모른다면 우리는 아예 그것을 묻지도 않습니다. 그럴 수 있는 그루터기가 없기 때문입니다. 그런데 우리가 어떤 사물을 만나 그것에 대한 물음을 의도한다면 그것은 우리가 그 사물에 대해 상당한 정도 '알고' 있기 때문에 가능한 일입니다. 모름은 만난 사물의 불투명함, 또는 모호함에서 비롯하는 것입니다. 우리가 종교를 묻는 것은 물음주체인 개개인이 이미 어떤 형태로든 제각기 종교와 만난 적이 있고, 그래서 얻은 '일정한 앎'을 지니고 있는데, 그것을 어떤 까닭에서든 되물을 필요가 있기 때문입니다. 그것이 더 투명하고 더 분명하기를 기대하기 때문에 물음을 제기한 것이라고 할 수 있습니다. 대상과의 만남에서 얻은 그 객체에 대한 자신의 일정한 앎을 승인하면서도, 그렇게 만남에서 인지되는 것만으로는 그 객체에 대한 앎을 온전히 포괄할 수 없다는 어떤 한계를 인식하는 데서 대상에 대한 물음이 말미암는 것입니다. 그러므로 우리는 이를 여전히 '모름'으로 여겨 되물을 수밖에 없습니다.

실제로 종교에 대한 우리의 일상적인 앎이 어떤 것인지 살펴보면 우리의 이러한 논의를 좀 더 진전시킬 수 있습니다. 대체로 우리의 종교에 대한 앎은 누구나 공유한다고 주장하는 하나의 '상식'에 근거하고 있습니다. '신 담론'이 그것입니다. 종교를 이야기할 때면 으레 신이 주제로 등장합니다. 신을 축으로 하여 종교에 관한 이야기가 펼쳐집니다. 비록 신의 존재 여부에서 비롯하여 신을 어떻게 기술하고 어떻게 설명하고 어떻게 평가하느냐 하는 데 이르기까지 제각기 다른 주장들을 하고 있지만 '어떤 현상을 과연 종교로 승인해야 할까' 하는 데서는 의외로 명료합니다. '종교란 신을 믿는 것이다'라는 주장이 그것입니다. 그것을 종교를 이야기하는 당연하고 자연스러운 '상식'으로 여깁니다. 그리고 그 상식을 공유합니다. 그렇게 할 수 없다면 그것은 상식일 수 없습니다. 자명한 앎이 아니기 때문입니다. 따라서 그러한 전제는 현실적으로 아무런 소통의 어려움을 빚지 않습니다. 이러한 현상은 종교담론의 장이 충분히 마련되어 있다는 것을 의미하는 것이기도 합니다. 사람들이 종교에 대해 이미 '알고 있다'는 사실을 드러내고 있음을 가리키는 것이기도 합니다. 따라서 이러한 자리에서 이루어지는 종교에 대한 논의는 소박하고 명료합니다. 신에 관한 논의는 일정한 합의에 이르지 않는다 할지라도 '종교에 관한 논의'가 펼쳐지는 것은 분명하기 때문입니다.

그런데 우리는 이러한 상식, 곧 종교는 신을 믿는 거라는 자명한 앎이 그리 명료한 것은 아니라는 사실과 만납니다. 그러한 종교담론이 부닥치는 한계를 우리는 실제 삶 속에서 겪고 있습니다. 이를 서술하기 위해 개념과 경험, 곧 신이라는 언어 및 그것을 발언하는 주체에 초점을 두어 우리의 논의를 에둘러 가보기로 하겠습니다.

대체로 신은 의인화(擬人化)되어 있습니다. 흔히 인격신이라고 부릅니다.

신은 사물이 아닙니다. '사람 같은 성정(性情)'을 지닌 존재입니다. 신의 뜻을 일컫고 그의 능력을 말합니다. 그의 현존을 이야기하고 그의 행위를 경외합니다. 신은 인간이 아닙니다. 그러나 인간이 지닌 모든 것의 온전한 모습으로 그려집니다. 인간의 꿈이 거기에서 응축되어 실현되고 인간의 질고가 거기에 안겨 풀립니다. 그래서 '신 경험'이 언어로 정착하는 경우 신은 초월, 성스러움, 신비로 개념화되고, 거기에 절대 영원 궁극성 무한 등의 속성이 첨가됩니다. 언제 어디서 어떤 이름으로 불리든 신은 그렇게 있습니다. 이러한 신에 관한 서술을 우리는 '신이 있어 그 신을 경험한 경험 내용의 진술'이라고 말할 수 있습니다.

주목할 것은 달리 불리는 신, 그래서 다른 시대와 다른 곳에 현존하던 신이 모두 이러한 설명에 담길 수 있다는 사실입니다. 이러한 사실은 '신이 있어' 이러한 경험이 비롯한 것이라기보다 '어떤 경험이 있어' 이러한 표상들이 드러난 것은 아닐까 하는 생각을 하게 합니다. 사람됨의 모자람을 넘어 온전하기를 바라는 인간의 경험이 그 온전함의 상(像)을 신이라는 이름으로 실재하게 한 것은 아닌가 하는 생각을 해보게 하는 것입니다. 그렇다면 신이 때와 장소에 따라 달리 불리는 것은 자연스러운 현상입니다. 신은 신을 요청한 삶의 현실을 안을 수밖에 없고 그 삶의 주체들이 지어주는 이름을 지닐 수밖에 없기 때문입니다.

더 주목할 현상은 인간의 온전함을 희구하는 데서 말미암은 그러한 신의 존재가 군이 인격화된 신으로 현존하지 않고 그 이름이 함축하는 추상화된 개념으로 현존하여 그 희구를 충족시켜 줄 수도 있다는 사실입니다. '저기 있는 신비한 인격'을 전제하지 않더라도 그만큼의 무게를 지닌 존재의 궁극적인 의미, 절대적인 규범, 보편적인 가치를 우리 삶의 지향을 아우르는 실재로 승인할 수 있다는 경험을 사람들이 '내 삶의 고뇌 속에서' 승인하고 있

는 것입니다. 그 실재가 비록 인격화되어 있지 않다 하더라도 그러한 '실재'
와의 관계는 내 의식에서 '살아 있는 만남'으로 자리 잡습니다. 분명한 것은
신에게서 비롯하는 신–경험의 현실성과 마찬가지로 신–경험에서 비롯하지
않은 '신–경험적인 내용의 경험'이 신 없이도 이루어진다는 사실입니다. 우
리는 '신 없는 종교'의 현존을 지적하지 않을 수 없습니다. 당해 종교가 주장
하는 논리를 좇는다면 불교와 유교를 이 범주에 담을 수 있습니다.

　이러한 현상을 역사의 진전에 따른 '신–경험의 퇴화'라고 판단할 수도 있
고 '진화'라고 설명할 수도 있습니다. 아니면 신–경험 자체를 왜곡된 의식
이 낳은 것이라고 할 수도 있습니다. 그러나 분명한 것은 신 담론을 종교논
의의 당연한 장으로 전제하는 것은 상식일 수도 없고 자명한 일일 수도 없
다는 사실입니다. 그런데도 만약 여전히 그러한 틀을 주장한다면 우리는
그것이 국지적인 자명성 또는 제한된 상식에 기초한 것이라고 할 수밖에
없습니다.

　이와 더불어 종교와 만나면서 우리가 '발휘'하는 또 다른 상식이 있습니
다. 종교를 이야기할 때면 우리는 특정한 종교들을 나열합니다. 힌두교 불
교 유교 유대교 그리스도교 이슬람교 등의 종교를 듭니다. 그런데 이러한
종교들은 몇 가지 공통점이 있습니다. 각기 긴 역사를 가지고 있고 서로 분
별되는 일정한 전통을 지니고 있습니다. 이뿐만 아니라 지금도 많은 신도들
을 거느리고 있고 분포된 지역도 넓습니다. 상대적으로 규모도 크고 잘 조
직화되어 있어 힘의 위계(位階), 기능의 분화, 구성원의 자기 확인을 위한 다
듬어진 '사회화 장치'들이 마련되어 있습니다. 가르침의 내용이 체계화되어
있고 생각을 위한 일정한 틀과 행동을 위한 규범을 정연하게 갖추고 있습니
다. 그렇기 때문에 이 종교들은 자기 밖의 삶의 영역과 자기를 구분할 수 있
을 만큼 뚜렷한 '자기다움'을 구축하고 있습니다. 또한 상당한 영향을 자기

아닌 타자에게 미칠 수 있는 '자신의 문화'를 '힘'으로 구축하고 있습니다.

우리는 이러한 종교들을 특징짓는 공통적인 사실들을 찾아 이를 하나의 범주로 만들어 그 울안에 넣을 수 있는 현상만을 '종교'라고 일컬으면서 이 종교들에 대해 묻고 대답하는 논의를 '종교에 관한 인식을 추구하는 담론'이라고 말합니다. 이렇게 하면 종교란 자명한 것이 됩니다. 각각의 종교들은 자기를 설명하는 잘 갖추어진 논리를 가지고 각기 자신의 역사-문화적 맥락에서 경험한 일정한 내용을 스스로 마련한 신성(神聖)이나 초월의 범주에 담고 이를 '비일상적 실재'로 여기면서 그 틀 안에서 자기 나름의 고유한 언어로 이러한 경험 내용이 그 범주 안에 실재한다는 '믿음'을 발언하기 때문입니다. 이러한 자리에서 보면 종교에 대하여 안다는 것은 다른 것이 아닙니다. 그러한 개개 종교가 자기 나름대로 제시하고 있는 자기설명의 논리를 좇아 그 주장이 구사하는 개념들을 익히면서 당해 종교의 역사적 전승과 그 종교가 영향을 끼치는 사회-문화적 실태를 승인하고 수용하는 일입니다. 그렇게 하면 우리는 그 개개 종교를 '알게' 됩니다. 자신이 만난 종교를 알고 싶으면 그 종교가 내게 보여주고 들려주는 것을 그대로 익혀 내가 이를 다시 묘사하고 그것이 그 종교에 의하여 승인되면 그렇게 익힌 내용이 곧 그 종교에 대한 앎이 되는 것입니다. 이러한 자리에서는 '종교와 관련한 이런저런 물음들'을 새삼 물을 필요가 없습니다. 그 특정한 종교가 무엇인지 그 종교 스스로 발언하게 하면 되고 그 발언을 되물을 필요 없이 그대로 승인하면 되기 때문입니다. 결국 종교를 알고 싶다면 그 개개 종교의 발언을 '경청'하면 됩니다. 그렇게 하면 그 종교에 대하여 모르던 것도 알게 되고 잘못 알던 것도 고치게 됩니다. 우리는 그 종교에 대하여 더 물을 것이 없습니다. 물을 것이 생기면 다시 그 종교의 발언을 경청하면 되기 때문입니다.

이처럼 종교를 운위할 때면 우리는 논의의 초점을 특정한 종교들에 맞춤니다. 그런데 그때 등장하는 특정한 종교들은 '커다란' 종교들입니다. 이른바 '세계종교'라는 범주에 들어가는 종교들만을 물음의 대상으로 여깁니다. 때로는 이것을 '위대한' 종교라고 부르기도 합니다. '상식적'으로 '세계종교'라고 일컫는 그런 범주 안에 든 것이 아니면 아예 종교로 여기지 않습니다. 이를테면 불교나 유교를 종교담론의 주제로 선택할 수 있는 것은 그 종교들을 세계종교의 하나로 여기기 때문입니다. 다른 종교도 마찬가지입니다. 따라서 세계종교는 종교를 일컫는 근거가 되는 자명한 범주가 됩니다. 이 자명성을 논거로 거기에서부터 종교에 대한 온갖 논의를 해나가는 것입니다. 종교인도 그러하고 비종교인이라는 자의식을 가진 사람들도 대체로 그러합니다. 종교에 대하여 비판적인 부정적 태도를 지닌 사람들도 다르지 않습니다. 누구나 우리가 상식적으로 나열하는 몇몇 세계종교들, 곧 유대교 이슬람교 힌두교 불교 유교 그리스도교 등을, 종교라고 확인하고 대상화하면서 이를 준거로 하여 특정종교에 대한 또는 종교일반에 대한 '인식'을 의도하고 논의를 펼칩니다. 그렇다면 종교란 무엇인가 하고 물을 필요가 없는데도 우리가 종교를 묻고 있는 것일지도 모릅니다. 종교는 이미 분명하게 규정된 '세계종교'라는 것에 기반을 두고 있기 때문입니다. 따라서 우리는 '세계종교'라는 개념을 만들고 승인하고 수용하는 과정에서 '종교'란 무엇인가 하는 데 대한 정의가 전제되어 있었으리라고 짐작할 수 있습니다.

그렇다면 종교에 대한 물음은 '모름'에서 비롯한 것이라기보다 이미 '알고' 있는데도 그 앎만으로는 충족될 수 없는 어떤 결핍이나 한계를 느끼는 데서 또는 그 앎이 더 온전하기를 기하려는 데서 비롯한 것이라고 할 수 있습니다. 종교에 대하여 묻는 것은 '자명한 현상'인 종교가 어떻게 그 '현존의 자명성'을 드러내고 있는지, 그래서 그것이 어떤 몫을 지니고 우리 안에 있는지, 그리고 그것이 나와 어떻게 관계되어 있는지 하는 것이 궁금하여 묻는 물음이라고 할 수 있습니다.

그러므로 자신이 '세계종교' 중의 하나라는 자의식을 갖는 종교들은 자신을 설명하는 데 아무런 장애도 없다는 태도를 지닙니다. 더 나아가 그러한 종교들은 '종교에 대한 물음'이란 무의미한 것이라고 판단합니다. 종교는 이미 자명한 실재이기 때문입니다. 이것이 우리가 만나는 '커다란' 종교들 곧 상식적으로 종교라고 일컬어지는 '위대한' 종교들이 보여주는 자기주장의 모습입니다. 종교의 입장에서 보면 자기가 하나의 종교라는 사실을 드러내기 위해 자기주장에 첨가할 어떤 설명도 필요하지 않습니다. 더구나 그런 것을 종교 '밖'에다 요청할 필요는 없습니다. 종교는 자신의 선포가 자신에 대한 온전한 앎을 다 담고 있다는 전제를 지니고 있을 뿐만 아니라 그로부터 비롯하는 논리적 귀결이 자기를 종교로 천명하고 있다고 판단합니다. 다시 말하면 종교는 '자명성'과 '자족성'을 스스로 갖추고 있다는 자의식을 가지고 있습니다. 우리가 '세계종교'라고 일컫는 종교들의 자기발언의 내용이 이러합니다. 세계종교의 울안에 든 종교들의 자의식만 그런 것은 아닙니다. 우리의 종교에 대한 '상식'이 그러합니다. 세계종교 가운데 하나라고 일컬어지면 우리는 그 종교를 당연히 종교라고 승인합니다. 그리고 그러한 전제를 두고 그 개개 종교의 자기 진술을 통해 그 종교를 이해합니다.

그런데 세계종교는 하나의 범주입니다. 여러 종교를 아우르는 추상화된 포괄적인 개념입니다. 그 안에는 여러 다른 종교들이 있습니다. 그러므로 실제 삶 속에서 우리가 만나는 '세계종교'는 '세계종교들'입니다. 종교는 하나가 아니라 '여럿'입니다. 그리고 그 '여럿'은 서로 다릅니다. 개개 종교는 자신의 자명성과 자족성을 주장합니다. 종교 A는 A 나름으로 자기의 자명성과 자족성을 주장하고 종교 B도 종교 C도 그러한 자기주장을 합니다. '세계종교'라는 범주에 의하여 지지를 받아 스스로 종교임을 자명한 사실로 전제하게 된 개개 종교들은 역설적이게도 바로 그 자명성에 근거하여 자기의 자족성을 제각기 주장하는 것입니다. 그런 상황 속에서 우리는 '서로 다른 여러 종교들'을 만납니다. 개개 종교의 자기주장 때문에 우리는 하나의 종교만을 만날 수가 없습니다. 그러므로 종교는 자명하다는 상식, 그리고 종교의 자기발언이 제각기 자기의 자명성과 자족성에 근거하고 있다는 사실은 우리에게 '자명성의 중첩 현상'을 겪게 합니다. 이때의 자명성은 서로 같은 내용을 지닌 것이 아니기 때문입니다. 따라서 이러한 만남은 각 종교들이 같을 수 없는데도 여러 종교들을 제각기 하나의 종교로 승인해야 하는 당혹감을 우리 속에 일게 합니다. 이뿐만 아니라 이러한 현상은 '종교는 하나가 아니라 여럿'이라는 것을 새삼 의식하게 합니다. 이에 이르면 종교라는 것을 되묻지 않을 수 없습니다. '세계종교'라는 범주에서 비롯한 '종교의 자명성'을 전제로 하고 이루어진 종교에 대한 우리의 상식이 오히려 우리의 인식을 혼란스럽게 하는 늪이 되고 있기 때문입니다. 자명성 자체가 문제의 근원이 되고 있는 것입니다.

이를테면 우리는 특정한 종교 A에 속한 사람들이 다른 종교 B를 종교가 아니라고 하는 발언과 태도를 만납니다. 그럴 때면 우리는 개개 종교의 자명성이 지니는 한계를 확인하지 않을 수 없습니다. 그렇다는 사실은 '세계종교'라는 범주 안에서 우리가 만나는 개개 종교들이 자명한 종교라는 인식이 현실성이 없을 뿐만 아니라 그러한 인식이 종교가 종교임을 지탱하게 해주는 논거일 수도 없고 종교에 대한 물음을 지속하도록 하는 논거일 수도 없다는 또 다른 한계와 부닥치게 합니다. 개개 종교의 자명성이 그대로 절대적이거나 보편적일 수 없다는 사실과 직면하는 것입니다. 그것이 A라는 종교든 B라는 종교든 상관이 없습니다. 무릇 특정 종교의 자기주장의 논리는 자신을 자명한 것으로 설명할 수 있지만 그 주장이 그대로 '인류의 종교 경험'을 설명할 수 있는 것은 아닙니다. 우리는 그렇다는 사실을 일상 속에서 경험합니다. 그렇다면 우리가 '세계종교'라는 범주를 전제하면서 이룬 '자명한 종교이해'는 더 이상 자명하지 않습니다. 특정 종교의 자기주장의 자명성은 자명한 것일 수 없습니다. '종교'라는 개념에서는 일치하지만 '특정한 종교'라는 현실에서는 상치하는 중첩된 자명성에 근거하고 있기 때문입니다.

그런데도 우리는 한편으로는 신-경험을 전제한 종교담론을 펼치는가 하면 이와 더불어 다른 한편에서는 '세계종교'라는 개념을 자명한 앎으로 전제하고 종교담론을 펴는 중첩된 얼개 안에 있습니다. 그리고 거기에서 도출한 '해답'을 종교에 대한 앎의 내용으로 삼고 있습니다. 인식을 왜곡할 수 있는 구조적인 얽힘이 내재해 있는데도 이른바 세계종교의 자명성과 거기에서 비롯하는 개개 종교의 자명성이 인식의 논거가 되고 있는 것입니다. 이것은 되살핌이 절실하게 필요한 상황입니다. '세계종교'의 범주에 든 '개개 종교'들은 자기가 주장하는 자명성에 상응한다고 판단된 것만을 '종교'로 승인할 뿐 그렇지 않은 현상에 대해서는 어떤 경우도 이를 '종교'로 승인하지 않기 때문입니다. '신-담론'은 그 논의의 한 준거로 등장합니다. 이러한 현상은 현실의 경험내용을 추상화한 개념이 현실을 오히려 도안(圖案)하고 규범적으로 제약하면서 그 개념에서 배제되는 현상은 현실이 아니라고 주장하는 것과 다르지 않습니다. '특정종교의 독점 현상'이 편만(遍滿)해지면 이러한 '현실훼손현상'은 더 두드러집니다.

무릇 자명성은 자기 판단의 준거를 자기 안에 두고 있습니다. 그렇기 때문에 자기에 대한 어떠한 비판적 태도도 받아드리지 못합니다. 자기와 다른 사실에 대한 승인도 쉽게 하지 못합니다. 자명성과 자족성이라는 자의식으로 자기를 설명하는 어떤 실재도 자기가 스스로 전개하는 자기인식 이외의 어떤 것에도 너그러울 수 없도록 아예 구조화되어 있습니다. 그래서 "자명하지 않은 것은 현존하지 않는 것과 다르지 않다"고 스스로 말합니다. 이러한 주장은 자명성에 기반을 두고 자기를 확인하는 모든 주체들의 당연한 발언입니다. 곧 자기를 타자에게 설명할 필요를 느끼지 않기 때문입니다.

따라서 세계종교의 범주에 드는 개개 종교들만을 '종교'라고 나열하면서 "종교는 이런 거다" 하는 상식에 입각하여 종교를 논의하는 한 우리의 실제 삶 속에서 제기되는 종교에 대한 어떤 물음도 그에 상응하는 해답에 이르기는 어렵습니다. 물음의 대상이 자신의 자명성을 통해 그 물음을 차단하기 때문입니다. 그렇게 되면 물음주체는 자신의 물음 자체가 무의미한 것이라는 자조감(自嘲感)에 빠질 수밖에 없습니다. 우리는 이러한 사실을 이미 '자명성의 늪'이라고 묘사한 바 있습니다. 신-경험을 전제한 것이든 세계종교라는 범주에서 비롯한 것이든 기존에 '종교'라고 일컬었던 현상에 매여 지금 여기에서 종교를 논의하는 한 종교에 대한 물음은 구조적으로 종교에의 접근을 차단당하는 난점, 곧 헤어날 길 없이 함몰되는 늪에서 물음도 해답도 묘연해지는 상황에 이를 수밖에 없습니다. '세계종교'라는 범주와 그 개념이 자명성에 기반을 두고 축조된 것이라는 사실은 그것에 포함된 개개 종교 간의 '자명성 갈등'을 유발하면서 마침내 자명성 자체가 스스로 훼손될 수밖에 없는 데 이르게 됩니다. 세계종교라는 개념은 자명한 것이 아니라는 사실이 드러나면서 스스로 해체되지 않을 수 없습니다.

중요한 것은 왜 '세계종교'라는 범주의 자명성이 이렇게 해체될 수밖에 없는가를 살펴보는 일입니다. 이 계기에서 주목할 것은 '세계종교'라는 개념이 종교에 대한 인식론적 탐구의 결과라기보다 특정한 역사적 계기에서 등장한 새로운 분류체계의 요청에 의하여 다듬어진 것이라는 사실입니다. 종교를 염두에 둘 때면 떠오르는 '세계종교'라는 범주와 그 안에 들어있는 개개 종교가 자명한 것으로 우리 일상의 전면(前面)에 등장한 것은 그리 오랜 일이 아닙니다. 그것은 서양의 근세사 말미에 드러난 현상입니다.[01] 서양의 식민시대와 당대의 지성사가 긴밀하게 연관되어 구축(構築)한 개념입니다. 다시 말하면 당대의 서양이 '다른 문화'를 만난 경험에서 비롯한 것입니다. 다른 문화권 안에 있는 '인간의 문제에 대한 해답'이라고 할 수 있는 어떤 내용을 담고 있는 현상들, 그런데 당해 문화권에서 그것이 '큰 규모'를 갖추고 있거나 역사적으로 상당한 기간을 '지속한 것'이거나 자기 나름의 '힘'을 지니고 실제적인 영향력을 행사하는 그런 현상들, 그래서 자기네 경험에 의하면 그것을 '종교'라고 말할 수밖에 없는 현상들을 부정할 수 없다는 사실과 직면하면서 불가피하게 마련한 것이 바로 '세계종교'라는 범주입니다. 되풀이한다면 '세계종교'라는 범주 안에 든다고 여겨 나열된 종교들은 규모에서나 영향력에서나 그 주장이 지닌 자기 확실성에서나 서양의 '종교'와 비견될 수 있을 만큼 두드러진 문화-역사적 현상으로 승인될 수 있었기 때문에 그렇게 일컬어진 것입니다.

물론 이러한 개념은 '신-경험'을 종교와 등가화한 문화에 그 기반을 두고 있습니다. 그렇다는 것을 전제한다면 그 기반을 벗어난다고 판단되는 불교나 유교를 종교에 대한 새로운 서술범주를 마련하는 데서 포함했다는 사실은 예사롭지 않습니다. 신-경험이라는 준거를 넘어섰다고 판단될 수 있

---

01 '세계종교'가 발생하여 보편적 범주로 정착되는 과정에 대한 논의를 위해서는 다음 책을 참조하라: Tomoko Masuzawa, *The Invention of World Religions: or, How European Universalism was Preserved in the Language of Pluralism*, Chicago: The University of Chicago Press, 2005. 또한 살아 있는 종교와 죽은 종교까지 포괄하는 체계적인 분류체계의 정립을 위해 학자들이 '세계종교'라는 개념을 어떻게 사용했는지를 검토하는 다음 글을 참조하라: Katherine K. Young, "World Religions: A Category in the Making?," in Michel Despland & Gérard Vallée, eds., *Religion in History: The Word, the Idea, the Reality*, Toronto: Canadian Corporation for Studies in Religion, 1992, pp. 111-130. 인지과학의 관점에서 종교현상에 대한 연구에 종교 개념은 전혀 필요하지 않다고 주장하는 파스칼 보이어의 다음 책을 참조하라: Pascal Boyer, *The Fracture of an Illusion: Science and the Dissolution of Religon*, Göttingen: Vandenhoeck & Ruprecht, 2010.

기 때문입니다. 그렇다 할지라도 세계종교라는 개념의 문화국지적 특성은 쉽게 불식되지 않습니다. '종교'를 그렇게 정의하지 않았다면 불교나 유교는 그저 '다른 것'으로 있어도 괜찮았을 텐데 '같은데 다르다'는 전제에 담아 그 다름을 '옳고 그름'의 차원으로 옮기고는 이에 대한 판단을 '힘'을 통해 수행하면서 이른바 '종교 간의 갈등'을 부추긴 '흔적'을 지울 수 없기 때문입니다. 분명한 다름을 의식하면서도 이를 단일한 범주에 모두 담아버린 작위성이 낳는 현실이 이러합니다. 그런데 사실은 이 종교들을 세계종교의 범주에 넣었다고 하는것은 신-경험을 절대적인 준거로 삼지 않았다는 사실을 보여주는 것이기도 합니다. 그렇다면 세계종교 안에 이러한 종교들을 포함한 것은 당대의 서양문화가 자기 정당화를 위해 타자를 방법론적으로 승인한 것일 수도 있겠다는 판단을 할 수도 있습니다. 우리는 이런 사실들을 유념하면서 좀 더 '세계종교'의 출현이 어떤 사태를 낳았는지 살펴볼 필요가 있습니다.[02]

우선 우리는 우리의 경험 속에서 적어도 형태론적으로 종교라고 일컬어질 수 있는 많은 다양한 현상들이 '세계종교'의 출현과 더불어 가려지거나 지워진 사태를 유념할 필요가 있습니다. 이를테면 우리는 '세계종교'와 마주치면서 고대 아즈텍 문명(Aztecan civilization)이 태양신에게 사람을 공양하는 의례를 집전했던 현상을 종교라고 해야 할지 혼란스러워집니다. 폐허이긴 하지만 아직도 장엄하게 남아 있어 신비스러운 외경을 일게 하는 이집트의

---

02 유일신교의 신 관념이 낳은 참과 거짓의 범주에 대한 논의를 위해서는 다음 책을 참조하라: Jan Assmann, *The Price of Monotheism*, trans. Robert Savage, Stanford: Stanford University Press, 2010. 또한 인지 과학의 입장에서 신 관념을 고찰하는 다음 책을 참조하라: Justin L. Barrett, *Why Would Anyone Believe in God?*, New York: AltaMira, 2004; Ilkka Pyysiäinen, *Supernatural Agents: Why We Believe in Souls, Gods, and Buddhas*, Oxford : Oxford University Press, 2009. 기존의 종교 이론과 종교 개념을 넘어서기 위한 자리에서 신 관념에 대한 비판은 매우 중요한 위치를 차지한다. 인지종교학의 입장에서 제기되는 종교 이론은 '새로운 과학적 신학'이라고 부를 수 있을 정도로 신 관념의 문제에 집중한다.

룩소르(Luxor) 신전과 거기에서 이루어졌을 일련의 의례를 종교건축이라든지 종교제의라고 해야 할지도 주저하게 됩니다. 그런가 하면 유교가 서낭당에서 비손하는 것이나 무당을 축으로 한 일련의 굿 연희(演戱)를 배척했던 역사를 '세계종교'가 함축하고 있는 준거를 좇아 우리가 당연한 것으로 여기고 있는 것은 아닌지 하는 생각조차 하게 됩니다.

'세계종교'라는 용어가 넓게 활용되고 소통되면서 그것은 다양한 종교들을 짓게 했습니다. 원시종교, 현대종교, 토착종교, 보편종교, 부족종교, 민족종교, 지역종교, 민속종교, 심지어 고급종교나 저급종교 같은 '종교'들이 양산되었습니다. 지금 예거한 모든 종교들에 대하여 '종교이되 종교이지 않다'는 판단을 하기도 했습니다. '세계종교'가 함축하고 있는 '역사적 진보'라든지 '문화적 등차(等差)'라든지 하는 '모호한' 개념들이 정당성을 지닌 준거로 전제되면서 그러한 판단을 하도록 하는 데서 중요한 몫을 담당했습니다. 마침내 '자라지 못한 종교'가 있다는 것, '잘못 자라 제 구실을 하지 못하는 종교'도 있다는 것, 그래서 서둘러 '지우고 치워야 할 종교'가 있다는 것, 또한 '부지런히 아끼고 키워야 할 종교'가 있다는 것, 그리고 '기리고 따라야 할 참된 종교'가 있다는 것 등의 '분류'가 종교에 대한 논의에서 자리 잡게 되었습니다. 더 나아가 종교에 대한 이러한 인식이야말로 자명하다는 것, 그러므로 '세계종교'를 지칭하게 된 것은 인류가 추구해온 종교인식을 위해 다행한 '진전'이었다는 것 등이 주장되면서 그 얇은 우리의 상식이 되었습니다. 종교라고 하면 당연하게 '세계종교'를 떠올리고 이를 준거로 하여 우리의 종교에 대한 관심을 발언하기 시작한 것입니다. 그러나 그 개념의 출현맥락에서 보면 '세계종교'는 종교에 대한 '인식'이 낳은 것이라기보다 오히려 광의의 '정치적인 지배 논리가 낳은 문화 개념'이라는 사실에 주목하지 않을 수 없습니다. 그렇다고 하는 것은 결국 '힘의 논리'가 인식의 준거가 되고 있다는

것과 다르지 않습니다.[03]

그러므로 세계종교라는 범주에 드는 것들을 자명하게 종교라고 인식하는 우리의 상식은 처음부터 그리 편하지 않습니다. 개개 종교의 자기정당성의 주장이 세계종교의 자명성에 논거를 두고 있다는 사실도 당연하게 승인할 수 있는 것일 수 없습니다. 이러한 사실을 유념하면 종교에 대한 상식적인 이해를 할 수 있게 해주는 '세계종교'라는 준거는 종교에 대한 인식의 지평을 확장해 주거나 그 현존의 의미를 읽을 수 있게 해주지 않습니다. 오히려 종교에 대한 물음 자체를 인식의 '늪'에서 허우적거리게 합니다.

우리는 종교에 대하여 자명하게 알고 있다고 생각하면서도 충분히 그리고 더 온전히 종교를 알지 않으면 안 되겠다고 다짐하도록 한 '인식의 모호함'을 일게 한 여러 '현상'들에 대한 관심을 좀 더 대담하게 드러낼 필요가 있습니다. 다시 말하면 '세계종교'라는 전제된 범주에 의하여 '지워진 종교'나 '치워진 종교', 중심을 차지한 종교들 때문에 '주변적인 것으로 밀려난 종교', 그리고 '종교인 듯, 그러나 종교가 아니게 된 종교'들에 대한 관심을 우리의 물음에 정직하게 포함할 필요가 있는 것입니다. 이러한 일은 이제까지의 상식을 보완하는 것으로 귀결될 수도 있고 기존의 상식을 폐기하고 새로운 서술범주를 마련하여 종교를 되묻는 것으로 이루어질 수도 있습니다. 어떻게

---

03 '세계종교와 종교 분류법'의 문제와 관련해서는 다음 글을 참조하라: Jonathan Z. Smith, "A Matter of Class: Taxonomies of Religion," in *Relating Religion: Essays in the Study of Religion*, Chicago and London: The University of Chicago Press, 2004, pp. 160-178. '힘'이라는 주제와 관련하여 다음 책을 참조하라: Meerten B. ter Borg & Jan Willem van Henten, eds., *Powers: Religion as a Social and Spiritual Force*, New York: Fordham University Press, 2010. 또한 정치와 종교의 수사학에 주목하면서 '종교'라는 이름의 유용성에 대해 문제를 제기하는 다음 책을 참조하라: Russell T. McCutcheon, *Religion and the Domestication of Dissent: Or, How to Live in a Less Than Perfect Nation*, London: Equinox, 2005. 나아가 공적 영역에서 종교가 갖는 힘에 관련된 논의를 위해서는 다음 책을 참조하라: Eduardo Mendieta & Jonathan Vanantwerpen, eds., *The Power of Religion in the Public Sphere: Judith Butler, Jürgen Habermas, Charles Taylor*, Cornel West, New York: Columbia University Press, 2001.

되든 이러한 일은 '상식적인 종교이해'를 벗어나는 작업을 통해 이루어질 수밖에 없습니다.

그런데 이 일은 쉽지 않은 과제입니다. 우리는 어느 틈에 자명한 것으로 전제된 기존의 범주 안에서 자명한 것이라고 종교들이 제각기 주장하는 '종교에 대한 상식'에 의존하여 거의 관성적으로 종교에 다가가고, 종교를 이해하며, 종교에 참여하고, 종교를 평가하기 때문입니다. 그런데도 우리는 우리 스스로 종교에 대한 인식을 의도하고 있을 뿐만 아니라 종교에 대하여 묻고 있다는 자의식을 가지고 있습니다.

4. 난점의 지양(止揚), 거리두기 또는 거리 짓기

소박하게 말한다면 '종교 안에서 종교 보기'가 아니라 '종교 밖에서 종교 보기'를 의도함으로써 자명하다는 주장에도 불구하고 이제까지 우리가 종교를 겪으면서 잘 알 수 없었던 가려진 면들을 보게 하는 일, 더 나아가 이를 설명할 수 있도록 하는 일이 곧 '거리두기'인 것입니다.

우리가 위에서 '늪에의 함몰'이라고 묘사한 '인식의 난점'은 비단 종교를 알고자 하는 일과 관련된 상황만은 아닙니다. 인간의 인식기능 자체가 구조적으로 그러한 난점을 본유적인 것으로 지니고 있기 때문에 종교와 관련해서도 그러한 일에 부닥치는 것이라고 하는 것이 더 타당합니다. 다음과 같은 사실을 염두에 두면 우리는 사정이 그러하다는 것을 꽤 짐작할 수 있습니다.

삶의 주체는 '나'입니다. 인식의 주체도 '나 자신'입니다. 그래서 나는 대체로 내가 보는 대로 사물을 그립니다. 직접적으로 사물과 부닥치는 경험 안에서 그 사물을 인식합니다. 경험이 빚는 사물에 대한 앎을 곧 그 사물이라고 판단하는 것입니다. 그러나 사물과의 만남은 제한적입니다. 사물의 총체를 경험하는 것은 아닙니다. 그렇다고 하는 것을 우리는 동일한 사물에 대한 수많은 서로 다른 인식이 가능하다는 사실을 통해 확인할 수 있습니다. 경험주체, 또는 인식주체가 다르기 때문입니다. 따라서 모든 시각을 아우르는 앎이 비로소 내가 만나는 실재에 대한 앎이어야 합니다. 그런데도 나는 다만 내가 직접 만나 겪은 사물에 대한 앎만으로 그것에 대한 인식을 마무리합니다.

그러므로 사물에 대한 바른 인식을 위해서는 타자의 시선을 포용할 수 있어야 하고 나와 사물과의 직접적인 경험을 넘어서서 그 사물을 만날 수 있어야 합니다. 그럴 수 있으려면 나와 사물 간에 일정한 거리 곧 '조망(眺望)의 거리'를 마련해야 합니다. 물론 '거리두기' 이전에 이미 인식주체와 인식객체 간에 거리가 있었기에 그 사물에 대한 물음이 일게 됐을 것입니다. 우리가 물음을 묻는 것은 낯선 것이고, 낯섦이란 그 사물이 익숙하지 않은 것임을 뜻하는 것이며, 그렇다고 하는 것은 그것이 나와 먼 거리에 있다는 것과 다르지 않기 때문입니다. 그 거리 곧 익숙하지 않음이 모름을 충동하고 물음을 묻게 하는 것입니다. 낯섦이 만드는 '거리'가 사물을 '보도록' 하는 것이라고 말할 수 있습니다.

주목할 것은 거리가 인식을 충동한다는 사실입니다. 그렇다면 의도적인 '거리 짓기'는 인식을 위해 불가피하게 요청되는 작업입니다. 익숙하지만 알 수 없는 사물 또는 아예 미지의 사물과 만나 그것이 무엇인지 알아야 할 필요가 있으면 나로부터 그 사물을 떼어놓고, 그래서 생기는 거리를 두고 그것을 조망하는 것이 인식을 위한 전제라는 고전적인 인식론의 주장을 우리는 승인하지 않을 수 없습니다. '객관화'가 그것입니다. 이렇게 하면 인식의 정황이 달라집니다. 익숙하지 않았던 다른 면을 포함한 '사물의 전체상'이 내게 보이기 때문입니다.

그러나 '거리두기'가 나와 내가 만나는 사물을 '끊는 것'은 아닙니다. 어떤 인식주체도 존재하는 어떤 것과의 관계를 단절할 수 없습니다. 물음 자체가 이미 관계를 전제합니다. 물음이란 이제까지 의식하지 않았던 관계를 새삼 발견하든가 설정하려는 것과 다르지 않습니다. 관계가 전제되지 않으면 물음이 비롯할 까닭이 없기 때문입니다. 때로 인식주체와 객체 간의 관계를 '단절'로 묘사하는 경우가 없지 않지만 그것은 연속을 의도적으로 간과하고 거리를 만들지 않으면 '거리 짓기'가 쉽지 않다는 것을 절감한 간절한 동기가 그러한 정황을 상정(想定)한 것이지 실제는 그럴 수 없습니다. 객관화는 단절이 아닙니다.

그럼에도 불구하고 '거리두기'를 의도적으로 수행하는 경우에는 단절을 함축한 강한 작위성이 수반되지 않을 수 없습니다. 인식주체와 사물간의 연속을 전제하면서도 그 이어짐을 의도적으로 간과할 때 비로소 거리가 등장하기 때문입니다. 그래서 인식주체인 나로부터 인식객체인 사물을 의도적으로 떼어내야 합니다. 이러한 일은 실현되기가 쉽지 않습니다. 그러므로 '객관화'는 실제로 현실화할 수 있는 일이라기보다 물음주체가 사물을 자기 마음대로 보고 알던 '익숙한 태도'의 한계를 자각하고 그 궁경(窮境)을 지속하지 않기 위해 선택한 '방법론적 전제'라고 하는 편이 옳을지도 모릅니다. 아니면 주관적 판단의 자의성(恣意性)이 펼칠 수 있는 과오를 사전에 차단하기 위한 '틀'이라 할 수도 있습니다.

이러한 '인식의 난점'은 종교에 대해 알려는 데서도 드러납니다. 종교가 주장하는 자명성이나 자족성을 살펴보면 우리는 그러한 사실을 확인하게 됩니다. 인식론적 틀에서 보면 종교가 주장하는 자명성은 자기를 승인하든 가 수용하든가 봉헌하든가 하는 태도만을 요청할 뿐 자기를 인식해줄 것을 요청하는 것은 아니기 때문입니다. 이러한 태도는 결국 인식의 객체를 무화 (無化)시킬 뿐만 아니라 인식의 주체도 배제하는 것과 다르지 않습니다. 인 식론의 전개 자체가 불필요하기 때문입니다. 물론 자명성에 기반을 둔 종 교의 자리에서는 이러한 비판을 수용하지 않습니다. 신은 인식의 객체이고 인간은 신을 인식하는 주체라고 말합니다. 인식의 틀이 엄연하게 현존한다 고 주장합니다. 그러나 자명성에 근거한 '인식된 신'이나 '인식된 종교'는 거 리를 두고 알게 된 실재라기보다 자기를 인식의 준거로 삼아 자기의 의식이 요청하는 '실재'를 그렇게 '인식된 것'으로 묘사한 것이라고 하는 편이 더 분 명합니다. 그러한 자명성은 자기의 '신 담론'과 일치하지 않는 신에 관한 논 의를 차단하고 그 속에서 자기의 신 인식을 펼치고 있기 때문입니다.

인식은 자명성을 유보하거나 배제하지 않으면 이루어지지 않습니다. '거 리 짓기'는 자명성이 초래할 이러한 인식의 소멸을 제어하려는 것과 다르지 않습니다. 소박하게 말한다면 '종교 안에서 종교 보기'가 아니라 '종교 밖에 서 종교 보기'를 의도함으로써 자명하다는 주장에도 불구하고 이제까지 우 리가 종교를 겪으면서 잘 알 수 없었던 가려진 면들을 보게 하는 일, 더 나아 가 이를 설명할 수 있도록 하는 일이 곧 '거리두기'인 것입니다. 따라서 '거리 두기'를 통한 인식 틀의 구축을 통하여 우리는 종교에 대하여 더 분명히 알 수 있으리라는 예상을 할 수 있고, 자명성 안에서는 일 수 없던 것을 물으면 서 마침내 확보한 '진전된 앎'을 가지고 우리의 종교이해를 '교정'할 수도 있 게 됩니다.

그러나 자명성에서 비롯하는 종교에 대한 '이해'나 '설명'을 지울 필요는 없습니다. 그 자리에서 그러한 내용으로 그렇게 객체를 인식하는 삶이 현존하기 때문입니다. 사물에 대한 인식이 이루어지지 않았다 해서 인식주체가 사라지는 것도 아니고 인식객체가 소멸되는 것도 아닙니다. 중요한 것은 거리를 두지 않고 '종교 안에서 종교보기'를 하면서 종교를 자명하다고 하는 주장은 종교인의 종교인식에서 배제될 수 없다는 사실입니다. 이를 배제하는 것은 또 다른 형태의 '인식의 과오'를 범하는 일과 다르지 않습니다. 실재하는 현상을 실재하지 않는다고 하는 것과 다르지 않기 때문입니다. 그러므로 자명성을 인식의 기반으로 놓는 것만으로는 종교에 대한 인식이 충분할 수 없다는 것은 그러한 자리가 있을 수 있다든가 그러한 인식주체가 실제로 있다든가 그렇게 이루어진 앎을 통해 서술되는 객체로서의 종교가 있다든가 하는 것을 부정하려는 것이 아닙니다. 우리가 저어하는 것은 자명성의 자리에서 펼쳐지는 '종교에 대한 인식론'이 '다른 시각'을 차단한다는 사실, 다른 인식주체가 있다는 것을 승인하지 않는다는 사실, 그리고 그러한 차단과 부정 때문에 결과적으로 인식객체인 종교에 대한 충분한 서술을 결할 수밖에 없다는 사실들입니다. 따라서 종교를 총체적으로 바라보는 조망의 거리를 확보하지 않은 인식은 종교에 대한 인식을 자기자리에서 자의적(恣意的)으로 구축할 수밖에 없습니다. 그것은 종교논의 자체를 부정하는 데 이릅니다. 우리는 이러한 사실에 대해 조심스러운 발언을 하고자 하는 것입니다. 그러므로 종교를 묻는 일이 일정한 거리두기를 전제해야 한다는 주장은 종교인식에 한하지 않습니다. 자명성의 자리에서 종교를 주장하는 '태도와 현상', 또는 '자명성의 인식론'에 대해서도 우리는 이를 인식하기 위한 조망의 거리를 아울러 확보해야 합니다. 그렇다고 해서 '종교와의 거리두기'와 '자명성을 기반으로 한 인식론과의 거리두기'가 분리된 것은 아닙니다. 우리가 만나는 종교는 자명성을 통해 인식의 전거를 확보하고 우리에게 전달된 현상이기 때문입니다. 종교인의 자기 발언을 배제하면 종교현상은 없습니다.

자명성을 논거로 하는 '안에서의 종교보기'에 대하여 객관성을 논거로 하는 '밖에서의 종교보기'가 비판적인 발언을 한 것은 어제 오늘 일이 아닙니다. 아득한 때부터 늘 있어 왔습니다. 하지만 이러한 비판이 인식을 위한 방법론을 구축하면서 구체화된 것은 서구의 경우 18세기에서 19세기에 접어들던 언저리에서였습니다. 종교가 사회현상으로 논의된다든지 심리현상으로 기술된다든지 하는 것이 그 예입니다. 이러한 논의가 종교가 주장하는 자명성에 이의를 제기하면서 이루어진 것은 아닙니다. 종교라는 현상을 삶의 맥락 안에 자리 잡게 해놓고 이를 살펴야 한다는 시각에서 말미암은 것입니다. 이러한 시각이 종교가 주장하는 자명성의 논의에 대해 비판적 태도를 지니게 된 것입니다. 흥미로운 것은 이러한 일이 '세계종교'라는 개념이 등장할 때와 거의 궤를 같이한다는 사실입니다. 사실상 '세계종교'라는 범주는 그것이 형성된 이후 우리에게 자명한 것으로 전해지고 있습니다. 그래서 '세계종교'라고 언급되는 이러저러한 종교들이 일컬어질 때면 그 종교들에 대해 아무 것도 묻지 않습니다. 그 종교들은 이미 '종교'이기 때문입니다.

그렇다면 '세계종교'는 '종교'라는 보편적인 개념이 만들어지고 그 개념이 여러 서로 다른 종교들을 아우르며 다듬어진 것이기 때문에 이를 하나의 울 안에 담아도 아무런 문제가 없다고 생각할 수 있습니다. 그러나 그렇지 않습니다. 여러 종교들이 자기를 주장하는 각기 다른 자명성을 그대로 둔 채 이루어진 것입니다. 그러므로 '세계종교'라는 범주 안의 구조는 단순하지 않습니다. 동질적인 '종교'들이 아니라 이질적인 '종교들'이 함께 있기 때문입니다. 이를테면 그리스도교, 불교, 이슬람교, 유교, 유대교 등이 그 안에 있는 종교들입니다.' 그렇다면 '세계종교'라는 종교서술범주의 출현에서 우리가 주목해야 할 것은 '종교'가 아니라 오히려 '세계'라고 해야 옳습니다. '세계'가 개개 '종교'의 자명성이 지닌 '다름'을 간과해도 괜찮다고 여길 만한 '힘'

을 발휘하고 있기 때문입니다. 그러고 보면 '세계종교'는 종교보다는 종교의 '짜임새와 규모와 힘'을 준거로 다듬은 것이라고 판단할 수밖에 없습니다.

그렇다고 해서 이 범주의 출현이 '종교'를 비켜가고 있다고 단정할 수는 없습니다. '세계종교'에서 그 방점이 '종교'에서 '세계'로 옮겨간 것은 오히려 종교를 새삼 되살피게 하는 '전기(轉機)'를 마련해주고 있습니다. '세계'는 종교를 서술하는 일이 특정종교가 놓인 '지금 여기의 맥락'을 벗어나 '다름을 포함한 모두를 만나는 맥락'에 이르지 않으면 안 된다는 것을 당위적으로 요청하는 지표로 드러나기 때문입니다. '세계종교'는 '(특정)종교'에서 벗어난 '종교(일반에 대한)개념'의 출현을 촉진하는 것이기도 합니다. 그러나 우리는 '세계종교'라는 용어의 '개념형성의 역사'를 간과하고 있습니다. 또한 그 용어가 역사적 진전의 맥락 안에서 어떻게 '변주(變奏)'되어 왔는지도 간과한 채 다만 그 용어를 편리하게 사용하고 있습니다. '세계종교'라는 울의 자명성을 준거로 우리는 당연하게 종교를 인식하고 이를 서술하고 있습니다. 이러한 사실은 우리가 세계종교라는 개념을 무척 거칠게 사용하고 있음을 보여줍니다. 그것은 자명한 것이라기보다 오히려 많은 물음을 던져야 할 것으로 짐작되기 때문입니다. 그렇다면 이때 필요한 작업은 '세계종교'라는 자명한 상식과의 '거리 짓기'를 수행하는 일입니다. '거리 짓기'는 우리가 직면하는 사물을 다르게 보여주기 때문입니다. 우리가 새삼 확인하는 것은 '거리 짓기'가 낳는 인식의 변화입니다.

무엇보다도 종교 바깥에서 '세계종교'를 바라보면 그것이 역사의존적인 개념이라는 사실이 뚜렷해집니다. 그러므로 그것은 종교논의에서 '자명한 전제'일 수 없습니다. 그렇다는 것을 확인하게 되면 우리는 '세계종교' 안에 든 종교만을 종교로 여기는 틀에서 자유로워질 수 있습니다. '세계종교' 자체를 자명하게 종교들을 아우르는 개념으로 여기면 우리가 경험해 온 '종교라고 일컫고 싶은 현상'을 종교라고 하지 못하는 제약 안에 있을 수밖에 없었습니다. 세계종교와의 '거리두기'를 감행하기 전까지는 체계화된 잘 다듬어진 가르침을 지니고 있고 정교한 제도를 꾸리고 있으며 커다란 문화적 실체가 되어 일정한 세(勢)를 발휘하며 역사를 통해 전승되어 온 것이어야 한다는 원칙을 '틀'로 해서 이에 상응하는 것만을 종교라 하였습니다. 그러나 '거리 짓기'를 통한 되물음 이후에는 그런 틀을 준거로 하여 종교라고 승인된 종교뿐만 아니라 그런 판단준거 때문에 오히려 종교라는 울의 변두리로 밀려나 종교이되 종교이지 않다는 묘사에 의해 '유사(類似)종교'가 된 종교들도 모두 포함하여 종교라고 일컬을 수 있게 된 것입니다. 이것은 종교만이 아니라 '모든 인간'을 아우르는 일과 다르지 않습니다.

그러므로 '거리두기 또는 거리 짓기'는 사물에 대한 '관점의 변환'을 의도하는 것이기도 합니다. 인식주체와 사물의 관계를 살펴보면 그렇다는 사실이 분명해집니다. 우리는 때로 사물과의 일치를 희구합니다. 사물과 하나가 되어 마치 나 자신이 사물 자체이듯 그 사물과 더불어 있기도 합니다. 그런데 그러한 관계에서는 굳이 그 사물을 안다고 할 필요가 없습니다. 모름도 솟지 않습니다. 사물의 현존을 느끼고 공감하고 지니면서 가능한 한 나와 그 사물 간의 거리를 없애며 살아가는 것이 최선이라고 판단하기 때문입니다. 이러한 '거리 없애기, 또는 거리 지우기'가 실은 '그 사물은 자명하다'고 하는 발언의 기반입니다. 당연하게 그러한 현실 속에서는 사물과 인식주체 간의 거리가 있을 수 없습니다. 더 나아가 인식의 과제가 아예 없다고 할 수도 있습니다.

그러나 우리는 '거리 없애기'의 한계를 느낍니다. 낯선 것이 보이는데 그것을 기존의 인식 범주에 넣을 수도 없고, 그렇다고 해서 그것을 그저 받아들이거나 나를 그것에다 내맡길 수도 없습니다. 그것을 새로운 실재라고 여길 수도 없습니다. 그런 채 그것을 어떻게 설명해야 할지 알 수 없는 '모름'에 부닥칩니다. 더 나아가 이것이 피할 수 없는 현실임을 느낍니다. 내 자리에서 내가 아는 것만을 준거로 하나의 사물을 판단하는 것이 그 사물을 인식하는 데서 충분하지 않다는 '긴장'을 하게 됩니다, 그럴 때면 내 인식의 울안에 이미 들어와 있는 객체를 울 밖에다 내 놓지 않을 수 없습니다. 사물과의 이제까지의 관계를 넘어 그것을 내 인식 이전에 있는 객체, 내 판단과 상관없이 스스로 있는 객체, 그래서 내가 새삼 '만나야' 하는 객체로 여겨야 하기 때문입니다. 그런데 그러한 태도는 인식객체가 뚜렷하지 않은 상황에서 그 객체가 비로소 확인할 수 있는 대상이게 되는 것이기도 하고 이와 아울러 이제까지 자의식을 가지고 승인한 적 없는 인식주체를 분명하게 확인하는 것이기도 합니다. 그러므로 '거리 짓기'는 사물과의 관계를 정상화하는 것과 다르지 않습니다. '거리두기'는 주체 안에 객체를 수렴하여 그 객체의 자존(自存)을 지우는 것도 아니고 객체에다 주체를 양여하여 그와의 일치를 인식으로 여기면서 주체의 자존(自尊)을 버리는 것도 아닙니다. 물론 '거리 지우기'도 주체와 객체의 구조를 전제하지 않고는 벌어질 수 없는 현상입니다. 그러나 '거리두기'와 '거리 지우기'는 서로 다른 접근 곧 인식을 위한 다른 길을 드러냅니다. '거리두기'를 통해 인식을 의도하기도 하고 '거리 지우기'를 통해 인식의 난점을 지양하기도 합니다. 그리고 보면 '거리 지움'과 '거리 지음'은 인식의 구조적 차이이기보다 사물에 대한 인식주체의 '관점의 변환'이라고 할 수도 있습니다.

　종교에 대한 앎을 추구하는 우리의 '물음 형식'을 바꿔보면 우리는 위에서 기술한 바를 좀 더 분명하게 할 수 있습니다. 자명성에 근거한 태도는 종교와 관련하여 다음과 같은 물음을 묻습니다. "종교란 무엇인가?" 이 물음은 다음과 같은 해답을 기대합니다. "모든 사물은 그 사물을 사물이게 한 본질을 전제한다. 그러므로 종교도 그 종교를 종교이게 한 어떤 본질이 있을 것이다. 종교란 무엇인가 하는 물음이 도달해야 할 해답은 바로 그 본질과 만나는 일이다. 그런데 지금 우리 앞에 우리가 종교라고 인식해 온 어떤 현상과 매우 유사한 사물이 나타났다. 그런데 종교라는 본질은 이미 우리가 확인한 바 있고 알고 있는 것이다. 그러므로 이 낯선 현상이 그것과 어떻게 같고 다른지를 살펴 우리가 전제한 종교의 본질과 일치하는지 여부를 판별하는 것이 우리가 해야 할 일이다. 그러한 작업을 거쳐 만약 새롭게 드러난 현상에서 그 본질을 확인할 수 있다면 우리는 이를 인간 누구에게나 규범적인 당위로 요청해도 좋을 종교로 승인할 수 있을 것이고 그렇지 않다면 우리는 그것을 종교의 범주 안에 둘 수 없을 것이다. 우리는 이러한 논의를 통해 역사적인, 그리고 현존하는, 온갖 종교와 종교적인 것으로 예상되는 현상에 대한 인식과 판단을 온전히 수행할 수 있을 것이다. 이를 위해 구체적이고 직접적인 현장에서 과연 어떤 사실들을 검증 대상으로 선택하고 어떤 방법을 통해 이미 전제된 본질과 일치하는지 여부를 판단하며 어떤 개념들로 이를 서술하고 설명하고 해석할 것인가 하는 것만이 문제로 남을 것이다. 원칙은 이미 분명하기 때문이다.”

그런데 우리가 거리를 두고 물음을 물을 때면 물음 형식이 달라집니다. 물음이 “종교란 무엇인가?” 하는 것에서 “무엇을 일컬어 사람들은 종교라 하는가?” 하는 것으로 바뀝니다. ‘본질’에 관한 물음에서 ‘현상’에 대한 물음으로 바뀌는 것이라고 할 수도 있습니다. 이는 “종교라는 자명한 본질을 사람들이 어떻게 자기들의 것으로 지니는가?” 하는 물음이 아니라 “어떤 경험들이 종교라는 개념으로 수렴되는가? 그러한 경험들이 어떤 현상을 낳고 있고 그것이 왜 종교라고 불리는가?” 하는 물음입니다. 사람들은 이러한 물음을 통해 다음과 같은 해답을 기대합니다. “종교란 우리의 삶과 절연된 어떤 다른 차원에서 사람들에게 주어진 것이 아닐지도 모른다. 왜냐하면 우리가 잠정적으로 종교라고 일컫는 현상은 그 양상은 무척 다양하지만 대체로 보편적이기 때문이다. 그렇다면 오히려 주어진 것이 아니라 인간의 삶 속에 내재해 있는 것이 종교라고 명명되었다고 하는 것이 실상을 묘사하는 데 더 가까운 것이 아닐까? 따라서 종교는 사람들의 실제 삶의 경험에서 비롯한 것이라고 말할 수 있다. 종교라는 현상이 보편적일 뿐만 아니라 개인의 실존이나 문화-역사적 맥락 등에 따라 다양할 수밖에 없는 것은 이 때문이다. 그 다양한 경험들이 공유하는 어떤 내용 때문에 이를 종교라고 개념화하여 지칭할 수밖에 없지만, 그렇다고 해서 이른바 종교만을, 더 나아가 특정한 종교만을, 또는 어떤 하나의 종교 경험만을 두드러지게 드러내면서 그 현상이 포함된 전통이나 문화를 절대화하여 그것을 종교의 인식을 위한 불변하는 준거로 삼을 수는 없다. 그렇다면 종교에 대한 이러한 진술이 불가피하다는 것을 어떤 언어로 어떻게 서술하고 설명할 수 있을 것인가 하는 것이 우리가 부닥친 진정한 문제이다." 그런데 이렇게 물음 형식을 바꾸는 것은 이제까지 유지해온 '상식'을 되묻는 것과 다르지 않습니다. 기존의 종교에 대한 '일상적인' 인식을 다시 묻는 것이기 때문입니다. 같은 물음을 거듭 물어 그 탐구의 차원을 더 깊이 하려는 것이 아닙니다. 당해 정황에서 이루어지고 있는 일련의 인식체계, 나아가 이를 근거로 하여 구축된 가치체계를 근원에서부터 뒤집는 것이기도 합니다.

우리는 '세계종교'라는 범주에 든 '위대한 종교'들이 곧 종교라고 알고 있습니다. 지금도 당연히 그렇다고 생각하고 있습니다. 그런데 물음을 바꾸어 새 물음 틀 안에 종교를 담고 보면 우리가 부닥쳐 왔던 현상이 다르게 보입니다. 그러한 종교 이해가 만든 준거에 의하여 '주변종교'나 '종교이되 종교이지 않은 종교'로 여겨진 현상들을 '종교'의 울안에 들여와도 탈이 없습니다. 이러한 현상들을 한데 아우르면서 종교를 다시 일컬어야 한다고 주장할 수 있게 됩니다. 이를테면 느티나무 앞에서 비손을 하게 한 경험이나 장엄한 성전 안에서 기도를 하게 한 행위가 빛는 인간의 경험 내용을 이질적인 것으로 단정할 수 없다는 사실을 발언할 수 있습니다. 그 비손과 그 기도를 낳은 삶을 특정한 종교의 자명성을 준거로 하여 서로 다른 것으로 판단한다든지 가치나 의미에서 어느 것이 우월하다거나 열등하다고 판단하는 것이 과연 종교에 대한 바른 인식일까 하는 물음을 제기할 수 있습니다. "종교란 무엇인가" 하는 물음이 전제하는 본질로서의 종교이해와는 달리 '사람들이 무엇을 일컬어 종교라 하는지'를 찾아보고자 하는 이러한 물음은 우리가 일컬어온 종교, 종교와 종교, 종교와 종교 아닌 것에 대한 우리의 기존의 인식 틀을 모두 치우고 새로운 인식 틀을 만들고자 하는 것과 다르지 않습니다. 그러므로 이러한 물음은 종교에 관한 기존의 언어에도 상당한 혼란을 야기할 수밖에 없습니다.

이를테면 인간이 종교적이게 되는 것은 '신의 섭리'라는 주장을 우리는 자명성에 근거한 진술로부터 흔히 들었습니다. 지금도 다르지 않습니다. 하지만 새로운 물음 틀에서는 '인간'이 자기의 삶 속에서 '무엇'을 '어떻게' 경험한 것이 지금 우리가 종교라고 일컫는 그러한 표상으로 드러나게 된 것인가 하는 것에 대해 관심을 가집니다. 인간성 안에 '종교적'이라고 할 수 있는 특정한 경험을 하게 하는 어떤 요인이 있는 것은 아닐까, 인간은 일상을 살면서도 그 일상을 넘어서는 어떤 비일상적인 것을 아울러 지니고 있는 '중첩된 실재'는 아닐까, 신은 선재(先在)하는 존재가 아니라 삶의 소용돌이 속에서 이를 풀어나가기 위해 '요청된 어떤 힘'이 신이나 신성(神性)의 이름이나 개념으로 정착한 것은 아닐까, 성숙을 이루지 못한 유치한 단계에 머문 인간의식의 망상(妄想)이 빛은 어떤 상(像)을 종교라고 하는 것은 아닐까, 계층적인 분화가 불가피한 사회구조 안에서 '있는 자'가 '없는 자'를 자기에게 예속시키기 위한 방편으로 마련한 '도덕'이 종교라는 현상으로 드러난 것은 아닐까 하는 물음들이 그러한 관심의 몇 가지 예입니다. 이러한 물음에서는 이른바 '종교적인 언어들'이 자취를 감춥니다. 종교를 발언하는 종교인의 언어는 종교적일 수밖에 없습니다. 그러나 종교와 거리를 둔 자리에서의 종교에 대한 발언이 종교적일 수는 없습니다. 그렇기 때문에 그러한 자리에서의 물음들은 가능한 한 '종교언어'의 사용을 삼갑니다. 특정한 종교에서 비롯한 '교리적인 언어'로서의 종교언어는 충분한 소통기능을 할 수 없기 때문입니다. 따라서 종교현상을 직접적으로 묘사하기 위한 '인용의 경우'를 제외한다면, 그 물음들은 '비종교적인 언어'에 실려 발언됩니다.

물론 이러한 물음들도 인식의 내용을 서술합니다. "사람들이 무엇을 일컬어 종교라고 하는가" 하는 물음에 대한 답을 마련합니다. 그리고 그것을 나름대로 보편적인 앎이라고 주장합니다. 그 물음들이 도달한 인식의 내용을 '종교현상'으로 기술하고 있으며, 또 이 현상을 설명합니다. 이뿐만 아니라 어떤 현상이 과연 종교인지 아닌지 긴가민가한 경우에 자기가 추구한 종교에 대한 인식이 이를 판단하는 준거가 된다고 말합니다. 따라서 이 인식의 자리도 구조적으로는 자명성을 기저로 한 기존의 종교인식의 틀에서 조금도 벗어나지 않은 것이라는 반론을 제기할 수도 있습니다. 그러나 세계종교라든지 그것을 준거로 하여 개개 종교를 운위할 때 그것이 기반하고 있다고 판단되는 그러한 자명성을 거리두기에서 비롯한 종교에 대한 이러한 서술들 곧 사람들이 무엇을 종교라고 일컫나 하는 물음에서 펼쳐진 종교에 대한 기술내용과 같은 것으로 여길 수는 없습니다.

주목할 것은 두 물음이 공통으로 담고 있는 '무엇'의 함의입니다. '종교란 무엇인가' 하는 물음이 초래하는 '무엇'에 대한 답변은 '종교란 본래 이러한 것이다' 하는 본질론에 귀결합니다. 이때 일컫는 본질이란 불변하는 실재를 뜻합니다. 그것은 실증이전의 실재입니다. 그러나 '사람들이 무엇을 종교라고 하나' 하는 물음에 대한 답변이 되는 그 '무엇'은 경험에 담겨 드러난 것 곧 경험과 더불어 있는 것입니다. 삶이 그렇듯 종교도 시공의 범주를 좇아 끊임없이 부유(浮遊)하는 실재라고 여깁니다. 종교는 역사적 현실로 그리고 문화적 현상으로 서술됩니다. 역사를 좇아 문화권을 따라 다른 모습을 지닐 뿐만 아니라 그러한 차이를 확인할 정도로 다르게 경험 주체들에 의하여 드러난다는 사실을 주장하는 것입니다. 그래서 '변화와 다양성'은 종교를 서술하고 설명하고 그 의미를 짐작하려는 우리에게 근원적으로 전제되지 않으면 안 될 사항이라고 주장하는 데 이릅니다. 따라서 '무엇이 종교인가?'에서는 인식의 객체가 되는 그 '무엇'이 고정된 불변하는 본질인 데 반하여 '무엇을 사람들이 종교라 일컫는가?' 하는 물음자리에서는 그럴 수 없습니다. 그 '무엇'은 선험적인 것이 아니라 경험이 빚은 실재이기 때문입니다. 이를 이루는 것이 '거리두기'입니다.

이와 아울러 주목해야 할 다른 하나는 종교를 하나의 역사-문화적인 현상으로 인지하도록 한 현상, 그래서 '종교'라는 특정한 개념으로 그 현상을 지칭하도록 한 현상은 하나의 '보편적인 구조'에서 비롯한 것이라고 하는 판단입니다. 삶의 자리에서 이루어지는 인간의 사유나 행동은 일정한 틀을 지으면서 펼쳐집니다. 풀리지 않는 어려움을 삶의 고비에서 만날 때 사람들은 그 문제를 그저 두지 않습니다. 그것을 풀려 합니다. 문제의 만남과 문제를 풀려는 현실이 늘 함께하는 하나의 틀을 이루고 있습니다. '물음과 해답'이라는 틀이 그러합니다. 이는 언제 어디서나 보편적인 인류의 삶의 구조입니다. 하지만 틀의 있음과 그것이 드러나는 겉모양은 같지 않습니다. 문제를 푸는 모습은 사람마다 다릅니다. 역사-문화 의존적입니다. 그래서 우리는

"삶의 얼개는 서로 다르지 않은데 그 안에서 어떻게 살아가느냐 하는 데서 드러나는 개개 삶의 주체들의 삶의 모습은 서로 같지 않다"든지 "삶이 드러난 모습으로 보면 서로 같지 않은데 그러한 여러 모습들을 드러나게 한 삶의 얼개들은 다르지 않다"고 말합니다.

  '거리두기'를 통해 종교를 바라보는 자리에서는 이러한 '구조와 현상'을 인식을 위한 '도구'로 다루고 있습니다. 그래서 이 자리에서는 종교를 논의하면서 그것이 지닌 구조적 동질성과 현상의 다양성을 방법론적으로 나누어 살필 것을 권합니다. "종교란 무엇인가" 하는 물음 자리에서 불변하고 보편적인 것으로 전제하는 본질이란 비록 그것이 하나의 실재로 지칭된다 할지라도 실제로 부닥칠 수는 없는 관념적인 실재 또는 형이상학적인 전제인 데 반해서 "무엇을 종교라 일컫는가" 하는 물음자리에서 말하는 얼개나 드러난 모습은 누구나 경험하는 현실이라고 주장하기 때문입니다. 이와 아울러 '거리두기'에서 주장하는 앎이란 근원적으로 관계적인 것이라는 사실도 지적할 수 있습니다. 앎이란 어떤 '것'을 아는 것이 아니라 그것이 자기와 관련된 모든 것들과의 관계 속에서 어떤 자리를 잡고 있는지를 아는 것과 다르지 않습니다. 곧 어떤 것이 '제자리'를 잡은 것으로 확인될 때 우리는 이를 알았다고 말합니다. 그러므로 앎은 필연적으로 역사-문화 의존적일 수밖에 없습니다. 다양한 현상과 그 변화, 그리고 그러한 다양성과 변화에도 불구하고 그 현상을 그렇게 있게 하는 구조의 동질성을 아우를 때, 우리는 비로소 인식을 위한 주제를 공유할 뿐만 아니라 논의를 위한 상호소통의 가능성도 확보합니다. 이에 이르면 우리는 '거리두기'의 현실적 효용을 일컬을 수 있습니다. '거리두기'가 '자명성의 늪'에 함몰되어 인식을 왜곡하는 위험에서 우리를 건져주리라는 기대를 할 수 있는 것입니다. 비손과 예배의 다름을 되물을 수 있으리라는 기대, 그래서 종교라고 말할 수 없는 종교와 진정한 종교의 경계를 그 경험 주체들이 지닌 삶의 얼개에 주목하면서 허물 수도 있으리라는 기대, '위대한'이라는 수식어로 다듬어진 이른바 '세계종교'라는 전제에 입각해서 종교를 판단하는 우리의 상식을 상당한 정도 교정할 수 있으리라는 기대, 그리고 '종교 아닌 것을 믿는 사람'과 '종교를 믿는 사람'을 '사람답지 않은 사람'과 '사람다운 사람'이라는 평가기준에 의해 이질적인 인간으로 인식하도록 하는 판단을 삼갈 수 있으리라는 기대를 가지게 되는 것입니다. 이 계기에서 우리는 드러난 현상은 다양하지만 그것을 빚은 삶의 틀은 보편적이라는 '구조' 또는 얼개의 내용에 관한 서술을 시도할 수 있습니다.

5. '물음과 해답'의 문화: 종교

종교 논의는 신을 이야기하는 인간, 절대적인 진리의 실재를 주장하는 인간, 이에 대한 일정한 태도를 삶을 통해 구현한다고 주장하는 인간, 그래서 물음을 넘어 해답을 살아간다고 주장하는 인간에 대한 관심을 살피는 일입니다.

우리는 "종교란 무엇인가?" 하는 물음에서 "사람들이 무엇을 종교라 하나?" 하는 물음으로 그 물음을 바꾸어보았습니다. 이때 전제한 것은 종교란 '주어진 것'이라기보다 우리의 삶 속에서 '솟아난' 어떤 현상이라는 것이었습니다. 그리고 이러한 물음전환을 하도록 한 것은 종교현상의 다양성 때문이라고 했습니다. '거리두기'는 종교가 '여럿'이고 서로 '다르다'는 것을 실증적으로 보여주기 때문입니다. 그러므로 종교를 알고자 하면서 이러한 접근을 시도하는 것은 종교를 우리의 소박한 실제 경험에서부터 살피고자 하는 것과 다르지 않습니다.

그렇다면 우리는 실제 삶이 어떤 것인지를 먼저 살펴야 합니다. 그런데 사람들에게 그러한 물음을 던지면 대체로 삶이란 굽이굽이 힘들고 아프고 무겁고 답답한 일들로 점철되어 있다고 말합니다. 이것은 분명한 사실입니다. 개인의 차원뿐만 아니라 공동체의 차원에서도 다르지 않습니다. 우리 모두 그렇게 살고 있습니다. 즐겁고 밝고 상쾌하고 행복한 삶이 없지 않습니다. 이른바 태평성세가 기술되지 않는 것은 아닙니다. 하지만 대체로 그 환하고 따뜻한 것들은 '우연한 만남처럼 반가운' 드문 경우일 때가 더 흔하고 '기대 속에서 그려지는 실체'로만 있는 경우가 많습니다. 그래서 그러한 긍정적인 것들은 일상이기보다 일상이 희구하는 비일상적인 것으로 우리 일상 안에 자리를 잡고 있습니다. 그러므로 삶을 얽어 지탱하는 틀은 '문제가 있는 일상'으로부터 '문제가 없는 비일상'으로 '옮겨가고 싶은 일상'으로 되어 있다고 말할 수 있습니다.

까닭인즉 분명합니다. 사람은 어려운 일에 부닥치면 그것이 문제라는 것을 의식합니다. 그런데 거기 머물지 않습니다. 문제에 대한 해답을 추구합니다. 그러나 해답은 그것을 추구했다 해서 반드시 내게 현실로 자기를 드러내 주지 않습니다. 지체되기도 하고 유예되기도 하며 아예 해답의 낌새가 보이지 않을 때도 있습니다. 해답이 지금 여기에서 내 필요를 충족시켜 주는 직접적인 것일 수도 있고 지금 여기에서는 이루어지지 않지만 '그때 거기'에서는 이루어지리라는 확신만을 해답으로 누리도록 하기도 합니다. 언제든 어디서든 내가 직면한 문제가 어떤 형태로든 풀리리라는 확신만 가져도 그 확신이 해답으로 기능할 수 있는 경우가 그렇습니다. 이뿐만 아니라 부닥친 문제를 되살피고 다시 판단하면서 그 일에 새로운 의미를 부여하는 것으로 문제가 풀리기도 합니다. 더 나아가 문제가 아닌 것을 문제로 여긴 자신의 과오를 교정하는 것으로 문제를 넘어서기도 하고 문제 자체를 심화시켜 더 궁극적인 물음을 물으면서 도달한 마지막 자리에서 이제까지 누적된 모든 문제들을 한꺼번에 풀어버릴 수도 있습니다. 우리가 직면하는 문제가 단일하고 단순하지 않듯 해답도 그것 나름으로 복합적이고 다양합니다. 그러나 물음이 어떤 것이든, 그리고 그에 상응하여 도출된 해답이 어떤 양상을 가지든, 중요한 것은 '물음과 해답'이라는 틀을 벗어난 삶은 실재할 수도 없고 예상할 수도 없다는 사실입니다. 그 얼개 안에서 우리는 살아갑니다. 물음만 있다든지 해답만 있다든지 하는 서술은 삶을 묘사하는 데서 불가능합니다. '물음과 해답'이라는 그 틀을 배제한 삶은 없습니다.

그런데 우리는 사람살이를 지칭하는 총체개념으로 '문화'라는 말을 사용합니다. 그러므로 '문화'란 사람살이의 어떤 것도 모두 포함한다고 말할 수 있을 뿐만 아니라 삶이란 어떤 것인지를 보여주는 실증적인 사실들을 모두 포함하여 이를 지칭하는 개념이라고 할 수도 있습니다. 문화는 '삶을 증언하고 있는 내용'이라고 해도 좋을 그러한 개념입니다. 그렇다면 '물음과 해답'의 얼개가 드러내는 현상도 문화의 범주 안에 담아야 합니다. 아예 문화라는 것 자체가 '물음과 해답'으로 구조화된 인간의 삶에 대한 총체적인 서술개념이라고 할 수도 있습니다. 따라서 비록 사람살이가 어떻게 해서 이러한 모습을 지니게 되었는지 그 비롯함을 짐작하기는 어렵다 할지라도 적어도 인간이 아득한 때부터 스스로 자신의 문제를 의식해 왔다는 것, 그 문제에 반향(反響)하는 해답을 스스로 모색해 왔다는 것, 그리고 문제의 제기에서 머무는 것이 아니라 그 물음에 상응한다고 여길 수 있는 해답을 통해 자신의 삶을 영위해 오고 있다는 것 등이 문화의 범주 안에 엮여 있으리라는 것을 예상할 수 있습니다. 더 나아가 그것을 '기억'에 담고 있다는 사실도 문화

개념 안에 포함할 수 있습니다. '역사'가 그것입니다.

그런데 사람들은 이러한 '물음과 해답'이라는 얼개를 가지고 삶을 영위하면서도 여타 물음들을 피상적인 것이게 하는 근원적인 물음, 미치는 영향이라는 관점에서 모든 얽힘을 다 수렴한다고 판단되는 전체적인 물음, 지금 여기를 벗어나지 않으면 출구를 마련할 수 없겠다고 판단되는 궁경(窮境)에서의 물음이라고 할 수 있는 '다른 물음'이 있다고 생각합니다. 당연히 이에 상응하는 '다른 해답'도 예상합니다. 이뿐만 아니라 이러한 '얼개'를 두드러지게 드러내는 현상을 삶의 총체 안에서 하나의 서술범주로 울을 지어 이를 '종교'라고 개념화하여 일컫고 있습니다. 물론 '종교'라는 용어는 문화권과 역사적 시점에 따라 서로 다른 언어로 드러나고 다양한 개념을 담을 수밖에 없습니다. 하지만 그러한 '물음과 해답'을 명명하여 하나의 사물처럼 부르는 데서는 아무런 차이도 없습니다. 우리가 사용하는 '종교'라는 용어는 그러한 다양한 명명들을 함축한 근대이후의 보편적 개념어입니다.[04] 그래서 우리는 종교라는 개념어를 통해 물음과 해답의 현상에 대한 논의를 자연스럽게 펼수 있습니다. 언제 어디서나 삶의 총체를 조망하면서 그 안에 있는 '두드러진 물음과 해답의 얼개'를 살피려면 '종교'라는 말을 사용함으로써 일정한 소

---

04 종교 개념이 서구적 구성물이자 19세기 학자들의 발명품이라는 주장을 위해 다음 책을 참조하라: Daniel Dubuisson, *The Western Construction of Religion: Myths, Knowledge, and Ideology*, trans. William Sayers, Baltimore: The Johns Hopkins University Press, 2003. 종교 개념의 탄생 과정을 추적하는 최근의 연구를 위해서는 다음 책을 참조하라: Brent Nongbri, *Before Religion: A History of a Modern Concept*, New Haven: Yale University Press, 2013. 종교와 종교 아닌 것의 분류를 위해서가 아니라 더 종교적인 것과 덜 종교적인 것에 논의를 위해 종교 개념을 이용해야 한다는 주장을 위해서는 다음 책을 참조하라: Benson Saler, *Conceptualizing Religion: Immanent Anthropologists, Transcendent Natives, and Unbounded Categories*, New York: Berghahn Books, 2000. 또한 종교 개념뿐만 아니라 문화 개념에 대한 비판적 성찰을 전개하고 있는 다음 책을 참조하라: Timothy Fitzgerald, *The Ideology of Religious Studies*, Oxford: Oxford University Press, 2000. 보편적인 종교 개념을 비판하는 현행 종교 이론들을 거부하면서, '구원'의 관점에서 새롭게 종교 개념을 이론화하고 있는 다음 책을 참조하라: Martin Riesebrodt, *The Promise of Salvation: A Theory of Religion*, trans. Steven Rendall, Chicago: The University of Chicago Press, 2010.

통을 누릴 수 있습니다. 언제 어디서 어떻게 드러난 것이든 적어도 하나의 현상이 근원성이나 전체성을 함축하고 일상의 차원에서 비일상의 차원을 지향하며 그 비일상을 일상화하여 문제를 풀어 해답에 이르려는 삶을 드러낸다면 우리는 그 현상을 언제 어디서든 '종교'라고 울 지어 부를 수 있는 것입니다. '종교'가 일컬어지는 맥락은 이러합니다. 종교는 처음부터 '문화의 한 범주'로 등장한 삶의 한 모습입니다. 따라서 우리는 종교란 곧 문화현상이라는 사실을 승인하는 맥락에서 그 용어를 발언해야 하고, 그렇기 때문에 종교는 역사-문화 의존적인 현상이라는 사실도 승인할 수 있어야 합니다.

그러나 이러한 진술이 우리의 현실 속에서는 의외로 쉽지 않습니다. 분명히 개개 종교들이 자기 나름의 특정한 역사-문화적 맥락 안에 있는데도 각종교는 자신에 대한 인식을 자명성에 기초하여 발언하기 때문입니다. 그렇기 때문에 '종교인'은 자기가 자명하다는 판단의 논리를 좇아 사람들이 자기를 인식해 줄 것을 권합니다. 하지만 그러한 권유는 '다른 자명성'에 입각해 있다든지 아예 거리를 두어 종교를 살피려는 자리에 있는 사람에게는 잘 소통되지 않습니다. 그러한 권유는 규범적인 '권위'나 권력화된 '지적 논의의 힘'으로 자기를 '절대적인 참'이나 '바른 인식'으로 정당화하면서 타자의 이견(異見)을 침묵시키려는 것과 다르지 않다고 여기기 때문입니다. 특정한 종교에 귀속되어 그 종교의 자기설명에 공감을 고백하지 않는 한 그 권유를 받아드리는 일은 불편할 수밖에 없습니다. 때로 그러한 권유는 물리적 힘을 동반하기도 합니다. 이러한 일이 일어나는 것은 물음과 해답이라는 삶의 얼개를 특정한 역사-문화적 표상으로 한정하고 그 표상만이 '종교'이며 이에 포함되지 않는 것은 비록 그 구조가 물음과 해답으로 이루어졌다 할지라도 '종교일 수 없다'는 판단을 하기 때문입니다. 그러므로 이러한 주장이 우리의 삶 속에 현존하는 한 종교를 문화의 범주에 넣어 일컫는 일은 쉬운 일이 아닙니다.

　반드시 이러한 상황만이 지속하는 것은 아닙니다. 개개 종교의 자명성에 근거한 독단이나 배타적인 자기정당화가 강제된 힘으로 여겨질 때면 그 '굴레'에서 자유롭고 싶은 반응을 하기도 합니다. 이러한 사태는 그것 자체가 문제를 야기합니다. '거리 짓기'는 그러한 문제를 촉발하기도 하고 그러한 문제가 거리 짓기를 독촉하기도 합니다. 우리의 일상이 이러합니다. 물음과 해답의 틀이 자명성에 근거해서 움직이면 그것은 사람들에게 굴레로 기능하는 독선과 배타의 현상을 낳기도 하는데 그것이 우리가 겪는 일상의 모습이기도 한 것입니다. 독선과 배타를 드러내는 주체들의 자기 종교에 대한 인식은 그 나름의 순수나 정직한 인식으로 주장됩니다. 우리는 그렇다고 하는 것을 승인해야 합니다. 의도적인 기만을 할 까닭이 없기 때문입니다. 하지만 그 현상에 대한 저항이 불가피한 것도 삶의 현실입니다. 이에 대한 물음이 불가피하다면 우리는 그러한 현상 자체를 거리를 두고 바라보면서 이를 기술하고 설명하고 판단해야 합니다. 그렇게 하면 우리는 특정한 종교의 그러한 현상만이 아니라 서로 다른 무수한 종교들의 다양한 독선과 배타적인 자기정당화가 산재해 있음을 확인하게 되고, 그러한 맥락에서 그 특정한 종교의 그러한 현상을 인식할 수 있게 됩니다. 이에 이르면 종교는 자명성의 논리에 의하여 스스로의 현존을 정당화할 수 있는 것이 아니라는 것을 우리는 알게 됩니다. 이 때문에 우리는 종교를 문화나 역사의 범주에 넣을 수밖에 없습니다. 종교는 이미 그러한 현상인데 다만 그렇지 않다고 하는 주장이 있을 뿐이라는 사실도 알게 됩니다. 그런데 바로 이러한 주장도 당연하게 역사-문화적인 현상입니다. 이러한 사실을 승인하지 않으면 우리가 실제로 겪고 있고 역사적 기억에 담겨 서술되는 종교의 다양성과 변용을 설명할 수 없습니다. 그러므로 종교를 문화의 범주에서 제외하거나 예외적인 것으로 전제하는 사실조차 종교와 연계된 문화현상의 서술내용에 포함하지 않으면 안 됩니다. 만약 문화의 범주 밖에 있는 종교가 있고 그렇지 않은 종교가 있다든지, 역사나 문화를 넘어선 자리에서 종교는 스스로 존재의 미를 지닌다든지 하는 주장을 승인한다면 우리는 종교를 '논의'할 수 없습니다. 주목할 것은 문화와 무관한 것이 곧 종교라고 하는 주장과 만날 때 우리가 해야 하는 일은 그 선언의 옳고 그름을 판단하는 것이 아니라 그러한 주장이 종교라는 문화의 한 모습으로 기술될 수 있다는 것을 아는 일입니다. 그렇지 않으면 우리는 종교논의를 지속할 수 없습니다.

그러므로 종교논의를 위해 종교를 문화현상으로 서술하는 것이 비록 자명성을 근거로 한 개개 종교의 주장 때문에 쉽지 않다 하더라도 우리는 종교를 '물음과 해답의 구조가 표상화 된 문화'라든지 아니면 '물음이 출산한 해답의 문화'라고 다듬을 수 있어야 합니다. 종교의 본질을 드러내기 위한 정의(定義)가 아니라 삶의 자리에서 현실적으로 종교를 논의하는 데 적합성을 갖는 방법론적 정의를 잠정적으로나마 마련할 수 있어야 합니다. 사물을 명료화하는 것이 정의라는 기준에서 보면 이러한 정의는 충분하지 않습니다. 구체성에서나 직접성에서 모두 온전하지 않기 때문입니다. 지나치게 소박하여 모호하고, 지나치게 관념적이어서 사물이 오히려 무산되어 버린다고 비판할 수도 있습니다. 그럼에도 공유하는 사물을 논의하기 위한, 그래서 논의의 참여자가 각기 자기자리를 성찰하는 계기를 마련하기 위한, '계몽적인 의도' 때문에라도 이러한 작업은 불가피합니다.

종교를 문화라고 하는 서술이 종교에 관한 이제까지의 인식을 새삼 계몽하기 위한 것이라는 이러한 발언은 조심스럽습니다. 기존의 종교인식은 모두 '계몽이전' 곧 몽매하다는 주장과 다르지 않기 때문입니다. 그러나 우리는 이러한 조심스러운 발언을 감행하고자 합니다. '종교논의의 역사'가 없지 않지만 이를 일별하면 대체로 종교가 주장하는 '자명성의 논의를 반복한 것'이거나 이를 준거로 한 특정한 인식을 찬반 간에 되풀이하고 있는 것임을 확인할 수 있기 때문입니다. 그것은 종교에 대한 '앎'을 우리에게 전해 주는 것이 아닙니다. 종교라는 현상에 대한 일정한 '이념적인 태도'를 우리가 가지도록 하는 것과 다르지 않습니다. 그러한 태도는 마치 스스로 이룬 온전한 인식을 자기가 확보하고 있는 한 더 이상 인식을 추구할 필요가 없기 때문에 새로운 물음을 향해 자신을 열어놓는 것은 무의미한 일이라는 자기 확신을 지니는 것과 다르지 않습니다. 그런데 또 다른 물음을 위해 열려 있지 않은 해답을 완결된 인식으로 주장하는 것은 물음도 해답도 배신하는 것과 다르지 않습니다. 물음을 소진해 버리든가 해답을 해체하는 것과 다르지 않기 때문입니다, 그것은 '앎의 추구'가 아닙니다. 그리고 현실적으로 불가능한 일입니다. 문화는 근원적으로 '물음과 해답'의 틀로 이루어진 것이기 때문입니다. 그러므로 더 이상 물을 것이 없다는 태도를 요청하는 것은 인간의 삶을 배신하는 것과 다르지 않습니다. 기본적인 삶을 훼손하는 일이기 때문입니다. 그러한 태도는 자기를 속이는 일입니다. 그렇다면 이로부터 벗어나는 일을 '계몽'이라고 일컫는 것이 어색한 일일 수는 없습니다.

아무리 작업가설적인 것이라 할지라도 종교를 정의한다면서 "종교는 문화"라든지 "종교도 문화현상"이라고 하는 것은 온당하지 않습니다. 모호하기 때문입니다. 이를 부연하여 '문화' 앞에 '물음이 출산한 해답의~' 라고 하는 말을 첨가한다면 구체성이 뚜렷해지기 때문에 다르지 않으냐고 할 수도 있지만 정의를 위한 기본 규범으로 문화를 전제한다는 사실에서 보면 다른 것이 없습니다. 그러한 수식이 정의를 위해 도움이 되지는 않습니다. 하지만 종교를 애써 '문화 밖에 놓고자 하는 태도'나 '아예 문화 밖에 있는 것으로 전제하는 태도'가 함축하는 종교이해가 우리의 현실 속에 분명한 현상으로 있다는 것을 유념한다면, 그래서 "종교는 문화에 귀속될 수 없는 것이기 때문에 비로소 종교인 것"이라든지 "우리는 종교를 우리의 삶의 현실 속에서 겪고 있지만 그것은 삶 너머에서 비롯한 것이기 때문에 이를 문화의 범주 안에 두는 것은 종교를 종교이지 않게 하는 것"이라든지 하는 '설명'을 상식이나 자명한 것으로 일상화하고 있는 현실을 유념한다면, 우리는 문화라는 개념을 정의의 기반으로 전제하는 일의 '계몽적 효용'을 간과할 수 없습니다.

종교에 대한 물음을 묻고자 할 때면 으레 종교는 문화일 수 없다는 종교 논의와 부닥칩니다. 이로부터 이는 갈등은 불가피합니다. 그러한 주장에서 자유롭지 않습니다. 그런데 자유롭지 못하다는 경험을 하게 한 그 현상이야말로 우리가 종교를 묻게 된 처음 까닭이기도 합니다. 그렇다면 문화 바깥에다 종교를 자리 잡게 하려는 주장을 좀 더 살펴볼 필요가 있습니다. 그런데 그러한 주장을 하는 논거는 의외로 단순합니다. 그리고 귀결도 분명합니다. 종교는 '특별한 것'이라고 주장할 뿐입니다. 전제도 그렇고 귀결도 그렇습니다. 처음도 끝도 그 둘을 잇는 과정도 조금도 모호하지 않습니다. 달리 말하면 종교는 "일상적이지 않은 것"이라고 주장합니다. 이러한 이유 때문에 종교는 문화의 범주에 들 수가 없습니다. 그러므로 종교들은 그들이 지닌 구조적 동질성을 서로 승인하지 않습니다. 제각기 자기의 특정한 문화-역사적 현상만을 절대화합니다. 특이하기 때문입니다.

종교를 문화라고 일컫는 자리에서는 이와 다른 현실을 만납니다. 종교란 인간의 어떤 경험 곧 물음과 해답의 구조가 표상화된 것이라는 사실, 그것이 언어화된 것이고 그 경험이 공동체화한 것이라는 사실과 만납니다. 그 언어가 사물을 빚고 그 공동체가 규범을 지으면서 삶의 자리에서 이는 물음에 대한 해답을 살아가는 것이 곧 종교입니다. 물음에 대한 해답을 실제로 겪도록 하는 문화현상이 종교라고 말할 수 있는 것입니다. 그러므로 종교라는 문화는 우리가 일컫는 문화일반과 다르지 않습니다. 문화가 그렇듯이 종교도 그 나름의 변천을 겪는 현상 곧 생성과 소멸의 역사를 지닌 현상으로 파악해야 하는 것은 이 때문입니다. 그렇기 때문에 문화 현상인 종교는 어떤 본질을 전제한 '순수한 현상'으로 이론화되고 설명되는 그런 것일 수 없다는 사실도 유념해야 합니다. 종교가 가변적이고 다양하다는 사실을 간과한 채 이를 특정한 '이념'에다 환원시켜 설명하는 논리를 마련한다면 그러한 태도는 비록 종교에 대한 부분적 적합성을 지닌 이론을 펼 수도 있고 특정한 현상만을 종교로 규정하면서 이를 정당화하는 이론을 펼 수도 있겠지만 그러한 태도가 낳는 종교논의는 결국 자명성의 늪에서 벗어나지 못하리라는 것을 우리는 살필 수 있어야 합니다.

하나의 사물에 대한 정의(定義)가 그 사물에 대한 온전한 서술과 설명이 가능할 때 비로소 이루어지는 것이라고 한다면 그것은 현실적으로 불가능합니다. 사물에 대한 투명하고 완벽한 서술은 있을 수 없기 때문입니다. 그런데도 정의를 요청하면서 그러한 기준을 제시한다면 그것은 '신념'을 기대하는 것이지 '인식'을 예상하는 태도일 수는 없습니다. 종교도 다르지 않습니다. 이제까지 많은 종교정의가 이루어졌습니다. 어떤 분은 그 모든 정의들이 쉰 가지가 넘는다는 사실을 치밀하게 검토하고 나열하면서 종교를 정의한다는 것은 실은 불가능한 일이라는 주장을 하기도 했습니다. 그것은 옳은 주장입니다. 누구나 언제 어디서나 공감하고 공유할 수 있는 종교정의란 불가능합니다. 어떤 정의도 그러합니다. 그러나 그렇다고 해서 정의가 무용한 것은 아닙니다. 사물에 대한 온전한 인식을 개념화한 것이 정의가 아니라 부닥친 사물에 대한 인식을 추구하는 과정에서 방법론적으로 사물을 윤곽 짓기 위해 필요한 것이 정의라면 우리는 정의의 필요성과 정의의 가능성을 유보할 필요가 없습니다.

그러나 이보다 더 중요한 것은 무수한 종교정의가 현존한다는 사실이 가지는 의미입니다. 수많은 정의가 가능한 것은 어떤 정의도 정당한 것일 수 없다는 것을 실증하는 것이기 때문에 종교정의는 불가능하고 무의미하다는 주장은 공감할 수 있습니다. 그러나 이러한 사실은 종교가 얼마나 복합적인 현상인지를 드러내 주는 것이기도 합니다. 종교는 구조적 동질성과 현상적 다양성을 갖춘 철저하게 복합적인 현상이라는 것을 새삼 짐작할 수 있게 해줍니다. 그러므로 이때 요청되는 것은 그 수많은 종교정의를 모아 하나의 '선언'으로 다듬는 일이 아니라 어떤 종교정의든 그것은 잠정적(暫定的)이고 관점의 한계를 지닌 것임을 승인하는 일입니다. 따라서 우리가 이러한 승인을 현실화한다면 종교에 대한 어떠한 논의를 향해서도 우리 자신을 열어놓을 수 있습니다. 자명성의 늪에서 벗어날 수 있는 것입니다. 바로 이러한 태도를 갖게 되는 것이 종교 정의의 불가능성에 대한 주장에서 우리가 얻을 수 있는 '다른 의미'입니다. 더구나 정의가 불가능하다는 것이 자명하다는 의식을 가지고 주장되면 그것은 또 다른 '인식의 늪'일 수 있다는 것을 유념하면 다른 의미의 발견은 새삼 인식을 위한 실천적 중요성을 갖습니다.

이제까지 우리는 하나의 주제를 가지고 수없이 되풀이되는 긴 논의의 과정을 거쳐 왔습니다. 그러나 이 일은 아무리 해도 지나침이 없다는 생각이 듭니다. 우리는 뜻밖에도 물음주체의 자의식은 지니고 있음에도 자신의 '물음을 되살피는 일'에서는 실제적이지 않다는 것에 주목하고 싶기 때문입니다. 우리는 종교를 알고 싶다고 하면서도 자명성의 늪에 빠지는 유혹을 쉽게 넘어서지 못합니다. 그런가 하면 종교를 물음과 해답의 얼개로 환원하여 모든 종교는 다 같다는 결론에 성급하게 도달하는 편리한 지름길에의 유혹도 쉽게 넘어서지 못합니다. '거리 짓기'에 의해 종교에 대한 분석적이고 비판적인 인식을 도모하면서도 처음 물음을 충동한 실존적 동기를 나도 모르게 상실하는 일도 우리를 상당히 불안하게 합니다. 물음주체의 자의식은 의외로 취약합니다.

그러나 물음주체의 자의식을 되살피는 자리에 서면 우리는 자기물음에 대한 성찰이 열어주는 새로운 '사태'에 직면하게 됩니다. 우리는 이를 주목할 필요가 있습니다. 우리는 우리 자신에 대한 물음이 자기를 변화시킬 수도 있다는 사실을 향해 자기를 열어놓을 수 있습니다. 그것은 이제까지 없던 지평에의 진입과 다르지 않습니다. 그것은 우리가 살아 있는 주체라는 사실을 새삼 확인하게 해 줍니다. 또한 참된 앎이란 불변하는 앎이 아니라 그 앎이 상황 의존적인 적합성을 지속적으로 확보하는 앎이라는 것을 일컫는다는 사실과도 직면하게 해 줍니다. 그때 우리는 비로소 특정한 불변하는 앎에 의해서 '경험'을 설명한다는 것은 실은 경험을 해체하는 것과 다르지 않다는 사실을 터득하게 됩니다. 그것은 '경험을 배제한 경험의 서술'이라고 할 만한 일인데 뜻밖에도 우리는 그러한 설명에 익숙해 있습니다. 자명성을 기반으로 한 종교개념이 온 인류의 종교를 설명하겠다고 하면서 제시한 '세계종교'가 구체적이고 직접적인 다양한 물음과 해답의 표상을 얼마나 종교의 울 밖으로 퇴출했는가 하는 것은 이미 익히 살펴본 바와 같습니다.

그러므로 물음주체의 자의식을 가지고 자신의 물음을 되살피게 되면 우리는 이제까지 예상하지 못했던, 아니면 예상할 뿐만 아니라 분명하게 확인하면서도 차마 발언하지 못했던, 다양한 종교현상과 직면하게 됩니다. 하나의 종교만 현존하는 것이 아니라 무수한 종교가 현존한다는 사실, 그러한 종교들은 태어나고 또 소멸한다고 하는 사실, 신의 현존도 다르지 않다는 사실, 종교도 힘의 실체이어서 모든 힘의 속성을 그대로 지닌다는 사실, 그래서 종교는 하늘 위의 현상이 아니라 땅위의 현실임을 승인할 때, 더 나아가

땅위의 현실이 빚은 하늘의 현상이라는 사실을 수용할 때, 그런데 그 현상이 인간에 의해 요청되었을 뿐만 아니라 인간에 의해 마련된 가장 귀한 것이면서 동시에 인간에게 가장 부끄러운 상처로 남아 있다는 사실을 인정할 때, 비로소 우리가 종교에 대한 논의를 '늪'에 빠지지 않고 담담하게 할 수 있으리라고 주장하고 싶은 것입니다.

그렇다면 종교에 관한 논의는 신을 이야기하는 것이 아닙니다. 영구불변하는 진리나 절대적인 어떤 실재나 그러한 것이 규범화한 어떤 현실적이고 본유적인 원리를 이야기하는 것도 아닙니다. 개개 종교의 전통이나 의례나 공동체를 이야기하는 것만도 아닙니다. 종교에 대한 관심 곧 종교를 묻는 일은 그 모든 것을 살고 있는 인간에 대한 이야기, 그가 살아가는 삶의 이야기, 그러니까 인간 자체에 대한 관심의 펼침입니다. 더 직접적으로 묘사한다면 종교논의는 신을 이야기하는 인간, 절대적인 진리의 실재를 주장하는 인간, 이에 대한 일정한 태도를 삶을 통해 구현한다고 주장하는 인간, 그래서 물음을 넘어 해답을 살아간다고 주장하는 인간에 대한 관심입니다, 종교논의는 그가 살아가는 삶에 대한 관심, 그가 짓는 문화에 대한 관심입니다.

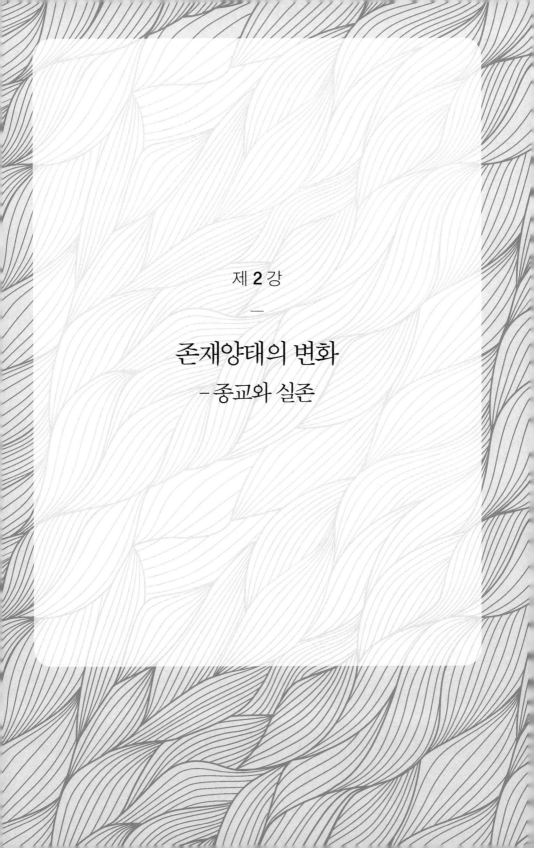

제 2 강

—

존재양태의 변화

- 종교와 실존

1. 실존: 그 물음의 그물

우리는 문제의 그물에 걸려 있습니다. 존재는 그것 자체가 문제입니다. 문제는 존재의 구조입니다. 인간의 실존은 물음의 그물을 그 존재의 자리로 삼아 현존하고 있습니다. 그런데 종교는 이러한 물음의 얼개 안에서의 삶이 지니는 하나의 현상입니다.

제1강에서 우리는 종교에 대한 우리의 인식이 자명성의 늪에 빠져 있지 않은지 하는 물음을 물었습니다. 그리고 만약 그렇다고 하는 것을 승인한다면 그 늪에서 빠져나오기 위해서 우리가 할 수 있고, 또 해야 하는 일은 종교와의 거리 짓기를 수행하여 이를 인식의 객체로 설정해야 하는 일이라고 주장했습니다. 그렇게 할 때 비로소 우리는 종교를 문화–역사적인 현상으로 간주할 수 있고 그 다양성과 변화에 주목할 수 있으리라는 주장마저 첨가했습니다. 달리 말하면 "무엇이 종교인가?" 하는 물음이 아니라 "사람들이 무엇을 일컬어 종교라 하나?" 하는 물음을 물으면서, 사람들이 '물음과 해답이 표상화된 현상'을 종교라고 일컫고 있는 것이 아닐까 하는 경험적인 판단에 바탕을 두고 그러한 주장을 해 본 것입니다. 그렇다면 우리는 이제 '종교'라는 서술범주에 담긴 인간의 물음이 과연 어떤 것인지를 우선 살펴보아야 합니다. 그래야 종교에 관한 우리의 논의가 진전될 수 있을 것이기 때문입니다.

우리는 이 논의를 개개인의 자리에서부터 시작하고자 합니다. 곧 사람들이 제각기 자기의 삶을 살아가는 일상을 살펴보고 싶습니다. 소박한 개인의 일상은 그대로 우리 삶의 가장 직접적이고 구체적인 모습이기 때문입니다. 인간이 직면하는 이른바 문제란 바로 그러한 삶 속에서 일고 있는 현상이고, 해답을 추구하지 않으면 견딜 수 없는 정황도 바로 그러한 일상 안에서 이루어지는 것입니다. 때로 우리는 문제의 발단이 일상을 넘어선 차원에서 비롯한다는 판단을 하기도 하고, 도달하는 해답도 일상을 넘어선 차원에서 비로소 다듬어진다고 여기곤 합니다. 그러나 어떻게 서술되든 그러한 문제와 부닥친다든지 그러한 해답을 겪는 것은 소박한 일상 안에서 일어나는 일입니다. 일상을 배제하는 삶은 없습니다. 따라서 우리는 이 일상에 담겨 있는, 또는 일상에서 일고 있는 문제와 그 문제에 상응하는 해답의 모색이 어떻게 그 일상 안에서 펼쳐지고 있는지 살펴보지 않으면 안 됩니다.

살아가는 주체인 개개인이 부닥치는 문제는 무척 소박합니다. 이를테면 없어 꼭 있어야겠다는 아쉬움이 절실한데 그것이 쉽게 마련되지 않을 때, 우리는 그것을 풀어야 하는 문제로 여깁니다. 우리는 이를 '모자람'이라고 개념화할 수 있습니다. 그런데 그러한 경우가 거의 일상 전체를 지배하기도 합니다. 그것이 물건이면 그래도 괜찮습니다. 돈을 마련해 살 수도 있고, 다른 사람한테서 빌릴 수도 있습니다. 온전하지는 못해도 웬만큼 채우면서 만족할 수도 있습니다. 또 체념하고 그 아쉬움에서 벗어날 수도 있습니다. 불가능하다고 예상되면 아예 단념할 수도 있습니다. 그러나 모자람의 진정한 문제는 그것을 피할 수 없다는 사실에 있습니다. 결핍은 욕망에서 비롯한 문제만이 아닙니다. 그것은 생존의 문제이기도 하고 인간의 존엄과 연계된 문제이기도 합니다. 그러므로 욕심을 버리면 채워지지 않는 것이 없다고 말하지만, 이처럼 욕망을 빙자해 모자람에 시달리는 삶을 지탄하는 일은 실은 현실의 아픔을 충분히 살피지 않은 탓이라고 할 수도 있습니다. 없어 생존을 유지하지 못하는 삶도 있고, 모자람 때문에 자존을 유지하지 못하는 삶도 있기 때문입니다. 꿈을 이룰 수 있는 조건을 확보하지 못한 모자람 때문에 겪는 시린 좌절도 있습니다. 하지만 그런 사정 때문에 아예 꿈을 꿀 수조차 없는 벼랑 위에 선 경험도 있습니다. 그런데 후자의 경우가 결코 예외적이지 않습니다. 단애(斷崖)에서의 절망은 차라리 우리의 일상을 채색하는 무늬라고 할 수 있을 정도로 보편적입니다. 이렇듯 그것이 무엇이든 채워지지 않는 아쉬움, 그것은 우리가 직면하는 피할 수 없는 문제입니다. 언제나 어디서나 우리는 이런저런 사소한, 때로는 절박한 '모자람의 경험'에서 벗어날 수 없습니다. 결핍의 경험은 누구에게나 일상입니다. 그러니 삶이 문제가 아닐 수 없습니다.

그러나 우리가 부닥치는 개개인의 문제는 이뿐만이 아닙니다. 앞에서 든 결핍의 경우와 상당한 정도 겹치는 것이기도 하지만, 그래도 따로 나누어 다루고 싶은 심각한 문제가 있습니다. 세월이 아쉬운 경우가 그러합니다. 이것은 결손과는 다른 더 깊은 차원에서 솟아 우리를 곤혹스럽게 합니다. 세월의 흐름을 아쉬워한다는 것은 결국 자신의 존재가 퇴색한다는 것을 아는 일과 다르지 않습니다. 그것은 채워 풀 수 있는 문제와 사뭇 다릅니다. 그렇게 세월 따라 흐르다 끝내 소멸될 거라는 예상이 뚜렷하기 때문입니다. 그것은 어떤 일에서도 겪지 못하는 두려움을 일게 합니다. 더구나 그것은 피할 수 있는 일이 아닙니다. 문제의 심각성을 덜 수도 없습니다. 그대로 그 두려움을 안고 겪으면서 우리는 세월의 흐름을 '속절없이' 견뎌야 합니다. 겨운 문제가 아닐 수 없습니다. 물론 이른바 해답의 추구가 시도되지 않는 것은 아닙니다. 캘린더 문화가 보여주듯 우리는 시간을 서둘러 끊어 끝매듭을 짓고, 또 새 시간이 비롯했다고 하면서 마치 시간을 마음대로 다루듯 그렇게 살기도 합니다. 시간을 재생시키려는 몸짓이라고 해도 좋을지 모르겠습니다. 그런가 하면 우리는 때로 시간을 늘리기도 하고 줄이기도 합니다. 넉넉하게 겪는 시간이 있는가 하면 초조하게 겪는 시간도 있습니다. 이러한 것들은 인간이 시간의 흐름을 따라 그저 흐르지 않겠다는 강한 의지를 보여주는 모습이라고 할 수 있습니다. 그래서 인간은 시간 안에 있으면서도 시간 밖에서 시간을 인식하고 시간을 다룰 수 있는 존재라는 자의식을 지닙니다. 그러나 그것이 문제를 풀어주는 데는 한계가 있습니다. '시간 속의 존재'라는 자의식은 때로 우리를 몹시 비참하게 합니다. 내가 스스로 자유로운 존재라고 하는 성숙한 자아를 확인할 때면, 그럴수록 내 존재가 얼마나 철저하게 '시간 예속적'인가 하는 것을 더 짙게 지각하게 되기 때문입니다.

그런가 하면 다른 사람의 마음이 아쉬울 때도 있습니다. 속이 아리게 휑한 고독을 우리는 견디기 힘듭니다. 늘 그런 사람도 있지만 갑작스러운 엄습처럼 그렇게 설명할 수 없는 외로움에 휘말리는 경우도 있습니다. 사람살이의 관계가 삐거덕했을 때 그러한 정서나 느낌이 일게 되는 경우도 있습니다. 하지만 그런 관계에 아무런 문제가 없으면서도 겪는 아쉬움도 있습니다. 어쩌면 존재 자체가 지닌 본유적인 것이라고 해야 할 그런 것인데 가장 깊은 '마음의 심연'에서 억제할 수 없이 솟는 것이라고 묘사할 수 있는 고독을 겪는 경우가 그러합니다. 그런가 하면 행복한 희열의 정점에서조차 인간은 갑작스러운 고독에 빠집니다. 그래서 사람들은 마치 가슴에 난 치유할 수 없는 상처처럼 그것을 안고 삶을 이어갑니다. 문제가 아닐 수 없습니다. 물론 이때도 우리는 이를 넘어서려는 온갖 노력을 다합니다. 어차피 그 아픔이 자신이 홀로라는 자각에서 비롯한 것이라면 어떻게 해서든 내 마음을 열어놓고 다른 마음을 받아들이면 되리라는 생각을 하게 됩니다. 그래서 그렇게 애씁니다. 또 내가 가서 다른 마음에 안기려 하기도 합니다. 그리고 그러한 안고 안김이 실제로 이루어지기도 합니다. 그렇게 되면 외로움은 훨씬 가볍게 됩니다. 그러나 엄밀히 말해 그렇게 고독이 불식된다면 그 고독은 고독이 아닙니다. 고독은 이를 넘어서려는 온갖 절박한 의도와 몸짓에도 불구하고 그 무게를 조금도 덜지 않는다는 데에 그 고독다움이 있습니다. 고독을 푸는 일은 쉽지 않습니다.

　고독은 굳이 설명한다면 내 실존을 승인받지 못하는 데서 말미암는다고 말할 수도 있습니다. 내 신뢰가 거절되는 정황이라고 할 수도 있습니다. 그런데 그러한 것이 고독이라면 고독을 벗어나려는 노력은 홀로 할 수 있는 일이 아닙니다. 타인이든 사물이든 내가 제어할 수 없는 '현실과의 만남'이 언제나 고독을 지우려는 내 노력을 가로막습니다. 그래서 때로 스스로 맑은 너그러움과 정으로 나와 너를 모두 한데 아우르는 일을 도모하기도 합니다. 자기가 자기를 다스리는 것만으로도 어쩌면 내 고독을 치유할 수 있으리라 믿기 때문입니다. 다른 사람들에 대한 내 무관심과 미움이 나를 고독하게 하는 원인이리라는 진단도 그러한 과정에서 등장하는 진정한 고뇌입니다. 마침내 고독이란 나로부터 말미암는 '나 자신 안에서의 칩거'라는 사실을 터득하기도 합니다. 때로 고독은 그러한 내 몸짓 속에서 제풀에 조용히 가라앉기도 합니다. 그런데 참으로 알 수 없는 일이 있습니다. 이렇듯 고독은 근원적인 아픔으로 내 삶을 온전하지 않게 한다는 사실을 저리게 겪으면서도 고독의 온전한 소멸을 사람들이 두려워하기도 한다는 사실이 그것입니다. 고독의 소멸이 자기의 소멸을 초래할지도 모른다는 생각을 할 만큼 고독은 삶과 더불어 있습니다. 역설적이게도 고독은 존재기반의 그늘이기 때문에 결코 지워질 수 없을 뿐만 아니라 반드시 있어야 하는 것이라는 '터득'조차 하게 됩니다. 하지만 그렇다고 실존적인 고독이 지양되는 것은 아닙니다. 여전히 고독은 견디기 힘든 아픔입니다. 고독이 인간에게 얼마나 심각한 문제인가 하는 것은 어떤 경우에도 삶에서 치워지지 않습니다. 문제는 심각합니다. 그런데 그것이 우리의 일상입니다. 답답한 일입니다.

이와 다른 문제도 있습니다. 무지(無知)나 미지(未知), 그리고 잘못된 인식 등으로 삶이 점철되는 것도 견디기 힘든 문제입니다. '알지 못함'은 우리의 삶을 앞으로 나아가지 못하게 합니다. 불안하기 때문입니다. 그런데 나아가야 합니다. 그리고 '알지 못했음'은 삶을 후회하게 합니다. 겨우 지탱한 삶이지만 그 삶에 스스로 부여했던 의미와 가치가 무산되기 때문입니다. 그러나 치유는 쉽지 않습니다. 모름을 안다고 해서 그 모름이 자연스럽게 앎으로 바뀌지 않습니다. 모름 자체가 이미 앎의 한계에서 비롯한 것이기 때문입니다. 앎의 지평을 넓히는 일은 인류의 역사 자체이기도 합니다. 그러나 여전히 모름은 확장되는 앎의 지평과 더불어 자신의 영역을 아울러 넓혀갑니다. 그렇다면 '모른다는 것을 아는 것'이 곧 '모르는 것을 아는 것으로 바꾸도록 하는 것'은 아니라는 사실을 확인하게 됩니다. 이러한 사실을 겪으면서 우리는 심한 '속수무책감(束手無策感)'에 빠집니다. 이러한 사태는 실은 의외로 심각합니다. 그 심각성을 우리는 다음과 같이 서술할 수 있습니다. 우리는 삶을 살아가다 어떤 견딜 수 없는 상황에 부닥치기 전까지는 내가 무엇을 모르는지를 모르고 있다는 사실을 알지 못한다고 하는 사실이 그것입니다. 우리는 흔히 자명하다든지 상식적이라든지 학문적이라든지 하는 수식을 하면서 우리가 부닥친 현실을 '알고 만나고, 알고 겪어' 나아간다고 생각합니다. 그런데 겪고 나면, 아니 그 이전에 그렇게 알고 겪어 가는 과정에서 이미 나는 모르는 것이 무엇인지 몰랐다는 사실을 뼈저리게 느낍니다. 이러한 사실은 우리가 진정으로 두려워하는 것은 이미 확인된 무지나 미지보다도 기지(旣知)의 사실을 앎이라고 할 수 없다고 하는 '앎 자체에 대한 무지'임을 보여줍니다. 내가 아는 것이 참으로 앎인지를 모르는 것입니다. 무지는 이러합니다.

그런데 인식의 한계는 내가 만나는 사물에 관한 것에 한하지 않습니다. 그것은 결국 삶의 주체인, 그래서 인식의 주체인 나 자신에 대한 앎의 물음에 이릅니다. 그러한 관심은 내가 왜 어떤 것을 모른다고 하는지, 왜 내가 그것을 알려고 하는지 하는 물음들을 거쳐 내가 누구인지, 내가 무엇인지, 내가 왜 사는지 등의 물음에 이릅니다. 결국 모름이 초래하는 문제는 내가 나를 모른다는 사실에 이르러 그 실상을 드러내는데, 더 근원적으로 말한다면 내가 나를 모르고 있다는 사실을 모르는 것이 진정한 모름이라고 말할 수 있습니다. 문제는 나 스스로 이 물음에 분명한 답변을 할 수 없다는 사실입니다. 그럴 뿐만 아니라 왜 내가 그러한 물음에 답변하지 못하고 우물거리는지도 설명할 수 없습니다. 그러나 설명해야 하겠다는, 그렇게 해야 한다는 당위가 현실적으로 나를 몰아칩니다. 실제로 우리가 희구하는 '문제가 일지 않는 잘 사는 삶'이란 모름을 모름으로 알아 그로부터 앎에 이르고, 다시 앎을 앎이라 알아 그로부터 비롯하여 내 삶이 사물에 대한 인식과 그에서 말미암는 일정한 판단과 이에 바탕을 두고 이루어지는 선택과 이를 다시 삶의 현장에서 직접적으로 펼 수 있는 일관성을 유지해야 비로소 가능해집니다. 그러나 이 일련의 연속이 끊어지든가 꼬이든가 서로 어긋나면 삶은 혼효(混淆)의 소용돌이를 내 안에서 일게 하면서 일그러집니다. 예사로운 문제가 아닙니다. 이제까지 위에서 든 삶의 여러 문제들이 일상을 지배하게 되고, 삶은 '문제로 채워진 혼미'로밖에 달리 서술될 수가 없게 됩니다. 결국 이러한 소용돌이 안에서는 어떤 '의미 있는 삶'도 다듬어지지 않습니다. 그렇게 될 수가 없습니다. 우리는 그러한 삶의 현실을 '무의미한~'이라고 하는 수식어로 묘사합니다. 삶이 보람을, 의미를 지닐 수 없게 되기 때문입니다. 이때 등장하는 '무의미'는 우리의 존재 자체가 뿌리째 흔들리고 있든가 아니면 이미 뿌리가 뽑혀 있음을 일컫습니다. 이를 넘어서려는 노력이 없는 것은 아닙니다. 물음과 해답의 구조를 끊임없이 되풀이할 수 있도록 하는 일이 그 하나의 예입니다. 해답을 물음을 위해 열어놓고, 그렇게 물어진 물음을 해답을 위해 다시 닫는 일의 반복이 그것입니다. 그것을 우리는 사유를 다시 사유하는 일, 곧 성찰이라고 이름하기도 합니다. 하지만 다른 문제들과 다르지 않게 그렇게 해서 쉽게 풀린다면 그것은 실은 문제가 아닙니다. 그런 만큼의 무게로 이러한 문제들이 우리를 짓누릅니다.

우리가 일상 속에서 부닥치는 삶의 자잘한 이런저런 문제들을 다듬으면, 그 문제들은 제각기 모여 작은 여울들을 이루면서 그 지류들이 모여 커다란 강물을 이루듯 삶을 온통 싣고 흐릅니다. 우리는 바로 그러한 현상에서 '존재의미 없음'으로 서술될 수 있는 나 자신의 실존을 확인합니다. 그런데 그것은 '존재를 전제한 의미 없음'의 차원에서 머물지 않습니다. '의미를 확인할 수 없는 존재'는 아예 '존재 자체가 없음'이라고 할 수 있는 차원으로 나아갑니다. 그러므로 아무리 작은 문제라 할지라도 그것은 '존재의 무화(無化)'와 무관하지 않습니다. 결국 그런 것들이 모여 큰 강을 이루기 때문입니다. 그 강의 넘침은 언제나 예상할 수 있는 일일 뿐만 아니라, 그 범람으로 인한 익사의 가능성도 언제나 현실적입니다. 우리의 문제는 이렇게 우리와 더불어 있습니다.

그러나 위에서 든 예는 어쩌면 오히려 '한가한 문제'들일지도 모릅니다. 무엇보다 더 절박한 문제는 우리가 '몸'을 지니고 있다는 사실에서 비롯합니다. 굳이 '몸의 현실'을 앞에 예거한 그러한 문제들에서 떼어 서술하는 것이 어색할 수도 있습니다. 비록 직접적인 서술은 하지 않았지만, 이미 앞에서 지적한 결핍, 소멸, 소외, 무지 등의 문제들은 몸의 현실을 충분히 포함하고 있다고 여겨지기 때문입니다. 그런데 문제는 앞에서 예거한 그러한 주제들을 논의하면서 그것들이 몸의 현실에서 단절되어 있지 않다는 사실을 간과하게 하는 묘한 '가르침의 전승'에 우리가 길들여져 있다는 것을 잊을 때가 많다고 하는 사실입니다.

우리는 우리 스스로 생각하는 것보다 더 심각하게 몸과 마음, 아니면 육신과 정신 등의 이원론에 익숙해 있습니다. 그래서 자신이 심각한 문제에 봉착하고 있다는 자의식을 가지게 될 때면, 그리고 그것이 현실적으로 풀기 어려운 일이라는 자각을 가지게 될 때면, 거의 무감각하게 그 문제의 해답을 '마음의 차원'에서 풀어내려 합니다. 문제를 아예 그러한 차원으로 옮겨 놓는 것입니다. 그래서 '존재의 무의미로 인한 존재 자체의 소멸'이라고 묘사되는 인간의 문제란 몸(육신)의 범주에 속하는 것이라기보다 마음(정신)의 범주에 속하는 것이고, 그렇다고 하는 것이 종국적으로 인간의 문제를 총체적으로 서술하는 데 가장 적합한 울이라고 생각하곤 합니다. 문제는 마음에서 비롯하는 것이고, 그렇기 때문에 마음에서 그것이 풀려야 한다고 생각하는 것입니다. 이러한 생각은 몸의 문제란 궁극적인 문제일 수 없다고 하는 것을 뜻하는 것이기도 하고, 몸의 차원에서 이루어지는 해답이란 실은 잠정적인 것일 뿐이라는 주장이기도 합니다. 이 계기에서 우리는 그 몸의 외연을 좀 더 현실적으로 다듬어 '물(物)'이라 하고, 그 마음을 그 물로부터 비롯한 것이든 그것에 과해지는 것이든 결과적으로 그것과 무관하지 않은 '의미, 가치, 얼' 등으로 기술합니다.

그러나 중요한 것은 우리의 실제 삶의 경험 자체입니다. 실제 삶에서 우리가 겪는 몸과 마음이라고 하는 것은 나뉜 두 실재가 아닙니다. 그것은 다만 우리의 삶을 그렇게 설명하는 과정에서 등장한 개념적 실재입니다. 우리의 삶은 그러한 나뉨이 서술될 수 있는 실은 나뉨 이전의 총체입니다. 두 실재의 등장이라고 할 수 있을 그 나눔은 서술 또는 설명을 위한 편의에서 비롯한 것일 뿐입니다. 그래서 우리는 우리의 삶 경험 자체에서 이 둘을 되살펴야 합니다. 그럼에도 불구하고 우리는 그 나뉨을 편리하게 일컬어 온 긴 전승을 쉽게 벗어날 수 없습니다. 그런데 때로 이 둘 중에서 우리의 의식의 성향이 너무 마음으로 기울어진 경우를 감지할 때가 있습니다. 그런데 여전히 몸이라든지 마음이라든지 하는 '나뉜 언어'를 사용할 수밖에 없다면, 우리는 문제와 해답으로 구조화된 우리의 삶을 그 둘의 '균형'을 고려하여 되살피지 않으면 문제를 직면하는 우리의 태도가 정직할 수 없다는 것을 느끼게 되기도 합니다. 그렇다면 이 계기에서 우리가 해야 할 일은 의도적으로, 또는 방법론적으로 몸에다 무게를 옮겨 이 사태를 다루어보는 일입니다. 그 느낌의 심각성이 우리로 하여금 그러한 무게중심의 옮김이 지나치게 무리한 일은 아닐 거라는 생각을 하게 하는 것입니다. 몸의 현실을 따로 떼어내어 또 하나의 범주에 담아 그것 자체를 두드러지게 함으로써, 우리가 직면하는 문제, 곧 인간이 회피할 수 없는 '문제'라는 것이 어떤 것인지를 살펴보게 되는 것입니다.[01]

그렇다면 이제 우리는 몸의 현실이란 어떤 것인지를 살펴야 합니다. 몸이 우리의 일상에서 어떤 문제를 드러내는지를 그려 보아야 합니다. 우선 지적할 것은 삶은 몸의 현실이라고 하는 사실입니다. 삶은 몸이 있어 비롯합니다. 몸이 없으면 인간의 존재란 아예 없습니다. 몸의 출현이 존재의 비롯함이고, 몸의 소멸이 존재의 마침입니다. 몸이 없으면 우리는 없습니다. 그렇기 때문에 몸은 구체적입니다. 그리고 직접적입니다. 몸의 가능성이 인간의

---

01 몸과 관련한 다양한 종교적 태도에 대한 일반적 논의를 위해서는 다음 글을 참조하라: William R. LaFleur, "Body," in Mark C. Taylor, ed., *Critical Terms for Religious Studies*, Chicago: The University of Chicago Press, 1998, pp. 36-54. 몸, 실천, 공간의 문제에 초점을 맞춰 종교에 대한 새로운 이론화를 시도하고 있는 다음 책을 참조하라: Manuel A. Vásquez, *More Than Belief: A Materialist Theory of Religion*, Oxford: Oxford University Press, 2011. 예컨대 종교에서 '독신주의(celibacy)'가 갖는 의미를 탐구하는 다음 책은 종교가 몸의 문제 안에서 얼마나 맴돌고 있는지를 보여준다: Carl Olson, ed., *Celibacy and Religious Traditions*, Oxford: Oxford University Press, 2008. 또한 '음식물 거부'의 종교적 의미화와 관련하여 다음 책을 참조하라. Rudolph M. Bell, *Holy Anorexia*, Chicago: The University of Chicago Press, 1985.

삶의 가능성이고 몸의 한계는 인간의 삶의 한계입니다. 앞서 언급했듯이 인간은 그 몸의 한계를 넘어선다고 주장하는 많은 '가르침'들이 전승되고 있습니다. 그러나 그러한 주장이 '몸의 몸다움'을 바꾸지는 않습니다. '몸을 벗어난 몸의 주체'를 일컫는 것은 실제 경험의 차원에서는 불가능합니다. 넘어섬을 이루었다고 하는 것도 몸이 발언하고 몸이 실증해 주어야 합니다. 그리고 그래야 비로소 그 넘어섬은 현실성을 갖습니다. 그럴 수 없다면 그 넘어섬은 넘어섬이 아닙니다. 예를 들면 굶주림은 몸의 가장 절실한 위험이고 문제입니다. 굶주림은 삶의 총체적이고 근원적이고 가장 직접적이고 현실적인 풀어야 할 문제입니다. 굶주림 자체에 의미를 부여하는 것으로 그 문제가 해결되지는 않습니다. 굶주림의 문제는 결국 마음먹기에 달렸다고 말할 수 없습니다. 그 문제는 '먹어야 또는 먹여야' 풀립니다. 그렇지 않으면 굶어 죽습니다. 아사(餓死)가 문제의 풀림은 아닙니다. 물론 굶음으로 시달린 이른바 문제주체가 죽으면 기아(飢餓)의 문제도 더 이상 없습니다. 해답도 없고 문제도 없다고 말할 수 있습니다. 문제의 주체가 소멸되었기 때문입니다. 그런데 그렇다고 하는 것은 인간의 문제가 얼마나 철저하게 몸에서 비롯하는지를 보여주는 실증이기도 합니다. 몸이 없으면 문제도 없다는 것을 극적으로 보여주고 있기 때문입니다. 물론 아사의 현상이 없도록 하자는 권고와 그래야 한다는 당위가 마음에서 마음으로 전달되고 확장되어 몸의 문제를 푸는 가능성을 현실화할 수 있습니다. 또 그렇게 해야 합니다. 그렇게 본다면 우리는 굶주림의 문제도 마음의 문제라는 주장을 충분히 할 수 있습니다. 그리고 우리는 이에 공감할 수 있습니다. 우리는 그러한 주장이나 권고를 실천할 의무가 있습니다. 그러나 여전히 지금 여기에서 먹지 못하면 굶주림의 문제는 풀리지 않습니다. 몸의 현실은 긴박하고 직접적이고 현실적이기 때문입니다. 진부한 표현이라고 할 수도 있겠지만 의식주(衣食

住)의 문제는 인간의 어떤 문제보다도 우선합니다. 그것이 해결되지 않은 정황에다 몸을 노출시키는 것보다 더 직접적인 문제, 곧 고통과 불행은 없습니다. 의식주에 아무런 걱정이 없는 삶, 그것을 바라는 꿈이 어떻게 얼마나 인간의 삶의 내용을 이루고 있는지 조금만 유념해도 우리는 인간의 문제가 어떤 것인지, 그 문제라는 것이 어떻게 '몸의 현실'을 묘사하고 있는지 그대로 살펴볼 수 있습니다.

또 다른 심각한 몸의 현실이 있습니다. 질병이 그것입니다. 질병은 몸이 있어 당하는 '몸의 현실'입니다. 그런데 흔히 우리는 건강한 몸과 그렇지 않은 몸을 나눠 질병을 몸의 본래적인 현상이 아니라 부수적인 현상으로 여기곤 합니다. 그렇다면 우리는 질병을 몸에서 일어나는 우연한 현상이라고 말해야 옳습니다. 하지만 그렇지 않습니다. 질병은 몸과 더불어 언제 어디서나 있는 현상입니다. 몸의 불가피하고 필연적인 상태입니다. 역설적으로 말한다면 몸이 없으면 질병도 없습니다. 그런데 질병은 우선 고통을 수반합니다. 아픔의 정도에서 강약(强弱)의 차이도 있고, 아픔의 지속에서 장단(長短)도 있습니다. 초래할 결과의 경중(輕重)도 있습니다. 그러나 그 어떤 것이든 질병은 견디기가 힘듭니다. 삶 전체에 그늘을 드리웁니다. 마음으로 몸을 다스린다고 하지만 마음을 가장 심각하게 흠내는 것은 몸의 아픔입니다. 질병은 몸의 아픔을 통해 마음의 한계를 끊임없이 시험하고 확인한다고 해도 좋을 그런 사태를 빚습니다. 회복이 불가능한 것은 아닙니다. 모든 질병은 치유를 기대해도 좋을 만큼 우리 삶 속에 간헐적으로 드나듭니다. 하지만 몸은 질병과 무관할 수 없습니다. 앞서 지적한 바와 같이 언젠가는 아프지 않을 수 없도록 드러나는, 그런데 잠재적으로는 아픔과 아무런 상관이 없는 듯 있는 것이 몸의 본연이기 때문입니다. 인간은 치유를 되풀이하면서 질병으로 인한 고통을 상당한 정도 견딥니다. 하지만 어느 단계에 이르면 몸의 아픔은 마침내 몸이 더 이상 견디지 못하는 한계에 이릅니다. 이에 이르면 사람이 죽어 자신의 몸으로부터 벗어나기 전에는 그 고통에서 풀릴 수가 없습니다. "나는 몸의 고통을 극복하며 살아간다"는 발언이 불가능하지는 않습니다. 하지만 엄밀히 말해 이것은 아직 그러한 발언을 하는 주체의 몸이 견딤의 한계에 이르지 않았음을 보여주는 것과 다르지 않습니다. 물론 우리는 개인에 따라 아픔을 견디는 차이가 있음을 간과할 수 없습니다. 하지만 그렇게 '넘어설 수 있는 것'이 몸의 현실은 아닙니다. 몸의 현실은 그 한계를 넘어설 수 없다는 것을 그 속성으로 지니기 때문입니다. 달리 말하면 질병은 몸을 더 이상 몸이지 않게 합니다. 질병으로 인한 몸의 고통은 죽음에서 끝납니다. 그리고 죽음은 몸의 소멸입니다. 그러므로 인간은 '몸의 아픔'이 언제나 인간 존재의 소멸을 내장하고 있다는 것을 경험합니다.

몸이 마침내 죽음에 이른다고 하는 사실은 이 계기에서 우리가 새삼 주목해야 할 또 다른 몸의 현실입니다. 우리는 누구나 살고 싶어 합니다. 그리고 '결코 중단 없이 생명이 지속하리라'는 것을 당연하게 여기며 살아갑니다. 그러나 우리는 생명의 종말을 압니다. 무릇 생명은 더 이상 생명이지 않는 계기를 맞습니다. 살아 있는 것은 살아 있다는 사실 때문에 죽음에 이릅니다. 예외가 없습니다. 그렇다면 인간이 살아가면서도 자연스럽게 살고 싶다는 희구를 가지는 것은 드러내어 언급하지 않더라도 이미 자기가 죽는다는 것을 알기 때문이라고 할 수도 있습니다. 그런데 그 죽음은 다름이 아니라 몸의 소멸입니다. 그리고 그것은 몸의 아픔과 이어져 있습니다. 그렇다면 몸의 현실은 이미 몸의 소멸을 몸 안에 담고 있습니다. 생명은 자기 안에 죽음을 배태하고 있습니다. 그러므로 살아간다고 하는 것은 죽어간다는 것과 다르지 않습니다. 우리의 일상적인 경험은 이렇듯 생명이 죽음과 상치되는 것이 아니라는 사실을 지속적으로 증언하고 있습니다. 우리의 일상은 생명이란 죽음을 포함한 몸의 현실임을 실증적으로 보여줍니다. 질병은 그것을 드러내는 가장 구체적이고 직접적인 현상입니다. 질병은 몸의 현상이고, 이를 거쳐 몸의 소멸을 현실화하는 것이 죽음입니다. 그렇다면 죽음은 삶의 현실입니다. 다시 이를 몸의 현실이라 일컬어도 좋습니다. 다시 말하면 죽음은 몸의 현실입니다.

그런데 우리가 겪는 죽음과의 만남, 죽음에 대한 예상, 그로부터 일어 내게 전해지는 삶의 결은 다른 것이 아닙니다. 소박하게 말한다면 내 몸의 소멸이 초래할 살아 있어, 또는 몸이 있어 맺었던 모든 관계의 단절입니다. 그것이 나로 하여금 견딜 수 없는 아픔을 겪게 합니다. 그것은 별리이기도 하고, 이제는 아무것도 더 희구할 수 없는 절망이기도 하고, 아무리 몸부림해도 감내할 수 없는 힘과의 겨룸에서 처절하게 패배한 데 대한 상한 자존심일 수도 있습니다. 그런데 이러한 아픔은 몸이 있어 비롯한 것입니다. 몸의 아픔이 몸의 부재를 독촉하면서 그 과정에서 겪는 일입니다. 다시 말하면 그러한 정황을 유도하는 것이 평범한 일상 속에서 누구나 겪는 몸의 아픔입니다. 되풀이하는 이야기이지만 우리는 몸의 고통을 통해 죽음에 이르기 때문입니다. 죽음마저 살아야 하는 몸의 현실성이 보여주는 가장 분명한 징후가 질병입니다. 그러므로 이러한 경험에서 도달하는 문제, 또는 이러한 데서 말미암는 '문제'는 아예 '문제의 차원을 넘어서는 문제'라고 해야 겨우 묘사될 법한 그러한 문제입니다. 만약 '몸의 소멸'이라는 묘사가 자칫 몸의 잔해의 흔적을 그나마 남기는 것 같은 함축을 지닌 것이라고 이해된다면, 그래서 그 흔적마저 지워야 죽음이 온전하게 기술되는 것이라고 판단된다면, 오히려 죽음을 '존재의 무화(無化)'라고 할 수 있을 그러한 현상이라고 묘사하는 것이 더 옳을는지도 모릅니다. 그러한 묘사는 아예 몸이 있음에서 없음이 되는 것을 일컫는 것이기 때문입니다. 있음은 말할 것도 없고 없음조차 운위할 수 있는 그루터기를 잃는 것이 곧 무화입니다.

몸은 이러합니다. 그러므로 비록 처음부터 의도한 것은 아니라 할지라도 몸을 배제한 인간에 대한 담론은 결과적으로 기만적일 수 있습니다. 몸을 간과하고 이루어지는 존재의미에 대한 물음은 의식의 과잉입니다. 그것은 '사치스러운 일'입니다. 이렇게 몸의 현실을 직면하면 삶은 암담합니다. 그런데 그것은 그대로 삶의 현실입니다. 우리는 암담하게 살아갑니다. 그렇기 때문에 삶은 총체적으로 문제일 수밖에 없습니다. 되돌아가 말한다면 몸을 가지고 있기 때문입니다. 아니, 가지고 있는 것이 아니라 인간은 몸이기 때문입니다. '앓는 몸'이기 때문입니다. 그런데도 잘 살아야겠고 오래 살아야겠다는 이른바 삶의 지속에 대한 희구를 누구도 한 번도 놓지 않습니다. 그러면서 출구를 통한 탈출은 고사하고 출구의 모색조차 불가능하다는 '문제정황'을 발언하지 않을 수 없습니다. 이러한 생각을 하다 보면 몸을 간과하면서 이루어지는 '의미에 대한 관심'은 몸의 현실이 주는 '절대적인 절망'을 에둘러 가고 싶은 인간의 '기지(機智)'가 낳은 '측은한 정경(情景)'인지도 모르겠습니다.

삶의 모습을 그리는 단순하고 적절한 언어를 찾는 것은 쉬운 일이 아닙니다. 삶이 천태만상이기 때문입니다. 그러므로 문제를 구체적으로 개념화하여 소통 가능하게 하는 일도 쉬울 까닭이 없습니다. 그럼에도 불구하고 우리는 삶이란 그것 자체가 문제라고 하는 말을 어렵지 않게 발언할 수 있습니다. 그리고 이제까지 서술한 우리 일상의 경험을 살펴보면 그 문제와 관련하여 적어도 다음과 같은 발언을 할 수는 있으리라 생각됩니다. 즉 인간의 문제란 아무리 서술적 편의를 위한 범주를 의도적으로 마련하여 이를 하나의 분류체계로 다듬고자 한다 할지라도, 그것이 불가능할 만큼 그 문제들이 마치 종횡으로 짜인 그물 같이 서로 얽혀 있는 그러한 것이어서, 문제의 항목을 나열하기보다 인간의 문제가 무엇인가 하는 것을 총체적으로 다듬어서, "존재를 무화하는 현실이 삶에 내재해 있다고 하는 것을 아는 데서 말미암는 아픔을 지니고 살아가는 것이 인간이다"라고 발언할 수 있을 것 같습니다. 그러므로 우리가 이러한 사실을 통해 유념할 것은 인간은 어떤 특정한 문제에 직면하고 있는 것이 아니라는 사실입니다. 우리는 문제의 그물에 걸려 있습니다. 존재는 그것 자체가 문제입니다. 문제는 존재의 구조입니다. 인간의 실존은 물음의 그물을 그 존재의 자리로 삼아 현존하고 있습니다. 그런데 종교는 이러한 물음의 얼개 안에서의 삶이 지니는 하나의 현상입니다.

2. 해답: 일상과 비일상의 통합

사람들은 실존에서 직면한 문제를 일상과 비일상의 두 차원으로 얽어 설명하고 해석하면서 '다른 존재가 되어 가는 과정'을 '종교적이게 되는 것'으로 경험합니다. 종교는 초월이나 신비나 신성에 의해 주어지는 것이 아니라, 그러한 범주를 설정하여 자기 문제를 풀어 나간 인간의 이야기가 구체화된 문화적 실체입니다. 종교는 '종교적이게 되는 것'의 결과에 대한 호칭입니다. 그렇다면 '종교'는 인간의 실존의 몸짓 속에 있는 현상입니다.

그런데 인간은 물음에 머물지 않습니다. 그 물음이 풀려야 합니다. 그래서 부닥친 문제에 대한 해답을 추구합니다. 이렇게 본다면 삶은 어쩌면 문제의 소용돌이가 아니라 오히려 해답을 찾아가는 과정이라고 해야 더 정확할는지도 모릅니다. 이미 제1강에서 우리는 '물음과 해답'을 존재의 구조라고 개념화한 바 있습니다. 당연한 일입니다만, 그렇기 때문에 해답의 추구는 문제에 대한 인식과 함께 비롯합니다. 그리고 도달한 해답은 문제에 대한 인식이 초래하는 바로 그 인식의 귀결입니다. 그러므로 해답이 어떻게 구체화되는지를 알기 위해서는 사람들이 자기네가 부닥치는 문제들을 어떻게 서술하고 또 설명하고 있는지를 살펴보아야 합니다. 해답은 문제가 설명 가능한 것이 될 때 비로소 자기를 드러내기 때문입니다. 그렇다면 해답은 다른 것이 아닙니다. 그것은 '설명된 문제'입니다. 문제는 그것이 설명되면 문제이기를 그만둡니다. 문제의 해체가 곧 설명이고, 설명이 가능해지면 우리는 그 설명이 해답을 자기 안에 담고 있다고 여깁니다.

대체로 사람들이 문제에 직면하여 이를 설명하는 '태도'는 그 문제가 비롯한 '처음'을 찾는 것으로부터 비롯합니다. 이를 우리는 원인을 탐구하는 일이라든지, 까닭을 찾아내는 일이라고 말합니다. 예를 들면 병균의 발견은 질병을 치유할 수 있게 합니다. 원인이 밝혀졌기 때문입니다. 힘의 한계 때문에 지금의 문제가 생겼다는 사실이 밝혀졌다면 힘의 확장이나 증가를 도모하면 됩니다. 이제까지 안다고 생각했던 것이 그릇된 것이었다는 것을 발견하게 되면 바른 앎을 통해 이를 바로잡을 수 있습니다. 그러므로 지금 여기에서 우리가 직면한 문제가 그 이전에 벌어진 어떤 원인의 결과라고 하는 사실을 확인하는 것은 그 문제에 대한 인식을 가능하게 하는 소박한 기초이기도 합니다. 이를테면 사물을 분명하게 설명하고 있는 것이라고 우리가 여기고 있는 이른바 과학적인 실증이란 다른 것이 아닙니다. 거듭되는 실험에도 불구하고 하나의 현상이 불변하는 '인과적(因果的) 사실'로 판명되는 것이 곧 실증입니다. 그것이 이루어지면 그 현상에 대한 설명은 마무리됩니다. 그 현상이 어떻게 비롯하여 지금 여기 있게 되었는지 궁금해 했던 그 물음이 해소되기 때문입니다. 그러므로 '~때문'이라든지 '~탓'이라는 서술이 가능해지면 우리는 한결 문제의 무게를 가볍게 할 수 있습니다. 문제의 불가피성에도 불구하고 원인의 발견이라고 확인되는 설명의 논리를 통해 우리는 그 불가피성을 문제의 범주에서 벗어나게 할 수 있습니다. 그렇게 되면 그것은 때로 예상하지 않았던 새로운 가능성으로, 또는 새로운 현실로 승인됩니다. 산을 옮기고 강을 막는 일도 할 수 있고, 마음을 고쳐 세상을 다른 것으로 여기게도 합니다. 인과의 서술에 현실성을 부여하는 일은 그대로 해답의 현실성을 마련하는 일이 됩니다. 그렇기 때문에 우리는 우리의 존재양태가 그러한 '새로운 가능성'들을 통해 변할 수 있다는 것을 알게 됩니다. 그리고 실제로 그러한 변화를 겪습니다. 해답은 이렇게 이루어집니다.

하지만 그 인과의 서술이 늘 즉각적이고 직접적이지는 않습니다. 때로 그 원인의 서술은 무척 '긴 연쇄의 과정'에 담깁니다. 왜냐하면 지금 우리가 직면한 문제의 원인이라고 일컬어지는 현상은 실은 그것을 현존하게 한 또 다른 원인의 결과라는 사실 때문에 그러합니다. 그러므로 원인을 찾아 소급하는 일은 끊임없이 이어집니다. 논리적으로 서술한다면 그 과정은 무한하다고 해야 합니다. 더 이상 원인을 일컫지 않아도 되는 데에 이르기 전까지는 그렇게 이어질 수밖에 없는 것이 '인(因)의 자리'이기 때문입니다. 그런데 소급만이 원인의 자리를 일컬을 수 있는 논리적 연쇄를 함축하고 있는 것은 아닙니다. 지금 우리가 겪는 결과는 이전의 원인의 결과일 뿐만 아니라 이후에 일어나는 어떤 일의 원인이기도 합니다. 모든 결과는 동시에 원인이기도 한 것입니다. 그래서 하나의 결과는 다른 결과의 원인이 되면서 끝없이 이어지는 연쇄의 고리를 짓습니다. 그렇다면 이 이어짐도 논리적으로 말한다면 무한합니다. 결과가 '과(果)'로만 서술되고 끝나는 자리에 이르기까지는 그렇게 펼쳐집니다. 인과의 사슬은 이러합니다. 그러므로 인과론의 구조는 '결과는 원인을 전제한다'는 것으로 다듬을 수 있지만, 그래서 하나의 사실에 하나의 원인을 연계시키면서 그것을 하나의 단위로 하여 앎을 구축할 수 있지만, 인과론 자체는 '소급되는 기억'과 '펼쳐지는 기대'의 복합적인 구조로 우리의 현실 안에 자리 잡고 있습니다. 인과론은 즉각적이고 직접적인 해답을 함축하기에는 그 실제적인 한계가 무척 모호합니다. 따라서 '작위적인 연속의 단절', 곧 '마지막 처음'과 '마지막 끝'을 맺는 행위를 '억지로' 감행하지 않는 한, 인과론을 효과적인 현실성을 가진 해답의 구조로 서술한다는 것은 무리한 일일 수도 있습니다. 인과론이 풀이를 완성한다고 하는 기대는 현실적으로 그 나름의 한계를 지니고 있는 것입니다.

인과론의 한계라고 할 수 있을 이러한 사실을 우리는 또 다른 면에서도 찾아볼 수 있습니다. 우리가 부닥쳐 문제로 인식된 현실은 단순하지 않습니다. 실제로 우리가 일컫는 문제의 문제다움은 어떤 것이 내게 부닥치면서 출구 없음이나 풀리지 않음으로 분명하게 경험된 것인데도 불구하고 그러한 상황 자체조차 선명하게 기술할 수 없다는 데 있습니다. 그 모호한 당혹 속에서 어느 것이 진정한 문제인지 판별할 수 없는 복합적인 상황이 내 앞에 벌어지고 있는 것이 바로 문제입니다. 무언가 문제인 것은 분명한데, 그런데 그것이 무언지 잘 모르겠는데, 그래도 그것이 풀리지 않는 엉킨 실타래 같다는 사실만을 막연히 짐작하면서 어느 가닥을 잡아야 그 엉킴이 풀리는지 몰라 풀리지 않는 그것을 풀려고 갖은 짓을 다하는 것이 우리가 직면하는 문제인 것입니다. 이러한 복합성 자체가 문제의 문제다움입니다.

그렇기 때문에 우리가 그 상황 이전으로 거슬러 올라가는 것만으로 이 결과를 낳았으리라고 예상하는 원인을 찾으리라고 기대하는 것은 현실적이지 않습니다. 원인도 단순하지 않기 때문입니다. 물론 우리는 수많은 원인들을 다듬어 하나하나 항목화할 수도 있고, 그것들이 서로 이리저리 얽힌 복합적인 구조조차 일컬을 수 있습니다. 그러므로 그 원인의 더미 속에서 어떤 원인이나 틀을 선택하여 이것이 지금 부닥치고 있는 문제의 원인이라고 단정하는 일이 불가능하지는 않습니다. 하지만 그렇다 할지라도 우리는 그것이 여기 지금의 문제를 있게 한 진정한 원인이라고 단정할 수는 없습니다. 오히려 그 선택된 원인에 '의하여' 우리가 직면한 지금 여기의 문제가 '제한되면서' 그 '원인이 낳은 결과'로만 여겨지는 것은 아닌가 하는 의구를 떨어내기가 쉽지 않습니다. 그렇다면 불가불 원인의 서술은 작위적일 수밖에 없고, 결과에 대한 설명도 그 원인의 작위성에 갇힐 수밖에 없습니다. 결과의 서술이 원인 의존적이라는 인과론은 의외로 그리 소박하지 않습니다. 이러한 생각을 절실하게 하지 않을 수 없는 것은 실제로 하나의 원인이 지금 문제의 원인이라고 서술된 다음 어느 계기에서 그 원인이 지금 여기의 현실을 충분히 설명하지 못하는 것은 아닐까 하는 회의가 생기게 되어, 다른 원인을 선택하여 지금 여기를 다시 서술해 보면 이전과 다르지 않은 지금 여기가 다른 원인을 바탕으로 하는 설명에 의하여 전혀 다른 현실로 바뀐다는 것을 흔히 겪기 때문입니다. 다시 말하면 그 방법이 귀납적이든 연역적이든 원인이 우리의 추론을 통해 자명한 것으로 드러나는 것이 아니라면, 원인을 달리 선택할 경우 우리는 아예 문제 자체의 변모나 변질을 겪을 수밖에 없습니다. 선택된 원인이 문제를 규정하는 것입니다. 따라서 역으로 말하면, 비록 우리가 누구나 인정하는 동일한 현상을 문제로 인식한다 하더라도, 그것이 함축하고 있는 문제가 어떤 것인지를 서로 달리 물으면 이에 상응하는 원인도 달리 서술되고 해답도 달라집니다.

그렇다면 이러한 현상에서 우리가 확인하는 것은 이른바 인과론에서의 원인과 결과란 그 '관계'가 물음 의도에 따라 가변적일 수밖에 없다는 사실입니다. 이러한 주장은 '문제 자체' 또는 '해답 자체'라는 것이 실은 존재하지 않을지도 모른다는 것을 함축하는 것이기도 합니다. 그럼에도 불구하고 우리는 인과의 도식 안에서 문제가 무엇인지 알 수 있을 뿐만 아니라 그 문제에 대한 해답조차 분명하게 마련할 수 있다고 생각합니다. 그리고 그렇게 얻은 해답을 실제로 살아갑니다. 문제를 풀고 넘어서는 것입니다. 이것은 매우 흥미로운 현상입니다. 실은 문제의 서술이 논리적 정합성(整合性)을 지니고 있지 않기 때문입니다.

인과가 실증되는 기초적인 자연과학적 현상에서는 인과론이 사물을 '온전하게' 설명합니다. 그럴 뿐만 아니라 그 설명에 의해서 그 사물이 담고 있는 '문제'가 풀리리라는 것도 충분히 예상할 수 있습니다. 그리고 그렇다고 하는 것을 우리가 승인하고 수용하는 것도 결코 무리가 아닙니다. 실제로 인과적 설명에 의해서 '문제의 소멸'을 확인할 수 있기 때문입니다. 물론 '당해 문제'의 소멸일 뿐 여전히 물음은 지속합니다. 그러나 '찾아낸 해답'으로부터 또 다른 문제가 야기된다면 이로부터 비롯하는 문제는 이제까지의 문제와는 같지 않은 '또 다른 문제'라고 여깁니다. 결과적으로 우리는 그렇게 '단위별 문제와 해답'이 커다란 '앎의 틀'을 이루는 것을 확인합니다. 그렇지만 이미 앞에서 지적했듯이 우리가 현실로 겪는 삶 전체의 문제를 소박한 자연과학에서처럼 인과론이 풀어 주리라고 예상한다거나 확인하는 일은 그리 명백하지 않습니다. 물음이든 해답이든, 이미 서술했듯이 우리는 우리의 경험에서 그것이 지닌 복합성을 쉽게 벗어날 수 없기 때문입니다. 그렇다면 인과론으로 개념화된 어떤 해답을 그대로 승인하면서 문제를 풀기 위해 인과론의 틀 안으로 스며드는 것은 조심스러운 일이 아닐 수 없습니다. 그러나 그러한 염려를 의식하면서도 우리는 인과론을 통해 해답을 마련하면서 그렇게 현실을 살아갑니다. 인과론은 문제를 푸는 보편적인 틀로 자리 잡고 있습니다. 그렇다면 우리는 어떻게 이러한 사실이 현실적으로 가능하게 되는지를 좀 더 서술할 필요가 있습니다.

중요한 것은 삶을 관통하는 인과론은 그것이 적용되고 '활용'되는 현장에서 논리적 정합성만을 가지고 서술되지는 않는다고 하는 사실입니다. 다시 말하면 우리는 삶을 살아가면서 이른바 인과론이 서술하고 있는 그 논리 자체가 실증적으로 인과를 설명하는 '충분한 논리'라고 여기지를 않습니다. 그 '논리'의 완결성을 전제한다거나 그 논리에 무조건 의존하지를 않습니다. 물론 그렇다고 해서 인과의 틀을 벗어나는 것은 아닙니다. 여전히 그 안에 머뭅니다. 그러면서도 그 '논리'가 다 담을 수 없는, 그래서 그 논리를 벗어나는 '어떤 것'이 있다고 느낍니다. 그래서 그렇다고 하는 것을 그 논리에 억지로 담기보다 이를 다른 '어느 것'에 담습니다. 달리 말하면 왜 그런지 알 수 없지만 무릇 논리는 논리 자체로 있을 때는 스스로 자기 격률(格率)을 유지하지만, 실제 삶 속에서 자기를 '발휘'하게 되면 스스로 자신의 발언이 지닌 준칙을 끝까지 지탱하지 않습니다. 마치 발음된 처음 소리가 서서히 지워지듯 이어지다가 겨우 여운에 담겨 흐려지듯 사라지는 것과 다르지 않게 됩니다. 이것이 삶 속에 현존하는 논리의 실상입니다. 문제는 그러한 논리를 여전히 논리로 머물게 하기보다 이를 '다른 것'에 받아 담는데, 이 '다른 것'이 무엇인가 하는 것입니다. 다시 말하면 논리로부터 벗어나는 논리를 받아들이는 것이 무엇인가 하는 것입니다. 우리는 그것을 '이야기'라고 할 수 있습니다. 이야기는 인과의 논리를 배제하지 않습니다. 그러나 논리에 묶이지도 않습니다. 앞서 지적했듯이 우리의 삶 속에서 인과론은 문제를 설명하는 필연적인 논리입니다. 그것은 문제를 설명합니다. 풀이의 가능성을 열어 줍니다. 그리고 우리로 하여금 마침내 풀이를 살도록 해 줍니다. 하지만 그 일련의 경험을 담아 펴는 것은 인과론 자체가 아니라 이야기입니다. 다시 말하면 문제에 대한 설명이면서 해답으로 수용되는 인과론의 '전개'를 담는 것은 인과론 자체가 아니라 그것을 받아 지니면서도 그것을 넘어서는 우리가 지닌 '이야기'입니다. 그런데 그렇게 되어야 비로소 우리는 논리의 논리다움도 승인하게 됩니다. 이뿐만 아니라 그렇다는 것을 승인하면서도 그것이 전부는 아니라고 말합니다. 이야기는 그래서 '논리'가 아니라 '이야기'입니다.

좀 더 구체적으로 살펴보면 우리는 다음과 같은 사실을 서술할 수 있습니다. 인과론 자체는 '원인의 소급'을 중단하거나 아주 끊을 수 없습니다. 결과의 예측도 다르지 않습니다. 논리의 논리 안에서는 인과의 논리가 무한하게 확장될 수밖에 없습니다. 그러므로 실제로 인과론이 문제를 서술한다 할지라도 그것은 잠정적인 것일 뿐 '진정한' 해답에 이를 수는 없습니다. 하지만 논리를 벗어나면 문제는 달라집니다. 그런데 이야기는 논리를 벗어날 수 있어 이야기입니다. 무엇보다도 이야기는 '원인의 소급'에 끝을 짓습니다. 이것은 인과론의 승인이면서 부정입니다. 당연히 '결과의 기대'에도 끝을 짓습니다. 이도 다르지 않습니다. 인과론을 수용하면서도 이를 배제합니다. 그 인(因)과 과(果)의 '두 끝'이 논리의 처음과 마침의 자리에서 논리를 완결시킵니다. 그것이 이야기입니다. 달리 말하면 이야기는 '처음'을 일컫고 '끝'을 말합니다. 끝없이 반복하는 인과의 연쇄에만 주목한다면 불가능한 언급입니다. 그런데 우리는 살아가면서 인과의 논리를 그렇게 '이야기'로 바꿉니다. 그래서 우리는 이야기를 들으면서 그 처음과 끝이 함축한 '여운'으로 논리의 한계 또는 논리의 완결을 그리게 됩니다. 그 울림 속에서 등장하는 '처음'으로 모든 원인을 아우릅니다. 그리고 그 울림이 초래한다고 믿어지는 '끝'으로 모든 결과를 아우릅니다. 따라서 더 이상 원인이 없는 그 처음의 인(因)과 더 이상 결과가 있을 수 없는 그 끝의 과(果)를 확보합니다. 마침내 그 안에서는 어떤 물음도 해답으로 풀리지 않는 것이 없습니다. 아무리 복잡하다 하더라도 모든 문제가 설명되기 때문입니다. 그러므로 이야기를 들으면서 내 문제가 풀린다고 하는 것은, 인과의 논리를 부정하지 않으면서도 이를 벗어나 그로부터 비롯한 여운에 나 자신이 메아리친다고 하는 것과 다르지 않습니다. 그 여운은 논리가 미처 담지 못하는 포괄성 또는 총체성을 안고 있습니다. 더 소급할 수 없는 처음과 더 기대할 수 없는 끝을 담고 있기 때문입니다. 거듭 말하면 그러한 틀에서는, 곧 이야기의 틀에서는 '인과론조차 넘어서는 인과론의 진술'을 우리가 할 수 있게 됩니다. 어떤 문제도 설명할 수 있기 때문입니다. 해답은 이러합니다.

　이러한 진술이 그리 납득하기 어려운 것은 아닙니다. 이야기의 이야기다움을 우리가 유념하면 그렇다고 하는 것을 충분히 짐작할 수 있습니다. 이야기는 '보고(報告)'가 아닙니다. 사실의 정확한 묘사와 이의 전달이 아닌 것입니다. 이야기는 화자(話者)의 상상력이 사실에 보태지면서 '사실을 넘어서는 사실'을 그 사실에 첨가합니다. 그러나 그 '사실을 넘어서는 사실'이 부정직하고 기만적인 거짓을 뜻하는 것은 아닙니다. 오히려 논리적 현실에서 더 이상 그것에 의존할 수 없는 절박한 실존적 동기의 실현이라고 할 만한 그러한 것이 상상력입니다. 이야기는 이렇게 출현합니다. 그래서 앞에서 언급한 바와 같이 이야기는 끝없이 소급되는 원인의 추적을 어느 지점에 이르러 멈추게 하고, 그렇게 펼쳐지는 풀린 결과에의 기대도 어떤 결과에서 멈추게 합니다. 그러면서 원인으로 묘사되는 처음의 '마지막 처음'을 일컬어 '태초(太初)'라고 명명합니다. 창조의 계기, 아니면 존재가 비롯한 처음 때라고 할 수 있습니다. 아울러 결과로 묘사되지만 더 이상 다른 결과의 원인이 되지 않는 '마지막 끝'을 일컬어 '종말(終末)'이라고 명명합니다. 그런데 이러한 사실 때문에 때로 이야기가 인과론의 얼개를 아예 부정한다고 여기기도 합니다. 마지막 처음이나 마지막 끝조차 실은 이야기 속에서 용해되어야 할 인과론의 잔영(殘影)이라고 판단하기 때문입니다. 아예 문제의 실재 자체를 거부하면서 당연하게 해답의 실재성도 있을 수 없다고 판단합니다. 그렇다고 하는 것을 이야기에 담습니다. 논리를 '없음(無)'에 담아 이를 넘어서려 하는 것입니다. 그 넘어섬의 모습이 어떠하든 분명한 것은 문제가 이렇듯 이야기에 담기면 문제의 까닭도 해답의 결과도 모호하지 않게 된다는 사실입니다. 어떤 원인도 담을 수 있는 처음, 어떤 결과도 품을 수 있는 끝이 모든 '인'과 모든 '과'를 포괄하기 때문입니다. 이야기는 서서히, 그리고 때로는 즉각적으로, 그러나 분명하게 우리가 직면한 이른바 '문제와 해답'이 모호하지 않음을 진술합니다. 까닭의 서술이 분명해지고, 사람들은 이를 승인합니다. 이야기를 통해 문제를 알게 됩니다. 사람들은 이를 승인하고 수용합니다. 해답의 서술도 다르지 않습니다. 이야기를 통해 해답의 현실성을 승인하고 수용합니다. 이것이 곧 해답의 누림입니다.

그런데 사실을 넘어서는 사실의 첨가라고 했을 때 그 '사실을 넘어선 사실'이란 다른 것이 아닙니다. 이제까지 없었던 것을 이제까지 있었던 것에 덧붙이는 것이기도 하고, 아니면 이제까지 있었던 사실이 이미 가지고 있었던 것인데 미처 알지 못했던 어떤 것을 발견한 것이기도 합니다. 어떠하든 중요한 것은 하나의 사실은 그것 자체를 넘어서는 어떤 것, 곧 '사실의 잉여'를 지니고 있다는 점입니다. 그런데 그것이 사실의 변형이나 변모나 확장이나 누증을 뜻하는 것은 아닙니다. 사실은 사실대로 있습니다. 그럼에도 불구하고 첨가할 수 있다든가 발견할 수 있는 것이라면, 사실의 잉여란 다른 것이 아닙니다. 그것은 '의미'입니다. 엄밀하게 말한다면 '사실의 의미'입니다. 그런데 의미는 사실 자체가 지니고 있다기보다 그 사실과 만나는 주체와 그 사실과의 만남에서 빚어지는 것입니다. '관계가 드러내는 사실'이 곧 의미입니다. 그러므로 그것은 첨가일 수도 있고 발견일 수도 있습니다. 관계상황 안에서의 만남주체의 태도에 따라 그 어느 것으로도 말할 수 있습니다. 그러나 적극적으로 말한다면 결국 의미는 '관계'상황 안에서 사실을 다시 짓는 것과 다르지 않습니다. 그것이 곧 '논리의 이야기화 현상'입니다. 달리 말하면 '의미를 통한 논리의 수용'이라고 할 수도 있습니다. 그렇다면 무릇 문제란 궁극적으로 의미의 부재 현상과 다르지 않습니다. 그러므로 우리가 의미를 길어 올릴 수만 있다면, 어떤 것이든 그것은 이미 문제이지 않습니다. 그렇다면 문제의 풀림이 이렇게 이야기를 통해 이루어진다는 사실이 그리 낯선 것일 수는 없습니다. 우리가 익히 겪는 일이기 때문입니다. 무릇 이야기는 해답을 담은 진술로 현존합니다.

우리는 '이야기 하기'나 '이야기 듣기' 자체가 문제의 풀림 계기를 마련한다는 것을 익히 경험하고 있습니다. 우리가 흔히 일컫는 신화는 그러한 이야기입니다. 굳이 인과론이라는 개념을 등장시키지 않아도, 신화의 처음이 담고 있는 '어처구니없는' 이야기, 그 주역들이 하는 '불가사의한' 행위들, 그 이야기의 전개가 보여주는 거의 정형화된 '풀림의 서사구조'는 조금도 그 이야기의 원형이 인과론이라는 것을 감추지 않습니다. 그러나 우리는 그것을 유념하지 않습니다. 인과론을 안은 이야기를 듣고 말하면서 논리적 정합성과는 상관없다고 해도 좋을 공감과 감동, 상상력과 의미 짓기를 겪고 구현합니다. 처음과 끝이 분명하다는 이야기의 맥락 안에서 인과론의 논리를 넘어 그 논리가 품은 문제와 해답의 구조를 스스로 견딥니다. 그러므로 신화음송은 사실 짓기와 다르지 않고, 그러한 사실 짓기는 이미 부닥친 사실의 의미화와 다르지 않습니다. 따라서 신화의 현존은 우리의 근원적인 필요에 의해서 자연스럽게 등장한 필연, 아니면 우리의 불가피한 요청에 의하여 있게 된 자연스러움이라고 할 수도 있습니다. 해답이기 때문입니다.

역사도 그러합니다. 신화를 일컫는 맥락에서 역사가 등장하면 언제나 전자는 역사 이전의 허구로 치부되고 후자는 신화 이후의 사실이 됩니다. 그러나 어떻게 보든 역사는 사실의 전언에 그치지 않습니다. 그것은 인과적 서술을 통한 문제의 지양을 구조적으로 내장한 사실 기술입니다. 그것이 가진 이른바 근대성의 치장을 우리가 조심스럽게 걷어낸다면, 역사도 물음과 해답의 구조를 틀로 한 서사임을 조금도 부정할 수 없습니다. 다시 말하면 역사도 '이야기'라는 사실을 그대로 확인할 수 있는 것입니다. 이를테면 역사는 기억의 전승을 지금 여기에서 되살핍니다. 그런데 그 되살핌은 사실의 확인만을 뜻하지 않습니다. 전승되는 기억의 현존 자체에 대한 관심을 아우릅니다. 그것은 이미 사실의 잉여를 사실의 서술에 담는 것과 다르지 않습니다. 그러므로 우리는 사실을 그저 만나지 않습니다. 아픈 기억으로, 부끄러운 인식으로, 절절한 감동으로 그 사실을 되만납니다. 그러한 내용을 담은 사실의 진술, 곧 '이야기가 된 사실'은 우리가 지닌 기억의 내용을 마침내 '의미'로 현존하게 합니다. 삶(역사)이 직면하는 어려운 사태(문제)는 사실의 지속이 아니라 그것에서 발견하든가 그것에 첨가되는 다른 것(의미)에 의해 그 사실이 다른 실재가 될 때 비로소 넘어설 수 있습니다. 우리가 직면한 문제의 출구는 그렇게 마련됩니다.

역사가 함축하고 있는 미래에 대한 기대의 예상도 다르지 않습니다. 미래는 과거를 포함한 오늘이 '인'이 되는 그 '인'의 결과라고 말합니다. 그러므로 지금 여기에서 판단하면 기대가 충족되리라고 예상할 수 없는 비현실적인 조건들이 분명하게 인식되는데도, 인과의 틀 안에서 판단컨대 결코 지금의 기대가 비현실적이지 않으리라는 절절한 기대를 그 인과의 틀에 첨가합니다. 아니면 그러한 기대를 역사 스스로 찾아냅니다. 그리고 그것을 바탕으로 하여 우리에게 '기대의 현실화'를 기다리라고 말합니다. 이를 위해 역사는 역사의 주체인 나도 우리도 어제도 오늘도 되살피게 합니다. 결과에의 기대가 그러한 이야기를 통해 지금 여기 나의 현존을 '의미'로 다듬게 합니다. 내일이 실재하는 것입니다. 비로소 우리는 지금 여기의 문제를 긴 맥락에 담아, 그것 자체가 이야기가 되어 그것을 이야기하는 '상황'을 지금 여기에서 살아가게 됩니다. 우리는 이를 인과론의 논리를 안고 그것을 넘어서면서 해답을 만나게 되는 것이라고 말할 수 있습니다. 되풀이하거니와 이러한 사실은 우리가 근원적으로 인과론을 통한 문제의 해답 찾기라는 구조에 합류된 의식의 흐름을 지니고 있다는 사실을 그대로 보여 줍니다. 더 구체적으로 말한다면 우리는 '기억의 전승'과 함께, 그리고 '기대와 어우러진 의식'과 함께 인과론의 현실성을 펼치면서, '이야기'를 통해 이를 살아가고 있습니다. 우리는 그러한 문화에 익숙합니다. 우리가 아끼는 역사의식이란 이러합니다. 해답은 이렇게 있습니다.

우리는 위의 경우와는 다르게 이러한 사실에 다가가는 모습도 기술할 수 있습니다. 이 태도도 문제를 푸는 데서 인과론이 얼마나 현실적으로 적극적인 몫을 수행하며 기간(基幹)을 이루고 있는지를 전혀 간과하지 않습니다. 하지만 이 자리에서는 모든 문제가 그러한 틀에서 비롯하는 것이라고 전제하지 않습니다. 여기에서는 인과론의 구조에 들 수 있는 문제와 그렇게 할 수 없는 문제를 나눕니다. 따라서 사물의 문제다움을 의식하는 처음부터 어떤 문제에 대해서는 인과론에 의존하지 않고 '다른' 설명을 의도합니다. 어떤 문제에 대해서는 이를 인과의 구조로 환원하여 해답을 추구할 수 없다고 판단하는 것입니다. 이를테면 우리가 부닥친 문제 중에는 상황이 '어떻게' 해서 이렇게 되었는가 하는 물음을 묻게 하는 문제가 있습니다. 그런데 이러한 경우에 '어떻게'는 인과론의 범주를 통해 대체로 밝혀질 수 있습니다. 그리고 그 문제가 '무엇'인지도 대체로 명료하게 드러납니다. 해답은 당연히 그 인과의 서술과정에 이미 담겨 있습니다. 따라서 이에 대한 설명은 그것 자체가 상당한 정도의 해답을 구축합니다. 그러나 우리는 '어떻게' 이전에 '왜' 그러한 사태가 일어나게 되었는지도 묻습니다. 그런데 이 물음은 달리 말하면 그 '어떻게'가 물어지는 현상의 현존에 대한 '인(因)'을 묻는 것과 다르지 않습니다.

그런데 주목할 것은 그 '인'은 인과의 연쇄 속에 있는 '인'과 다르다고 하는 사실입니다. 어색한 동어반복을 통해서 서술한다면 '왜'는 '인의 인'을 묻는 것입니다. 그러므로 그 '왜'는 인과론의 범주 안에 있지 않습니다. 인과론의 비롯함을 여는 처음일 뿐입니다. 따라서 이에 대한 해답도 마찬가지로 인과론의 범주에 들지 않습니다. 그 논리가 더 펼쳐질 수 없도록 닫는 끝이기 때문입니다. 그런데 앞에서는 이러한 문제를 '무한한 소급'의 의도적인 단절을 통한 더 소급할 수 없는 '인'의 자리에서 해결을 했습니다. 하지만 이 자리에서는 이를 아예 '소급불능의 다른 문제(왜)'로 여겨 '소급 가능한 문제(어떻게)'와 구분합니다.

이를 우리는 다음과 같이 더 부연할 수 있습니다. 우선 이러한 자리에서는 인과론 자체가 자족적인 것일 수 없다고 판단합니다. 문제에 따라 서술된 인과론이 충분하고 적합한 것일 수도 있지만 그렇지 않은 경우도 있다는 사실을 주장하는 것입니다. '어떻게'의 문제는 충분하게 설명되는데도 우리가 그 '어떻게'에 대한 '왜'의 물음을 물으면, 현존하는 설명이 충분하지 않거나 적합성이 없다고 판단되는 경우가 있는 것입니다. 이러한 경우에 직면할 때 사람들은 기존의 인과론이 펼치는 설명과는 '다르게' 이를 설명하지 않으면 안 된다고 주장합니다. 그런데 그 '다름'은 결국 인과론의 논리를 넘어서는 것이지 않으면 안 됩니다. 이것은 직면한 사실 이외의 사실이 그 사실에 첨가되든가 그 사실로부터 발견되는 상황을 일컫습니다. 더 직접적으로 말한다면 인과의 논리를 거절하는 물음에 대한 해답을 요청하는 것은 실은 '사실의 파괴'일 수도 있습니다. 인과의 논리에 담긴 사실이 전체 사실일 수는 없으므로, 온전하지 못한 문제를 문제 자체라고 전제할 때 초래될 해답의 한계를 미리 제거하기 위해서, 그 '틀 안의 현실' 자체를 지우고 다시 묻기를 시작해야 하기 때문입니다. 그렇다면 이러한 '문제의 분류'를 통한 접근은 상당히 불안한 태도이기도 합니다. 왜냐하면 '어떻게'와 '왜'를 구분하는 분류 자체가 '어떻게'보다는 '왜'를 강조하면서 문제에 대한 해답을 자칫 공허하게 할 수 있다고 여겨지기 때문입니다. 그렇다면 우리는 이러한 접근이 어떻게 가능할 수 있는가 하는 것을 우리의 일상과 관련하여 살피지 않을 수 없습니다. 그 현실이 우리의 물음자리이기 때문입니다. 그런데 이러한 살핌은 우리로 하여금 그러한 일의 현실성을 충분히 짐작하게 해줍니다.

이를테면 우리는 우리의 삶이 대체로 인과의 구조로 이루어져 있다고 경험합니다. 그렇게 삶을 겪지 않았다면 인과론이 문제의 해답을 마련하는 틀이라는 생각을 아예 하지 못했을지도 모릅니다. 그런데 그렇게 겪기 때문에 우리는 '경험의 연속성'을 일컬을 수조차 있습니다. 그리고 이미 언급했듯이 그 경험은 인과의 구조를 전제한 것이어서 우리는 그 경험이 포함하고 있는 '문제'를 늘 그러한 인과구조를 찾아 밝혀 설명하면서 풀어갑니다. 더 알면 끊임없이 문제가 풀립니다. 그런데 어떤 경우에는 해답이 누증(累增)되는 경험의 연속성이 '단절'되는 것을 겪습니다. 그것은 달리 말하면 '경험 맥락에서의 일탈'이 야기된 상황이라고 할 수도 있습니다. 그런데 우리가 진정으로 문제라고 여기는 것은 바로 그러한 정황입니다. 다시 말하면 그때 부닥치는 일은 '어떻게'를 물어 풀리지 않습니다. '어떻게'의 설명이 확장되거나 더 누적되어 풀리는 일이 아닙니다. '왜' 그러한 단절이나 일탈이 일어나는지를 물어야 합니다. 물론 인과론은 여전히 그러한 문제에 대한 설명을 시도합니다. 인과론의 틀 안에서 설명 불가능한 것은 없습니다. 그러나 설명가능성과 설명의 실제적 승인이나 수용은 함께 가지 않습니다. 어떤 설명은 승인하거나 수용할 수 없는 설명이라는 데 문제가 있습니다.

예를 들면 우리는 하나의 생명이 태어나는 것을 늘 겪습니다. 우리는 그 생명이 어떻게 해서 태어났는지를 잘 설명할 수 있습니다. 부모가 없었으면 태어나지 않았을 것이라는 설명은 한 생명의 태어남을 온전하게 풀어줍니다. 그러나 한 생명이 태어난 사실과 관련하여 그 생명이 어떻게 태어났는지가 아니라 왜 태어났는지를 묻는 물음에 대해서는 앞의 물음에 대한 해답, 곧 '부모가 있으니까'라는 해답은 아무런 설명도 해주지 못합니다. 다시 말하면 왜 그 아이가 하필이면 그때 그곳에서 그 부모에게 그러한 아이로 태어났는지를 묻는 것은 전혀 '다른 문제'입니다. 다시 거듭한다면 우리는 '어떻게' 하나의 생명이 태어나는지 설명할 수 있습니다. 그러나 그 생명이 '왜' 태어났는지는 '어떻게'의 논리를 좇아 설명할 수가 없습니다. 그러므로 '어떻게'를 설명하는 논리로 '왜'를 설명하는 것은 마치 적합성이 없는 도구를 활용하는 것과 다르지 않습니다. 그것은 비현실적입니다. 그런데도 우리는 누구나 그러한 현상을 겪습니다. '왜'의 물음에 대해 우리는 '어떻게'의 물음을 확장하고 강화하고 심화하고 정교화하면서 마침내 승인 가능한 설명, 곧 해답에 이르리라고 판단하고 있습니다. 우리는 그렇다고 하는 것을 우리의 '일상' 속에서 경험합니다. 이뿐만 아니라 이러한 설명의 논리에서 일탈하는 것을 조심스럽게 저어합니다. 그것을 우리 삶의 현실인 '일상'을 넘어서는 일이라고 여기기 때문입니다. 다시 말하면 '일상' 안에서 살면서 일상의 범주 안에 들지 못하는 '비일상'을 운위하는 것은 건전한 태도일 수 없다고 판단하기 때문입니다. 그러나 '어떻게를 묻는 물음의 세계'인 일상에서 '왜를 묻는 물음의 세계'인 비일상을 서술하지 않을 수 없는 것이 오히려 진정한 일상입니다. 왜냐하면 일상 속에서 겪는 일이면서도 그 일을 일상의 범주에 넣는 것이 자연스럽지 않은 '다름'의 존재를 우리가 일상의 삶 속에서 의식하기 때문입니다.

그러므로 우리가 이러한 태도를 그대로 따른다면 문제는 단순하게 도식화됩니다. 인과율로 설명할 수 있는 '일상적인 문제'와 그렇지 않은 '비일상적인 문제'로 나누면 됩니다. 그런데 이러한 분류가 함축하고 있는 것은 그리 소박하지 않습니다. 전자는 '사물과의 만남이 빚는 그 사물에 관한 문제'라고 한다면, 후자는 '사물과의 만남이 빚는 그 사물과 만남주체 간의 관계에서 이는 문제'라고 기술할 수 있는 차이가 드러나기 때문입니다. 달리 말한다면 전자는 '객체의 현존'에서 빚어지는 문제이고, 후자는 '그 객체의 현존에서 말미암는 사건'에서 빚어지는 문제라고 할 수도 있습니다. 위험을 무릅쓰고 단순화한다면 전자는 '사실'과 관계된 문제이고, 후자는 '의미'와 관련된 문제라고 할 수도 있습니다. 그러나 여전히 우리는 이렇게 분류한 양자의 어느 경우에서나 '설명'을 배제할 수 없습니다. 일상적인 문제든 비일상적인 문제든 우리는 어떤 것에 대해서도 '설명'을 할 수 있어야 합니다. 그래야 문제가 해답에 이릅니다. 그런데 앞의 서술을 따라 이어 발언한다면, 우리가 후자의 경우에 전개하는 일은 '객체'가 아니라 '사건'을 설명하는 것이어야 합니다. 나와 관련된 의미를 확인해야 비로소 문제를 설명할 수 있는 것입니다. 다시 요약한다면 우리는 전자를 '현상-사실-서술의 일상의 구조'로, 후자를 '관계-사건-의미의 비일상의 구조'로 다듬을 수 있습니다.

그렇다면 중요한 것은 사실에 즉한 인과의 탐색만으로는 의미를 '설명'할 수 없다는 것입니다. 그것은 사실을 넘어서야 비로소 이루어집니다. 사실을 넘어선 자리에서 사실을 되짚어야 가능한 일이라고 할 수도 있습니다. 그렇다고 하는 것은 결국 일상을 넘어서는 비일상의 자리를 유념하지 않으면 안 된다는 것과 다르지 않습니다. 그런데 사실을 서술하는 데서 기능하는 우리의 의식은 감성이고 이성이고 의지입니다. 우리는 그러한 분류를 통해 우리의 마음결을 익히 논의해 왔습니다. 이에 대한 근원적인 검토가 마땅히 이루어져야 하겠지만, 여전히 이 흐름을 좇아 말한다면 우리는 일상을 넘어서는 비일상의 범주에서 적합성을 갖는 '다른 의식의 기능'을 일컬을 수 있습니다. 상상이라든지 믿음이라든지 하는 것들이 그것입니다.

그런데 이 계기에서 우리가 주목해야 할 것이 있습니다. 우리는 우리의 의식을 이성, 감성, 상상, 의지, 믿음 등으로 분류하면서 이를 거의 자명한 것으로 여깁니다. 그러나 점점 이러한 서술에 대한 회의가 일고 있습니다. 우리 의식에 대한 그러한 서술이 지나치게 분석적이어서 실은 마음의 '결'과 마음의 '짓'을 충분히 기술하지 못하고 있는 것은 아닌가 하는 데 대한 새삼스러운 성찰이 일고 있습니다. 다시 말하면 이성이나 감성이나 상상이나 의지나 믿음은 실은 '마음'을 편리하게 서술하기 위한 방법론적 범주 또는 서술적 범주인데, 이들을 단절된 개체로 여겨 존재론적 범주로 잘못 인식하는 데서 '마음'의 총체성이 해체되고, 급기야 사물을 인식하고 설명하는 자리에서 특정한 의식이 특정한 사물에 적용된다는 식의 근원적인 과오를 범하고 있는 것은 아닌가 하는 문제를 지적하고 싶은 것입니다. 그러니까 거듭 말하지만 우리는 이러한 분류가 이른바 존재론적 실재를 구분하는 개념들은 아니라는 것을 진지하게 유념해야 합니다. 그것은 마음의 결을 묘사하는 서술적 범주를 개념화한 것일 뿐입니다. 하지만 우리는 이러한 분류를 배제하지 못합니다. 왜냐하면 이러한 범주를 통해 이미 익숙하게 비일상성을 설명한 전통을 우리가 지우지 못하고 있기 때문입니다. 이러한 의견을 존중한다면 우리는 인과율의 자족성이 한계를 드러내는 계기에서 펼쳐지는 '문제의 설명'이 우리 마음의 한 결인 상상과 믿음의 태도에서 말미암을 수 있다고 말할 수 있습니다. 다시 말하면 우리는 비일상에 대한 물음의 자리에서, 그러니까 사실을 사건으로 만나 그 의미를 찾아내거나 덧붙이는 자리에서 작용하는 마음짓은 상상력과 믿음이라고 하는 것을 존중할 필요가 있습니다.

상상은 '없는 것을 있다'고 한다든지 '있는 것도 없다'고 하는 독특한 마음
결입니다. 이성의 자리에서는 이러한 발언이 전혀 불가능합니다. 그래서 이
러한 '사실'을 만나면 우리는 우선 이러한 '의식의 현상'을 부정합니다. 이것
은 인과적 서술의 맥락에서 가장 뚜렷하게 나타납니다. 그런데 방금 서술한
문장이 보여주는 '어색함'과는 달리, 그러한 발언은 실은 그리 낯선 것이 아
닙니다. 우리는 늘 그러한 발언을 하고 삽니다. 이를테면 "슬픔 속에도 기쁨
이 있다"고 할 때, 우리는 그것이 인과적인 진술이 아니라는 사실을 짐작하
면서도 이를 수용할 수 없다고 반응하지 않습니다. 우리는 오히려 그 진술
에서 "슬픔은 슬픔을 낳는다"는 정연한 인과적인 논리에서는 예상할 수도
없는, 그러나 마음속으로부터 솟아나는 어떤 공감을 확인합니다. 분명히 슬
픔은 기쁨이 없는 것이어서 슬픔입니다. 하지만 상상은 그 '없는 기쁨'을 '슬
픔이어서 슬픔을 낳는 현실' 속에 있게 합니다. 그것은 동시에 '있는 슬픔'을
'슬픔 없음'으로 기술하는 것과 다르지 않습니다. 그것은 논리적 귀결이 아
닙니다. '있는데도 없다'고 해서 이루어지는 '상상의 산물'입니다. 그런데 그
렇게 상상하면 이미 슬픔은 있지만 없습니다. 우리의 삶은 이러합니다. 이
것이 우리가 실제로 겪으면서 살아가는 삶의 현실입니다. 삶은 논리보다 큽
니다. 그러므로 상상은 일상을 넘어 비일상의 차원에서 '노니는' 마음결임
에도 불구하고 그 노님의 마당은 실은 지금 여기입니다. 비일상을 현존하게
하는 일상이 곧 상상이고, 상상은 곧 비일상을 일상이게 합니다. '어떻게'의
물음에 대한 해답이 감당하지 못하는 '왜'의 물음에 대한 해답을 우리는 이
렇게 현실적으로 마련합니다.

그런데 우리의 마음결에서 상상만이 이른바 비일상의 마당을 노닐지 않
습니다. 우리가 '믿음'이라고 일컬어 온, 더 일반적으로는 '신념'이라고 부른
또 다른 마음결도 그러합니다. 그런데 믿음은 '사유'가 아닙니다. 믿음은 사

유를 '넘어' 우리가 직면한 사물이 빚는 현실의 '승인'을 그 내용으로 삼습니다. 문제를 묻기보다 문제를 승인하고 수용하는 것입니다. 그래서 믿음은 언제나 '~이다'라는 평서문으로 사물의 설명을 마감합니다. 따라서 믿음은 늘 근원적인 긍정에 이릅니다. 그것이 믿음이 서술하는 해답의 문법입니다. 무릇 해답은 그러한 어법(語法)으로 사물을 설명합니다. 그러나 그렇다고 해서 그렇게 마련된 '설명'이 믿음은 아닙니다. 믿음은 설명에 머물지 않습니다. 믿음은 그 설명을 실제화하는 '태도'를 낳습니다. 태도로 구체화되지 않는 것은 믿음이 아닙니다. 믿음이라는 마음결은 이렇게 있으면서 해답을 마련합니다. 그런데 그렇기 때문에 다른 마음결들과 달리 믿음만을 떼어내어 서술하기는 쉽지 않습니다. 마음짓이 몸짓과 분리될 수 없다는 사실을 유념한다면, 몸짓 전체를 아우르는 태도를 짓는다고 지적한 믿음을 다른 마음결들에서 떼어 서술한다는 것은 현실적이지 않습니다. 여러 가지로 나누어 서술될 수 있는 마음결들 가운데 하나가 바로 믿음인 것만은 틀림없지만, 믿음은 두루 다른 마음결들과 이어져 있기 때문입니다. 그러나 그 이어짐이 상보적인 병렬적 공존의 결 고운 관계는 아닙니다. 오히려 그 이어짐은 '얽혀' 있다고 묘사해야 적절할 그런 관계를 이루고 있습니다. 상호 배타와 상호 수렴을 아우르는 관계로 틀지어져 있기 때문입니다. 이를테면 이성은 근원적인 긍정을 전제하지 않습니다. 그러므로 이성은 무조건적 승인이나 승인된 사실에 대한 긍정적 수용 같은 믿음이 보여주는 '현상' 자체를 인정하지 못합니다. 따라서 믿음은 반이성적인 것일 뿐만 아니라, 신념의 태도는 이성의 훼손을 낳는 것이기도 합니다. 이성은 믿음을 배제하는 만큼 자기 완결성을 성취할 수 있다고 주장합니다. 믿음은 이성적 사유가 우리의 일상에서 당위적이라는 사실을 부정하지는 않습니다. 하지만 믿음은 이성이 우리의 현실을 모두 아우른다고 판단한다면 이는 이미 이성적인 사유의 궤도에서 일탈한 믿음의 발언일 뿐이며, 이성적 사유가 그처럼 현실적으로 온당한 유일한 규범이 되는 마음결이지는 않다고 판단합니다. 그러나 그렇다고 해서 이성을 배제할 수는 없습니다. 그것이 가지는 타당성의 영역이 우리 삶의 현실에 엄존하기 때문입니다. 이러한 상황에서 믿음은 이성과의 관계를 '얽힘'으로 이을 수밖에 없습니다. 이를 가장 잘 드러내는 것이 믿음을 '~에도 불구하고'의 문법을 지닌 것으로 이해하는 일입니다. 그것은 이른바 이성적 판단의 긍정이나 부정과 상관이 없습니다. "비록 합리적임에도 불구하고 나는 ~을 ~라고 믿는다"라고 말하기도 하고, "비록 불합리하다 할지라도 나는 ~을 ~라고 믿는다"라고 말하기도 합니다. 그리고 이를 좇아 행동합니다. 따라서 믿음은 우리가 일컫는 어떤 마음결도 실은 전혀 배제하지 않습니다. 다만 거기에 멈추는 것을 승인하지 않고, '~에도 불구하고'라는 표현을 활용하는 문법을 통해 이를 넘어섭니다. 일상의 문제가 벽에 막히는 계기에서, 비일상의 차원을 요청하는 계기에서 믿음은 이렇게 자기를 드러냅니다. 이러한 '출구'가 문제의 풀림을 마련합니다.

이를 정리하자면 우리는 상상과 믿음을 한데 아우르면서 다른 마음결들이 머문 자리에서부터 '왜'를 이야기합니다. '사물'이 아니라 '사건'을 수용하고, '사실'이 아니라 '의미'를 빚고 깁습니다. 비일상적인 문제를 우리는 이러한 투로 설명합니다. 그러나 이러한 설명이 일상적인 문제에 대한 설명과 단절된 것은 아닙니다. '어떻게'와 '왜'가 실제 삶 속에서 단절될 까닭이 없습니다. '사물의 현존'이 낳는 문제와 '사건으로 인식된 야기된 사실'이 낳는 문제가 분리될 수 있는 것은 아닙니다. 앞서 지적했듯이 '어떻게' 생명이 출생하는가 하는 물음과 그 생명이 '왜' 태어났는가 하는 물음을 흔히 우리는 분리하곤 합니다. 그러나 그것은 두 개의 다른 물음이 아닙니다. 단순한, 또는 맹목적인 어떤 지적 호기심이나 물음 일반을 작위적으로 제한하면서 특별한 의도로 제기하는 물음이 아니라면, '왜'와 '어떻게'는 우리의 삶 안에서 그리 단절된 것일 수 없습니다. 그 둘은 우리의 일상 안에 늘 함께 있습니다.

그러므로 사실에 대한 기술은 설명에 이르러야 합니다. 그것이 해답입니다. 또한 그 설명이 다시 닫힌 현실로, 즉 물음으로 변질되는 계기에 이르렀다면, 혹은 그 설명에 만족할 수 없는 경우에 부닥쳤다면, 우리는 다시 그 설명을 해석하는 과제를 수행하지 않으면 안 됩니다. 그렇게 해서 그 실재하는 물음이 의미의 현존이 될 때 비로소 우리는 물음에 대한 해답을 이야기하게 됩니다. 이러한 사태를 이제까지 서술한 마음의 결을 통해 다시 기술한다면 다음과 같이 다듬을 수도 있습니다. 즉 사물의 현존을 기술하기 위한 감성과 그것의 현존을 인과적으로 설명하는 이성과 이 현존에 대한 의미를 빚는 상상이나 믿음은 단절되어 있지 않다고 하는 논리로 다듬을 수 있는 것입니다.

그러나 중요한 것은 문제에 대한 설명과 해석이 이렇듯 현실화하면, 그러한 사태가 벌어지기 이전에는 예상하거나 겪을 수 없던 다양한 일들이 우리의 삶 속에서 벌어진다는 사실입니다. 이를테면 이제까지 없던 '실재'가 생깁니다. 없던 삶의 '차원'들이 나타납니다. 일상이 일상으로만 있지 않습니다. 그렇게 불렸던 일상의 모든 범주가 비일상이라고 일컬어야 할 그러한 새로운 실재와 겹칩니다. 일상이 홑겹이 아니라는 사실이 새삼 경험됩니다. 그렇게 되면 삶의 폭과 깊이가 달라집니다. 일상의 한계가 무너진다고 해도 좋습니다. '여기'에 '저기'가 첨가되거나 또는 이어집니다. '지금'과 '그때'도 맞닿습니다. '할 수 없음'의 한계가 '할 수 있음'의 처음이 됩니다. '모름'의 한계는 '새 앎이 비롯하는 자리'가 됩니다. '의미 없음'이 '의미 있음'이 됩니다. 그렇게 '되는 것'이라고 할 수도 있지만, 그렇게 그 한계 안에 이미 있던 '그 한계의 넘어섬'을 새삼 발견하는 것이라고 할 수도 있습니다. 우리는 이러한 경험의 현존을 우리의 삶 속에서 겪습니다. 해답의 펼침이 우리에게 보여주는 현실이 이러합니다.

우리는 이러한 현실 안에서 일상의 언어가 바뀌는 현상도 기술할 수 있습니다. 그것을 일상 언어가 풍요롭게 되는 것이라고 할 수도 있습니다. 새로운 언어가 출현하여 그러한 현실을 묘사하는 것입니다. 아예 우리가 이러한 경험을 진술하는 새 언어들을 발언하는 주체가 된다고 해도 좋습니다. 물론 그 언어들은 대체로 낯설고 어색합니다. 그래서 때로는 일상 속에서 소통의 장애를 일으키기도 합니다. 하지만 그러한 언어들의 현존은 분명합니다. 경험이 실재하기 때문입니다. 이를테면 유한의 끝에서 무한이 이어져 펼쳐진다고 우리는 말합니다. 그러한 경험의 발언을 충동하는 것은 상상과 믿음입니다. 그런데 그 '무한'은 없던 실재이고 없던 언어입니다. 하지만 그것이 유한에 첨가되면서, 또는 유한이 이미 자기 안에 그것을 담고 있었다는 사실을 발견하면서, 우리의 삶은 두 다른 차원의 겹으로 재서술되는 '다른 것'이 됩니다. 그 다름의 확인이 물음에 대한 해답으로 인식될 때 우리는 내 실존의 양태가 달라지는 것을 아울러 확인합니다. 비일상인 무한의 확보가 일상인 유한을 의미 있게 합니다. 그러한 언어들을 우리는 '초월, 신성(神聖), 신비' 등으로 개념화합니다. 그러한 개념을 함축한 언어들을 발언하고 활용하면서 우리는 '왜'의 문제를 설명하고, 그 설명 속에 '어떻게'를 포함한 해답 모두를 담습니다. 문제의 온전한 소거(消去)를 의도하는 것입니다. 그런데 이러한 현상은 매우 짙은, 그리고 지극히 절절한 현실성을 가집니다. 그래서 그 언어들이 새로운 현실을 빚는다고 기술하기보다 그 언어들 자체가 이미 해답이라고 해야 할 만큼 그 언어들이 '분명한 실재'가 되어 현존합니다.

그런데 일상과 비일상의 중첩이라고 서술한 이러한 현상은 '마음짓'에서만 확인되는 사실이 아닙니다. '어떻게'와 '왜'라는 문제는 그 물음주체의 '몸짓'에서도 그대로 드러납니다. 몸은 문제 자체이면서 문제의 해답주체이기도 하기 때문입니다. 그런데 이미 앞에서 서술한 바 있지만 몸은 몸다움을 스스로 지닙니다. 당연히 그것이 묻는 물음이, 곧 그것이 지닌 문제가 그 나름의 몸의 현상으로 현존합니다. 몸은 스스로 어떤 사태가 자기의 문제라는 것을 마음 이전에 겪습니다. 질병이 그 두드러진 예입니다. 질병은 몸의 현상입니다. 몸이 없으면 있을 수 없습니다, 그래서 몸이 성하게 되어야 비로소 질병의 문제가 풀립니다. 몸에서 비롯한 것이기 때문입니다. 따라서 마음으로 그것을 다스린다는 것은 진정한 해답일 수가 없습니다.

　그러나 우리는 여전히 마음과 몸, 그 둘을 나누어 이해하는 일에 익숙해 있습니다. 그러므로 이를 간과할 수 없는 것이 현실이라면 이 둘의 관계, 곧 몸짓과 마음짓의 '이음'을 서술하지 않으면 안 됩니다. 그런데 이미 앞에서 서술한 바와 마찬가지로 이 '이음'을 우리는 둘이 '얽히어' 있다고 묘사할 수 있습니다. 나뉠 수 없는 것을 나누어 설명해야 하는 편의를 위해 불가불 그 둘을 따로 서술할 수밖에 없다고 전제할 때, 우리는 그 관계를 '나뉨이 현실적으로 불가능하지만 나뉜 것으로 읽도록' 하지 않으면 안 되리라는 것을 유념하면서 이를 '얽힘'이라고 묘사하고 싶은 것입니다. 중요한 것은 몸의 현실을 넘어설 수는 없지만 그것이 마음결과 얽히어 있다고 서술하게 되면, 그러한 서술을 승인하는 것만으로도 몸이 자신의 새 현실을 스스로 확보한다고 기술할 수 있다는 사실입니다. 몸의 '어떻게'를 설명하는 논리가 몸의 '왜'를 묻는 자리에 이르면, 마음결이 지닌 '없는 것도 있다'고 하고 '있는 것도 없다'고 하는 상상, 그리고 온갖 마음결과 얽히어 '~에도 불구하고'라는 근원적인 긍정에 다다르는 믿음과 더불어, 몸이 일상에서 비일상의 공간으로 옮겨지기 때문입니다.

　그런데 몸의 문제는 질병만이 아닙니다. 몸은 언제나 문제에 직면합니다.

존재는 물음이라고 했을 때, 그래서 그 물음에 대한 해답을 추구하는 것이 존재라고 했을 때, 그 현실적인 주체는 몸이기 때문입니다. 그러므로 일상의 몸은 해답의 추구 과정에서 언제나 비일상의 몸이고자 하는 몸짓을 자신의 규범으로 지닙니다. 마음을 통한 설명이나 의미짓기 이전에 스스로 몸의 몸다움이 그렇게 몸을 지어갑니다. 그렇기 때문에 삶의 중요한 계기나 의미를 부여할 만하다고 판단되는 계기와 직면하면, 곧 그것이 존재양태의 불가피한 변화로 나타나든, 몸의 부재나 무화(無化)로 예상되든, 아니면 지속을 시도하지 않으면 안 되는 단절로 경험되든, 사람들은 그 계기를 몸 자체로 설명하고 승인하고 수용하기 위해 어쩌면 '난데없는 짓'이라고 해야 할 그러한 몸짓을 합니다. 개념화하여 서술한다면 일상을 단절하고 비일상적인 '다른 공간과 다른 시간'을 마련하여 아예 그 속으로 들어갑니다. 그리고 그 속에서 이제까지 하지 않던 다른 몸짓으로 자기를 살아가고, 일상에 들지 않던 다른 실재와의 관계를 연희(演戲)합니다. 그것은 단회적(單回的)일 수도 있고, 간헐적으로 반복될 수도 있고, 주기화(週期化)될 수도 있습니다. 이를 위한 특정한 공간이 마련되기도 하고 임의적으로 자리가 선택되기도 합니다. 그러한 조건에 상응하여 몸짓이 정형화되기도 하고 자의적으로 마련되기도 합니다.

무릇 의례가 바로 이러한 비일상적인 몸짓의 구현입니다. 이를테면 기존의 실존이 근원적인 변화를 기하지 않으면 안 된다고 판단되는 계기에서, 몸이 이미 그 변화를 의도합니다. 그러면서 더불어 살아가는 것이 인간의 삶이라는 것을 '체득'한 자리에서 그 변화를 공동체적 현상으로 드러냅니다. 이를테면 통과제의라고 일컫는 '과정의 의례'가 이를 보여줍니다. 어른이 되는 일, 결혼을 하는 일, 어버이가 되는 일, 어버이를 잃는 일, 죽음을 맞는 일, 망자를 만나는 일 등에서 이루어지는 비일상적인 몸짓들이 그러합니다. 물론 그것들은 이미 우리 안에 자리 잡고 있는 현상이기 때문에 '의례로서의 일상성'을 가집니다. 그러나 다시 서술한다면 그것은 '비일상적인 일상성'이라고 할 수 있는 그러한 현상입니다. 주목할 것은 이러한 '일'들을 통해 몸이 일상을 비일상이게 하고, 아울러 비일상을 일상의 범주 안에 담아 삶의 현실을 홑겹이지 않게 하고 있다는 사실입니다. 일상의 몸짓은 그저 관성적인 차원에서 지탱되지 않고 스스로 '몸의 생존의 마디'들을 살아가면서, 그 마디들이 짓는 일상의 물음, 곧 '어떻게'의 물음을 드러내고, 더 나아가 그것이 문제로 등장하면서 비롯한 '왜'의 물음조차 몸짓으로 드러낼 수 있는 실재가 되어야 합니다. 비일상적인 몸짓의 불가피한 현실성을 몸으로 드러내야 하는 것입니다. 그런데 그렇게 하면 그 일상성과 비일상성이 얽힌 정황 속에서 나는 '다른 실재'가 됩니다. '초월, 신성, 신비' 등의 범주는 이 몸짓을 묘사하는 데서도 타당성을 가집니다. 의례라든지 제례라고 부르는 일련의 행위들은 모두 이러한 것의 실제적인 표상입니다. 그러한 몸짓을 통해 비일상성이 일상성 속에 스며들면서, 일상성이 자신을 스스로 열어 더 이상 문제가 없는 새 현존을 의도하는 것입니다. 이렇듯 의례를 통해 사람은 '다른 존재'가 됩니다.

물음이 그렇듯 해답도 단순하게 펼쳐지지 않습니다. 그러나 어떤 경우든 일상이 비일상을 요청한다든지, 아니면 일상에 스며 있는 비일상을 현실화해야 한다든지 하는 일이 이루어질 때, 해답의 현실성이 그 낌새를 드러낸다는 사실에는 아무런 다름이 없습니다. 우리는 '종교'라고 일컬어지는 현상에서 이러한 사실들을 만납니다. 종교란 본질적으로 그러하다는 것을 기술하고자 한 것이 아닙니다. 우리의 실제 삶의 경험에서 드러나는 '종교라고 일컬어진 현상'을 묘사한 내용이 그렇게 다듬어진다고 하는 것을 서술한 것입니다. 그렇다면 우리는 자기의 실존에서 직면한 문제를 일상과 비일상의 두 차원으로 얽어 설명하고 해석하면서 스스로 문제를 풀어 '다른 존재가 되어 가는 과정'을 사람들이 '종교적이게 되는 것'으로 경험하고 있다고 말할 수 있습니다. 다시 말하면 종교란 초월적인 실재나 신비한 존재나 신성한 본질에 의해서 주어진 것이 아니라, 그러한 범주를 설정하면서 자기의 문제를 풀어나간 인간의 이야기가 구체화된 문화적 실체라고 말할 수 있는 것입니다. 그러므로 종교는 '종교적이게 되는 것'의 결과에 대한 호칭입니다. 그렇다면 '종교'는 인간의 실존의 몸짓 속에 있는 현상입니다. 일상과 비일상이 한데 어우러지는 과정을 자기 안에서 겪는 경험이 드러난 표상을 종교라고 할 수도 있습니다. 문제로 직면한 사실과 사건이 설명 가능한 이야기나 몸짓이 되고, 그 사실과 사건들을 여과하여 마련한 무수한 개념들이 통합되면서 하나의 의미를 낳는 과정을 '해답의 실제'라고 할 수 있는데, 우리가 그것을 종교라고 일컫고 있는 것입니다. 종교는 이렇게 있습니다. 우리의 실존과의 관련에서 그러합니다. 그러므로 인간이 없으면 종교도 없습니다. 이른바 신의 존재도 다르지 않습니다.[02]

02 경험의 자리에서 출발하여 종교의 기능을 설명하는 훌륭한 안내서로는 다음 책을 들 수 있다: William Calloley Tremmel, *Religion: What Is It?*, 3rd ed., Fort Worth: Harcourt Brace College Publishers, 1997. 나아가 종교 전통이 지속적인 창조와 진화의 과정에 놓여 있다는 주장과 관련하여 다음 책을 참조하라: Craig Martin, *The Study of Religion: A Critical Introduction*, Bristol: Equinox, 2012. 그리고 기존의 종교 개념에 대한 종합적인 비판을 살펴보려면 다음 책을 참조하라: Hent de Vries, ed., *Religion: Beyond a Concept*, New York: Fordham University Press, 2008. 또한 특정 종교의 자기 고백적인 종교 연구를 비판적으로 성찰하면서 종교를 인간 활동의 세속적인 맥락에 위치시키고자 하는 다음 책을 참조하라: William Arnal, Willi Braun & Russell T. McCutcheon, *Failure and Nerve in the Academic Study of Religion: Essays in Honor of Donald Wiebe*, Bristol: Equinox, 2012. 그리고 종교 개념에 대한 정치적인 성격에 대한 최근의 연구를 위해서는 다음 책을 참조하라: William E. Arnal & Russell T. McCutcheon, *The Sacred is The Profane: The Political Nature of "Religion"*, Oxford: Oxford University Press, 2013.

3. 적합성의 문제: 준거의 진폭(振幅)

'존재양태의 변화'란 그리 단순하지 않습니다. 변화라는 구조보다 더 현실
적으로 우리가 관심을 가져야 하는 것은 그 변화가 삶의 현실에서 '적합
한 것'으로 현존하는지를 확인해야 하는 일입니다. 이를테면 우리는 '하늘
의 전횡'이나 '땅의 폄훼(貶毁)' 가능성을 인정하지 않을 수 없습니다. 하지
만 문제는 그 가능성의 유념만으로는 감당하지 못하는 이른바 '해답의 자
기배신'의 현실성입니다. 종교는 인간의 소업(所業)이기 때문입니다.

앞에서 서술한 바와 같이 해답은 존재양태의 변화를 초래합니다. 그 변화
는 달리 말하면 사물이 '의미의 실재가 되고' 내 삶 또한 '의미로 채워진다'는
것을 뜻합니다. 그런데 그렇게 '~가 되고' '~로 채워진다'는 서술이 그 발언과
서술처럼 소박하게 명료한 것은 아닙니다. 변화를 끊어 말한다는 것은 사실
상 불가능합니다. 물론 변화 이전과 변화 이후를 견주어 그 다름이 확연하
게 드러난다면, 우리는 변화를 명료하게 진술할 수 있으리라는 기대를 할 수
도 있습니다. 하지만 삶은 그렇게 어떤 모습을 완결적인 것으로 묘사할 수
있을 만큼 정태적(靜態的)이지 않습니다. 삶은 그러합니다. 그러므로 '되었
다'라든지 '채워졌다'는 개념을 명목적인 것으로 그대로 발언하는 것은 '지나
치게' 관념적일 수 있습니다. 과정에 담기는 너무 많은 현실이 사상(捨象)되
기 때문입니다.

우리가 이제까지 논의한 맥락에서 말한다면, 이를테면 '되어 가는' 과정
은, 곧 문제를 설명하면서 해답에 이르는 그 과정은 그저 한결같지 않습니
다. 나아간 '정도(程度)'와 쌓인 '수준'의 다름이 흐르기 때문입니다. 달리 말
한다면 '됨'은 그 '됨'의 정도를 가늠할 수 있을 만큼 현실적입니다. 타자의

'됨'과 견주어도 그렇고 자신의 '되어 감'의 과정을 되살펴보아도 그렇습니다. 거쳐 흐른 길이 다르고 빠르기도 다릅니다. 때로는 전진도 후진도 횡보(橫步)의 과정도 없지 않습니다. 그렇다고 하는 것을 타자의 모습과 견주어, 또는 스스로 이어온 궤적을 살펴 우리는 충분히 짐작합니다. 채움도 다르지 않습니다. 아직 모자란 채움, 가득한 채움, 아니면 넘치는 채움도 없지 않습니다. 무엇으로 채우느냐 하는 것도 예사로운 일은 아닙니다. 그러므로 '어느 정도 되었는지'라든지 '무엇으로 얼마만큼 그 속을 채웠는지'라든지 하는 것에 의해 해답은 다른 모습을 지닙니다. '양태'에서도 그러하고 '내용'에서도 그러합니다. 그러므로 존재양태가 달라진다 해도 그 모습은 사람따라 다를 수밖에 없습니다. 상상과 믿음에 의하여 사물을 짓고 보태어 생기는 해답인 이른바 의미는 제각기 다를 수밖에 없습니다. 우리는 해답의 현존에서 실존과 관련하여 이러한 현상을 간과할 수 없습니다. 이에 이르면 우리는 의미 또는 해답의 무게, 그것이 지닌 색깔, 더 나아가 그것의 수명(壽命)마저 일컬을 수 있습니다. 우리는 삶의 현실 속에서 실제로 이러하다는 것을 직접 겪습니다. 삶의 과정은 복합적인 다층의 구조로 이루어져 있습니다. 그러므로 우리가 일컫는 존재양태의 변화라든지 해답이라고 하는 개념도 실은 소박하지 않습니다. 그것도 마찬가지로 다면성을 지닌 복합적인 개념입니다. 그런데도 유념하고 싶은 것은 그렇다고 하는 사실을 모르지 않으면서도 우리가 이를 가볍게 간과하곤 한다는 사실입니다.

이러한 현상에 조금 다르게 접근해 볼 수도 있습니다. 해답의 확인이나 의미의 실현, 곧 확인된 해답이나 실현된 의미를 '견주어 볼 수 있다'고 하는 것은 흥미로운 일입니다. 왜냐하면 우리는 해답이란 근원적으로 보편적인 것이라는 판단을 전제하고 있기 때문입니다. 그러므로 보편성이란 실은 비교가 현실화될 수 없는 상황을 개념화한 것입니다. 그런데도 해답을 살아가면서 보편성의 틈에서 다름이 드러났다고 하는 판단이 불가피한 사태를 만나다면, 그것은 아마도 그 보편성이 현실에서 펼치는 과정에서 적합성을 확보하지 못했기 때문이라고 우리는 이해합니다. 그러나 우리가 해답이나 의미가 비교 가능한 현상이라고 할 때, 그 모습은 이러한 사태를 일컫는 것이 아닙니다. 이 계기에서 우리는 의미란 '사물에 대한 인식에서' 말미암는 것이 아니라 '사건을 해석하는 데서' 비롯하는 것이라는 앞 절에서의 서술을 유념할 필요가 있습니다. 왜냐하면 그러한 서술은 해답이나 의미가 결국 경험주체를 준거로 하여 이루어지는 것이라는 사실을 이미 함축하고 있기 때문입니다. 만약 의미란 논리적 추론의 귀결이 아니라 문제를 설명하는 과정에서 그 물음주체에 의해 스스로 회임(懷妊)되었던 것의 출산이라고 서술한다면, 우리는 그렇다고 하는 것을 더 강하게 주장할 수 있습니다. 이뿐만 아니라 의미는 내게 과해져 소유하게 된 것일 뿐만 아니라 내가 빚어낸 것이기도 하기 때문에, 그것은 나와 더불어 있는 '나의, 나만의 현실'일 수밖에 없다는 사실을 주목할 필요가 있습니다. 그렇지 않다면 실현된 의미가 그 의미를 승인하는 주체에게, 적어도 그의 실존적인 맥락에서 절대적인 것으로 수용될 까닭이 없습니다. 따라서 해답은 그것이 해답으로 승인되면 그 승인주체에게 절대적인 것으로 승인되고 수용됩니다. 당연히 이러한 사태는 타자의 해답과 나의 해답 간의 다름을 드러내고, 해답 자체의 보편성에도 불구하고 해답을 서로 견주는 일이 가능해집니다.

물론 이러한 기술에 대한 반론은 얼마든지 가능합니다. 두드러진 하나의 예는 나의 해답인 의미를 다른 이의 해답인 의미와 비교한다는 것은 삶의 정황이 다르기 때문에 무의미한 일이라고 하는 주장입니다. 그러한 자리에서 보면 중요한 것은 '의미 있음'과 '의미 없음'입니다. 그렇기 때문에 비교가 가능하다 할지라도 그것은 '해답의 발견 여부' 또는 '의미부여 여부'를 확인하는 경우에나 현실성이 있는 것이지, 그 이외의 어떤 경우에도 의미를 비교하는 일은 아무런 현실성도 없는 일이라고 주장합니다. '의미를 살아가는 실존'을 비교의 틀에 넣는 일은 결과적으로 의미 자체의 경중(輕重)을 판단하는 데 이르는 것인데, 이미 그 의미가 해답으로 그 의미주체에 의해 경험되고 있다면, 그것으로 충분한 것이지 이를 다시 견주어 재는 일은 신중하지 못한 일일 뿐만 아니라, 결국 편견을 첨가하는 무리(無理)한 귀결에 이르리라고 주장하는 것입니다.

우리는 해답을 추구하는 실존적 주체의 태도에 대한 신뢰를 유보할 수 없습니다. 처음부터 의도적인 기만이 확인되지 않는 한, 그러니까 적어도 그 사람이 문제란 없다고 처음부터 억지를 부렸다든지, 문제를 승인했다 할지라도 그것을 설명하려 하기보다 회피하거나 지우거나 간과하면서 짐짓 스스로 해답을 누린다고 했다든지 하지 않은 한, 우리는 인간에 대한 신뢰를 스스로 훼손하지 말아야 합니다. 그것이 어쩌면 우리가 서로 지녀야 할 인간다운 자존심일지도 모릅니다. 아마 그럴 것입니다. 그러므로 어떤 사람이 어떤 문제를 어떤 태도로 풀어 스스로 자신의 해답을 마련했다고 말할지라도 우리는 그렇다고 하는 주장 자체를 그대로 하나의 사실로 승인하고 수용해야 할 의무가 있습니다.

그러나 이러한 항변이나 주장이 현실적으로 가능하다는 것을 지금 여기에서 확인할 뿐만 아니라 그것이 앞으로도 얼마든지 거듭 제기되리라는 것을 충분히 예상하면서도, 우리는 존재양태의 변화를 현실화한 '의미의 구현'을 '비교'할 수 있고, 또 그래야 한다는 것을 주장하고자 합니다. 왜냐하면 그 '변화'란 것은 내 삶에서 드러나는 구체적이고 직접적이고 일상적인 삶의 현실이기 때문입니다. 거듭 되풀이한다면 비록 초월이나 신성이나 신비라는 비일상적인 개념의 범주에 드는 언어들을 구사하여 그 의미가 '완결된 어떤 것'이라고 기술한다 하더라도, 그러한 범주를 설정한 것 자체가 우리의 실존적 주체의 일이었기 때문입니다. 비일상성은 일상성과 단절된 것이 아닐 뿐만 아니라 일상에서 비롯하여 다시 일상으로 돌아와 일상 안에 현존하는 비일상입니다. 그러므로 '변화의 완결성'이란 현실에서 일컬어져야 하는 것이지 해답 자체의 자명성을 뜻하는 것은 아닙니다. 그렇기 때문에 어떤 해답도, 어떤 의미도, 그것을 다시 개념화한다면 '문화적 실재'이고 '역사적 실재'입니다. 그리고 우리가 익히 경험하고 있듯이 역사든 문화든 그것은 이전과 이후 또는 여기와 저기의 범주를 설정하면서 견줄 수 있는 '사실'입니다. 그리고 우리는 그 견줌이 초래할 그 사실에 대한 '비판적 인식'이나 '평가적 판단'도 불가피하다는 것을 익히 경험하고 있습니다.

그러므로 우리는 한 삶의 주체가 경험하는 해답의 삶, 곧 '존재양태의 변화'를 살필 필요가 있습니다. 역사가 함축하는 시간이나 문화가 함축하는 공간, 그리고 그 둘을 엮어 존재를 확인하는 주체가 지닌 경험의 절대성을 아우르면서, 이를 준거로 하여 그 '변화'를 비판적으로 인식하고 이에 대한 평가적 판단을 해야 하는 것입니다. 이러한 요청은 사물에 대한 사유의 논리적 귀결이 아닙니다. 우리는 뜻밖에도 '변화의 당위성'과 '변화의 현실 적합성'의 괴리를 실제로 겪고 있기 때문입니다. 그렇기 때문에 삶의 주체가 일컫는 해답이 그의 삶의 자리에서 '적합성'을 가지고 지속적으로 기능하고 있는지를 반드시 파악할 필요가 있습니다. 그리고 나의 삶도 이러한 정황에서 벗어나 있지 않습니다. 예외일 까닭이 없습니다. 우리의 실제 경험 속에서 직접적으로 이를 서술한다면 다음과 같은 사실을 우리는 기술할 수 있습니다. 이미 밝혔듯이 우리는 문제에 직면하면 그 상황을 넘어서려는 계기에서 일상을 다듬던 이성을 넘어 상상을 펼칩니다. 마음결이 다르게 출렁입니다. 그 상상은 일상을 넘어 새로운 실재를 그립니다. 그런데 바로 이 계기에서 우리가 주목할 사태가 벌어집니다. 그러한 상상은 마땅히 비일상의 자리에서 되돌아와 일상의 닫힘을 열어 놓아야 합니다. 하지만 일상으로부터 일탈하여 비일상의 공간에 머물면서 끝내 일상으로 되돌아오지 못하는 경우도 있습니다. 그런데 그 상상의 주체는 스스로 일상의 한계를 넘어 해답에 이르렀다고 하는 자의식을 가집니다. 당연히 그는 현실에서 유리된 채 비일상의 공간을 배회합니다. 그러면서 스스로 만족합니다. 해답의 누림이 그러하다고 경험합니다. 우리는 이를 '망상'이라고 부릅니다. 적합성의 문제는 결코 비현실적이지 않습니다.[03]

그런데 믿음에서도 마찬가지로 이러한 사태를 묘사할 수 있습니다. 이미 살펴보았듯이 믿음은 온갖 실제적인 조건들이 가하는 일상의 한계에도 '불구하고' 이를 담아 넘어서는 마음결입니다. 그러므로 믿음은 이성의 성실한 자기 전개를 부정하지 않습니다. 그것이 문제의 문제다움을 드러낸 마음결이기 때문입니다. 그래서 믿음은 그 마음결을 안고 더 나아간 긍정에 이릅니다. 이성을 넘어서면서 이성을 다시 안습니다. 이를테면 믿음이 '알지 못함에도 불구하고' 하나의 사물을 승인하고 수용하는 것은 이성이 불완전한 것이기 때문에 이제는 이를 버리고 믿음이라는 다른 마음결을 가지고 사물을 승인하고 수용할 수밖에 없다는 것을 뜻하는 것이 아닙니다. 이제까지 이성이 채운 것을 모두 승인하면서 미처 이성이 채워주지 못한 빈 여백, 곧 문제

---

03 의사소통과 관련하여 인지적 '적합성'의 문제를 다루고 있는 다음 책을 참조하라: Dan Sperber & Deirdre Wilson, *Relevance: Communication and Cognition*, 2nd ed., Malden: Blackwell Publishing, 1986. 또한 종교학에서 '비교 연구'의 가능성을 성찰하고 있는 다음 책을 참조하라: Kimberley C. Patton & Benjamin C. Ray, eds., *A Magic Still Dwells: Comparative Religion in the Postmodern Age*, Berkeley: University of California Press, 2000. 그리고 종교학의 영역에서 '비교 연구의 방법론'에 대한 매우 진지한 탐구를 보여주고 있는 다음 책을 참조하라: Jonathan Z. Smith, *Drudgery Divine: On the Comparison of Early Christianities and the Religions of Late Antiquity*, Chicago: The University of Chicago Press, 1990. 그리고 '비교할 수 없는 것의 비교 가능성'이라는 문제에 천착하고 있는 다음 책 역시 참조하라: Marcel Detienne, *Comparing the Incomparable*, trans. Janet Lloyd, Stanford: Standford University Press, 2008.

의 공간을 스스로 채워 이를 모두 안겠다고 하는 것이 믿음입니다. 이성은 여전히 우리의 일상에서 우리 스스로 비일상의 차원에서 개념화한 믿음과의 현실적인 관계를 이어갑니다. 믿음이 승인한 해답이나 의미의 구현을 위해서는 이성적인 사유가 불가결합니다. 하지만 때로는 '~에도 불구하고'가 함축한 넘어섬의 의도가 현실부정의 의도로 대치(代置)되면서, 기존의 일상을 모두 부정하고 이와 다른 비일상만을 승인하고 수용하는 것이 믿음의 현실화라고 주장하는 경우를 만납니다. 하지만 비일상에 의한 일상의 배제는 어쩌면 비일상을 위한 해답일 수는 있겠지만 일상을 위한 해답일 수는 없습니다. 그렇다면 그것은 이미 해답이 아닙니다. 그런데도 거기 머물러 해답을 누린다고 스스로 일컫습니다. 이를 우리는 '맹신'이라고 부릅니다. 그러한 믿음의 태도가 현실 적합성을 지니는지 여부를 묻는 것은 당연합니다.

몸짓의 경우에도 다르지 않습니다. 앞에서 이미 살펴보았듯이 몸짓은 사유와는 다른 자신의 격률(格律)을 지니고 문제를 설명합니다. 언어 이전이든 이후든 연희된 몸짓은 의미를 사유보다 분명하게 우리의 삶에 각인합니다. 몸은 문제를 마음결로 일렁이게 하는 구체적이고 직접적인 원천이기 때문입니다. 그러므로 몸의 현실이 풀리지 않으면 어떤 문제에 대한 해답도 해답일 수 없습니다. 그래서 우리는 이를 위해 몸을 다듬습니다. 몸짓의 율동(律動)을 지어 이를 몸이 스스로 몸짓하게 합니다. 수행은 이러한 몸의 현실에 바탕을 둔 것입니다. 이렇듯 몸은 스스로 일정한 틀에 몸짓을 넣어 주기적인 반복이나 단회적인 극화(劇化)를 통해 해답을 일상화하면서 내 실존의 양태를 바꿉니다. 그러므로 몸짓은 사유보다 훨씬 직접적인 현실성을 확보하면서 해답을 추구하는 주체에게 '해답을 실현하는 틀'을 누리도록 합니다. 하지만 그러한 반복은 관성(慣性)을 낳습니다. 몸의 물성(物性)을 유념하면 우리는 이렇게 되는 현상을 간과할 수 없습니다. 그렇다고 하는 것을 우리는 우리의 일상에서 늘 겪습니다. 우리는 의례가 해답으로 마련된 것이라는 사실을 마음결의 차원에서나 몸의 차원에서 다 망각했음에도 불구하고, 그것이 몸짓의 본연으로 체화(體化)되어 있기 때문에 이를 늘 되풀이합니다. 흔히 우리는 이를 허례허식(虛禮虛飾)이라고 지칭합니다. 그런데 그러한 몸짓은 점차 몸의 차원에서 가능할 수 있을 새로운 문제에 대한 물음을 스스로 닫아 버립니다. 문제의 인식을 위해 자기를 열어 놓기보다 어떤 물음에 대한 해답으로 경험된 몸짓에 침잠하여 다른 문제들도 아울러 그 몸짓에 묻어 버리기 때문입니다. 그러면서 의례의 수행이 만병통치(萬病通治)로 주장되는 것을 우리는 흔히 겪습니다. '예배만 보면~', '예불만 하면~', '미사에 참여만 하면~', '비손만 하면~' 모든 것이 이루어진다고 하는 것이 그 예입니다. 그런데 '몸짓의 퇴행'이라고 할 수 있을 이러한 현상은 일상을 비일상화하든가 아니면 비일상을 일상화하면서 문제도 해답도 현실적이지 않게 하는 혼돈을 스스로 마련합니다. 그리하여 관성적인 행위만이 반복되는 제례의 집전에서 우리가 확인하는 것은 의미의 퇴행입니다. 마침내 몸은 '편리한 환상' 속에서 몸다움을 잃습니다. 이미 몸이 몸의 반응을 잃었기 때문입니다. 그러므로 적합성의 문제를 간과하는 것은 해답의 현실에 대한 정직한 직면이 아닙니다.

상상과 망상, 믿음과 독선, 극화된 해답과 관성화된 해답의 간극을 조망할 수 있는 이러한 '되어짐' 또는 '채워짐'의 과정은 제각기 '정도'와 '수준'의 다름을 드러냅니다. 그것은 사태들을 서로 견주어 비로소 밝히는 비판적 인식을 필연적으로 요청합니다. 이에 대한 서술에서 '옳음과 그름'을 준거로 하여 그 현상을 판단하면서 다가가는 일은 아직은 조심스럽습니다. 역사-문화적 구체성이 또 하나의 현실적인 준거로서의 몫을 수행하고 있기 때문입니다. 그러므로 옳고 그름에 대한 판단을 서두는 것은 그릇된 판단을 전제할 수 있습니다. 하지만 그러한 전제를 유보한다 할지라도 우리가 유념해야 할 중요한 것은, 상상이든 믿음이든 몸짓이든, 그것이 지닌 현실 적합성을 준거로 하여 이를 살피는 일은 간과될 수 없다는 사실입니다. 우리가 실제로 관찰할 수 있는 다음과 같은 몇 가지 예를 들어보아도 이러한 사실은 분명합니다. 이를테면 우리는 종교인 또는 신도라는 자의식을 가지고 자기가 누구인지를 설명하는 사람을 만납니다. 그는 때로 자신을 신의 자녀라고 말합니다. 그러한 발언은 그의 삶을 '의미 있는 것'이게 하는 기반입니다. 존재이유를 확보했다는 진술이기 때문입니다. 아니면 그러한 발언 자체가 이미 자기는 어떤 물음의 굴레에서도 풀려나 있음을 뜻하는 것이기도 합니다. 때로 그는 자신을 근원적으로 '온전한 존재'라는 자각을 가진 자아라고 설명합니다. 온전하지 않고, 또 온전할 수 없다는 문제의 풀림을 그는 그렇게 선언합니다. 그러므로 그는 본래 자유로운 존재이고 이미 자유로운 존재라고 말합니다. 더 나아가 그는 그 자아에서는 문제의 현존 자체도 현실성을 가진 것이 아니라고 주장하는 데 이릅니다. 또한 종교인 또는 신도는 그것이 어떤 것이든 자신의 의도에 따라 지은 제의를 수행하는 일, 아니면 주어진 의례에 참여하는 일이 자신을 바꿔 놓았다고 증언합니다. 자기의 자기다움의 실현이 의례를 통해 경험되었다고 주장하는 것입니다. 따라서 그에 의하면 '의례 이전'과 '의례 이후'의 경험의 다름은 '문제 있음'에서 '문제 없음'으로의 전이(轉移)와 다르지 않습니다. 해답은 그렇게 해서 그에게 구체적이고 직접적인 현실이 됩니다.

그런데 종교인이나 신도가 발언하는 이러한 경험은 이와 더불어 그의 실존에서 상당한 정도, 그리고 상당한 수준에서 현실성을 일탈하거나 폐기하거나 상실하는 기반이 되기도 합니다. 앞에서 든 예에 상응하여 다음과 같은 사실을 지적할 수 있습니다. 새로운 정체성은 '땅의 현실'을 지워 버리고

'하늘의 현실'만을 선택하면서 현실 적합성을 잃기도 합니다. 문제 자체의 부정은 비록 그것이 결과론적인 진술이라 할지라도 현존재의 당혹을 더 짙게 하면서 해답을 누릴 수 있는 사람을 제한하는 현실 부적합성을 드러내기도 합니다. 때로는 목적도 의도도 망각한 행위가 행위 자체만을 위한 행위를 고집하면서 삶을 그 행위 안으로만 빨아들이기도 합니다. 의례가 때로 형해(形骸)가 된 삶의 다른 모습으로 그려지는 것은 이러한 행위의 현실 부적합성 때문입니다. 일상성은 비일상성 속에서 용해되든가, 그것에 의해 배제되든가, 아니면 그것에 의해 압도되면서 스스로 있을 수 없는 것이 되어 버립니다. 문제도 없지만 삶도 없습니다. 그렇다고 하는 것은 해답은 있지만 해답이 구현되지 않은 것과 다르지 않습니다. 우리가 일컫는 '존재양태의 변화'란 그리 단순하지 않습니다. 변화라는 구조보다 더 현실적으로 우리가 관심을 가져야 하는 것은 그 변화가 삶의 현실에서 '적합한 것'으로 현존하는지를 확인해야 하는 일입니다. 이를테면 '하늘의 전횡'이나 '땅의 편훼' 가능성을 우리는 인정하지 않을 수 없습니다. 하지만 문제는 그 가능성의 유념만으로는 감당하지 못하는 이른바 '해답의 자기배신'의 현실성입니다. 그렇다면 우리는 이 계기에서 '적합성'을 좀 더 살피지 않으면 안 됩니다.

그런데 이를 위해 우리는 소박하게 삶의 현실과 만날 필요가 있습니다. 적합성의 문제란 직접적이고 구체적인 현실의 실제성과 연결된 것이기 때문입니다. 무릇 사람이 달라지면 삶이 달라져야 합니다. 그런데 그 삶이란 더불어 사는 것입니다. 따라서 삶이 달라지면 다른 사람과의 관계도 달라져야 합니다. 그런데 그 달라짐은 이제까지 그가 지녔던 부정적인 모든 것이 긍정적인 모든 것으로 변화하는 것을 말합니다. 싫었던 사람을 좋아하게 되고 미운 사람이 고와져야 합니다. 잘남을 서로 견주는 것이 아니라 못남을 서로 채움받아야 합니다. 자기를 의연하게 지니면서도 공유하는 정체성을 마련할 수 있어야 합니다. 물론 이러한 것을 서술하는 일은 여기에서 멈추지 않습니다. 긍정과 부정에 관한 논의는 불가피하게 극도로 복잡한 문제를 낳을 수밖에 없기 때문입니다. 그러나 인류의 긴 경험은 삶의 실제로부터 여과된 상당히 다듬어진 당위의 덕목을 나열하고 있습니다. 이를테면 어짊이라든지 자비라든지 사랑이라든지 하는 당위적인 규범들, 그리고 되살핌이라든지 터득이라든지 닦음이라든지 하는 실천적 규범들이 그렇습니다. 그러므로 그러한 규범들이 실현되도록 한 변화인지 아닌지 하는 것을 현실 적합성을 준거로 하여 비판적으로 인식할 필요가 있습니다. 우리는 그러한 준거를 마땅히 설정할 수 있어야 하고 또 그래야만 합니다.

그러나 위에서 언급한 것과 다른 사항도 적합성의 논의에 첨가할 필요가 있습니다. 다른 것이 아닙니다. 이제까지 언급한 것이 적합성을 판별하는 '준거'에 관한 논의였다면 덧보태고 싶은 것은 적합성의 '속성'의 문제입니다. 이를테면 앞에서 예거했듯이 어떤 문제에 직면했을 때 우리는 그 해답이 어짊이라는 사실에 도달합니다. 우리가 직면한 문제정황이 그 어짊을 승인하고 수용하면서 풀렸기 때문입니다. 그런데 이때 우리는 이 어짊을 승인하고 수용하는 데서 두 가지 다른 태도를 보게 됩니다. 더 정확히 말한다면 태도이기보다 '적용에 대한 다른 이해'라고 할 수도 있습니다. 예를 들면 하나는 어짊을 문제를 해답으로 바꾸는 적합한 수단으로 여기는 이해 또는 태도입니다. 이러한 자리에서는 어질게 사는 것이 목적이 아닙니다. 그것이 해답의 실현이 아닙니다. 어질게 살아야 도달하는 해답의 삶이 따로 있습니다. 그래서 문제정황으로 판단된 삶의 현실에 해답을 마련해주기 위한 '도구 적용적 적합성'을 갖는 것으로 어짊을 받아들입니다. 그런데 또 다른 하나는 이와 다릅니다. 물론 이 경우에도 어떤 문제에 대한 해답이 어짊이라는 사실을 승인하고 수용하는 데서는 앞의 경우와 다르지 않습니다. 하지만 이 경우에는 이미 '실현된 해답'인 어짊을 더 효과적으로 실현하고 누리기 위한 도구를 찾습니다. 어짊의 구현을 모색하는 것입니다. 따라서 어짊을 문제에 대한 해답의 도구로 여기는 것이 아니라 어짊의 현실화를 위하여 이에 적합한 도구를 마련하고자 합니다. 이를 우리는 '도구 창조적 적합성'의 모색이라고 할 수 있습니다. 적합성의 현실성은 그 개념적 보편성과는 달리 다른 속성들을 지니며 펼쳐지고 있습니다.

이제까지 우리는 적합성의 문제를 논의하면서 준거의 다름이 낳는 '비일상성의 배타적 준거화'와 '일상성 속에서 비일상성 수용의 준거화'를 살펴보았습니다. 그리고 이어 속성의 다름이 보여주는 '해답 자체의 도구화'와 '해답 실현의 도구 모색'도 살펴보았습니다. 그런데 우리가 주목하고 싶은 것은 적합성에 대한 이 두 가지 다른 이해가 현실에서 드러내는 차이입니다. 그 다름은 의외로 현격합니다.

전자의 경우 해답은 비일상성의 차원에서 비롯하여 문제제기의 주체에게 '과(課)해지는 현실'이 됩니다. 그것은 비일상적인 것으로 개념화되는 힘의 실체가 물음주체에게 승인과 수용을 강제하는 것으로 구체화됩니다. 그래서 그 해답은 불변성, 보편성, 절대성 등으로 수식되는 존재의 당위적인 확산과 다르지 않습니다. 달리 말하면 '저항불능의 규범적 실재'로 일상 안에서 자리를 잡습니다. 그러므로 해답은 어떤 현실에서나 자기 완결성이나 자기 충족성을 가집니다. 그 해답에 대한 물음은 불가능합니다. 해답은 이미 어떤 물음도 더 용인하지 않습니다. 물음은 이제 없습니다. 물음이 있다면 이 해답을 회의하거나 거절하거나 간과하는 일상의 실존적 정황인데, 그것은 풀어야 할 문제가 아니라 교정되어야 하고 다스려야 할 과오입니다. 그리고 과오는 진정한 문제가 아닙니다. 고치면 되는 것이기 때문입니다. 그러므로 이러한 해답은 사실상 그것의 현실 적합성을 염려할 필요도 없습니다. 언제 어디서나 누구에게나 어떤 물음에 대해서나 그것은 해답이기 때문입니다. 따라서 만약 현실 적합성이 문제로 제기된다면 해답의 규범적 당위성을 어떻게 효과적으로 전달하고 계도하고 과하느냐 하는 방법을 모색해야 합니다. 그리고 이를 위해서는 어떤 형태의 힘의 행사라도 유보할 이유가 없습니다. 당위의 실천이기 때문입니다.

그러나 후자의 경우는 이와 같지 않습니다. 해답은 물음주체가 '빚어내는 현실'입니다. 그것이 주어진 것이든 발견된 것이든 해답으로 여겨진 현실은 일상성 속에서 구현해야 하는 일이고, 그 책임주체는 곧 물음주체 자신입니다. 그렇기 때문에 그것은 적어도 물음을 제기했던 나 자신의 잠재적 가능성을 해답의 구현을 위해 분출할 수 있는 계기를 스스로 마련하는 일과 다르지 않습니다. 그렇게 해서 빚어지는 새로운 현실은 '비일상적인 개념으로 묘사할 수 있는 일상'으로 현존합니다. 그 실현된 해답을 절대나 보편이나 불변 같은 개념으로 묘사하는 데서 아무런 불편을 겪지 않습니다. 그렇게 개념화할 수 있는 비일상적 실재의 현실적인 문화-역사적 변화를 일컬으면서도 갈등을 겪지 않습니다. 그 비일상적 개념들 안에는 묻고 대답한 일련의 삶이 담겨 있기 때문입니다. 상상과 믿음은 이를 현실적으로 가능하게 하는 마음결이고 몸도 또한 다르지 않습니다. 바꾸어 말하면 이러한 자리에서는 해답의 절대성은 승인하지만 해답의 현실 적합성은 어떤 특정한 모습을 취할 뿐 절대적일 수 없다고 판단합니다. 그러한 의미에서 해답은 완결적인 것이지만 여전히 미완의 것입니다. 그것은 끊임없이 되물어지면서 해답으로서의 적합성을 모색하기 위해 열려 있어야 합니다. 해답의 항구성은 물음을 제거함으로써 확보되는 것이 아닙니다. 해답의 자기 완결성을 이야기해야 한다면, 그것은 해답 스스로 물음을 끊임없이 제기할 수 있도록 자기를 열어 놓고, 그것에 주어지는 해답의 현실 적합성을 지탱하기 위해 변모

가능성을 담보할 때 비로소 이루어지는 것입니다. 그러므로 현실적으로 우리가 겪는 삶의 자리에서 말한다면 해답의 완결성은 상황 의존적입니다. 해답에의 회구가 절실하면 할수록 모든 문제는 살아 있고, 그렇기 때문에 해답도 살아 있어야 한다는 자리에 서야 하기 때문입니다.

물론 위의 두 경우를 이렇게 확연하게 분리된 것으로 단정할 수는 없습니다. 경험은 다층적이고 가변적인 것이기 때문입니다. 이뿐만 아니라 물음주체도 실존적인 자아이지만은 않습니다. 그도 '자기 아닌 타자와 공유하는 정체성'을 지니고 있어 이미 단순하지 않습니다. 하지만 이러한 두 범주의 서술이 현실적으로 불가능하지 않다고 한다면, 비록 서술을 위한 방법론적인 것이라 할지라도 우리는 '존재양태의 변화'라는 소박한 진술만으로는 종교라는 현상을 서술하는 데서 범할 과오를 줄이기가 쉽지 않으리라는 것을 예상하지 않을 수 없습니다.

4. 병든 언어의 창궐: 선택과 책임

현실 적합성이 없는 발언은 건강하지 않습니다. 그것은 병든 언어와 다르지 않습니다. 그러나 건강하지 않은 삶도 삶입니다. 삶은 그러한 그늘마저 온통 안고 있습니다. 그것을 도려낸 삶이란 없습니다. 이러한 병든 언어가 창궐하는 현실 속에서도 우리는 여전히 그 모든 것을 안고 물음을 묻고 해답을 추구합니다. 그 안에서 종교적이기를 의도합니다. 그럴 수밖에 없는 것이 삶입니다.

그러나 위에서 언급한 적합성의 문제는 또 다른 하나의 사실을 마저 유념할 때 한 걸음 더 나아간 설명에 이를 수 있습니다. 다른 것이 아닙니다. 나는 '내 앞에도, 내 뒤에도' 무수히 점철되는 '나'와 이어져 있다는 사실이 그것입니다. 우리는 서로 엮인 맥락 속에서 출현한 존재입니다. 그러므로 우리의 삶은 아무런 전제 없이 시작되지 않습니다. '흰 종이' 위에서 우리의 삶을 시작하는 것이 아니라고 해도 좋을 듯합니다. 우리의 삶이 비롯한 그 장(場)에는 내 의도와는 상관없이 이미 그려진 전승된 기억들이 있습니다. 그것이 담고 있는 '사건'들도 그려져 있습니다. 그런 것들에서 비롯하는 의미나 가치도 거기 깔려 있습니다. 그것을 현실화하는 다양한 '몸짓'도 거기 어울려 있습니다. 그러한 우리의 마당은 다른 이들의 마당과 닿아 있기도 하고 겹쳐 있기도 합니다. 홀로 내 마당만으로 있지 못합니다. 우리는 그 다른 마당의 토양과 바람도 만지고 숨 쉴 수 있습니다. 우리는 내게 주어진 이 모든 것이 얽혀 있는 '총체적인 풍토'와 더불어 있습니다. 바로 이러한 마당에서 우리는 우리의 삶을 시작합니다. 사람들이 살아가면서 자기들의 삶을 실천한 광범위한 문화-역사적 맥락에서 우리의 존재가 비롯한 것입니다. 우리는 그렇다는 것을 익히 압니다. 누가 설명해 주어서가 아닙니다. 거기에서의 삶이 그렇다는 것을 우리는 몸으로 살아갑니다. 그러므로 우리에게는 이미 주어진 "긴 이야기가 있다"고 말할 수 있습니다. 그 이야기로부터 우리는 자유롭지 않습니다. 정해진 '몸짓 틀'도 있습니다. 이미 몸은 그 틀을 좇아 움직입니다. 당연히 그 이야기와 그 몸짓은 별개가 아닙니다. 서로 얽혀 있습니다. 그 둘이 어우러져 서려 있는 자리가 우리 삶의 자리입니다. 그러므로 어떤 사실을 논의하면서 마치 그 일이 나로부터 말미암은 것처럼 진술하는 것은 옳지 않습니다. 나 자신을 준거로 한다면 당연히 그렇게 해야 합니다. 하지만 그렇게 '나'를 준거로 할 수 있을 만큼 우리의 개개 실존은 독자적이지 않습니다. 우리는 역사-문화적인 존재이기 때문입니다. 그런데도 만약 모든 문제는 나의 존재와 더불어 시작하고 나와 더불어 끝나는 것이라고 말한다면, 그것은 내 존재기반을 모두 부정하는 것과 다르지 않습니다.

그러나 그렇다고 하는 사실은 한 개체의 정체성을 운위하는 일이 비현실적인 기대라고 하는 것을 뜻하지는 않습니다. 실존적인 주체는 그런 것을 자기 현존의 마당으로 만난 것이지, 그 마당에서 자신의 정체성을 마땅히 용해해야 하는 것은 아니기 때문입니다. '주어진 상황 있음'과 '내 정체성 있음'이 경쟁적으로 양립하는 것은 아닙니다. 그것은 보완적입니다. 그것이 현실이기 때문입니다. 따라서 역사-문화적 개체도 바로 그 마당에서 그 마당이 지닌 풍토와 단절되지 않으면서도 오롯한 정체성을 지녀야 합니다. 또 그럴 수 있습니다. 그러한 자아가 확인되지 않는 한 이미 주어진 마당은 결과적으로 나와 아무런 상관이 없게 됩니다. 당연히 개체적 실존을 현실화하는 것은 이러한 개체의 자의식이고 스스로 짓는 몸짓입니다. 때로 우리는 마당의 현실을 배제한 채 자아의 정체성을 확보할 수 있어야 그것이 진정한 자아라고 생각합니다. 그래서 내 관념의 공간에서 이를 위한 무척 난해한 과제를 안고 씨름합니다. 그러나 조금만 현실에 눈을 떠 보면 정체성이란 그렇게 이루어지는 것이 아님을 우리는 실제로 경험합니다. 그렇다면 우리는 역사-문화적인 상황이란 내게 주어진 것이지만, 그것을 승인하고 수용하는 내가 있어 그것은 또한 나로부터 비롯하는 것이라는 사실을 승인하고 수용할 수 있어야 합니다. 그럴 때 비로소 나의 정체성은 현실성을 갖게 된다고 말할 수 있습니다. 개체적 실존의 주체는 기존의 역사-문화와의 관계망 안에서 비로소 자신의 실존의 정체성을 승인합니다. 그러므로 우리는 '그림이 가득한 흰 종이' 위에서 내 그림을 그려갑니다. 우리는 그 상황을 '지속성을 지향하면서도 동시에 가변성을 속성으로 지니고 있는 마당'이라고 묘사할 수도 있습니다. 그 마당을 그런 것이게 하는 것이 곧 개체적 실존의 주체입니다.

그런데 비어 있지만 채워져 있고, 채워져 있지만 비어 있는 자리에서 삶의 주체로 현존한다는 것, 그리고 그 채움이 바뀌고 그 비어 있음 또한 바뀐다는 사실을 삶의 자리로 전제하는 그러한 자리에서 자기가 직면한 문제를 묻고 그 물음에 대한 해답을 추구한다는 것은 그리 쉽지 않습니다. 자기가 직면한 문제가 새로운 것이라고 여기는 순간 그것이 이미 짙게 그려져 있는 자기 삶의 자리의 무늬라는 사실을 깨달을 때, 그래서 그 물음에 대한 해답도 이미 거기 그림자처럼 채색되어 있다는 것을 확인할 때, 자신이 삶의 주체라는 사실마저 모호해지기 때문입니다. 그리하여 우리는 '내 문제'보다 '그들의 문제'를, 그리고 '내 해답'보다 '그들의 해답'을 내 것으로 여기게 됩니다. 앞에서 지적한 전승된 이야기와 체화(體化)된 몸짓도 다르지 않습니다. 우리는 그 이야기를 되뇌야 할 '의무'를 지닙니다. 몸짓의 모방과 반복을 그렇게 '당위'로 여겨 살아갑니다. 그래야만 한다고 판단합니다. 분명히 나는 내 문제를 물었고, 그 물음에 대한 해답을 추구하려는 계기에 서 있는 것인데, 바로 이때 거기에서 나는 나를 스스로 배제하고 내게 주어진 '그들의 물음'을 내 물음으로, 그리고 그 물음을 위해 이미 마련된 '그들의 해답'을 내 해답으로 지니고 펼쳐야 하는 규범에 순응해야 합니다. 더 나아가 우리는 내 물음 이전에 무엇을 물어야 하는지조차 '배워야' 합니다. 우리는 의외로 우리가 실감하는 것보다 더 깊게 나를 압도하는 도도한 '권위'에 예속되어 있습니다. 그렇게 되는 것은 거의 필연적입니다.

그렇기 때문에 나는 내 문제를 설명하는 과정, 곧 앞에서 '종교적이게 되어 가는 과정'이라고 한 그러한 경험을 분명히 주체적으로 살아가고 있음에도 불구하고, 어느 순간에 '압도하는 권위'와 직면하면서 서둘러 그 경험을 거두어들입니다. 자신이 펼치는 설명의 진전이 무의미하다는 판단이 일기 때문입니다. 나 자신이 주체가 되어 해답을 위한 의미를 빚어내려던 태도는 이미 마련된 물음과 해답을 취하면 되는 일을 무모하게 에두르는 것과 다르지 않다고 여기게 됩니다. 그것은 해답에 이르기에는 지나치게 게으르고 비효율적인 태도에 지나지 않습니다. 우리 앞에는 '물화(物化)된 실재'들이 충분히 수두룩합니다. 그것은 개념이기도 하고, 제도이기도 하고, 몸짓이기도 하고, 이야기이기도 합니다. 이뿐만 아니라 어느 틈에 그 실재들은 심지어 스스로 '살아 있는 주체의 품격'을 지닌 존재가 되어 자신의 고유한 이름을 가지고 있기도 합니다. '절대적 존재'나 '신'이 그러합니다. 우리는 그것을 '소유'하면 모든 문제에서 벗어납니다. 나를 소유된 그것에 '위탁'하면 됩니다. 이에 이르면 우리는 다음과 같은 '해답'을 누립니다. "신의 의도에 의해서 내 실존의 변화가 현실화되었다"고 진술합니다. "모든 욕심에서 벗어나 적멸(寂滅)의 누리에 들었다"고 고백하기도 합니다. "길에서 벗어나 있던 자리에서 다시 길 위에 들어섰다"는 발언도 조금도 어색하지 않습니다. 그러므로 이 맥락에서 진정으로 저어해야 하는 것은 의미를 '스스로 빚는 일'입니다. 만약 그러한 일을 할 수 있다고 말한다면 그것은 이미 있는 의미를 찾아 그것을 재생산하는 자리에서만 겨우 용인될 수 있을 뿐입니다. 그렇지 않다면 '스스로 빚는 일'은 불안한 오만입니다.

종교문화의 현실태(現實態)를 보면 이러한 진술은 조금도 무리가 아닙니다. 우리는 종교라고 일컬어진 실체의 자기주장들과 만납니다. 그 주장의 진술은 교리, 교의, 가르침, 의례 등으로 불립니다. 그것은 물음과 해답의 구조를 내장한 의미의 실체입니다. 그것은 언어로 몸짓으로 드러납니다. 당연히 공동체적 질서로 구현된 것이기도 합니다. 문제는 그러한 것들이 어느 처음에는 분명히 '되어 감의 과정에서 빚어진 것'이었을 터인데도, 서서히 그 사실이 지워진 채 '처음'부터 있었고, 그래서 지금도 있고, 또 앞으로도 변함 없이 있을 '온전한 실체'로 우리에게 주어지고 있다는 사실입니다. 그렇기 때문에 영원불변하는 초월적이고 신비하고 신성한 어떤 것, 불가항력적인 힘, 또는 진리라고 일컬어지는 존재가 나를 압도한다는 사실 안에서 우리는 우리의 실존을 유지합니다. 이러한 현실에서 우리가 할 수 있는 일은 그 실재의 수용 여부를 결정하고 그에 따르는 책임을 지는 일이지, 그러한 실재를 빚는 일이 아닙니다. 그러므로 이제는 문제를 설명하는 과정을 거쳐 '종교적이게 되는' 현상은 더 이상 없습니다. 해답 있음을 잊었든지 잃었든지, 아니면 어떤 동기에서든 문제 있음에는 공감하면서도 그 문제에 대한 주어진 해답에 저항했다든지 하는 일은 있어도, '해답 지음의 과정'을 살아갈 수는 없습니다. 우리가 있는 마당에 아예 그려진 해답에 대한 자신의 반응을 되살피면서 그 그려진 '실재를 승인하는 일'만이 우리가 해야 하고 할 수 있는 일이 됩니다. 도달하여 마침내 의미의 현존을 겪으면서 그 경험내용을 개념화한 것이 일컬어 초월, 신성, 신비라고 하는 것들이었는데, 이제는 그러한 것들이 처음부터 있는 것이었고, 그래서 그 실재를 승인하고 수용해야 비로소 해답, 곧 의미의 현존에 이르게 된 것입니다.

그런데 이러한 사실은 오늘 우리가 사는 현실에서 '신도(信徒)'가 어떻게 출현하는지를 설명해 줍니다. 일상을 사는 사람의 해답을 추구하는 몸짓이 기존의 종교가 제시하는 비일상성과 만나면서 어떻게 멈추게 되는지를 드러내 주는 것입니다. 그리고 해답으로 지칭된 존재와의 관계는 설명과 탐구가 아니라 승인과 봉헌이라는 사실도 우리는 이 정황을 통해 발견합니다. 그런데 이러한 정황은 신도의 출현만을 보여주지 않습니다. 그것은 동시에 초월-신성-신비의 범주에 드는 무수한 존재의 탄생을 설명해 주는 것이기도 합니다. 이미 살펴보았듯이 비일상적 범주는 불가피하게 요청된 일상적 경험의 확장이었습니다. 하지만 이제 그것은 이미 있었던 '존재'가 되었습니다. 이뿐만 아니라 인간과의 관계가 설정되면서 그 구조 속에서 살아 있는 실재가 되고, 또 비롯함과 마침이 귀일하는 원천이 되었습니다. 창조주의 탄생이 그러하고, 완전자의 출현이 그러합니다. 절대적 원리의 상존도 그렇게 비롯합니다. 종교의 자기 진술은 해답의 현존에 대한 서술을 이러한 논리로 다듬고 있습니다. 그러한 비일상성의 범주 안에서 자리를 잡아야 마땅한 실재가 있기 때문에 비로소 내가 현존하는 것이라고 하는 진술은 이러한 정황을 묘사하는 결구(結句)입니다.

그러나 이 모든 사실은 인간의 경험에서 비롯합니다. 물음과 해답의 구조가 낳은 경험내용에 대한 서로 다른 서술의 한 모습입니다. 해답을 '비일상적인 실재'로 전제하든 '추구의 귀결'로 정리하든 상관이 없습니다. 그 주장들은 인간의 경험을 기술한 것입니다. 인간의 경험이 없으면, 인간이 없으면 있을 수 없는 현실입니다. 그러므로 어떻게 서술되든 인간이 없으면 신도 없습니다. 비일상적인 실재가 이미 있었다고 하는 인간의 경험이 발언되지 않았다면 초월은 실재일 수 없습니다. 이미 앞에서 언급한 바 있지만, 어떻게 서술되든 인간이 없으면 신도 없습니다. 신은 인간에게 현존하는 실재일 수 없습니다. 따라서 신도(信徒)가 없으면 신(神)도 없습니다. 다시 말하면 신도가 있는 한 신은 있습니다. 공연한 부연이지만 신도는 있는데 신은 없는 경우란 있을 수 없습니다. 역도 참입니다. 신도가 없는데 신만 있을 수도 없습니다. 인간의 경험이 빚는 관계구조 안에서 신은 존재합니다. 우리가 역사에서 확인하는 것은 바로 이러한 사실입니다. 종교는 종교사를 기술할 수 있는 현상입니다. 종교사는 무수한 종교의 출현과 소멸을 증언하고 있습니다. 신의 탄생과 죽음이라고 해도 좋습니다. 종교의 경우에도 변화는 필지(必至)의 사실입니다. 문화이기 때문입니다. 인간의 소업(所業)이기 때문입니다.

그런데 문제는 이 사실에 대한 부정이 당연하고 규범적인 것으로 주창되고 있다는 사실입니다. 일상과의 단절을 전제한 실재의 현존, 그 단절을 극복하기 위한 다양한 매개의 설정, 그로부터 말미암는 주어진 것으로서의 해답, 그 누림이 귀착하는 극복된 단절의 조심스러운 지양(止揚), 그것을 요청하고 규범화하는 제도적 권위와 그것이 베푸는 가르침, 그런데 이러한 사실에 대해 일 수 있는 무관심이나 망설임이나 회의나 일탈이나 저항이나 폐기에 대한 격한 반응 등은 그대로 우리가 겪는 종교의 현존 양상입니다. 종교는 그것이 인간의 소업이라는 사실을 승인하지 않습니다. 종교란 일상성 안에서 이루어지는 삶의 몸짓이 낳은 지속적인 출구경험이 집적된 문화이기 때문에, 특정한 모습이나 특정한 때의 어떤 종교를 절대화하는 것은 비경험적이고 반인간적인 발언이라고 하는 비판적 서술과 직면하면 이를 견디지 못합니다. 그러한 주장은 종교의 생존에 대한 중대한 위협이라고 판단하기 때문입니다. 그러므로 그러한 주장에 대한 부정은 '종교의 생존 법칙'이라고 말할 수도 있습니다.[04]

그런데 바로 이 계기에서 우리는 또 하나의 역설과 직면합니다. 종교의 그러한 태도도 인간의 경험에서 비롯한 것이라고 하는 사실이 그것입니다. 종교 자신의 지속을 위한 생존의 원리이기 때문에 그러한 반응과 태도는 불가피하다는 그러한 종교의 양상도 마찬가지로 우리의 경험이 빚은 현실입니다. 물음과 해답의 구조는 다양한 현상으로 자신을 드러냅니다. 의미를

---

04 '종교의 생존 법칙'과 관련하여 다음 글을 참조하라: Gary Lease, "Introduction: Politics and Religion," "Odd" Fellows in the Politics of Religion: Modernism, National Socialism, and German Judaism, Berlin: Mouton de Gruyter, 1994, pp. 3-20. 종교와 종교 제도의 문제와 관련해서는 다음 글을 참조하라: Pascal Boyer, "Why Doctrines, Exclusion and Violence," Religion Explained: The Evolutionary Origins of Religious Thought, New York: Basic Books, 2001, pp. 265-296. 또한 '종교의 정치사'라는 관점에서 종교의 생존 문제를 논의하는 다음 책을 참조하라: Marcel Gauchet, The Disenchantment of the World: A Political History of Religion, trans. Oscar Burge, Princeton: Princeton University Press, 1997.

구축하는 일은, 그래서 의미라는 것은 통제되지 않습니다. 그럼에도 불구하고 우리는 이 계기에서 적합성의 문제를 다시 살필 필요가 있습니다. 의미를 구축하는 여러 양상이 제각기 어떤 현실 적합성을 지니는지를 우리는 간과할 수 없기 때문입니다. 그렇다고 해서 이때 적합성 여부를 판단하는 일이 그처럼 현실적으로 요청되는 것인가 하는 물음을 안고 힘겨워할 필요는 없습니다. 종교가 까닭이 된, 종교가 정당화하는, 그리고 종교가 어떤 '관계를 간과한다'든지 '타자를 배제한다'든지 하는 데서 말미암는, '미움과 저주'가 우리의 실존의 장에서 일상의 한 몫을 차지하고 있다는 사실만을 유념하는 것으로 충분합니다.

사실을 직시하거나 직면하기보다 설명하고 해석하여 의미를 마련하는 데이르겠다는 구실로 이루어지는 '사실을 배제한 사실기술'이 우리의 일상 속에서 엄연한 현실을 이루고 있다는 것을 우리는 주목하지 않으면 안 됩니다. 이를테면 경험을 소통 가능한 것이 되도록 하기 위해 마련한 것이 개념어임에도 불구하고, 우리는 그 개념이 있어 비로소 경험이 가능하다고 주장하면서 그 개념으로 경험을 재단하곤 합니다. 사실을 배제한 사실기술은 그렇게 이루어집니다. 그런데 만약 우리가 추구하는 해답의 실재, 그 실재가 가진 의미의 현존을 그렇게 주장한다면, 비록 진정한 경험을 통해 이루어진 것이라 할지라도 우리는 그러한 발언을 '건강한 것'으로 여길 수가 없습니다. 흔히 언어가 실재를 낳는다고 말하면서 개념적 실재가 빚는 절대자의 현존을 정당화하기도 합니다. 이러한 주장도 그 나름의 정확한 사실기술임에 틀림없습니다. 하지만 이어 유념할 것은 그 언어가 인간의 경험의 소산이라고 하는 사실입니다. 이러한 맥락에서 보면 현존하는 종교언어, 특히 종교의 가르침을 '전하는' 언어는 스스로 자기 언어의 현실 적합성을 의도적으로 간과하는 한, 그래서 초월의 권위로 발언되는 한, 어쩌면 사실을 소멸시키면서 그 자리에 의미만을 부유(浮游)하게 하고 있는 것은 아닐까 하는 생각을 하지 않을 수 없습니다. 물음은 아직 물어지지 않았는데, 아니면 바야흐로 물음을 묻고자 하는데, 그 발언을 듣기 전에, 준비된 물음과 해답만을, 그래서 실은 문제가 지워진 해답만을 물음주체에게 부과함으로써 '해답만이 넘실대는 정황'이 우리가 직면한 종교 현상이라고 기술할 수는 없는가 하는 것입니다. 현실 적합성이 없는 발언, 그렇다고 하는 사실을 의식하지 못했거나 의도적으로 부정하는 발언은 건강하지 않습니다. 그것은 병든 언어와 다르지 않습니다. 그러나 건강하지 않은 삶도 삶입니다. 삶은 그러한 그늘마저 온통 안고 있습니다. 그것을 도려낸 삶이란 없습니다. 그러므로 이러한 병든 언어가 창궐하는 현실 속에서도 우리는 여전히 그 모든 것을 안고 물음을 묻고 해답을 추구합니다. 그 안에서 종교적이기를 의도합니다. 그럴 수밖에 없는 것이 삶입니다. 그렇다면 이 정황에서 우리가 우리의 실존을 안고 씨름하면서 할 수 있는 일은 자기가 어떤 종교담론을 펼칠 것인가를 선택하는 일과 그 선택을 자기가 어떻게 책임져야 할 것인가 하는 것을 생각하는 일입니다.

종교는 인간의 경험이 낳은 문화입니다. 인간의 정직한 실존적 고뇌는 종교라는 문화를 낳을 만큼 진지했고, 그런 만큼 인간은 창조적이었습니다. 지금도 다르지 않습니다. 그런데 때로 우리는 그 문화에 예속되어 사람다움조차 잃습니다. 그렇다면 그것은 종교가 현존하는 문화 속에 있는 인간이 할 수 있는 가장 심각한 비종교적 또는 반종교적 태도입니다.

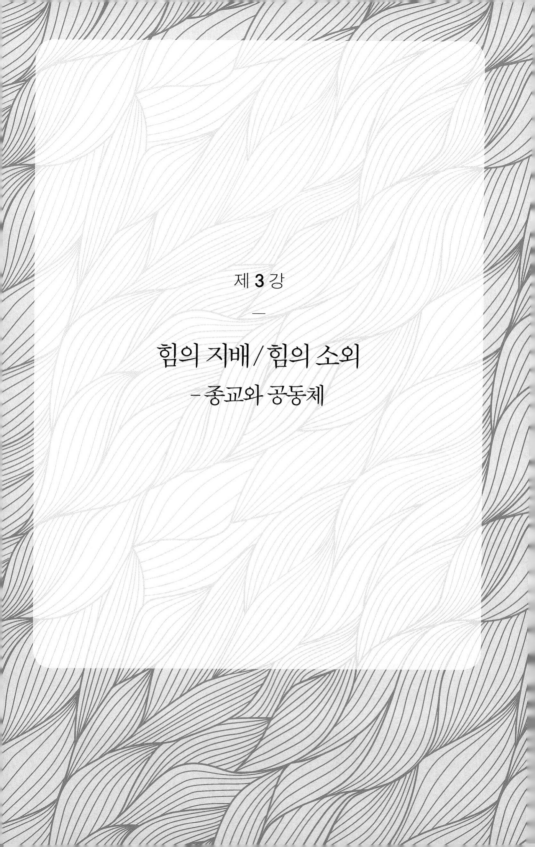

제 3 강

—

힘의 지배 / 힘의 소외
- 종교와 공동체

1. 감동의 확산과 공감의 제도화

종교공동체란 감동의 경험주체에 의하여 그 감동이 의도적으로 전이되고 확산되면서 이루어지는 감동공동체입니다. 감동은 스스로 확산되면서 공감을 낳고, 그 공감은 '공감하는 감동의 공동체'를 낳는 데 이릅니다. 이러한 감동공동체가 다른 공동체들과 더불어 커다란 공동체의 구조 안에서 하나의 작은 구조로 현존하는 것입니다.

인간의 실존이 '홀로'일 수 없다는 것은 실은 서술할 가치조차 없는 진술일지도 모르겠습니다. 그것은 물어 비로소 알게 되는 사실이 아닙니다. 존재 자체의 양상입니다. 우리가 살아가는 현실이 그러합니다. 그렇다면 이러한 현상에 대한 물음이란 처음부터 있을 수가 없어야 합니다. 이를테면 왜 인간이 그렇게 살아야만 하게 되었느냐는 그 소이연(所以然)에 대한 물음은 홀로일 수 없다는 현실을 직접적인 삶의 일상에서 직면하는 한 실은 공허한 물음이기 때문입니다. 하지만 그렇지 않습니다. 인간의 삶 속에서는 이에 대한 물음조차 결코 유보되지 않습니다. 그렇다면 우리는 그 물음 자체에 주목할 필요가 있습니다.

그런데 이러한 관심을 기울이면서 우리가 발견하는 것은 인간이 '홀로이지 않다'는 사실에 대한 물음이 인간의 삶이 그렇다고 하는 사실을 몰라서 묻는 물음은 아니라고 하는 사실입니다. 그 물음은 '홀로이지 않다'는 사실에서 비롯하는 어떤 '견딜 수 없음'을 겪으면서 비롯하는 물음입니다. 그렇기 때문에 '더불어 살아야 하는 삶'을 살아가는 인간은 그러한 삶에서 야기되는 물음을 언제 어디서나 묻지 않을 수 없습니다. 이를테면 '홀로이지 않다'는 사실의 승인 여부에서는 당연히 이를 승인하고 수용해야 하기 때문에 물음 자체가 불필요하고 불가능하지만, 이 현상이 "홀로 살아서는 안 된다"는 명제와 직면할 때 그 물음은 갑자기 번잡해집니다. 삶의 과정에서 그러한 삶이 그리 쉬운 것이 아니라는 사실을 절감하기 때문입니다.

물론 이러한 물음에 대한 설명이 불가능한 것은 아닙니다. '더불어 살아야 함'은 그렇게 살아야 하는 필요를 경험한 인간의 요청에서 말미암은 현상이라고 설명할 수 있습니다. 이와는 다르게 인간의 삶 '너머'에서 어떤 절대자에 의해 인간에게 과해진 것이라고 설명할 수도 있습니다. 그런가 하면 요청이라든지 주어진 것이라든지 하는 것은 비롯함에 주목하여 펼쳐지는 설명이라고 할 수 있는데, 비록 그처럼 '처음'을 유념하는 것은 아니지만, 앞의 두 자리의 설명을 중첩시키든가 뒤섞으면서 '자연스러움'을 '더불어 사는 삶'의 출현 계기로 지적할 수도 있습니다. 그런데 이러한 '기원'에 대한 관심은 대체로 그 처음 자체를 실증적으로 설명하겠다는 것을 목적으로 삼기보다는, 실은 지금 여기에서 우리가 직면하고 있는 이러저러한 문제를 더 다듬고 싶은 문제의 명료화 과정에서 논리적으로 도달한 불가피한 종점이기도 합니다. 다시 말하면 지금을 설명하기 위한 인식의 기반으로 전제된 인(因)이라고 해도 좋을 것 같습니다. 따라서 만약 기원론이 그렇게 그러한 자리에서 논의되는 것이라고 한다면, 그러한 작위적인 기원론보다는 지금 여기의 현실을 담담하게 서술하는 것이 오히려 인간이 홀로일 수 없다는, 또는 더불어 살아야만 한다는 사실에서 비롯하는 이런저런 문제를 묻는 데 더 실제적이지 않을까 하는 생각을 하게 됩니다.

분명한 것은 인간의 문제가 비롯하는 자리는 '더불어 사는 삶' 자체라는 사실입니다. 그렇기 때문에 그러한 삶의 자리는 문제의 해답이 귀결하는 자리이기도 합니다. 더불어 사는 삶에서 겪는 시달림이 없었다면 인간이 짊어져야 하는 삶의 짐은 훨씬 가벼웠을지도 모릅니다. 당연히 우리가 추구하는 해답은 그것이 어떤 것이든 바로 그 물음이 비롯한 이른바 더불어 사는 삶 속에서 구현되지 않으면 아무런 의미도 없습니다. 구체적인 현실성이 없기 때문입니다. 물론 앞 장에서 서술했듯이 개인의 실존의 자리에서 생각해 보면 그 개체인 자아가 없으면 아무것도 없습니다. 그러므로 그러한 맥락에서 조망한다면 개체를 전제하지 않는 더불어 사는 삶이란 처음부터 예상 불가능한 일입니다. 그래서 때로 우리는 서로 어울려 살아가는 삶의 공동체에 대한 논의는 개인의 실존에 부수되는 다만 지엽적인 관심을 펼치는 것이라고 이해하기도 합니다. 하지만 하나의 현존하는 개체로서의 자아는 '나 홀로'만이 아닙니다. 그렇게 서술되는 '수많은 나'가 있습니다. 그리고 나는 그러한 개체로서의 실존적인 주체들과 떨어져 있지 않은 실존적인 주체입니다. 나, 그리고 다른 '나'들은 서로 이어져 있습니다. 그러므로 인간이 하나의 실재가 되어 삶의 세계에 현존한다는 것은 이미 그렇게 서술되는 무수한 주체들이 서로 이어져 있는 '관계 안에 있음'을 묘사하는 것과 다르지 않습니다. 존재하는 모든 것은 그렇게 있습니다. 그렇기 때문에 이 관계를 간과하는 한 실존적인 자아인 자신에 대한 어떤 기술(記述)이나 '이야기'도, 인간의 삶에 대한 어떠한 묘사도 온전한 것일 수 없습니다. 그런데 되돌아가 말한다면 바로 그 관계가 곧 '더불어 사는 삶'입니다. 그렇다면 우리는 이러한 맥락에서 더불어 사는 삶이란 '존재가 실재하는 삶의 근원적인 얼개'라고 다시 정리할 수 있습니다. 관계상황은 현존재가 실재하는 틀입니다. 그러므로 개인과 여럿의 삶을 구분하여 인간의 삶을 다루는 것은 사실상 불가능하고 무의미합니다. 그럼에도 그러한 서술이 이루어지고 있는 것은 그것이 인간의 삶을 총체적으로 기술할 수 있다는 전제에서 행해지는 것이라기보다 특정한 문제를 더 두드러지게 하여 그 문제다움을 뚜렷하게 하려는 의도에서 이루어진 '방법론적 선택'이라고 이해하는 것이 좋으리라고 생각합니다.

그렇다면 인간은 홀로 살아가지만 자신의 삶을 홀로 빚으며 살아가지는 않는다는 사실은 분명합니다. 그렇게 하지 못합니다. 그렇다고 해서 더불어 사는 삶에 의해 빚어지기만 하는 것도 아닙니다. 왜냐하면 오히려 그는 그러한 삶을 빚는 하나의 주체로 그 일에 참여하고 있기 때문입니다. 그리고 개체로서의 실존의 주체라고 할 때 그 주체는 그 실존의 틀을 자신의 삶을 통해 빚는 주체이기도 합니다. 따라서 그 주체는 그 틀의 한계 안에서 다른 주체들과 만나기 때문에 그 틀을 벗어난 자신의 실재를 주장할 수 없습니다. 그러므로 우리가 주목할 것은 그렇다고 하는 사실보다도 오히려 사람들이 그 틀을 어떤 꼴로 만들고, 그리고 어떤 것으로 채워 그 내용을 다듬느냐 하는 것입니다. 사람들이 그 관계 안에서 어떤 '일'을 하고, 어떤 '것'을 지어내고, 그렇게 하면서 서로 어떤 '맺음'을 드러내느냐 하는 것을 살펴야 하는 것입니다. 따라서 공동체, 또는 사회는 내가 있어 그것과 만나기 이전부터 있어 왔다는 사실 때문에 내게 분명한 소여(所與)임에 틀림없지만, 내가 있어 그것과 만난 이후부터 그것에 대한 내 간여(干與)가 현실화될 수 있다고 하는 사실 때문에, 그 공동체는 내게 분명한 참여의 몫을 가지게 하는 것이기도 합니다. 그렇다면 그 더불어 살아가는 삶의 실체는 내가 적극적으로 지어내는 것이기도 합니다. 그런데 이렇다고 하는 사실은 설명이 필요할 만큼 낯설고 복잡한 일은 아닙니다. 그것은 지극한 우리의 일상입니다. 우리는 그러한 삶의 틀 안에서 그 틀을 거의 의식하지 않고도 그 틀을 살아갈 만큼 익숙합니다. 그러나 그러한 것을 의식하지 않는다고 해서 우리의 삶이 마냥 편한 것은 아닙니다. 우리는 그렇게 살면서 온갖 문제에 직면합니다.

그렇기 때문에 어느 계기에서 우리는 틀림없이 더불어 사는 삶 자체를 묻지 않을 수 없게 됩니다. 이를 좀 더 부연하면 다음과 같이 이야기해도 좋을 듯합니다.

결국 우리가 '공동체'라든지 '사회'라고 부르는 '더불어 사는 삶의 틀'은 수많은 개인들이 집합적으로 지어내는 것입니다. 물론 그 개인들은 그가 인간이어서 가지는 보편성을 서로 공유하고 있습니다. 하지만 그럼에도 불구하고 제각기 다른 삶의 모습을 드러냅니다. 무엇을 왜 어떻게 행하느냐 하는 구체적인 삶의 모습이 그러합니다. 그런데 그것이 그렇게 다르게 드러나는 것은 그러한 삶이 이루어지기까지 각기 스스로 자기 안에 쌓아 마련한 일련의 기호체계가 있기 때문입니다. 그러므로 당연히 그러한 것이 초래한 인식과 판단과 규범이 같을 까닭이 없습니다. 개개인의 삶의 모습이 드러나는 그의 이른바 '실천'은 이러한 길고 복합적인 과정의 산물입니다. 그런데 이에서 더 나아가 개인은 그러한 것들을 홀로 지닐 수 없다는 것을 경험하고 있기 때문에 일정하게 유지하고 소통하고 다시 빚을 수 있는 틀을 마련하려는 노력을 기울입니다. 그것이 사람이 사는 모습입니다. 각기 다른 모든 개체의 삶의 모습이 이러하고, 이러한 삶이 한데 어우러져 이루는 것이 더불어 사는 삶입니다. 그러므로 사회란 달리 말하면 이러한 것들이 복합적으로 구축한 커다란 '구조'입니다. 개인의 엄연한 실재를 강조한다면, 우리는 사회를 무수한 '구조들의 구조'라고 할 수도 있습니다.

그런데 그 구조들은 고정되어 있는 것이 아닙니다. 관계를 이루고 있기 때문입니다. 무릇 관계란 유기적(有機的)임을 함축한 개념입니다. 그러므로 더불어 살아가는 삶이란 살아 있는 주체들의 이어짐으로 이루어진 '살아 있는 실체'입니다. 그래서 공동체는 언제나 '부유(浮游)'합니다. 늘 '되어 감'이라고 서술할 수 있는 현상을 빚습니다. 개인의 삶이 그러합니다. 살아 있기 때문입니다. 그 개인들이 빚는 더불어 사는 삶도 다르지 않습니다. 모두 살아 있는 실체들입니다. 그런데 그 실체들인 나도 너도 우리도 모두 관계 의존적입니다. 그 관계 속에서 변화하고 변화됩니다. 더 정확히 말하면 그러한 '되어 감'을 지어내는 것이 공동체 또는 사회입니다. 따라서 더불어 살아가는 삶이란 실은 '과정'입니다. 그 틀 자체가 그러합니다. 고정된 구조가 아닙니다. 구조를 유지하지만 그 구조는 언제나 살아 움직입니다. 인간의 삶은 그 과정에 참여합니다. 이를 가리켜 편의상 우리는 인간은 사회적 존재로 살아간다고 말합니다. 되풀이하여 서술한다면 그러한 과정은 사람들의 모든 것, 곧 생각이나 행함을 빚습니다. 그리고 인간이 행하는 '지어냄' 자체도 빚습니다. 그런데 그 과정에서 인간은 또한 그러한 생각이나 행동이나 지어냄의 주체가 됩니다. 우리가 공동체의 삶에서 직면하는 문제는 이 과정 안에서 우리가 제각기 자기의 '살아 감'의 원칙을 마련한다는 사실에서 비롯합니다. 그것은 단절된 개체인 개인의 태도에서 말미암는 것이 아닙니다. 그 원칙은 이 과정 안에서 과정을 인식하는 주체로서의 자의식을 가진 개인이 스스로 마련하는 것입니다. 그러므로 그 나름의 생각이나 행함이나 지음은 언제나 그 주체 스스로 마련하는 정당화의 논리를 수반합니다. 어떤 것도 이러한 맥락 안에서는 제각기 자기가 옳지 않은 것이 없습니다, 그런데 이렇다고 하는 사실이 문제를 낳습니다. 서로 다름이 주장하는 옳음은 그것이 서로 이어져 있는 한 그것 자체가 이미 갈등이기 때문입니다. 그러므로 관계 안에서의 '지음'과 '되어 감'은 그대로 소용돌이가 됩니다. 더불어 사는 삶, 공동체, 사회는 결코 평온하지 않습니다. '과정'의 현실은 그렇습니다. 그렇지 않았다면 삶에서 문제에 직면하는 일이 아예 없었을 것입니다.

그런데 우리가 주목해야 할 것은 종교도 예외가 아니라는 사실입니다. 우리는 종교라고 사람들이 일컫는 실체를 만납니다. 그것은 우리가 더불어 사는 삶 속에서 만나는 현상입니다. 그리고 우리는 그것을 자기 삶의 자리에서 이름 지어 부릅니다. 이를테면 교회라든지 사찰이라든지 성당이라든지 움마라든지 하는 것들이 그러한 이름들입니다. 바꾸어 말하면 종교들은 다양하게 자기를 다른 것과 구분하는 자기 정체성을 드러내는 표지를 갖습니다. 그런데 그렇게 할 수 있는 것은 종교들이 제각기 자기 나름의 공동체를 구축하고 있기 때문입니다. 거기 사람들이 모여 더불어 살아가는 것입니다. 그런데 되돌아가 말한다면 이러한 현상은 종교만의 모습이 아닙니다. 삶의 자리는 다 그렇게 이루어져 있습니다. 사람들은 이러저러한 모임을 마련하면서 그 안에서 한 존재로 살아가고, 그 모임이 한 단위를 이루는 실체 안에서 살아갑니다. 관계구조 안에 있는 것입니다. 그 모임의 형성원리는 서로 다릅니다. 혈연, 기능, 이념 등을 축으로 하여 그런 것들이 제각기 자기 나름의 두드러진 공동체를 이루고 있습니다. 개인은 이렇게 저렇게 그 모임들의 구성원이 됩니다. 그리고 그것들은 개인과의 관계에서 홑겹으로 있지 않습니다. 서로 중첩되는 것이 예사입니다. 홀로 하나의 모임에만 속해 있을 수는 없습니다. 삶은 그리 소박하지 않습니다.

그런데 다시 또 되돌아오면 종교도 이러한 모임 중의 하나입니다. 곧 더불어 살아가는 삶의 한 실체입니다. 사람들의 삶이 그러하기 때문에 종교도 그러합니다. 종교도 직접적이고 구체적이고 현실적인 지금 여기에서 벌어지고 있는 사람들의 공동체입니다. 더불어 사는 삶의 한 모습인 것입니다. 그렇다고 해서 사람들이 종교라는 이름의 공동체에만 속한 것은 아닙니다. 다른 공동체에도 속해 있습니다. 대체로 그 소속은 중첩되어 있습니다. 그렇다면 분명한 것은 종교공동체가 인간의 삶의 현실과 아무런 관련이 없는 '다른 곳'에서부터 난데없이 뚝 떨어진 것은 아니라는 사실입니다. 종교도 앞에서 기술한 바와 같이 '홀로'에서 '더불어'로 나아가는 일련의 '과정'을 그대로 드러내주고 있는 우리의 일상의 한 모습입니다. 그러므로 이러한 사실을 존중한다면, 우리는 종교라는 공동체가 어떤 것을 형성원리로 지닌 공동체이기 때문에 다른 공동체와 다르게 묘사될 수 있는지를 좀 더 서술해 볼 수 있습니다. 다시 말하면 우리는 이제 종교가 종교공동체를 지니게 되는 과정, 곧 개체인 실존의 주체들이 어떻게 종교라고 이름 지은 하나의 특정한 공동체에 귀속하여 그 공동체의 일원이 되는지, 아니면 종교공동체가 어떻게 그러한 개체들을 안고 출현하는지 하는 데 대해 일련의 설명을 시도해 볼 수 있는 것입니다.

이때 우리는 다음과 같은 사실을 기술할 수 있습니다. 무릇 해답에 이르렀다고 하는 것을 스스로 확인하는 경험, 또는 문제가 이제는 온전하게 풀렸다는 경험은 그 경험주체로 하여금 해답을 누리게 되었다는 사실에 대한 '감동'을 지니게 합니다. 그것은 사물에 대한 새로운 앎입니다. 하지만 그것이 이성적인 인식인 것만은 아닙니다. 그 앎을 안고 넘어섭니다. 그것은 이제까지 겪지 못했던 어떤 사물과의 일체감이기도 합니다. 그렇지만 거기에 머물 수 없는 강한 정서가 이에 첨가되면서 그 일체감을 넘어섭니다. 그것은 또한 스스로 상상했던 어떤 것의 실현이기도 합니다. 현실이 그렇게 읽혀집니다. 하지만 그것에 갇히지 않습니다. 상상은 여전히 자신의 공간을 확장합니다. 그것은 자신이 의도하지 못했던 것을 마침내 의도하는 것이기도 합니다. 없던 용기, 의연한 태도 등이 삶을 이끕니다. 그것을 가능하게 하는 어떤 힘의 실재를 스스로 승인하게 됩니다. 이제까지 없던 신뢰, 또는 믿음이 삶에 첨가됩니다. 이 모든 것은 새로운 경험입니다. 새로운 삶입니다. 해답의 누림이 이러합니다. 우리의 일상이 부닥친 모든 한계를 넘어서는 일입니다. 그러나 그 한계를 버리는 것이 아닙니다. 그 한계란 구체적이고 현실적인 우리의 삶입니다. 그것을 문제로 겪으면서 넘어서고자 하여 이룬 것이 해답이라 할지라도 그것을 버리면 삶의 바탕이 없습니다. 해답마저 깃들 곳이 없어집니다. 그러므로 해답은 그 현실을 안고, '그럼에도 불구하고' 삶을 새롭게 승인하는 경험을 일컫습니다. 이것은 이제까지는 불가능했던 일, 곧 삶을 신뢰하는 태도와 다르지 않습니다. 동시에 이것은 그렇게 할 수 있는 경험주체인 우리 자신에 대한 신뢰이기도 합니다. 우리는 이 예사롭지 않은 경험을 '감동'이라고 부를 수 있습니다. 다르게 서술한다면 그 어떤 것도 승인할 수 있다는 '믿음으로 말미암은 감동'이라고 해도 좋습니다. 굳이 그 감동의 결과를 다시 현실화하여 실제적인 자리에서 서술한다면 우리는 이를 자기 자신을 긍정하게 된 일, 삶 혹은 세계를 이제까지와는 다르게 환한 것으로 이해하게 된 일, 전에 없던 다른 의미를 발견하게 된 일, 다른 몸짓을 하고 다른 언어를 발언하고 다른 이야기를 할 수 있게 된 일, 새로운 상상력을 발휘하게 되고 이제까지와는 다른 생활세계를 지향하고 구축하게 된 일 등으로 묘사할 수 있습니다. 해답과의 직면은 이러한 경험을 하게 합니다. 그때 일게 된 우리의 반응이 곧 감동입니다.

그런데 이러한 사실은 실은 그 경험주체가 예상하지도 못했고 이제까지 겪지도 못했던 일입니다. 해답의 추구 과정에서는 그러했습니다. 그러므로 그것은 단순히 해답에의 기대가 성취된 것만이 아닙니다. 그 기대와 더불어 일어난 예기치 않은 일, 곧 '사건'과 다르지 않습니다. 예사로운 일이 아니기 때문입니다. 감동은 이러합니다. 그것은 사건과의 직면, 또는 자신이 사건의 주역인 것과 다르지 않습니다. 그래서 그 감동은 쉽게 지워지지도 않고 사라지지도 않습니다. 뚜렷한 현실로 그 경험주체의 삶과 더불어 있게 됩니다. 그런데 앞에서 그 감동을 일게 한 사건의 내용을 나열한 '경험주체의 변화'를 개념화한다면, 그것은 그의 '존재양태의 변화'라고 할 수 있습니다. 삶의 총체적인 변화이기 때문입니다. 강한 수사적인 표현을 사용한다면 '새로운 존재의 출현'과 다르지 않기 때문입니다. 그렇다면 그것은 사건이 아닐 수 없습니다. 따라서 그 감동은 자기 안에서 일어난 자기 자신에 대한 새로운 자각이라고 할 수 있습니다. 더 나아가 자기 속에서 솟아난 감동을 자기가 감동하는 것이라는 서술이 가능한 그러한 것입니다. 자기가 자기의 달라졌음을 확인하는 일이기 때문입니다. 그러므로 그 감동은 철저하게 그 감동의 경험주체로부터 비롯하는 것이면서 그 주체에게 되돌아갑니다. 감동은 존재의 충일(充溢)입니다.

그런데 감동은 바로 그렇다고 하는 사실 때문에 그 경험주체, 곧 감동주체 안에만 머물지 않습니다. 감동은 자신을 경험주체 안에 담아두지 못합니다. 감동은 차고 넘칩니다. 더불어 사는 삶의 틀 안에서 다른 삶의 주체들에게 전해집니다. 존재의 틀이 그렇게 이어져 있기 때문입니다. 감동의 확산은 자연스러운 현상입니다. 현상 자체가 그러합니다. 그런데 그 전달이나 확산은 다른 주체들을 자극합니다. 그러므로 확산 현상에 주목하면서 더 적극적으로 이를 묘사한다면 한 감동주체의 감동은 다른 주체의 공감을 자극한다고 말할 수 있습니다. 그런데 주목할 것은 공감도 감동주체에 의해서 이루어진다는 사실입니다. 공감주체가 그 감동에 의하여 자기에게 가하는 자극을 수용하는 감동주체이지 않았다면 공감은 있을 수 없는 일입니다. 그렇다면 이미 공감주체와 감동주체가 공유하는 어떤 것들이 있지 않았다면 이는 불가능했을 것입니다. 이때 우리가 확인하는 것은 양자가 지닌 문제, 그리고 이에 대한 해답에의 지향이 서로 단절되어 있지 않았으리라는 예상입니다. 그런데 이러한 예상은 현실적으로 실증하기가 어렵지 않습니다. 양자는 더불어 삶을 살아가는 얼개 속에서 이어져 있기 때문입니다. 다시 말하면 삶의 장을 공유하고 있기 때문입니다. 감동과 공감은 이처럼 함께 있습니다. 감동주체는 잠재적인 공감주체이고 공감주체는 이미 감동주체입니다. 감동의 확산 현상은 이러한 구조 안에서 일어납니다. 그렇기 때문에 감동의 확산은 우리가 논리적으로 기술한다면 감동주체에 의해서 비롯하고 주도되는 것이라고 해야 하겠지만, 우리가 만나는 현실에서의 그 현상은 실은 어떤 주체도 명확하게 이를 주도한다고 말할 수 없는 그러한 현상으로 현존합니다. 이를 우리는 감동과 공감은 서로 얽히면서 하나의 '사태'를 빚는다고 기술할 수 있습니다. 그런데 그 사태는 우리의 익숙한 일상의 경험을 통해 묘사한다면 어떤 '분위기'라고 할 수 있는 그러한 것입니다. 기상학적인 개념으로 말한다면 그것은 어쩌면 '바람'같이 현존하는 것이라고 하면 적절하지 않을까 하는 생각을 하게 됩니다 아니면 '풍토'라는 인류학적 개념을 통해 이를 서술할 수도 있으리라고 생각합니다.

그런데 하나의 감동이 이처럼 편만(遍滿)한 현상이 된다고 하는 것은 달리 말하면 어느 한 경험주체가 겪은 '사건'이 보편적인 일상이 된다고 하는 것과 다르지 않습니다. 이를 우리는 더 부연하여 이른바 '존재양태의 변화'가 누구나 경험할 수 있는 일이 되는 것이라고 말할 수도 있습니다. 결국 우리가 종교공동체에서 발견하는 것은 감동과 공감은 서로 스미듯 하나가 되어 이전에 없던 사태를 일상 속에서 구축하는 그러한 것으로 읽혀진다는 사실입니다. 우리의 삶이 근원적으로 얼개를 이루고 있다는 사실을 유념한다면 감동과 공감이 그대로 하나의 현상으로 그 관계 안에 현존한다는 것은 우리가 겪는 일상이란 본래 그러한 것이라고 하는 것을 보여주는 것이기도 합니다. 그렇다면 감동의 전이는 당연한 현상이고, 그것이 망(網)의 틀 속에서 확산된다고 하는 것도 당연한 현상입니다. 우리가 지금 여기에서 겪는 삶이 그러합니다. 그렇기 때문에 종교도 다르지 않습니다. 거듭 말한다면 존재양태의 변화라는 사건은 사건이 아니라 누구나 경험하는 일상인 것입니다. 따라서 종교문화의 인식을 위해 우리가 물어야 할 더 긴요한 물음이나 더 관심을 기울여야 할 일은 그러한 감동이 원초적으로 어떻게 일게 되었고 전이될 수 있었는가 하는 데 대한 것이 아니라, 지금 여기에서 그런 감동과 공감이 어떻게 어떤 모습으로 현존하는가 하는 것을 살펴보는 것이지 않으면 안 됩니다. 그렇다면 이제까지 종교공동체의 출현을 서술한 '감동과 그 확산의 현상에 대한 공감'을 매개로 한 설명은 종교공동체의 기원을 탐색하려는 것이 아니라 종교공동체의 현존을 서술하려는 서론과 다르지 않습니다.

이러한 사실들을 유념하면 우리는 감동과 공감은 자기의 내재율을 좇아 공동체 형성에 일정한 이바지를 하고 있는 것이라고 말할 수도 있습니다. 왜냐하면 공동체의 형성이 제대로 되지 않는 경우, 예를 들어 하나의 단위 공동체 안의 구성원들이 서로 유기적인 관계를 형성하는 일이 느슨해지면서 이른바 사회통합이 효율적으로 이루어지지 않는 경우, 우리는 그러한 경우를 '공감할 수 있는 감동의 결핍'으로 기술할 수 있기 때문입니다. 또 그와 반대되는 경우를 '공감할 수 있는 감동의 충일'이라고 묘사할 수도 있습니다. 우리의 일상에서 감동과 공감은 이렇게 있습니다. 그런데 종교적인 감동도 다르지 않습니다. 종교공동체도 그러합니다. 감동과 공감은 그것 자체가 종교공동체의 관계구조를 현존하게 하는 기제(機制)입니다. 감동의 충일은 그대로 종교공동체의 현존이기도 합니다.

그러나 모든 감동이 공감을 초래하는 것은 아닙니다. 공감에 의해 전이되고 확산되는 감동이 '풍토'를 이룬다고 할지라도, 그것은 감동과 공감이 하나의 사태를 이루는 경우에 한한 서술입니다. 그 특정한 감동이 인간의 삶 속에서 모든 경우에 적합성을 가지는 것은 아닙니다. 더불어 살아가는 삶의 얽힘은 이미 지적한 바와 같이 서로 '짓고 되어가고' 하는 주체들로 이루어진 것이기 때문입니다. 따라서 이음은 확산의 통로이기도 하지만 확산을 차단하는 효과적인 통로이기도 합니다. 우리가 주목할 것은 감동은 어느 한 경험주체의 전유물이 아니라는 사실입니다. 인간은 누구나 자신의 문제가 풀리는 과정에서 스스로 감동의 주체가 됩니다. 감동에 대해 공감하는 주체도 그러합니다. 누구나 감동에 대한 공감주체가 될 수 있습니다. 그러므로 하나의 '감동주체'는 자기와 일치하지 않는 '다른 감동주체'와 언제 어디에서도 만날 수 있습니다. 달리 말하면 공감하지 않는 이른바 공감주체와도 만납니다. 자기의 감동에는 공감하지 않아도 다른 감동에는 공감하는 주체들을 만나는 것입니다. 이러한 일은 불가피합니다. 서로 이어져 있기 때문입니다. 그런데 이음의 틀이 반드시 그 속에서 이루어지는 삶을 동질적인 것으로 만드는 것은 아닙니다. 그 틀이 문제와 해답의 동질성을 전제한다든가 그런 것으로 귀결하는 것은 아닙니다. 그러므로 이러한 경우 그 이어짐은 감동을 제한하는 구체적인 한계가 됩니다.

이러한 사실들은 감동의 전이나 확산이 우리가 그 현상 자체와 직면했을 때 가지는 자연스러움과는 다르게, 우리로 하여금 그 안에 내장하고 있는 다른 구조를 발견하게 합니다. 감동의 확산이 자연스럽게 이루어지는 것은 아니라는 사실을 확인하게 되는 것입니다. 그 자연스러운 확산이란 이미 구조적으로 제한적이라는 사실이 보이기 때문입니다. 그러므로 앞에서 서술한 것은 실은 그 한계 안에서의 묘사입니다. 그렇다면 '감동의 확산'이 자연스럽게 종교공동체를 형성하는 데 이른다는 주장도 우리는 할 수 없습니다. 그러한 주장을 펼치는 설명도 일정한 한계 안에서만 타당한 것이기 때문입니다.

그럼에도 불구하고 우리는 그 한계를 지속적으로 넘어가는 특정한 감동의 확산을 역사적인 사실로 기술할 수 있습니다. 이러한 문제의식을 가지고 관계망 속에서 감동의 전이(轉移) 또는 확산이 어떻게 일게 되는지를 살펴보면, 우리는 새삼 감동을 현실화하는 경험주체의 역할에 주목하게 됩니다. 감동주체가 자발적으로, 그리고 적극적으로 자신의 경험을 타자에게 전하게 되는 경험주체의 의도적인 역할을 간과하고는 그 전이나 확산을 설명할 수 없기 때문입니다. 감동 자체를 다시 주목해 보면 우리는 그렇다고 하는 주장을 할 수가 있습니다. 무릇 감동은 더불어 삶을 살아가는 실재와 자기가 맺고 있는 기존의 관계에 대한 성찰을 할 수 있게 해 줍니다. 그렇기 때문에 그 성찰을 계기로 더 나아가 새로운 관계 맺기를 의도하기도 합니다. 그래서 감동의 경험은 그 주체 안에만 머물지 않습니다. 감동의 경험주체는 더불어 삶을 살아가는 다른 주체와 자신의 감동을 잇고자 합니다. 물론 기본적으로 공동체의 틀이 이어져 있다는 사실을 전제한다면 이른바 어떤 경험, 특히 감동이라고 지적된 사건이 '전달되거나 확산되는 것'은 기본적으로 자연스러운 일일 수밖에 없습니다. 하지만 그러한 틀이 '가능한 전달망 또는 확산망'으로 현존하는 것은 사실이지만, 그것 자체가 어떤 것을 스스로 전달하고 확산하는 것은 아닙니다. 앞에서 지적한 바와 같이 감동은 공감을 불러일으킬 수도 있고 그렇지 않을 수도 있습니다. 그것은 구조적으로 제한적입니다. 따라서 만약 그렇게 되도록 하는 주체의 역할이 전제되지 않으면 전이나 확산은 늘 그 한계 안에 머물 수밖에 없습니다. 그러나 종교는 자신을 끊임없이 확산해온 사실을 역사를 통해 보여주고 있습니다. 그와 같은 사실은 감동주체가 의도적으로 자기의 확산을 위해 공감을 자극하고 유도하고, 그래서 감동주체와 이에 대한 공감의 주체들이 한 자리에 들어서고자 하는 노력을 수행하고 있다는 것을 보여주는 것이기도 합니다.

이를 좀 더 부연하기 위해 전형적인 공동체현상이라고 일컬어지는 종교의례를 예로 들어 보겠습니다. 종교의례의 기원을 살피려는 것이 아니라 현존하는 의례가 어떻게 전이되고 확산되는지를 알아보고 싶은 것입니다. 모든 종교는 자기 나름의 의례를 가지고 있습니다. 그것은 종교공동체를 틀 짓는 불가결한 요소입니다. 사람들은 그러한 의례에 참여하면서 종교가 제시하는 해답을 직접적으로 경험합니다. 그것은 경전을 읽고 그 해석을 듣고 스스로 자신의 의미를 찾는 그러한 일과는 상당한 차이가 있습니다. 어쩌면 경전과의 만남이 배우고 논리적으로 생각할 수 있는 특정한 계층에 속한 사람들의 종교적인 삶이라고 한다면 의례에 참여하는 일은 그러한 사람들을 배제하지 않으면서도 누구나 참여할 수 있는 일이기 때문입니다. 중요한 것은 해답이 주는 감동의 공유가 의례참여를 통해 가장 효과적으로 이루어진다는 사실입니다. 그러므로 의례는 감동의 원천이라고도 할 수 있습니다. 감동은 몸짓을 충동하고, 몸짓은 감동을 다시 강화하고 또 낳습니다. 일정한 몸짓으로 감동이 틀을 잡게 되면 그 감동은 그 몸짓과 더불어 상존할 수 있습니다. 그래서 감동은 의례화되어 우리의 일상 안에 자리를 잡습니다. 그러면 누구나 그 특정한 감동을 공감할 수 있습니다. 의례를 통해 그 감동에 참여하는 것입니다. 그것은 달리 말하면 공감주체가 감동주체가 되는 일과 다르지 않습니다. 종교의례의 현존과 그것에 참여하는 종교적인 삶의 실천이 이러합니다. 이러한 일을 우리는 누구나 경험합니다.[01]

이러한 사실을 두루 관찰해보면 우리는 의례가 드러내는 몇 가지 두드러진 공동체적인 모습을 묘사할 수 있습니다. 의례는 정형화되어 있고 또 반복하여 재연되도록 한 일정한 틀 안에서 현실화되고 있음을 확인할 수 있습니다. 그러므로 의례는 자연스러운 몸짓이라고 여겨지는데도, 실은 이미 오

---

01   이른바 진리를 전달하는 종교적인 '전통'이 어떻게 형성되는지에 대해서는 다음 책을 참조하라: Pascal Boyer, *Tradition as Truth and Communication: A Cognitive Description of Traditional Discourse*, New York: Cambridge University Press, 1990. 또한 종교적인 표상이 문화 안에서 어떻게 전파되는지 그 방식을 이론화하고 있는 다음 책을 참조하라: Dan Sperber, *Explaining Culture: A Naturalistic Approach*, Oxford: Blackwell Publishers, 1996. 또한 '종교성'이 전달되는 서로 다른 방식을 기억의 문제와 연관 지어 서술하고 있는 다음 책을 참조하라: Harvey Whitehouse, *Modes of Religiosity: A Cognitive Theory of Religious Transmission*, Walnut Creek: Altamira Press, 2004.

랜 '행위와 기억'의 전승 속에서 정교하게 다듬어진 것이라는 사실을 알 수 있습니다. 그리고 의례의 집전이나 수행은 엄격한 규범에 의해 '준수'되고 있다는 사실도 관찰할 수 있습니다. 이뿐만 아니라 전승된 그러한 의례규범을 범하는 일은 의례 자체의 훼손과 다르지 않다고 판단되면서 몹시 저어되는 일이라는 사실도 알 수 있게 됩니다. 따라서 규범을 준수하지 않고 시행된 의례는 '이루어지지 않은 의례'라는 사실, 곧 해답의 누림일 수 없다는 사실을 그 의례가 함축하고 있다는 것을 우리는 발견합니다. 그런데 이렇다고 하는 사실들을 종합해보면 우리는 의례가 신성이나 초월이나 신비나 절대라는 비일상적인 개념으로 수식된 제도적 권위에 의해 '관리'되고 있음을 알 수 있습니다. 이에 이르면 우리는 종교공동체란 자연스러운 감동의 확산이 빚는 커다란 울이어서 그것에의 귀속도 자연스러운 과정을 통해 이루어진다는 서술이 과연 온당한 설명일 수 있을까 하는 물음을 묻게 됩니다. 더 나아가 감동 자체가 '힘'에 의하여 작위적으로 '생산'될 수도 있다는 사실에 주목하지 않을 수 없게 됩니다. 앞서 언급한 '지음과 되어감'의 과정은 결코 자연스럽지 않다는 귀결에 이를 수 있습니다. 아니면 무척 의도적이고 목적지향적인 인위적인 힘에 의하여 추진되는 것이 의례를 축으로 하는 종교공동체라는 사실을 서술하게 되는 것입니다.

이러한 맥락에서 보면 우리가 관심을 기울여야 할 중요한 것은 '감동의 의례화'에서 드러나는 인위적인 '감동의 생산 또는 재생산' 구조에서의 주체의 역할입니다. 왜냐하면 공감이란 실은 '재생산된 감동'이라고 할 수 있는 것이기 때문입니다. 그렇다고 해서 이러한 관심을 이른바 감동이 의례를 낳는지 의례가 감동을 짓는지 하는 '감동과 의례에 관한 기원론'의 논의로 이끌어가고자 하는 것은 아닙니다. 그러한 논의는 그것 자체로 흥미로운 지적 관심일 수 있지만 대체로 무의미한 귀결에 이릅니다. 그 서술의 논리가 순환구조에서 벗어날 수 없기 때문입니다. 그러나 감동의 의례화 현상에 대한 서술이 종교공동체의 출현을 다만 '감동의 기계론적 확산'이라고 설명하는 데서 그친다면, 그것은 되살펴야 할 중요한 일이 아닐 수 없습니다. 물론 현상 자체를 그렇게 설명하는 것이 부당하지는 않습니다. 하지만 그러한 논의가 결과적으로 감동의 경험주체를 배제하면서 감동 현상만을 일컫는 데 이른다면 그러한 기술은 비현실적일 수밖에 없습니다. 그러므로 우리는 감동의 전달과 확산이 결국 감동의 재생산과 다르지 않다고 하는 사실을 승인해야 하고, 그것은 구체적이고 현실적인 경험 주체의 의도에 의해서 이루어진다고 하는 사실도 승인하지 않으면 안 됩니다. 그러한 경험주체의 감동이 무엇을 왜 어떻게 의도하는지를 살펴 이를 밝히 서술할 수 있어야 하는 것입니다. 그런데 이러한 사실을 살펴보면 경험주체가 자신의 감동을 확산하려는 진정한 의도는 결국 '새로운 공동체의 희구'와 다르지 않음을 확인할 수 있습니다. 왜냐하면 마침내 해답을 누리게 된 새로운 자아는 문제로 인식되어 그 변화를 희구하게 했던 기존의 삶의 틀을 그대로 이어 살 수 없다는 자각을 가지게 되었을 것이기 때문입니다. 변화된 자아가 변하지 않은 삶과 조화로울 수 없다는 사실은 우리 모두가 겪는 실제적인 경험입니다. 그러므로 그러한 계기는 새로운 공동체를 빚어야 하겠다는 희구를 충동하기 마련입니다. 감동이란 그 경험주체에 의하여 이제까지 자기가 속해 있었던 '문제의 공동체'와는 다른 '해답의 공동체'를 비로소 실현하게 되었다는 것을 다짐할 수 있는 감동과 다르지 않기 때문입니다. 이러한 현실 속에서 경험주체의 몫이 간과될 수는 없습니다.[02]

---

02 신종교 영역에서 감동의 확산과 좌절이 어떻게 전개되는지를 살펴보기 위해서는 다음 책을 참조하라: Timothy Miller, *When Prophets Die: The Postcharismatic Fate of New Religious Movements*, Albany: SUNY Press, 1991. 또한 '종교와 감정'에 대한 연구와 관련하여 다음 책을 참조하라: John Corrigan, ed., *Religion and Emotion: Approaches and Interpretations*, Oxford: Oxford University Press, 2004.

우리는 이러한 설명을 지지하는 또 하나의 현상을 들 수 있습니다. 의례의 변화가 기술될 수 있다는 사실이 그것입니다. 종교사를 살펴보면 우리는 새로운 의례가 출현하기도 하고 기존의 의례가 쇠퇴하기도 하는 사실을 발견합니다. 의례의 역사적 변용은 낯선 현상이 아닙니다. 그것은 우리의 일상입니다. 서서히, 그러나 마침내 특정한 의례가 소멸하는 경우도 있습니다. 물론 의례는 현실을 추스릅니다. 적어도 그것이 해답으로 승인되면서 정착한 것이라는 사실을 유념한다면, 의례란 그러한 것이라고 하는 사실을 우리는 인정하지 않으면 안 됩니다. 하지만 문제도 바뀝니다. 우리가 직면하는 문제의 변화도 우리의 일상입니다. 그러한 변화는 이미 해답된 물음의 지속성을 되묻지 않을 수 없게 합니다. 변화는 해답의 적합성을 되물을 만큼 현실적인 힘을 기존의 의례에, 그러니까 해답의 구현에 가합니다. 물음이 상황 의존적이라면 해답도 그러하기 때문입니다. 물론 인간이 직면하는 문제는 근원적으로 다르지 않으며 보편적이고 지속적이라고 주장할 수도 있습니다. 또는 어떤 문제는 그 속성 자체가 '불변하는 문제'이기 때문에, 그것은 변화의 흐름에 들지 않는다고 주장할 수도 있습니다. 그러나 문제 자체의 불변성을 빙자하여 그것이 어떤 모습으로 문제다움을 드러내느냐 하는 것, 그리고 그것이 어떤 모습의 해답을 요청하느냐 하는 것을 간과할 수는 없습니다. 이를테면 죽음은 언제나 문제입니다. 그것은 불변하는 문제의 전형입니다. 그러나 죽음에의 의미 부여나 그것을 '다루는' 장례나 제례 등은 상황 의존적입니다. 그러므로 그러한 죽음제의의 모습은 늘 변화의 과정 안에서 그때그때마다 다른 모습으로 다듬어집니다. 이러한 사실은 특정한 의례에 한정되지 않습니다. 종교 자체의 출현과 소멸조차 그렇다고 하는 것을 기술할 수 있습니다. 그런데 주목하고자 하는 것은 그 변화의 계기가 자연스러운 현상, 또는 가해진 어떤 힘에 의한 타율적인 현상이지만은 않다고 하는 사실입니다. 언제나 그 계기에는 어떤 감동을 경험하는 인간의 반응이 있습니다. 더 적극적으로 말한다면 경험주체의 참여가 그 변화와 더불어 있습니다. 어떤 특정한 몸짓이 그 감동을 가장 적절하게 드러내리라고 판단하는 주체가 있습니다. 그래서 그 감동이 가장 효과적으로 확산되기 위해서는 어떻게 그 감동의 몸짓을 적절하게 다듬어야 할지를 결정하는 '해답을 살아가는 행위주체'가 있습니다. 그렇다면 종교공동체의 출현은 어떤 개념으로 서술되고 어떤 논리로 설명되든 '자연스러운 것' 또는 인간을 넘어선 어떤 차원에서 말미암은 것이라고만 할 수는 없습니다.[03]

그러나 이와 더불어 또 하나 유념할 것은 의례의 항존성(恒存性)입니다. 앞에서 지적했듯이 의례의 현존 양상은 역사-문화 의존적입니다. 그러나 그렇다고 하는 사실 때문에 특정한 의례의 소멸을 의례 자체의 소멸로 여겨서는 안 됩니다. 의례는 다양하고 또 가변적이지만 인간의 삶 속에 의례가 현존한다는 사실은 지워지지 않습니다. 달리 말하면 우리의 삶 속에서 '해답에서 말미암는 감동'을 겪고 이를 일정한 몸짓을 통해 드러내는 현상 자체는 늘 있는 것입니다. 그 현상을 우리는 '의례의 잠재적 상존(常存)'이라고 할 수 있습니다. 아니면 '감동의 의례화 가능성의 잠재성'이라고 서술할 수도 있습니다. 그렇다면 그 감동을 드러내는 것은 그 경험주체인 지금 여기의 우리가 짓는 일이지만, 해답을 만나 감동하고 이를 행위로 드러낼 수 있는 어떤 '본연'은 이미 우리 안에 있었다고 이야기해야 할 수도 있습니다. 달리 말하면 의례의 보편성이 감동경험주체의 지어냄에 의해서만 이루어지는 것은 아니라고 주장할 수 있는 것입니다. 그렇다면 의례는 만들어지면서도 '본연적인 것'의 지속이고, 또한 그렇게 지속되는 것이면서도 여전히 새롭게

03 새로운 의례의 '발명'과 관련된 문제를 위해서는 다음 책을 참조하라: Ronald L. Grimes, *Deeply into the Bone: Re-inventing Rites of Passage*, Berkeley: University of California Press, 2000.

만들어지는 것이라고 할 수 있습니다. 그렇다면 우리가 앞에서 지속적으로 주장해온 사실, 곧 경험주체에 의해서 종교공동체가 의도적으로 만들어지는 것이라는 주장도 일정한 한계에 직면하지 않을 수 없습니다. 그 주장만으로는 스스로 설명하려는 현상 자체를 충분히 담지 못한다고 판단되기 때문입니다.

하지만 이를 좀 더 서술하면 우리는 이러한 논의를 위와는 다른 귀결에 이르게 할 수도 있습니다. 만약 의례가 있기 전에 해답을 확보한 감동의 주체들이 있었다는 것을 전제한다면, 나아가 그러한 감동의 경험주체들이 있기 전에 물음을 묻던 주체들이 있었다는 사실을 전제한다면, 따라서 물음을 묻는 주체가 없었다면 감동은 아예 일 수가 없었을 것이라고 할 수 있다면, 앞에서 언급한 '본연'이라는 것도 감동을 경험한 물음주체의 일상 안에 스며 있는 것이지 그 울을 벗어나 있는 '어떤 것'일 수는 없습니다. 그렇다면 이른바 '본연'은 인간이 지닌 본연이지 다른 어떤 것으로 설명할 수 있는 '다른 실재'가 아닙니다. 물론 비록 감동주체가 의례의 출현이나 종교공동체의 출현이 구체화되는 계기를 마련한다 할지라도, 그것만을 그러한 현상이 나타나게 된 유일한 동기라고 판단하는 것은 현실성이 없다고 주장할 수 있습니다. 보다 더 다양한 요인들이 서술되어야 하기 때문입니다. 하지만 그러한 주장이 전제하는 '본연'이라는 것이 '초월적인 어떤 실재'가 아니라 '인간의 현상'임을 우리는 유념할 필요가 있습니다. 그렇다면 이를테면 '신비를 함축한 본연'을 전제하는 일은 오히려 우리가 겪는 일상의 현실성을 간과하는 주장이 아닐 수 없습니다. 이러한 사실들을 유념하면 종교공동체란 감동의 경험주체에 의하여 그 감동이 '의도적으로' 전이되고 확산되면서 이루어지는 것이라는 주장을 유보할 수 없습니다.

분명한 것은 그것이 의도적인 것이든 당연한 것이든 감동은 스스로 확산되면서 '공감'을 낳고, 그 공감은 '공감하는 감동의 공동체'를 낳는 데 이른다고 하는 사실입니다. 종교도 이러한 맥락에서 여느 공동체와 조금도 다르지 않게 '더불어 사는 삶'의 모습으로 현존합니다. 그리고 당연하게 그것은 하나의 집단으로서의 현존을 위한 모든 조건들을 스스로 충족시켜 나아갑니다. 자신을 조직화하고 제도화합니다. 우리가 만나는 종교들은 실은 이렇게 출현한, 그리고 이렇게 현존하는 공동체 또는 제도화된 실체로서의 '더불어 사는 삶'입니다. 당연히 그것은 그 감동과 공감을 낳은 문화-역사적 특성과 더불어 실존적 정황이 함께 빚은 각기 그 나름의 '감동과 공감하는 감동의 내용'을 지닙니다. 비록 '교회'와 '사찰'과 '움마'와 '혈연' 등으로 묘사되는 종교공동체의 형성 원리는 서로 다른 것으로 기술할 수 있지만, 그것들은 '감동공동체'로 울 지을 수 있는 특성을 그대로 유지하면서 여타 다른 일상의 공동체와의 차별을 드러냅니다. 그러면서 그 '감동공동체'는 다른 공동체들과 더불어 커다란 공동체의 구조 안에서 하나의 작은 구조로 현존합니다. 사회는 이러한 구조들의 구조로 자신을 축조(築造)해 나갑니다. 종교도 그 안에 있습니다.

2. 힘으로서의 종교, 종교로서의 힘

정/오가 판단 준거로 일컬어지지만 실은 공동체 안에서 이루어지는 힘의 점유 규모, 힘의 겨룸이 빚은 승패 등이 정/오라는 개념틀로 정리됩니다. 자/타의 갈등 현장에서 힘의 주체들이 의도하는 것은 자기 강화에 의한 타자의 제거입니다. 이른바 관용조차도 '힘의 너그러움'을 스스로 만끽하는 것과 다르지 않습니다.

하나의 공동체가 현존하면서 우리에게 보여주는 것은 그것이 자신을 지탱하기 위해 스스로 쏟는 온갖 절박한 '몸짓'입니다. 종교공동체도 다르지 않습니다. 감동의 효과적인 공유, 이를 위한 공감의 효율적인 충동, 그리고 이를 통해 이루어지는 감동과 공감의 '틀'을 지속하고 강화하고 확산하기 위해 '틀'의 더 정교한 조직화를 지속적으로 모색하는 일, 그리고 제도적 실체로서 현존하기 위해 온갖 실천적인 수단을 확보하는 일 등이 그러한 몸짓입니다.

이미 충분히 살펴본 바 있지만 되풀이한다면 종교도, 더 구체적으로는 종교공동체도 인간의 삶의 한 모습입니다. 그러므로 그러한 실체로서의 종교는 인간의 문화 밖에 있지 않습니다. 그것은 개인의 실존이 지니는 의미론적 기호, 인간이 지속해온 기억, 몸짓을 짓는 일련의 규범과 관례, 그리고 지금 여기를 충족하는 실제적인 삶의 모색 등이 뒤엉켜 이루어지는 것입니다. 그렇기 때문에 여느 공동체와 다르지 않게 종교공동체도 그 나름의 소통매체인 언어와 몸짓과 기호와 상징, 사물에 대한 물음과 해답을 다듬은 일정한 인식틀, 그것을 통해 마련된 지적 체계, 공동체를 유지하기 위한 역할의 유기적인 배분, 구성원을 공동체에 머물게 할 뿐만 아니라 이를 지탱할 수 있도록 하는 이른바 '사회화 기획', 집합적인 기억의 유지와 전승된 가치의 지속과 재생산을 위한 전문적 기능의 마련과 양성, 보상과 징벌의 격률로 제어할 수 있는 행위 규범의 절대화 등을 구비합니다.

그런데 이러한 사항들이 서술될 수 있을 만큼 조직이나 제도로 현존할 수밖에 없는 것은 그러한 것이 마련되지 않으면 하나의 공동체가 자신을 유지할 수 없기 때문입니다. 그러므로 이러한 일들은 공동체를 위해 절박하게 요청되는 불가결한 것들입니다. 그런 것들을 갖추지 못하면 그 공동체의 '안위'를 염려하지 않을 수 없게 됩니다. 따라서 우리는 이를 공동체의 생존을 위한 '생태적 조건'이라고 말할 수도 있습니다. 왜냐하면 한 공동체의 현존은 불가불 다른 공동체와의 공존에서 자신을 확인할 수 있는 것인데, 비록 상보적인 차원의 '더불어 있음'이 일반적인 관계라 할지라도, 그 관계는 언제나 '방어'와 '정복'으로 개념화할 수 있는 긴장을 내장하고 있기 때문입니다. 그렇기 때문에 그러한 '준비되어 있음'을 성취하기 위해서는 자신을 추스르고 관계를 정상적인 것으로 유지하기 위한 '기능'이 불가피하게 요청됩니다. 우리는 이를 '힘'으로 개념화할 수 있습니다. 그리고 모든 공동체에서 우리는 어떤 항목이 어떻게 희구되든 그것은 힘에 의하여 '관리'되고 있음을 확인합니다. 그렇다면 결국 조직화나 제도화라고 하는 현상은 힘의 조직화 또는 힘의 제도화라고 말하는 것이 더 정확할 수 있습니다. 그런데 감동의 공동체라고 일컫은 종교공동체도 이에서 예외가 아닙니다. 거듭 말하지만 종교공동체도 인간이 지금 여기에서 겪는 삶의 현실이기 때문입니다. 더구나 감동의 주체가 자기확산을 의도하는 것은 공감을 짓는 일이자, 동시에 새로운 공동체의 희구를 실현하기 위해 주도적인 역할을 수행하는 것이라고 기술한 앞 절에서의 서술내용을 유념한다면, 우리가 이를 다시 힘으로 재개념화하는 것을 낯설어할 까닭이 없습니다. 우리 삶의 일상을 묘사하는 것이기 때문입니다.[04]

그런데 우리의 논의가 이에 이르면 우리는 당연하게 '힘이란 과연 무엇인

---

04 시스템 이론의 관점에서 종교의 형식, 진화, 조직화 등의 문제를 다루고 있는 다음 책을 참조하라: Niklas Luhmann, *A Systems Theory of Religion*, trans. David A. Brenner & Adrian Hermann, Stanford: Stanford University Press, 2013. 의례와 텍스트를 통해 '문화적인 기억'이 어떻게 매개되고 전달되는지를 살펴보기 위해서는 다음 책을 참조하라: Jan Assmann, *Religion and Cultural Memory*, trans. Rodney Livingstone, Stanford: Stanford University Press, 2006. 또한 종교적인 집단 기억의 문제에 대한 고전적인 설명을 위해서는 다음 책을 참조하라: Maurice Halbwachs, *On Collective Memory*, Lewis A. Coser, ed., Chicago: The University of Chicago Press, 1992. 문화적 기억과 정치적 상상력의 문제와 관련하여 다음 책을 참조하라: Jan Assmann, *Cultural Memory and Early Civilization: Writing, Remembrance, and Political Imagination*, Cambridge: Cambridge University Press, 2011.

가' 하고 묻습니다. 그것은 어쩌면 자연스럽고 마땅한 질문이기도 합니다. 우리는 어떤 실재의 본질에 대한 탐구가 결과적으로 현실을 설명할 수 있다고 믿기 때문입니다. 하지만 '힘을 전제한 현상의 서술'과 '현상이 요청한 힘의 실재를 통한 현상의 설명'은 같을 수 없습니다. 전자의 경우에 힘은 적어도 논리적으로는 인간의 현존과 무관한 것일 수 있지만, 후자의 경우에는 현실적으로 인간의 지금 여기에서의 삶이 없다면 힘도 있을 수 없는 것이기 때문입니다. 특별히 종교현상을 묘사하는 데서 흔히 우리는 전자의 자리에서 이에 대한 인식을 비롯하게 함으로써 결과적으로 종교를 비일상성의 차원에 두곤 합니다. 그렇게 되면 종교는 '승화된 실재'가 되어 기려질 수는 있지만 인식의 객체가 될 수는 없습니다. 당연히 그러한 현상에 대한 논의가 우리가 의도하는 종교현상에 대한 인식을 위해 현실성을 가질 까닭이 없습니다. 그렇다면 종교현상에서 드러나는 힘을 그 원천에 대한 물음이 아니라, 우리가 그것을 '힘'으로 인식하기 이전에 이미 우리의 삶에서 겪고 있는 '힘의 현실'에 대한 물음의 자리에서 논의하는 것이 우리의 물음 맥락에서 더 적절하리라고 생각합니다.[05]

우선 '힘과의 만남'이라고 하는 현상을 서술하는 것으로부터 우리의 논의를 시작해 보고 싶습니다. 우리는 살아가면서 무수한 사물과 만납니다. 그리고 그 있음을 승인하고 또 설명하곤 합니다. 그런데 '있는 것'은 어느 것이나 그것이 있다는 사실을 서술하는 것만으로는 모자라는 '그 실재로부터 비롯하는 어떤 느낌', 곧 '실재감(實在感)'을 우리로 하여금 지니게 합니다. 그래

---

05 '국제 관계'라는 새로운 틀 안에서 '종교와 정치'의 문제를 다루고 있는 다음 책을 참조하라: Timothy Fitzgerald, *Religion and Politics in International Relations: The Modern Myth*, New York: Continuum, 2011. 또한 세속화와 관련하여 '힘'의 문제를 논의하고 있는 다음 책을 참조하라: David Scott & Charles Hirschkind, eds., *Powers of the Secular Modern: Talal Asad and His Interlocutors*, Stanford: Stanford University Press, 2006. 마찬가지로 종교적인 범주와 정치적인 범주의 혼재 현상을 논의하는 다음 책을 참조하라: Ivan Strenski, *Why Politics Can't be Freed From Religion*, Malden: Wiley-Blackwell, 2010.

서 우리는 그 사물이 내게 어떤 영향을 준다든지, 내가 그것을 간과할 수 없다는 자의식을 가지고 그것에 반응한다든지 하는 말로 서술할 수 있는 독특한 경험을 하게 됩니다. 바로 이를 우리는 '힘과의 만남'이라고 말할 수 있습니다. 그러므로 우리가 어떤 것의 실재를 승인한다면, 그 승인은 단순한 사물의 현존을 지적하지 않습니다. 그것은 그 사물로 명명된 그 실재가 힘의 실재임을 승인하는 것과 다르지 않습니다. 그렇다면 힘이란 다른 것이 아닙니다. 그것은 존재 자체입니다. 다시 말하면 존재는 그것이 곧 힘입니다. 따라서 내게 어떤 감동이 일었다면 그것은 없었던 힘이 내게 실재하게 된 것을 뜻합니다. 아울러 감동의 확산이 이루어졌다면 그것은 내 힘의 확산이 이루어진 것이고, 그것이 더불어 사는 삶이라는 관계망을 통해 존재한다면 그 관계망을 우리는 '힘의 연계' 또는 '힘의 얽힘'이라고 할 수 있습니다. 다시 말하면 감동의 공감을 구조화한 것이, 또 그렇게 되어가는 것이 공동체라고 한다면, 공동체는 곧 감동의 힘에서 비롯한 공감의 힘이 구조화된 힘을 일컫습니다. 그러므로 공동체는 그것 자체로 힘입니다. 그렇다면 우리는 힘은 어디에나 언제나 있다고 말할 수 있습니다. 존재 자체가 힘이기 때문입니다. 그러나 그렇다고 해서 힘이 모든 것을 포괄하기 때문에 그렇게 말하는 것은 아닙니다. 또는 어떤 것이든 존재하는 것은 힘의 지배하에 있기 때문에 그렇게 말하는 것도 아닙니다. 모든 것이 그대로 힘이기 때문에 그렇게 말하는 것입니다.

그런데 실재는 이미 존재 자체이므로 힘일 뿐만 아니라, 관계구조를 이루고 있으므로 움직일 수밖에 없습니다. 다시 말하면 현존하는 모든 것은 관계 안에 있고, 그것은 정태적이지 않습니다. 실재하는 것은 움직입니다. 따라서 우리는 실재하는 것의 '움직임'도 힘의 움직임과 다르지 않은 것이라고 말할 수 있습니다. 그러므로 삶의 현장은 힘의 현장, 곧 힘이 작동하는 현장입니다. 그리고 그러한 현장이 또한 힘입니다. '더불어 사는 삶'이라고 하는 공동체란 그러합니다. 당연히 존재양태의 변화를 경험한 감동이 낳은 '구조화된 공감의 실체'인 종교공동체도 다르지 않습니다. 그것은 힘의 실체이고, 그래서 힘을 발휘합니다. 종교공동체가 현존하는 삶의 자리도 마찬가지로 힘입니다. 그러므로 종교경험도 힘이고 종교도 힘이며 종교공동체도 힘입니다. 힘의 실체입니다. 실재하는 힘입니다. 그러므로 종교현상은 언제나 역동적입니다.

그렇다면 이 계기에서 우리는 힘을 좀 더 구체적으로 서술할 수 있습니다. 그런데 여기에서 유념할 것은 우리가 일컫는 힘이란 설명되어야 비로소 알게 되는 그러한 것이 아니라고 하는 사실입니다. 그러한 설명이 펼쳐져야 하는 논의의 장이 불필요한 것은 아닙니다. 하지만 종교와 관련하여 힘을 서술하는 경우, 우리는 힘에 대한 어떤 설명 이전에 이미 우리의 경험 속에서 그 힘을 어떤 울에 넣고 있습니다. 그래서 대체로 우리는 그 힘을 비일상적 차원의 개념으로 전제하고 이에 근거하여 논의를 전개합니다. 그리고 그러한 설명은 당연하게 모든 논의를 비일상적 실재에 귀결시킵니다. 우리는 그렇게 '이미 있어 설명되는 힘'에 대한 이해를 통해 종교에 대한 인식을 다듬어 나갑니다. 그러나 거듭 주장하는 것이지만 그러한 개념적 실재와 논리적 일관성의 틀 속에서는 경험주체의 반응이 자신을 드러낼 출구를 찾지 못합니다. 경험이 마련하는 개념이 아니라 주어지는 개념이, 그것도 우리의 일상을 넘어서는 비일상의 차원에 있는 실재를 다듬은 개념이 우리의 실제 경험을 재단하기 때문입니다. 그렇다면 우리는 '힘 경험'이라고 할 수 있을 실제적인 삶이 어떤 모습으로 우리 삶 안에 현존하는지를 의도적으로 나열하여 삶 주체의 경험을 묘사할 필요가 있습니다.

이러한 문제의식을 맥락으로 하여 우리는 다음과 같은 기술을 할 수 있습니다. 소박하게 말하면 우리는 종교가 힘이라는 사실을 실제생활에서 경험합니다. 종교경험이라고 말할 수 있는 경험, 달리 말해서 이제까지 우리가 서술한 '감동'의 경험은 내 삶의 현실 속에서 '변화'를 일게 하기 때문입니다. 그러므로 힘을 서술하는 일은 그 변화를 서술하는 것과 다르지 않습니다. 그 힘은 '없던 위로'이기도 하고 '기대하지 않았던 격려'이기도합니다. 개인에게도 그러하고 공동체에게도 그러합니다. 무지나 미지, 그리고 잘못 안 것에서 비롯하는 당혹을 맑게 하는 새로운 인식이기도 하고 투명한 설명이기도 합니다. 그래서 힘은 확인할 수 없었던 의미이기도 하고 누릴 수 없었던 보람이기도 합니다. 이 모든 경험들과 더불어 힘은 삶을 문제로 만나면서 물음을 묻는 주체로 하여금 일상을 긍정하게 하고, 자신의 삶에 자기를 봉헌하게도 합니다. 그 힘으로 말미암아 삶의 주체는 되살아나고 깨이고 풀리고 겸허하게 됩니다. 그가 엮는 삶이 온전함을 지향하면서 더불어 조화를 이루게 됩니다. 힘은 평화를 위한 수단이기도 하고 평화 자체이기도 합니다. 이 모든 현상이 우리가 겪는 변화입니다. 변화는 힘이 있어, 힘을 통해, 삶의 주체가 힘이어서 실현되는 것입니다. 그 변화의 과정이 감동을 펴면서 이루어집니다. 힘은 이렇게 우리의 삶과 더불어 삶 자체의 모습으로 현존합니다. 우리가 힘이기 때문입니다. 종교는 이러한 구조 속에서 방금 지적한 그러한 긍정적인 모습으로 채색되는 하나의 삶의 모습입니다. 문화라고 해도 좋습니다. 종교로부터 말미암는 '힘-경험'을 우리는 이렇게 기술할 수 있습니다.

그러나 힘은 이렇게만 경험되지 않습니다. 힘은 이와 다른 모습으로 우리의 감동이 이는 '변화'의 과정에서 자신의 현존을 드러내기도 합니다. 힘은 예상하지 않았던 실재와 만나는 공포이기도 하고 이제까지 지탱해온 인식의 포기를 강요하는 위협이기도 합니다. 승인할 수 없는 의미나 가치의 타율적인 수용이기도 하고 일상의 부정이나 파기이기도 합니다. 유지되어 온 조화를 혼란스럽게 하는 무질서이기도 하고 스스로 긍지로 지켜온 자존(自尊)의 소거(消去)이기도 합니다. 그래서 그 힘은 이러한 모든 것과 아울러 기존의 것에 대한 반역이기도 하고 파괴이기도 합니다. 부분적인 갈등을 넘어 삶의 총체적인 파멸이기도 하고 소멸이기도 합니다. 이러한 모습으로의 힘의 현존은 개인의 경우에나 공동체의 경우에나 다르지 않습니다. 종교가 존재양태의 변화를 기하는 과정에서 힘으로 있는 모습이 이러합니다.

위에서 우리는 힘의 현존, 힘의 경험의 현존 양상, 또는 힘 자체를 '힘–경험'을 준거로 하여 긍정적인 모습과 부정적인 모습으로 뚜렷하게 나누어 서술했습니다. 그러나 위의 서술에서 유념할 것은 우리가 종교를 '힘–경험'이라고 했을 때, 그것이 긍정적인 범주에만 머무는 것은 아니라고 기술했다는 사실입니다. 다시 말하면 이른바 부정적인 범주에 드는 것도 마찬가지로 종교경험의 서술 내용에 포함되는 것으로 서술하고 있음을 주목하지 않으면 안 됩니다. 힘은, 그것이 어떤 것이든, 인간의 삶의 현실 속에서 긍정적인 판단을 받을 수도 있고 부정적인 판단을 받을 수도 있는 그러한 것입니다. 힘은 그 상반하는 두 일을 모두 할 수 있어 힘입니다. 이를 달리 서술한다면 힘의 실재로서의 종교경험은, 그러니까 종교라는 '힘–경험'은 안위이면서 공포이고, 인식의 획득이면서 포기이고, 조화이면서 파열이며, 되살아남이면서 소멸입니다.

그렇다고 하는 것은 '힘–경험'이란 갈등의 구조로 현존한다는 것을 보여주는 것이기도 합니다. 힘의 실체 간의 겨룸은 불가피합니다. 우리가 각별히 주목하려는 것은 바로 이러한 사실입니다. 다시 되풀이한다면 우리가 삶의 현실 속에서 물음을 물을 수밖에 없는 지경에 이르렀다고 하는 것은 견딜 수 없는 힘과의 만남에서 비롯한 힘의 분출입니다. 그것은 이미 지극한 힘의 갈등입니다. 해답의 모색도 다르지 않습니다. 그것은 지금 여기를 부정하는 힘의 분출을 의도하는 것인데 그것은 달리 말하면 지금 여기를 지탱하려는 힘과의 충돌이기도 합니다. 힘의 현존은 그것 자체가 이미 갈등적입니다. 감동의 확산과 공감의 반응, 그리고 그 과정에서 직면하는 다른 감동과 그것에 대한 공감의 현존과의 만남도 이미 그러합니다. 관계 정황은 갈등으로 구체화되어 있습니다. 그러므로 다시 말한다면 힘의 현존은 갈등의 현존입니다. 우리는 이러한 사실을 공동체의 현존에서 가장 분명하게 만납니다. 종교공동체도 이와 다르지 않습니다. 힘이기 때문입니다. 그 힘은 자신을 확산하고 또 지속하려 합니다. 그것이 힘의 힘다움입니다. 감동을 전하고자 하고, 이를 지속적으로 지탱하려 합니다. 그 감동을 살아 있게 하려는 것입니다. 공감하는 반응에 대한 사회화 기제를 마련하고, 이를 조직하고 제도화합니다. 감동도 힘이고, 공감도 힘입니다. 그런데 바로 그렇다고 하는 사실 때문에 감동은 장애에 부닥칩니다. 그러면서 때로 자기를 확산하려는 의도인 힘은 좌절을 겪습니다. 다른 감동이, 다른 감동의 주체가 스스로 자신의 확산을 의도하는 그러한 힘의 현실과 직면하기 때문입니다. 그래서 위협에 직면하기도 합니다. 그럼에도 불구하고 다른 감동주체라는 힘과의 조우는 불가피합니다. 그러므로 타자는 언제나 '장애'이고 '위협'인 힘입니다. 그리고 그것은 제거하든 간과하든 넘어서든 협조하든 예속당하든 지배하든 어떻게 해서든 '풀어야 할 문제'로서의 힘의 갈등입니다. 그럴수록 힘의 강화는 힘에게 절대적으로 요청되는 규범입니다. 힘의 쇠잔은 존재의 퇴색이고 그것은 곧 소멸로 이어질 것이기 때문입니다. 어떤 실재에게나 자신의 비존재화는 존재하는 모든 것이 가장 저어하는 현실입니다. 종교공동체도 다르지 않습니다.

그런데 힘과 힘의 갈등은 단순하지 않습니다. 종교공동체를 서술하면서 우리는 그것이 감동을 준거로 한 존재양태의 변화를 기하는 공동체라고 했지만, 공동체의 지속과 확산을 의도하는 과정에서 그 힘으로서의 공동체는 우리가 서술한 그러한 개념의 감동에 그치지 않습니다. 달리 말한다면 감동만으로 서로 겨루거나 다투지 않습니다. 그것은 힘으로서의 감동 간의 충돌입니다. 이미 그것은 각기 하나의 힘으로서의 공동체를 이루고 있습니다. 그러므로 이른바 감동의 순수성이나 진실성이나 강도(強度)는 그 겨룸의 승패, 다시 말하면 부닥친 '문제를 푸는' 열쇠가 되지 못합니다. 그보다는 이른바 그 공동체의 '세(勢)'가 결정 요인이 되는 경우가 일상적입니다. 이를테면 '규모'가 그렇습니다. 물론 우리는 순수성이나 진실성이라고 일컫는 경험내용이 지니는 힘을 간과하지 못합니다. 그렇게 운위될 수 있는 그러한 경험의 현실성을 부정할 수는 없습니다. 하지만 그것이 다음과 같은 사실들, 곧 자기 정체성을 확인하기 위해 얼마나 긴 기억의 이야기를 유지하고 있는지, 얼마나 정교한 몸짓 연희를 관례화하고 있고, 얼마나 잘 다듬어진 조직을 마련하고 있는지, 얼마나 많고 다양한 사람들이 그 공동체의 구성원을 이루고 있는지, 얼마나 많은 재화를 축적하고 있는지, 얼마나 다양한 문화적 이질성을 용해하고 있는지, 얼마나 변화에 대한 적응 능력을 발휘하고 있는지 하는 것들과 이어지지 않는다면, 그것이 가지는 힘의 현실성은 적어도 상대적으로 그 이음의 차이에 따라 변할 수밖에 없습니다. 이러한 것들은 하나의 공동체가 가진 세를 측정할 수 있는 실제적인 지표들이기 때문입니다.

그렇다고 해서 위에서 예거한 세, 곧 규모의 크고 작음이 종교공동체의 '성패'를 결정하는 것은 아닙니다. 더불어 산다는 것, 힘의 실체로 현존한다는 것은 이보다 훨씬 더 헤아릴 수 없는 복합성을 가집니다. 힘은 살아 있는 것이기 때문입니다. 그러므로 세만을 가지고 종교공동체의 지속 여부를 판단할 수는 없습니다. 그것은 다만 정황적인, 또는 부분적인 진실만을 보여줄 뿐입니다. 힘도, 그래서 종교공동체도 태어나고 죽는다는 사실, 성장하고 병들고 쇠잔해진다는 사실, 그러니까 세도 헤아리기 힘든 만큼의 다양한 이유로 변한다는 사실을 우리는 이 계기에서 유념해야 합니다. 다시 말하면 규모도 변합니다. 이미 감동이 그러했습니다. 당연히 이에 기반을 둔 공감의 공동체도 다르지 않습니다. 그것도 변합니다. 그렇지 않다면 우리는 종교의 생성과 소멸, 곧 종교사를 기술할 수 없었을 것입니다. 그러나 종교는 '종교사'가 엄연하게 기술될 수 있는 현상입니다.

이와 관련하여 우리가 익히 전해 듣는 설명이 있습니다. 종교는 자기 이념을 확산하기 위해 스스로 조직을 마련하고 제도를 꾸려 나가면서, 그것이 분명해질수록 자신의 본래적인 이념, 곧 종교적 감동을 스스로 상실하게 된다고 하는 주장이 그것입니다. 종교의 제도화란 힘의 실재인 감동이 자신을 확산하고 전승하는 계기에서 요청하는 현실적인 필연이지만, 그 제도 때문에 종교적 감동이 자신을 퇴행시키거나 경화(硬化) 현상에 이르게 하기 때문에, 결과적으로 그 공동체를 조직화하고 제도화하는 것은 '필요하지만 벗어나야 하는', 그러면서도 '벗어나야 하지만 그럴 수 없는' 불가피한 딜레마라고 설명합니다. 이 주장은 상당한 설득력을 갖습니다. 실제로 우리의 경험이 이러한 주장을 지지해 주기 때문입니다. 견고하고 오랜 전통을 지닌 정교하게 제도화된 종교공동체와 직면할 때면, 우리는 그것을 '감동을 공감하는 공동체'로 여기기보다는 제도적 권위에 의해 그 공동체가 지닌 "감동을 공감하도록 강제하는 공동체'로 여기는 경우가 흔합니다. 우리는 이러한 경우 그러한 강요된 감동에서도 얼마든지 공감을 발언할 수 있다는 사실, 그런데 그러한 강제가 실은 그 공동체의 생존을 위한 원리로 작동하고 있다는 사실을 겪게 됩니다. 사정은 무척 혼란스럽습니다.

그런데 이러한 주장은 그러한 현상을 우리가 본연적인 딜레마로 여기고 승인해야 한다는 사실을 서술하면서도, 다른 면에서 보면 그러한 역설적인 구조에서 우리가 탈출할 수 있는 출구가 현실적으로 없지 않음을 보여주고 있습니다. 왜냐하면 본래적인 이념, 곧 종교적 감동의 '처음'으로 회귀하는 것, 즉 얼룩지고 색이 바랬지만 그 처음의 '순수'로 귀환하는 것이 그 해법이라고 하는 주장을 아울러 담고 있기 때문입니다. 그렇기 때문에 그 주장은 종교적 감동의 지속적인 '재활'을 위해서는 제도 자체가 가지는 일상화 또는 관료화의 진행을 억제하고, 본래의 목적을 지속적으로 수행할 수 있도록 하는 제도와 조직의 '갱신 과정'을 확보해야 한다고 말합니다. 제도를 깨뜨리는 계기가 단속적(斷續的)으로 이루어져야 한다고 주장하는 것입니다.

그런데 이러한 주장은 실은 현상에 대한 설명이라기보다 '왜곡된 현상의 치유를 위한 규범의 제시'와 다르지 않습니다. 따라서 이러한 당위론적 접근이 현상에 대한 설명으로서 적합성을 확보할 수 있겠는가 하는 것은 더 충분한 논의가 요청되는 과제입니다. 인식 이전에 판단이 인식을 제한하고 있다는 비판에서 자유로울 수 없기 때문입니다. 그러나 우리는 이른바 '설명의 이러한 규범에로의 선회'가 왜 이루어졌는가 하는 것을 살피지 않을 수 없습니다. 이때 우리가 발견하는 것은 이러한 주장은 대체로 종교공동체가 힘의 실체라는 것을 전제하면서도, 그 힘이 긍정적인 규범의 범주에 드는 것이라는 사실을 확인하고자 하는 의도를 담고 있다는 사실입니다.

그러나 그러한 의도는 충분한 지지를 받을 수가 없습니다. 현상의 서술이 아니기 때문입니다. 우리가 경험하는 현실은 그러한 당위가 이념적인 기대일 수는 있어도 사실은 아니라는 것, 곧 역사적으로 실증될 수 있는 현상은 아니라는 것을 실증적으로 보여주고 있기 때문입니다. 그렇다고 하는 것을 우리는 다음과 같은 사실을 통해 주장할 수 있습니다. 처음이라든지 순수라고 하는 것은 실재가 아닙니다. 그것은 경험할 수 있는 것들이 아닙니다.

이를테면 처음은 일컬어질 수는 있지만 실증되지는 않습니다. 순수도 다르지 않습니다. 그것은 그릴 수는 있지만 접할 수는 없는 것입니다. 그러므로 그러한 것들은 다만 회구할 수는 있지만 경험되지는 않는 '이상(理想)'입니다. 그러므로 그러한 것들은 실은 우리가 직면하는 문제들, 이를테면 엉망인 현실을 되시작하지 않으면 이 질식할 것 같은 현실에서 벗어날 길이 없다는 자의식이나, 이 때묻고 오염된 상황에서 벗어나지 못하면 삶이 부패하고 말 거라는 불안에서 비롯하는 '온전함'에의 회구를 구체화한 개념적 실재입니다. 그것은 경험적 실재가 아닙니다. 아예 그것들은 경험될 수 있는 것들이 아닙니다. 그래서 오히려 더 절박하게 회구의 대상이 되는 그러한 것입니다. 그러므로 힘의 얽힘의 자리에서, 곧 힘의 갈등 정황에서 일컬어지는 처음이나 순수란 전혀 실제적이지 않습니다. 그것은 삶의 현실을 넘어서려는 꿈속에서나 지닐 수 있는 그러한 실재에 대한 이름일 뿐입니다. 그러므로 그러한 것들은 오히려 자신의 어떤 경험을 상실로 자각한 인간의 깨달음이 낳은 '잃은 것에 대한 향수(鄕愁)'가 보여주는 상혼(傷痕)이라고 해도 좋을 만한 것입니다. 물론 우리는 지향하는 목적으로서 이념적 실재의 현존을 상정(想定)하는 일이 마냥 부정적일 수는 없다는 사실을 익히 경험하고 있습니다. 그것이 '방향'을 지시하기 때문입니다. 그러나 그러한 것, 곧 순수나 처음에의 회귀를 삶이 봉착한 딜레마로부터의 풀림으로 제시하는 것은 그 주장의 진지성에도 불구하고 결과적으로 '허위'에 이를 수 있음을 우리는 유념하지 않을 수 없습니다. 이른바 이데올로기의 과오는 이렇게 비롯합니다. 그러므로 감동의 제도화, 그리고 제도화로 인한 감동의 경화 현상이 지니는 딜레마를 넘어서기 위해 처음으로, 그리고 순수로 돌아가기를 주장하는 것은 논리적 당위성을 가지는 주장이기는 해도 결과적으로 현실에서는 이루어지지 않는 허위의식의 조장일 수 있습니다. 종교의 현존, 종교공동체의 현실적인 모습은 그리 낭만적이지 않습니다. 굳이 가치판단을 준거로 한 언어를 통해 기술한다면, 힘으로 실재하는 종교나 종교공동체는 그것 자체가 부정적인 것이기도 하고 긍정적인 것이기도 한 실체입니다. 그러한 과정 속에 있는 실재입니다. 그러므로 딜레마의 지양은 그리 쉽지 않습니다. 실재하고 있어 딜레마를 낳는 것이 아니라 딜레마 자체로 현존하기 때문입니다.

이와 더불어 우리가 주목하고 싶은 또 하나의 사실이 있습니다. 처음과 순수의 상실로 묘사되는 이른바 '제도화에 의한 감동의 경화 현상' 곧 조직으로 감동을 확산하고 전승하고자 하는 데서 말미암은 역설적인 감동의 퇴색 현상만이 종교공동체의 문제는 아닙니다. 감동 자체의 '변화'도 주목하지 않으면 안 됩니다. 감동이라는 힘의 자기 변모도 유념하지 않으면 안 되는 것입니다. 중요한 것은 관계 안에 있는 존재이기 때문에 뒤섞여 겨루고 다투곤 하는 힘의 현실 안에서 어떤 형태로든 자기훼손이 일었다면, 자기 아닌 타자의 일방적인 힘의 행사에다 그 원인을 전가할 수는 없다고 하는 사실입니다. 다시 말하면 '힘의 현실'에서 상수(常數)는 없습니다. 그것은 서로 변수(變數)입니다. 얽혀 있기 때문입니다. 그렇기 때문에 힘의 현존을 설명하기 위한 지금 여기에서의 잠정적인 준거는 설정될 수 있어도, 언제 어디서나 누구에 의해서나 불변하는 준거는 설정될 수 없습니다. 그러한 것이 실은 없기 때문입니다. 그런데 우리는 종교의 사회적 현존이나 종교공동체를 기술하고 설명하는 과정에서 이러한 사실을 흔히 간과합니다. 이를 좀 더 부연해보기로 하겠습니다.

'좋은 가르침'을 베풀고 '바른 의미'를 구현한다고 해서 종교가 힘의 얽힘에서 자유로운 것은 아닙니다. 그 가르침이나 그 의미가 그대로 힘으로 현존하기 때문에 다른 가르침이나 의미와 불가피하게 갈등을 일으킵니다. 그것도 힘이기 때문입니다. 그러므로 종교는, 종교공동체는 총체적인 갈등 구조 안에 있습니다. '좋은'이라든지 '바른'이라고 하는 수식이 힘 자체의 갈등 현상을 지양하지 못합니다. 그 구조 안에서 하나의 종교는 갈등을 겪는 주체일 뿐만 아니라 갈등을 낳는 주체이기도 합니다. 일반적으로 갈등은 타자의 힘에 대한 반응에 그치지 않습니다. 갈등은 타자의 존재에 대한 내 반응에서 비롯하는 것이기도 합니다. 종교공동체의 경우도 다르지 않습니다. 갈등은 '더불어 사는 삶'의 구조가 내장하고 있는 필연적인 것입니다. 그런데 갈등은 무의미한 실존을 조장합니다. 관계의 유기성(有機性)을 확보하지 못하게 하기 때문입니다. 개인의 실존에서는 통정(統整)된 자아를 가지지 못하게 합니다. 그러한 정황에 머물러 있는 한, 개인의 삶도 공동체의 삶도 제대로 지속되지 않습니다. 그러므로 갈등을 지양하거나 극복하거나 해소하는 일은 개인이든 공동체든 스스로 살아 있기 위한 생존 원리이기도 합니다. 그러나 그것이 이루어지지는 않습니다. 그렇게 해야 하겠다는 의식의 지향과 그렇게 할 수 없게 되어 있는 갈등의 구조가 조화를 이룰 수 없기 때문입니다. 그러므로 우리가 직면하는 종교공동체의 역설은 '감동을 확산하기 위한 제도'와 '감동을 억제하는 제도의 경화 현상'이 불가피하다는 데만 있지 않습니다. 이에서 비롯하는 갈등의 지양을 의도하면서도 갈등의 구조를 내장하고 있을 뿐만 아니라 오히려 이를 강화할 수밖에 없다는 데 있습니다. 그것이 바로 종교공동체의 생존 원리이기 때문입니다.

이를 좀 더 살펴보기 위해 결코 단절되는 것일 수 없음에도 불구하고 서술의 편의를 위해 종교공동체의 갈등을 '안에서 이는 갈등'과 '밖과의 관계에서 빚어지는 갈등'으로 나누어 서술해보도록 하겠습니다. 그런데 안에서의 갈등은 '우리와 너희'의 갈등이 아닙니다. 그것은 '옳은 우리'와 '그른 우리' 간의 갈등입니다. 다시 말하면 '정(正)/오(誤)를 준거'로 갈립니다. 이와 달리 밖과의 갈등은 그렇지 않습니다. 그것은 '우리와 너희' 간의 갈등입니다. 그것은 '안과 밖'의 갈등입니다 옳고 그름을 넘어 '너희의 실재'를 승인해야 할 것인지 아닌지 하는 갈등입니다. 그러므로 이를 안에서의 갈등과 견주어 '자(自)/타(他)를 준거'로 한 갈등이라고 할 수 있습니다.

그런데 이제까지 우리가 시도해온 서술의 논리를 좇는다면 '안의 갈등'이란 사실상 불가능한 개념입니다. 종교공동체란 감동을 공감하는 공동체이기 때문입니다. 하지만 우리의 실제 경험은 다릅니다. 종교가 빚는 직접적인 갈등의 현장은 종교공동체 안에서 우선적으로 나타나고 있습니다. 그렇게 되는 까닭을 짐작하는 것은 어렵지 않습니다. 감동의 속성을 살펴보면 분명해집니다. 감동은 적어도 그 경험주체에게는 절대적인 경험입니다. 당연히 그 경험내용도 그 주체의 삶을 그대로 담고 있습니다. 그러므로 감동주체는 자기에게 반응하는 공감이 자신의 감동과 동질적인 것인지 여부에 대하여 예민할 수밖에 없습니다. 그때 스스로 그 공감이 자기와 일치한다고 하는 판단이 불가능하면 그 공감은 실은 자기 감동의 훼손일 수도 있기 때문입니다. 따라서 '범연한 공감'이란 사실상 현존하지 않습니다. 전폭적인 공감이라고 할 수 있는 반응을 기대하기 때문입니다. 또 그러한 판단이 가능해야 공감의 확산이 현실화된다고 판단하기 때문입니다. 이뿐만 아니라 처음부터 다른 감동과 만날 때 그 감동에 대한 평가도 불가피합니다. 그러므로 '자신으로부터 비롯한 감동'과 '나 아닌 다른 자아로부터 비롯한 감동' 간에 이는 긴장은 불가피합니다. 그리고 그것은 규범적인 판단에 의하여 여과되면서 '옳은 감동과 그른 감동'으로 다듬어집니다. 하나의 종교공동체가 형성되면서 이러한 사태는 '당연하게' 일어납니다.

그러나 이 계기에서 다시 주목해야 할 것은 감동에 대한 경험주체의 절박한 진지성을 전제한다 할지라도, 앞에서 기술한 그러한 사태를 '정/오의 갈등'으로 규정할 수 있는가 하는 문제입니다. 왜냐하면 자신의 감동의 절대성이나 독특한 내용이 다른 감동과 일치할 수 없다는 주장과 그것만이 옳고 다른 감동은 그르다는 판단은 같은 맥락에서 벌어지는 일이 아니기 때문입니다. 감동주체의 정직한 진지성을 간과할 수는 없습니다. 그러나 그렇다고 하는 사실이 그 감동주체의 옳음을 지지하는 것이 될 수는 없습니다. '감동의 규범적 정당성'으로 기능하도록 '자신에 대한 정직성'을 그대로 다른 감동주체에게 강제할 수는 없기 때문입니다. 그럼에도 불구하고 특정한 종교공동체 안에서는 옳은 감동과 그른 감동 간의 갈등이 심각합니다. 그렇다면 경험주체의 실존적 감동을 넘어서는 어떤 힘이 그 공동체 안에서 움직이고 있다는 사실을 우리는 예상할 수 있습니다.

이를 확인하기 위해 이러한 사태를 좀 더 살펴보면 우리는 뜻밖의 현상과 부닥칩니다. 정/오 여부를 가리는 판단 준거는 감동 자체에 대한 평가에서 비롯한 것이 아니라는 사실입니다. 다시 말하면 어떤 감동이 옳고 어떤 감동이 그르다는 판단은 비록 감동 자체와 무관할 수는 없지만, 그것과 필연적으로 연계되어 이루어지는 것은 아니라는 사실이 그것입니다. 정/오는 결과적으로 경험주체의 실존적 판단에 의해서 이루어지는 것이 아니라, 그 감동을 확산하고 전승하기 위해 '만들어진' 힘의 구조인 제도나 조직에 의해서 '선택'되어 그렇게 결정됩니다. 다시 말하면 정/오가 판단 준거로 일컬어지지만 실은 공동체 안에서 이루어지는 힘의 점유 규모, 그렇게 있는 힘의 겨룸이 빚은 승패 등을 '정/오'라는 개념틀로 정리한다고 하는 의미에서 그렇게 말할 수 있습니다. 무릇 인간의 삶의 공동체가 모두 그렇듯이 종교공동체 안에서도 우리는 공동체 구성원의 순화(馴化) 또는 사회화 과정, 이에 대한 이견, 저항, 일탈, 반역, 그리고 이러한 사태에 대한 대결, 정죄, 축출, 저주, 물리적 힘의 행사 등을 발견합니다. 그런데 그러한 일련의 사태는 모두 정/오를 준거로 자기 정당화의 논거를 확보합니다. 그러므로 정/오는 전제된 규범이 아니라 실은 힘의 정당화 기제(機制)로 등장하는 종교공동체 자체를 위한 '지어진 규범'이라고 할 수 있습니다. 이러한 사실을 우리는 모든 인간의 공동체에서 발견할 수 있듯이 종교공동체의 역사에서도 일상적인 현상으로 만납니다. 종교공동체라고 해서 결코 다르지 않습니다. 우리가 전통적으로 지적해 온 종교공동체 안에서의 갈등, 곧 '정통과 이단'이라고 묘사된 갈등은 그 구체적인 예입니다. 달리 말하면 그것은 '옳은 감동'과 '그른 감동' 간의 갈등이라기보다 당해 공동체의 유지와 확산을 의도하는 주도적인 힘의 실체가 자기를 정당화하기 위해 '설정'한 것입니다. 더 직접적으로 말한다면 그것은 조직 안에서 강한 힘을 가진 주체와 그보다 덜 강한 힘을 가진 주체 사이에서 일어나는 힘의 갈등이 어떻게 다듬어지는가를 뚜렷하게 보여줍니다. 우리가 만나는 종교공동체의 역사는 이를 실증하고 있습니다. 그런데 그것은 대체로 정/오의 구조로 기술되고 있습니다. 그러므로 정통과 이단은 힘의 역사적 전개가 보여주는 현상입니다. 이는 종교공동체가 힘의 공동체라는 사실을 여실하게 보여주는 실증입니다. 종교공동체 안에서의 갈등은 불가피합니다.

'밖과의 갈등'에 대해서도 우리는 같은 진술을 할 수 있습니다. 이미 나와 더불어 현존하는 밖에 있는 '다른 공동체'뿐만 아니라 안에서의 갈등을 견디지 못해 일탈하여 밖으로 나간 '다른 공동체'와의 갈등도 다르지 않습니다. 이러한 현상들을 아울러 안의 경우와 밖의 경우를 견주어 굳이 다름을 찾는다면, 이 경우에는 정/오가 준거가 되기보다 타자의 현존에 대한 승인 여부가 더 절박한 문제로 등장하면서 갈등이 야기됩니다. 좀 더 부연한다면 전자의 경험내용을 전제된 것이든 결과론적인 것이든 일종의 혁정감(革正感)으로 이루어진 것이라고 한다면, 후자의 경우는 자/타의 관계에서 비롯하는 것이어서 '나' 아닌 '나라고 일컫는 타자'와의 만남이 빚는 낯섦과 당혹이 그 내용을 이루고 있습니다. 그런데 그 당혹은 근원적인 물음을 자극합니다. 공감에 대한 기대가 충족되지 않았다는 사실 때문에 생기는 이를테면 분노와는 다릅니다. 그것은 나 아닌 타자의 존재에 대한 회의를 내용으로 합니다. 이뿐만 아니라 바로 그러한 당혹에서 비롯하는 나 자신의 존재에 대한 회의로 이어지는 되물음을 낳습니다. 자아의 정체성에 대한 '없던 물음'을 묻게 되는 것입니다. 그러므로 이 경우에는 타자의 현존 자체에 대한 인식에서부터 갈등이 야기됩니다. 다시 말하면 '나의 현존'의 논리와 조금도 구조적으로 다르지 않은 논리로 자신의 현존을 주장하는 '다른 나'와의 겨룸이 갈등의 내용이 되는 것입니다. 타 종교들의 종교공동체, 그리고 달리 범주를 설정하여 상술해야 하겠지만 이어 말한다면, 이른바 종교적이지 않은 사회적 현존 양식을 지닌 온갖 힘의 실재들과의 관계가 그러합니다.

이러한 갈등에서는 정/오의 판단이 한계를 지닙니다. 존재 자체의 승인 이후에 가능한 것이 정/오에 대한 판단이라면, 이러한 현상은 존재의 승인 여부가 우선하는 문제이기 때문입니다. 다시 말하면 그 타자에게는 규범적 강제가 필요하지도 않을 뿐만 아니라, 그것이 발휘된다 하더라도 아무런 효력이 없을 것이기 때문입니다. 따라서 서로의 만남을 현실화할 공유하는 장에 대해 근원적으로 회의적일 뿐만 아니라, 만남의 사실 자체에 대해서도 마찬가지로 회의적일 수밖에 없습니다. 그럼에도 불구하고 구체적인 삶의 현장에서는 '있을 수 없는 타자의 있음'을 겪습니다. 그러므로 이러한 갈등의 현장에서 힘의 주체들이 의도하는 것은 철저한 자기 강화에 의한 타자의 제거입니다. 이를 위하여 종교공동체는 자신을 절대화하는 논리를 폅니다. 그 절대성을 지탱하기 위한 제반의 현실적인 기반을 확보합니다. 세의 확장은 가장 실제적인 조처입니다. 이를 지속적으로 추구합니다. 때로 이러한 '태도'는 타자를 정죄하는 배타성으로 드러납니다. 타자가 엄연히 현존하는데도 아예 없다고 선언하기도 합니다. 더 나아가 없음이게 해야 한다는 책무마저 지닙니다. 확장되고 강화된 세는 이를 위한 효과적인 수단이 됩니다. 수단을 넘어 세의 확장과 강화 자체가 성취해야 할 목표로 자리를 잡습니다.

제거만을 의도하지 않습니다. 방법론적으로 그러한 의도는 때로 타자의 존재기반이 내 안에 있다는 주장으로 펼쳐지기도 합니다. 내 존재범주를 벗어난 실재는 없다고 판단하기 때문입니다. 그렇다고 하는 사실을 인식하지 못한 타자의 과오를 계몽하는 것이 그 제거의 한 방법으로 자리를 잡는 것입니다. 그러한 자리에서 나를 주장하고 타자의 현존도 그러한 논리로 서술합니다. 이러한 태도는 때로 '관용'의 모습으로 자신을 드러냅니다. 그런데 이러한 일은 힘이 뒷받침해 주어야 가능한 일입니다. 그러므로 이른바 관용은 '힘의 너그러움'을 스스로 만끽하는 것과 다르지 않습니다.

이와 달리 타자의 현존을 있되 간과해도 좋을 만큼 현실성이 없는 것으로 여기기도 합니다. 만난 타자가 힘의 현실 속에서 기억을 되살리기 어려울 만큼의 흔적으로만 있든가, 힘의 소용돌이에서 아무런 파장도 일으키지 못할 만큼 주변에 머물러 있어 힘의 실체로 여기기 어려운 존재라고 하는 판단이 이러한 태도를 부추깁니다. 간과는 그대로 타자의 현존을 실재하지 않게 한다고 판단하는 것입니다. 오히려 관심을 기울이는 일이 타자의 현존을 '등장'하게 하는 과오를 범하게 한다고 생각합니다. 자신의 힘에 대한 신뢰가 낳은 태도는 이렇게 나타납니다. 그러나 때로 이러한 태도는 커다란 착각으로 현실화되기도 합니다. 왜냐하면 힘은 살아 움직이는 것이기 때문입니다. 간과해도 좋을 힘의 실체는 언제나 주목해야 할 힘의 실체일 수도 있기 때문입니다.

위에서 언급한 사실들과는 달리 제각기 다른 힘의 실재인 종교공동체가 서로 타자의 울안으로 스며들어 이제까지와 다른 새로운 힘의 현존 양식을 빚는 경우도 보여줍니다. 변화는 힘의 속성이기 때문입니다. 이른바 역사적 과정을 거치면서 일어나는 문화접변현상은 엄밀한 의미에서 순수하고 본래적으로 단절된 종교란 실제로 있을 수 없음을 실증하고 있습니다. 그러므로 다름이 직접적인 경험내용인 것은 분명하지만, 오히려 실질적인 다름보다는 다르다고 기술하는 개념에 의해 우리가 그렇게 인식하는 것이 그러한 다름의 기반일 수도 있다는 사실을 우리는 주목할 필요가 있습니다. 이러한 현상을 정연하게 서술하는 것은 거의 불가능합니다. 우리의 경험은 개개종교의 자기주장과 만나면서 현실적이게 되기 때문입니다. 하지만 '더불어 사는 삶'의 얽힘은 서로 다른 실재의 단절을 우리가 의식하는 것보다 더 깊은 차원에서 부정하고 있습니다. 개인의 이른바 개종의 현실성, 특정 종교의 문화권을 넘어서는 확산, 역사적 변천 등에서 우리가 발견하는 것은 '타자 간의 융화, 또는 중첩, 그에서 비롯하는 각 종교의 변용'입니다. 어쩌면 자연스러운 변화라고 할 이러한 요인 이외에도 의도적으로 그러한 사태를 빚으려는 태도에서 이러한 현상이 말미암기도 합니다. 서로 다른 종교공동체가, 또는 종교공동체와 여타 비종교적인 공동체가 비록 긴장을 유발하고 지속한다 하더라도, 함께 공존하는 것이 힘의 갈등 속에서 추구해야 하는 당위라고 주장하는 태도도 있습니다. 확산이나 지속이 존재의 규범이 아니라 공존과 현존이 존재의 격률(格率)이어야 한다고 주장하는 것입니다. 힘은 공존의 확장과 현존의 지속을 의도하는 것이어야 한다는 주장이라고 해도 좋습니다.

그러나 위에서 지적한 여러 태도들이 서로 복합적인 채 종교공동체는 삶의 모든 공동체와 조금도 다르지 않게 '힘의 현실'을 통해 그러한 정황을 낳고 있습니다. 그러므로 종교 자체가 이미 힘일 뿐만 아니라, 종교공동체는 그대로 힘의 현존이면서 자기의 안팎에서 힘의 갈등으로부터 조금도 벗어날 수 없습니다. 종교공동체는, 종교는, 종교경험은 갈등을 낳는 힘과 무관한 영롱한 실체가 아닙니다. 그것들은 힘 자체이기 때문입니다.

3. 힘의 자기정당화 기제(機制)

결국 사실을 사실이게 하는 것은, 또는 사실의 사실다움을 빚는 것은 의미입니다. 그러한 의미를 담고 있는 것이 이야기와 몸짓입니다. 종교공동체의 힘을 정당화하는 기반은 바로 이러한 이야기와 몸짓, 즉 신화와 의례입니다.

종교라고 일컫는 현상을 위에서 서술한 바와 같이 이해하는 데 대한 이견은 얼마든지 가능합니다. 종교란 인간으로부터 말미암은 것이 아니라는 주장이 그러한 이견의 대표적인 것입니다. 우리는 이와 달리 종교를 인간의 소업으로 여기는 자리에서 논의를 펼치고 있습니다. 그런데 이러한 이견도 분명한 '경험'에서 비롯한 것입니다. 그러므로 그러한 주장을 경청하는 것은 우리가 취해야 할 마땅한 태도입니다. 그럼에도 불구하고 그 이견이 주장하는 경험의 자리가 그들이 주장하듯 이른바 초월이나 신성의 공간이 아니라 '지금 여기'라는 사실을 우리는 새삼 유념할 필요가 있습니다. 초월을 경험했다고 하는 주체는 초월자가 아니라 지금 여기에 있는 인간이기 때문입니다. 따라서 우리는 그러한 이견을 존중하면서도 그 주장을 포함하여 우리의 논의를 계속 이어나갈 수 있습니다. 이러한 맥락에서 우리는 위에서 서술한 내용들을 더 직접적으로, 또는 우리가 현실에서 부닥치는 실제 정황을 유념하면서 다음과 같이 정리해 볼 수도 있습니다.

위에서 언급한 바와 같은 우리의 종교이해는 종교적이게 된다고 하는 것,

종교공동체를 이룬다고 하는 것, 그래서 하나의 종교가 사회적 실재로 출현한다고 하는 것은, 결국 특정한 감동에 대한 공감공동체가 가르침이나 길들임이나 강요나 위협 등의 다양한 방법을 통해 이루어지는 것이라고 주장하는 것과 같습니다. 그것은 '힘의 발휘'와 다르지 않은 것입니다. 나아가 종교공동체란 하나의 공동체를 이룬 감동주체들이 자기들의 사물에 대한 인식, 세계관, 판단준거, 행위규범 등을 일반화하고 보편화하기 위해 타자를 스스로 마련한 일정한 규범 안에 들게 하는 것과 다르지 않습니다. 그런데 이도 하나의 '힘의 발휘'에 의해서 이루어지는 일입니다. 그렇다면 종교공동체란 다른 것이 아닙니다. 그것은 특정한 감동주체가 지은 자기의 현존양식을 규범적인 것이거나 절대적인 것이게 하기 위한 힘의 확산 과정을 구체화한 것입니다. 달리 말하면 그러한 감동공동체가 자기 문화를 주도적인 것이게 하기 위해 마련한 일련의 힘의 확산과정의 구체화라고 할 수 있는 그러한 것이 종교공동체입니다.

거듭되는 진술입니다만 종교공동체만이 그러한 것은 아닙니다. 모든 힘의 실체는 그것이 어떤 형태로든 조직이나 제도로 현존하는 한 그러한 모습을 드러냅니다. 스스로 힘이고, 힘의 발휘는 생존 자체를 위한 것이기 때문입니다. 그렇기 때문에 감동공동체인 종교공동체도 그것이 조직을 가진 제도로서 현존하는 한 이에서 예외일 수 없습니다. 힘은 그저 힘의 현존으로 만족하지 않습니다. 여타 힘의 현존 안에서 자신이 주도적이기를 기합니다. 그런데 이 계기에서 우리는 그러한 힘의 '힘다움'은 힘마다 서로 다르다는 것을 확인하게 됩니다. 힘이 서로 자기의 자기다움을 드러내는 그 기반은 일치하지 않는다는 사실을 서술해야 합니다. 공동체는 제각기 자기지향이 다르고, 그 지향의 다름에 따라 자기다움을 규정하는 내용이 다른 것입니다. 그렇다면 우리는 종교공동체를 그러한 종교공동체이게 한 힘의 힘다움은 어떤 것인지 살펴볼 필요가 있습니다. 어떤 힘이 그러한 감동공동체의 정당성을 지지해 주는지, 바로 그 힘은 어떻게 서술될 수 있는 것인지 살펴보고 싶은 것입니다. 다시 말하면 종교공동체의 힘을 어떻게 어떤 것으로 경험하면서 사람들이 그 공동체의 현존을 정당화하는 기반을 그 힘에 두고 있는지를 알고 싶은 것입니다.

이때 우리가 주목해야 할 것은, 이미 앞에서 서술한 바 있지만, 종교공동체가 지니고 있는 '이야기'와 '몸짓'입니다. 왜냐하면 감동은 이야기에 담기고 몸짓에 실리기 때문입니다. 이야기는 감동의 담지자이고 몸짓은 공감을 구현하는 실체입니다. 사실상 하나의 조직과 제도는 이러한 이야기와 몸짓에서 비롯한 것입니다. 그리고 다시 이들은 공동체를 지탱하는 근간으로 그 조직 안에 자리를 잡고 있습니다. 이 일련의 사태는 순환구조를 갖습니다. 감동은 이야기와 몸짓으로 공유되고 확산되면서 제도나 조직을 낳고, 이는 다시 감동을 낳고, 그 감동이 다시 이야기와 몸짓을 통해 공동체를 강화하고 그것이 다시 감동을 낳기 때문입니다. 그러므로 종교공동체를 낳고 지탱하는 힘은 바로 이러한 이야기와 몸짓이라고 우리는 서술할 수 있습니다.

그런데 종교공동체가 우리에게 들려주고 보여주는 그 이야기와 몸짓은 실은 잘 알아들을 수 없을 뿐만 아니라 선뜻 승인할 수도 없는 그러한 것들입니다. 그 이야기는 대체로 언제 어디서를 뚜렷하게 밝힐 수 없는 일들을 전해 줍니다. 이뿐만 아니라 그 주역도 모호합니다. 분명하게 인간을 넘어선 존재가 출현하는가 하면, 그러한 존재인 듯 인간이기도 하고 인간인 듯 그렇지 않은 존재가 출현하기도 합니다. 전해 주는 사건 자체도 우리의 일상을 준거로 할 때 '정상적'이지 않습니다. 궤(軌)도 맞지 않습니다. 몸짓도 그러합니다. 일상에서는 하지 않을 별난 몸짓과 다른 음식과 낯선 복장을 주기적으로, 또는 어떤 계기에서는 당연하면서도 예사롭게 하고 먹고 입습니다. 그러한 '다른 행동'도 '정상적'이지 않습니다. 다만 제의적 계기에서만 정상적입니다. 그 이야기 또는 몸짓이 어떻게 비롯했는가를 묻는 일은 여기에서는 유보하고 싶습니다. 우리가 주목하고자 하는 것은 그러한 이야기와 몸짓을 만날 적에 사람들은 어떤 반응을 하는가 하는 것, 그러니까 그러한 이야기와 몸짓에서 사람들이 드러내는 경험 내용이 어떤 것인가 하는 것이기 때문입니다. 그런데 이때 우리가 발견하는 것은 일정한 긴장, 더 부연한다면 '경건한 긴장'이라고 할 수 있는 그러한 것입니다. 그런데 그것은 일상 속에서 흔히 겪는 그러한 것이 아닙니다. 그러므로 그 긴장은 경험주체들로 하여금 이제까지 없던 것과의 만남을 겪게 합니다. 그것을 우리는 전혀 경험해 보지 않은 '힘과의 만남'이라고 할 수 있습니다. 중요한 것은 바로 그 힘입니다. 이야기에서, 그리고 일정한 몸짓에서 사람들은 힘과 만나는 것입니다. 그러한 '힘-경험'은 자기가 속한 공동체의 지속과 확산을 의도하는 힘의 기반을 자신이 확보하고 있다는 자신감을 가지게 합니다. 우리는 이러한 이야기를 흔히 '신화'라고 개념화하고, 이러한 몸짓을 대체로 '의례'라고 개념화하여 일반화합니다.[06]

그런데 이미 앞에서 다른 방법으로 기술한 바 있습니다만, 만약 우리가 그러한 신화를 일상적인 이야기로 여기고 산다면, 그리고 그러한 의례를 일상적인 삶의 행위처럼 하고 산다면, 그러한 삶을 사는 우리의 삶은 비현실적이고 비상식적인 삶이라고 판단될 수밖에 없습니다. 그러한 이야기와 몸짓은 이미 일상의 기준에서 보면 정상적이지 않기 때문입니다. 그러나 종교공동체에서는 그러한 이야기나 의례를 일상의 영역에 두기보다는 아예 비일

---

06 신화와 관련된 현재까지의 다양한 이론적 입장을 확인하기 위해서는 다음 책을 참조하라: Jeppe Sinding Jensen, ed., *Myths and Mythologies: A Reader*, London: Equinox, 2009. 의례와 관련된 다양한 이론적 입장을 확인하기 위해서는 다음 책을 참조하라: Graham Harvey, ed., *Ritula and Ritual Belief: A Reader*, New York: Routledge, 2005.

상적인 차원에 속한 것으로 여깁니다. 그러면서 종교공동체는 자신을 정당화하는 힘을 그러한 비일상성에서 비롯하는 것으로 여깁니다. 그렇다면 우리는 바로 이러한 맥락에서 종교공동체의 현존, 그리고 그것을 정당화해주는 힘인 그러한 이야기나 몸짓, 곧 신화나 의례란 '일상성 안에 있는 비일상적인 것'이라고 말할 수 있습니다. 이를 또 달리 묘사한다면 '일상성 안에서 비일상적인 것으로 경험하는 일상적인 것'이라고 할 수도 있습니다. 그것을 가능하게 하는 것이 신화와 의례입니다. 종교공동체를 정당화하는 것은 그것에서 비롯하는 힘입니다. 신화와 의례에 참여하면서 종교공동체의 구성원들은 자기 현존의 정당성을 그것에서부터 비롯하는 힘을 통해 확인하는 것입니다.

그렇다면 이제는 그 비일상성이, 곧 신화와 의례가 일상 속에서 어떤 것으로 이해되기에 힘으로 경험되는지를 좀 더 살펴볼 필요가 있습니다. 우선 눈에 띄는 것은 그 비일상성은 그것이 이야기든 몸짓이든 '비롯함'을 함축하고 있다는 사실입니다. '비롯함'뿐만 아니라, 때로 뚜렷하게 명시적이지 않은 경우가 없지 않으면서도, '마침'도 아울러 담습니다. 처음과 끝을 아우르는 것입니다. 그런데 처음과 끝은 일상이 아닙니다. 우리는 처음자리에도 있을 수 없고 끝자리에도 있을 수 없습니다. 그것은 모두 '아득한 현실'입니다. 다만 분명한 것은 내 현존이 아득한 때 비롯하였고 아득한 때 끝나리라고 하는 예측을 그 둘 사이에서 살아간다고 하는 사실입니다. 그런데 그럴 수밖에 없습니다. 왜냐하면 처음과 끝은 사실상 시간 안에 들지 않기 때문입니다. 처음과 끝은 시공을 넘어서 있습니다. 그래서 그것은 일상이 아닙니다. 그렇다고 한다면, 우리는 비일상이란 지금 여기가 아니라 '그때 저기'를 지칭하는 개념이라고 할 수 있습니다.

신화가 이러합니다. 의례도 다르지 않습니다. 이를테면 신화는 처음 일어난 '사건'을 전해 줍니다. 지금 여기의 실재가 어떻게 비롯했는지를 이야기합니다. 그런가 하면 의례는 하나같이 그 행위가 처음에 지어진 것이라고 말합니다. 지금 여기의 몸짓이 어떻게 아득한 때 비롯하여 지금 여기에서 재연되는지를 이야기합니다. 그러므로 신화의 음송은 처음을 지금 여기에 현존하게 하는 것과 다르지 않고, 의례의 몸짓은 처음을 지금 여기에서 재연하는 것과 다르지 않습니다. 신화와 의례는 '처음의 확보'와 다르지 않습니다. 그런데 그 처음이 바로 힘의 원천으로 기능합니다. 신화의 음송과 의례의 연희는 인간의 삶이 그렇게 이루어진다는 것을 보여 줍니다. 처음을 확인하지 못하면, 그러한 것으로 자기를 정당화하지 못하면 실재는 사실상 현존할 수 없습니다. 왜 하필이면 처음이고, 그 처음이 왜 하필이면 힘으로 설명되는지를 묻는 것은 매우 중요하고 필요한 질문입니다. 하지만 그러한 설명은 우리의 물음 맥락에서 보면 비현실적인 물음입니다. 아니면, 그것은 우리가 지금 처해 있는 자리와는 다른 맥락에서 논의해야 할 별개의 과제일지도 모릅니다. 여기에서 우리가 직면하는 분명한 사실은 처음이 힘의 비롯함의 자리이고, 그로부터 힘의 분출이 가능하며, 그렇기 때문에 처음의 '비롯함'을 지금 여기에서 재연한다고 하는 것, 다시 말하면 지금 여기에서 그 이야기를 읊고 그 몸짓을 연희한다고 하는 것은 처음의 힘을 행사하는 것과 다르지 않다고 하는 사실을 종교공동체를 살아가는 경험주체들이 그대로 드러내주고 있다는 사실입니다. 달리 말하면 사람들은 그러한 이야기를 빚으면서, 그러한 행위를 하면서 그러한 힘의 기반을 확보하지 않으면 살아간다는 것이 제대로 풀리지 않으리라는 것을 그러한 이야기와 몸짓을 스스로 지어 드러내고 있다고 말할 수도 있습니다. 그런데 그렇다고 하는 것은 현실적인 삶의 자리에서 보면 그 행위주체가 스스로 힘 자체가 되는 것과 다르지 않다는 것을 드러내주는 것이기도 합니다. 왜냐하면 그 경험 자체는 자신이 비롯함과 더불어 하나임을 드러내고 있기 때문입니다. 따라서 그 처음의 읊음 내용이나 드러난 몸짓이 경험주체에 따라 서로 다르다 할지라도, 무릇 그 이야기와 그 몸짓, 곧 신화와 의례는 지금 여기에서 그 행위주체의 삶을 정당화합니다. 공동체 안에서 그 행위주체의 힘 자체를, 그리고 그 조직의 현존 자체를 정당한 것으로 여기게 하는 기반이 되는 것입니다. 종교 공동체는 이렇게 자기를 정당화합니다.

그러나 이러한 서술만으로 종교공동체의 자기 정당화의 기반을 모두 설명한 것일 수는 없습니다. 앞에서 지적한 '비롯함'과 더불어 '일상성 속의 비일상성'과 관련하여 우리가 좀 더 생각해야 할 것이 있습니다. 우리는 이를테면 신화가 '사실'을 전해주는 이야기라고 생각하지 않습니다. 그렇다면 우리는 자기 정당화를 가능하게 하는 힘의 원천이 '사실이 아닌 이야기의 사실성'을 승인하는 일이라고 하는 사실을 좀 더 살피지 않으면 안 됩니다. 이미 언급한 바 있지만 신화는 일반적인 이야기와 전제가 다르고, 주역이 같지 않으며, 묘사하는 사실성이 낯섭니다. 그럼에도 불구하고 우리는 신화를 읊습니다. 이야기가 담고 있는 '재미'를 즐기기도 합니다. 때로는 일상을 되살피는 심각한 계기를 마련해 주는 것으로 여기기도 합니다. 앞에서 언급한 비롯함의 승인도 그 하나의 예입니다. 의례도 그렇습니다. 이상한 행위와 복장과 음식이 실용적일 수는 없습니다. 그것이 그렇다고 하는 것을 아무도 부정하지 않습니다. 그러나 내가 나를, 나 아닌 온갖 것을 의례 참여를 통해 모두 다르게 경험하는 일은 재미, 일탈, 뒤집기 등을 수반합니다. 그러면서 비효율성의 효율성이라고 할 수 있을 '부정적(否定的)인 것의 전도(顛倒)'를 통해 새로운 실재를 발견하기도 하고 지속하는 시간을 끊어 새로운 비롯함을 지어내기도 합니다.

그런데 이러한 것들은 모두 그것을 어떻게 묘사한다 해도 '생존에 즉한 일상'은 아닙니다. 그것은 비일상과의 만남에서 일게 된 일들입니다. '사실 아닌 사실의 승인'이나 '당연할 수 없는 행위의 감행'에서 이루어지는 일들입니다. 따라서 우리는 이를 일상으로부터의 '의도된 일탈'이라고 할 수도 있고 '궁경(窮境)에서 솟는 뜻밖의 비상(飛上)'이라고 할 수도 있습니다. 그러한 경험을 한데 아우르면서 우리는 이를 '비일상성의 경험'이라고 범주화합니다. 신화나 의례를 우리는 그렇게 경험합니다. 그러면서 우리는 그것을 일상적인 것이 아니어서 받아들일 수 없는 것이 아니라 아예 비일상적인 것이기 때문에 비일상적인 것 자체로서 지닙니다. 그래서 이야기는 '비일상적인 것을 이야기하는 비일상적인 이야기'이고, 의례는 '비일상적인 행위를 하는 비일상적인 행위'입니다. 그러나 그렇다고 해서 그 경험이 우리로 하여금 우리의 일상에서 벗어나 비일상의 차원으로 옮겨가게 하는 것은 아닙니다. 그럴 수는 없습니다. 우리는 일상 안에서 일상의 어떤 현실을 비일상적인 것으로 겪을 뿐입니다. 그 경험 자체는 지금 여기에서 이루어집니다. 그러므로 이러한 경험은 결과적으로 우리의 일상을 '비일상을 포함한 일상'이 되게 합니다. 이를 다시 말하면 일상이 힘에 의해 수식되는 것이라고 할 수 있습니다. 바로 이러한 현상은 또한 일상의 현존이 그 존재기반을 확보하는 것과 다르지 않습니다. 일상이 일상다운 일상이 되는 것입니다. 내 실재가 설명할 수 있는 것이 된다고 해도 좋습니다. 그리고 하나의 현상이, 또는 실재가 설명 가능하게 된다고 하는 것은, 달리 표현한다면 그것이 '의미의 실재'가 되는 것과 다르지 않습니다. 의미는 그래서 힘의 기반입니다. 그것 자체가 힘입니다. 종교공동체는 이러한 의미를 자신의 힘과 등가화합니다.

그런데 굳이 신화가 아니더라도 무릇 이야기라고 하는 것을 들여다보면, 우리는 어떤 이야기에 대해서도 위에서 서술한 그러한 내용을 적용할 수 있습니다. 이를테면 우리의 삶 속에서는 무수한 일들이 벌어집니다. 그 일들은 모두 이야깃거리가 됩니다. 이야기될 수 없는 일은 없습니다. 그런데 이야기가 되지 않으면 그 일은 아예 일일 수조차 없습니다. 그러므로 그러한 일은 실은 일어나지 않은 일입니다. 그런데 분명히 일어난 일인데도 그것이 이야기되지 않으면, 그것은 일어나지 않은 일이나 다르지 않게 됩니다. 실재성을 갖지 못합니다. 하나의 사실은 그것이 이야기에 담길 때 비로소 '사실성'을 확보합니다. 그렇다고 하는 것을 우리는 모두 겪습니다. 그렇다면 이야기를 읊는 것, 신화를 듣고 전하는 일 등은 그것 자체가 사실을 사실이게 하는 힘의 행사와 다르지 않습니다.

하지만 이러한 서술에도 한계가 있습니다. 왜냐하면 적어도 논리적으로 말한다면 일어난 사실은 이야기로 전해지기 이전에 이미 있었던 현상이기 때문입니다. 사실이 있어 비로소 이야기가 있습니다. 사실은 '이야기 이전'입니다. 그렇다면 우리는 '이야기에 담긴 사실'과 '이야기 이전의 사실' 간의 간극(間隙)에 주목할 필요가 있습니다. 달리 말한다면 이야기는 사실을 사실 그대로 옮겨 담지 않는다고 하는 것에 관심을 기울일 필요가 있는 것입니다. 무릇 경험주체는 사실을 이야기에 그대로 담지 않습니다. 경험주체의 사실수용능력의 한계 때문에 그럴 수도 있습니다. 사실을 경험하는 과정에서 사실이 경험주체에 의해 여과되기 때문에 그럴 수도 있습니다. 언어 자체의 한계 때문에 사실 자체가 언어에 온전하게 담기지 않기 때문에 그렇기도 합니다. 그러나 어떤 이유에서든 사실 자체를 언어에 온전하게 담는 일은 비현실적입니다. 사실은 언어보다 클 뿐만 아니라 경험 주체는 사실을 언어에 담으면서 이를 되빚기 때문입니다. 그렇다면 우리는 사실이라는 개념 자체에서부터 우리의 논의를 다시 시작해야 할지도 모릅니다. 우리가 이 계기에서 유념해야 할 것은 신화의 음송에서 우리가 경험하는 것은 '읊은 서사'의 내용만이 아니라고 하는 사실입니다. 앞에서 우리는 일정한 재미나 즐거움이나 성찰의 계기를 경험한다는 것을 지적한 바 있습니다. 그런데 그것은 신화적 사실 자체와는 다릅니다. 그것은 사실경험이 아니라 사실에서 비롯하는 다른 어떤 것, 이를테면 그 사실에서 '분출'되는 어떤 것을 겪는 것이라고 해야 좋을 그런 경험입니다. 아니면 사실의 경험주체가 그 사실을 이야기에 담으면서 스스로 그 사실에 첨작하는 어떤 '빚음'이라고 해도 좋을 그러한 경험입니다. 그러므로 사실은 이야기에 실리면서 이른바 사실로 있지 않습니다. 사실에서 발견된 새로운 것을 통해서든, 아니면 사실을 다시 빚은 지음 탓이든, 이미 이야기는 사실을 새로운 사실이게 하고 있습니다. 이때 찾아내고 빚어낸 어떤 것을 우리는 '의미'라고 해도 좋습니다.

이러한 의미는 앞에서 서술한 바와 같이 분명하게 사실에서 비롯합니다. 그러나 그러면서도 의미는 자기가 비롯한 사실에 갇혀 있지 않습니다. 그러나 그렇다고 해서 의미가 사실과 분리될 수 있는 것은 아닙니다. 사실이 의미의 모태이기 때문입니다. 그런데도 의미는 사실에서 나오면서 자기가 나온 사실의 사실다움을 드러냅니다. 의미는 그러합니다. 그 의미가 없었다면 그 사실은 이야기에 실리지 않았을 것입니다. 아니, 이야기에 실리면서 그 사실은 의미의 실체가 되어갑니다. 사실과 이야기의 간극이 그러합니다. 그 의미의 낌새를 발견한 일이 그 사실을 이야기에 담고자 한 동기가 되었을 것입니다. 물론 이를 실증하는 것은 쉽지 않습니다. 다만 우리의 경험이 그렇다고 하는 것을 이야기의 발언 과정이 내장하고 있을 뿐입니다. 달리 말하면 우리가 어떤 일을 경험하는 경험내용이 이러합니다.

그런데 이 과정에서 주목할 것은 그렇다고 해서 의미가 사실을 실증하는 것은 아니라고 하는 사실입니다. 의미는 사실이 있어 비롯합니다. 그리고 의미는 사실을 현존하는 것으로서 분명하게 일컫게 합니다. 하지만 그렇다고 하는 것이 하나의 사실을 사실이라고 실증하는 것은 아닙니다. 모호한 진술이 될지 모르겠습니다만, 사실을 사실이라고 실증하는 일은 사실만이 할 수 있습니다. 실증은 사실에서 출발하여 사실로 되돌아가야 합니다. 그러므로 사실에 대한 실증의 논리는 필연적으로 동어반복일 수밖에 없습니다. 하지만 어떤 사실에 대한 의미의 진술은 사실로부터 비롯한 것이지만 사실로 되돌아갈 수는 없습니다. 환원 불가능합니다. 그러므로 의미는 사실과 '사실적으로' 상응하지 않습니다. 의미는 사실을 풀이합니다. 이야기는 달리 말하면 사실에 대한 해석이지 사실을 묘사하는 것이 아닙니다. 신화가 그렇습니다. 그것은 사실에서 의미를 빚는, 그래서 사실을 그대로 기술하면서도 그것이 가지는 실제성을 넘어서는 '다른 것'을 찾고 빚습니다. 그런데 그런 일을 통해 되돌아와 그 사실의 실재를 승인합니다. 알아듣기 힘들고 낯선데도 일상에서 겪지 못하는 '다른 여백'을 신화를 만나 경험합니다. 제의에 대해서도 구조적으로 같은 서술을 할 수 있습니다. 그래서 알아들을 수 없는 이야기여서 지우거나, 낯설고 어색한 몸짓이어서 삼가는 것이 아니라 바로 그렇기 때문에 그것이 마련하는 여백에서 그 사실이 지닌 힘을 승인하고 수용합니다. 결국 사실을 사실이게 하는 것은, 또는 사실의 사실다움을 빚는 것은 의미입니다. 그리고 그것을 담은 이야기와 몸짓입니다. 종교공동체의 힘을 정당화하는 기반은 바로 이러한 이야기와 몸짓입니다. 물론 우리 일상에서 모든 공동체가 지닌 힘의 기반도 그것을 지탱하는 이야기와 몸짓을 전제합니다. 거듭 말하지만 인간의 삶이 그러하기 때문에 인간의 삶의 모습인 종교나 종교공동체도 여기에서 예외이지 않습니다. 신화와 의례는 종교공동체의 지속과 더불어 늘 우리와 함께 있으면서 그 공동체의 현존을 처음이라든지 의미라든지 하는 것으로 정당화했습니다. 그러나 다시 주목할 것은 신화나 의례는 그 이야기나 몸짓의 '사실성' 여부가 그것의 지속 여부를 결정한 것은 아니라는 것입니다. 사실 여부와는 상관없이 그 현상들은 우리에게 지속적으로 있습니다. 그것이 사실이어서 전승되고 읊어지는 것이 아닙니다. 그것이 담고 있는 어떤 의미 때문입니다. 그러나 그렇다고 해서 의미만을 추출한 채 그 이야기의 본래적인 구조가 해체되거나 지워지거나 사라지는 것은 아닙니다. 그 의미를 긷기 위해서는 여전히 알 수 없고 모호하고 낯선 그 모습 그대로가 요청됩니다.

그런데 신화가 이야기하는 '사건'을 사실이라고 여긴 것이 아득한 때 사람들이 지닌 원초적인 신화경험이라고 설명하는 이른바 '지적 전통'이 한 동안 신화 이해를 지배했습니다. 그럴 수 있습니다. 이성(理性)을 절대적인 인식 기능으로 여긴 사람들은 합리적인 틀 안에 들지 않는 것은 모두 '모자라는 것'이거나 '잘못된 것'으로 여겼기 때문입니다. 그러므로 신화는 모자라서 원시적인 것이었고, 잘못된 것이어서 합리적으로 재서술되어야 하는 것이었습니다. 그러한 설명을 거쳐 '지금 여기'의 계몽된 인간들은 이제 신화가 사실이 아니라는 것을 알았을 뿐만 아니라, 그것은 그렇기 때문에 신화는 '허구'임이 실증되었다고 하는 주장을 폈습니다. '사실의 기술'이라는 합리적 기반을 준거로 하는 이야기를 '역사'라는 개념으로 묶으면서, 이에 대칭되는 것으로 신화를 자리 잡게 하는 데서 비롯한 것이라고 판단되는 이러한 주장은, 마침내 신화는 비신화화 될 때 비로소 의미의 실재가 된다고 설명합니다. 그 이야기가 함축한 의미를 긷기보다 기대되는 의미를 담을 만한 '사실'을 제외하고는 모든 것을 해체하여, 그 이야기의 이야기다움이 합리적으로 의미를 반향(反響)하도록 다듬어질 때, 또 그렇게 해도 그 형해가 여전히 남아 있을 수 있는 이야기가 될 때, 비로소 신화는 신화가 아니게 되면서도 그 나름의 신화로 현존하게 되는 것이라고 주장합니다. 그러나 이러한 주장이 종교공동체의 현존을 정당화하는 힘으로서 이야기를 설명하는 데 과연 충분할 수 있을 것인가 하는 물음을 제기할 필요가 있습니다. 왜냐하면 결과적으로 그러한 주장은 신화의 해체와 다르지 않기 때문입니다. 다시 말하면 의미는 합리적 추론의 결과가 아닙니다. 그것은 실은 논리적 귀결을 넘어서는 힘과의 만남이 빚는 새로운 실재, 또는 스스로 힘이 되는 경험이 낳는 실재에 대한 서술이 개념화된 것이기 때문입니다.

신화의 대칭 개념으로 '역사'가 떠오르면서 일게 된 이러한 신화 해체는, 그것이 의미의 발견을 통한 '재신화화'라고 일컬어진다 하더라도, 여전히 신화를 '원시'의 범주에 넣고 있기 때문에 가능합니다. 그런데 만약 우리가 이야기의 현존을 되살핀다면 우리는 또 다른 사실을 기술할 수 있습니다. 이를 위해 우리가 주목해야 할 것은 비단 우리가 전통적으로 범주화한 신화만이 처음을 이야기하면서 스스로도 알 수 없는 이상한 '다른' 이야기들을 줄줄이 발언하고 있는 것은 아니라는 사실입니다. 무릇 우리가 발언하는 모든 이야기가 그러합니다. 어떤 사실을 서술하는 이야기, 곧 사실성을 기술하는 이야기는 그리 흥미롭지 못합니다. 그것은 알면 그뿐입니다. 그리고 그것을 안다고 하는 사실이 지니는 실용적인 효과를 활용하면 됩니다. 하지만 우리는 잘 다듬어지지 않거나, 이해가 되지 않거나, 지금 여기와 무관하지 않은데 그렇다고 직접적으로 이어 있는 일은 아닌 그러한 것에 대한 이야기에 관심을 기울입니다. 그럴 수밖에 없습니다. 그것은 사실 그것 자체가 아니라 사실을 사실이게 한 연원에서부터, 그것이 지금 여기에서 지니는 힘과, 그로부터 비롯하여 내 삶에 드리워진 그 힘을 짐작하게 하기 때문입니다. 그것은 흔한 표현을 빌린다면 합리적 지성으로 다 안을 수 없는 어떤 것을 나로 하여금 짐작하게 합니다. 그러한 경험은 나로 하여금 사실을 인식하는 주체가 아니라 사실을 상상하는, 사실을 넘어서는, 그 사실에서 비롯하지만 그 사실에 갇히지 않는 '다른 세계'를 그리게 합니다. 그것이 가능한 자리에서, 곧 이제까지 없었는데 그 이야기를 통해 새로 생긴 그러한 자리에서 비로소 이야기에 담겨 있는 그 사실은 사실이 됩니다. 이야기는 그렇게 있고 우리는 이야기를 그렇게 경험합니다. 우리는 그러한 이야기를 요청합니다. 그러한 이야기를 짓습니다.

그렇기 때문에 우리는 우리의 경험을 그러한 이야기에 담습니다. 그리고 우리는 그러한 이야기를 들으면서 의미의 누리를 만납니다. 그래서 삶이 삶다움을 확보합니다. 따라서 신화는 '알 수 없는 주역들의 이상한 짓에 대한 아득한 이야기'가 아니라, 지금 여기의 경험을 드러내는 모든 이야기가 결국 그렇게 꾸려지는 것이라는 사실을 지울 수가 없습니다. 그것이 지워지는 것은 오직 합리적 지성의 잣대를 적용할 때뿐인데, 그것은 삶의 총체적인 경험이 짓는 일은 아닙니다. 그렇다고 하는 것을 사람들은 압니다. 신화는 지어집니다. 언제 어디서나 누구에 의해서나 발언됩니다. 의미의 추구 과정은 그대로 신화의 읊음입니다. 무릇 모든 이야기는 이렇게 있습니다. 그래서 종교공동체의 이야기도 이렇게 있고, 이렇게 있기 때문에 그 이야기는 스스로 힘입니다.

이러한 사실을 고려한다면 역사와 신화의 대칭 구조에 대해서도 우리는 다른 생각을 해볼 수 있습니다. 이미 언급한 사실이지만 역사는 실증된 사실이고 신화는 허구의 이야기일 뿐이라고 한 계몽주의적 전통에서의 신화 이해, 신화에서 의미를 건져냄으로써 비로소 신화의 현존을 승인할 수 있다는 비신화화의 주장 등을 우리는 되살피지 않으면 안 됩니다. 이야기 자체를 살펴보면 신화는 우리 의식의 어느 역사적 단계를 드러내는 징표가 아니라, 우리 의식의 현상을 그대로 드러내는 지표라고 보아야 한다는 생각이 들기 때문입니다. 그러므로 신화는 지금 여기에서 누구에 의해서나 발언되는 이야기입니다. 우리가 이야기를 하고 산다는 사실을 승인한다면 그렇다고 말할 수밖에 없습니다.

그렇다면 이 계기에서 우리는 역사에 대한 우리의 이해도 되살펴야 합니다. 우리는 흔히 역사는 '사실의 기술'이라고 말합니다. 그렇습니다. 사실을 간과한 이야기가 아닙니다. 그러나 '사실의 기술'이란 근원적으로 불가능한 이상입니다. 그럼에도 불구하고 그렇게 말합니다. 그렇다면 그것은 다만 시간의 흐름 속에서 유실될 수도 있을 '중요한 일'들의 상실을 저어한 바 있는 아픈 경험에서 비롯한 규범적 이상을 명제화한 것이라고 해야 옳을 것 같습니다. 현실적으로 말하면 역사는 사실의 묘사가 아닙니다. 그것은 선택된 사실에 대한 해석이 빚은 사실을 진술하는 것입니다. 그러므로 '사실이라는 주장'은 언제나 그것이 사실이라고 주장하는 발언자의 '의도를 정당화하는 논거'가 됩니다. 역으로 말하면 그 논거를 확보하기 위한 선택과 해석이 만든 현실이 역사의 내용, 곧 사실이 됩니다. 그렇다면 역사는 전형적인 이야기입니다. 신화가 '일어난 일'을 묘사하듯이 역사도 그렇게 합니다. 그리고 해석이란 사실의 범주를 넘어선 다른 공간의 확보와 다르지 않습니다. 그리고 해석을 가능하게 하는 것은 분석적이고 체계적인 논리적 귀결에 앞서, 의도하는 지향이 '잠재된 전제'로 자리 잡지 않으면 실은 있을 수 없는 일입니다. 해석을 충동하는 것은 의미를 요청하는 지금 여기의 불안한 현존입니다. 그렇다면 우리는 소박한 방법론적인 차이를 준거로 하여 신화란 '주(註)를 달지 않은 역사'이고, 역사란 '주를 첨가한 신화'라고 할 수 있습니다. 중요한 것은 이제까지 살펴본 바와 같이 힘의 정당화는 신화나 역사에 의하여 확보된다고 하는 사실입니다. '처음'과 '의미'라고 요약했습니다만 그것은 논리적 귀결을 제시한 것이 아닙니다. 우리의 삶이 그렇게 개념화할 수 있는 경험을 요청하면서 그러한 이야기가 등장합니다. 그러므로 그 이야기는 사라지지 않습니다. '현대의 신화는 역사'라고 말한다면 우리는 이를 좀 더 분명하게 주장할 수 있습니다.

그런데 이러한 사실을 경험할 수 있게 하는 것은 우리 자신입니다. 그러한 이야기를 짓고 그러한 몸짓을 해야 우리는 비로소 우리의 삶이 풀리리라는 것을 짐작하기 때문입니다. 그런데 인간에게는 그러한 능력이 있습니다. 그렇게 할 수 있는 마음결이 있기 때문입니다. 그것이 인간이 지닌 '상상'입니다. 이러한 사실은 우리로 하여금 인간의 상상력에 대한 새로운 성찰을 하지 않을 수 없게 합니다. 거듭 말하자면 이야기든 몸짓이든, 신화든 역사든 의례든, 그것들은 상상력이 축조(築造)하는 것이기 때문입니다. 우리의 실제 경험에서 보면 뒤엉킨 삶을 풀지 못할 때, 그리고 그것을 견딜 수 없을 때, 그런데 삶이 지속되어야 할 때, 인간의 마음결은 그 결의 끝자락에서 '새 처음'을 꿈꿉니다. '있음을 없음이게 하고 없음을 있음이게 하는' 예사롭지 않은 생각을 합니다. 그렇게 함으로써 현존하는 내 현실에서 벗어나고자 하는 것입니다. 그것은 새로운 실재를 만들려는 일과 다르지 않습니다. 바로 그러한 일을 하는 것이 상상입니다.

그런데 상상은 이에 이어 또 하나의 마음결을 일게 합니다. 설명 불가능하지만 그럼에도 불구하고 설명하면서 그 설명을 설명으로 여긴다든지, 공감할 수 없음에도 불구하고 공감하면서 그 공감을 공감으로 여긴다든지, 의도할 수 없는 것임에도 불구하고 의도하면서 그 의도를 의도라고 여긴다든지 하는 것들을 가능하게 하는 마음결이 그것입니다. 우리는 이를 '믿음'이라고 부릅니다. 당연히 그것은 상상할 수 없음에도 불구하고 상상하면서 스스로 한 상상을 상상으로 여깁니다. 그것은 바로 그 상상한 바를 실재이게 하는 것과 다르지 않습니다. 상상을 정착시킨다고 해도 좋습니다. 이러한 마음결이 빚은 이야기가 신화이고, 그것이 빚은 몸짓이 의례입니다. 그래서 그것은 그 이야기를 발언하고 듣는 사람들, 그러한 몸짓을 하고 의례를 준수하는 사람들에게 상상이 빚은 실재임에도 불구하고 현실적인 실재가 됩니다. 그것은 일상 속에서 힘의 원천을 담보하는 비일상적인 실재가 되어 사람들에 의해 승인되고 받아들여집니다. 힘은 그렇게 자기현존의 정당성을 확보합니다. 이러한 상상과 믿음은 인간에게 내재해 있는 보편적인 마음결입니다. 당연히 그것은 다른 마음결, 이를테면 이성이나 감성이나 의지 등과 단절된 것이 아닙니다. 그 모든 것은 마음이 드러내는 서로 다른 결일 뿐입니다.

이러한 주장은 힘의 자기정당화 기제가 실은 상상과 믿음이라는 마음결에 의존하고 있다는 것, 그리고 그렇다고 하는 것을 이성이나 감성이나 의지라고 하는 마음결이 상당한 긴장을 야기하면서도 지지하고 있다는 것을 보여주는 것이기도 합니다. 그렇다면 종교공동체는 상상에서 비롯하여 믿음으로 귀결한 마음결이 낳은 것이라고 말해도 좋을 그러한 것입니다. 다시 말하면 그것은 상상이 축조하고 믿음이 확인한 구조물입니다. 그래서 그 공동체의 현존은 때로 이성이나 감성이나 의지와의 관계에서 갈등을 내포합니다. 그러나 이러한 서술은 종교공동체란 실재가 아니라든지 기만적일 수밖에 없는 실체라든지 하는 주장을 하는 것은 아닙니다. 상상이나 믿음이 구축한 것도 그것은 모두 실재입니다. 우리의 경험 안에서 그러합니다. 사실상 인간의 모든 공동체는 이러한 얼개로, 이러한 마음결의 얽힘으로 자기정당화 기제를 제각기 마련하고 있습니다. 공동체의 이념적 지표가 그러한 것입니다. 아무리 소박한 공동체라 할지라도 이념적 지표가 없으면 공동체일 수가 없습니다. 그래서 이야기도 짓고 몸짓도 마련합니다. 그것은 반드시 논리적이고 합리적으로 지어지지 않습니다. 오히려 상상과 믿음이 그 지음을 현실화합니다. 공동체란 무릇 그러합니다. 그렇기 때문에 종교공동체도 이에서 예외이지 않습니다.

하지만 문제는 유독 종교공동체는, 곧 감동공동체인 종교는 이를 비일상성의 범주에 드는 사실들을 경험하는 것이라고 하면서, 다른 여느 공동체와 달리 자기가 현존하는 자리를 일상의 현실 안에 둘 수 없다고 주장한다는 사실입니다. 그러므로 종교공동체는 스스로 자신이 일상 속에 있으면서도 그렇다고 하는 것을 적어도 자기 설명의 구조 안에 담지 않습니다. 그것은 일상의 공동체이되 그런 공동체이지 않습니다. 일상적인 힘의 실체이되 그러한 힘이지 않습니다. 현존하는 일상 안의 모든 조직들, 곧 여타 힘들과 얽혀 겨룸과 다툼의 소용돌이 속에서 자기생존을 위한 힘의 격랑을 스스로 일게 하기도 하고, 이것들과 마주쳐 힘을 다하여 헤쳐 나아가면서도 그것은 겨룸도 다툼도 아니라고 말합니다. 생존을 위한 것은 더 더욱 아니라고 주장합니다. 자신의 현존과 그래서 생기는 힘의 분출과 확산은 일상 안의 현상이 아니기 때문입니다. 그것은 아예 절대적인 것입니다. 당연히 그러한 마땅한 것이기 때문에 비교를 허용할 수 있는 것이지 않습니다. 힘은 힘이되 그렇게 다른 힘과 견줄 수 있는 힘이지 않기 때문입니다. 당연히 평가도 거절합니다. 평가가 가능하다면 그것은 오직 자기 안의 준거를 통하여 자기를 성찰하는 경우에만 가능합니다. 자기에게 가해지는 평가에 대해 견딜 수 없다는 반응을 합니다. 종교공동체의 힘의 다름은 이렇게 묘사됩니다. 신화와 의례를 통해 자기 힘의 정당화를 도모하면서 자기를 '오롯한 것'이게 하기, 그것이 자기 정당화를 이미 확인한 종교공동체가 실천하는 힘의 현실입니다. 그리고 이에서 더 나아가 종교공동체는 다른 실재하는 힘의 현존과 마주치면서, 자신의 힘이 특별한 힘의 실체로서 주도권을 확보하고 있어야 하는 것이 자신의 현존의 의미를 이루는 것이라고 판단합니다. 그러한 태도 속에는 이른바 옳고 바르고 착하고 아름다운 모든 것을 스스로 전유한다고 하는 판단도 포함합니다. 결국 물음에 대한 해답을 배타적으로 독점한다는 자의식을 지니는 데서 그러한 정당화 기제는 그 정점에 이릅니다. 이 계기에서 종교공동체가 스스로 지닌 의무는 그 주도권을 행사하여 자신을 확산하고 지속적이게 하는 일입니다. 결국 종교공동체는, 스스로 자기를 주장하는 것에 근거하는 한, 사회에 속하지 않습니다. 일상 밖에 있습니다. 그렇다고 하는 자의식을 종교공동체는 스스로 누립니다. 그리고 사람들은 그러한 주장의 논리를 좇아 그러한 인식과 그러한 기대로 종교공동체를 알고 판단하곤 합니다. 이러한 서술이 만약 현실 적합성을 가진다면, 우리는 종교공동체가 우리 일상의 삶 속에서 어떻게 현존하고 있는지 더 직접적으로 살펴볼 필요가 있습니다.

4. 지배/소외/매개

종교공동체는 자신을 더불어 사는 일상적인 삶의 '밖'에 위치지웁니다. 일상 안에 더불어 있을 수 없다는 자의식이 이미 그러한 자리를 상정하게 합니다. 그래서 그렇게 자리를 잡습니다. 밖과 연계된 '위와 아래, 앞과 뒤, 그리고 옆'이 그렇게 선택된 종교공동체의 자기서술의 공간입니다.

앞에서 우리는 종교공동체의 자의식을 '자기를 오롯한 것이게 하기'라고 묘사한 바 있습니다. 그런데 그러한 자의식은 불가피하게 '더불어 사는 삶'의 현장에서 낯선 국면을 낳습니다. 종교공동체가 아닌 다른 공동체의 자리에서 보면 우선 그러한 자의식은 '더불어 사는 삶'으로부터의 이탈로 묘사됩니다. 그런데 그것은 실제로 벌어지는 삶의 현장에서는 불가능한 일입니다. 삶의 자리를 떠난 삶이란 비현실적인 그림입니다. 그럼에도 그러한 자의식을 드러내는 분명한 공동체는 언제나 있었습니다. '일상으로부터의 일탈을 의도하는 자의식'은 물론이고, 이에서 더 나아가 '스스로 일상 안에 있지 않다고 하는 자의식'의 주장은 우리 삶의 현실 안에 실제로 있습니다. 그런데 그러한 자의식은 의식의 차원에만 머물지 않습니다. 이미 그 의식을 종교공동체의 자의식이라고 일컬을 때부터 함축된 것입니다만, 그러한 자의식은 조직으로, 제도로, 이야기로, 몸짓으로 자기를 구체화하면서 현실 안에 있습니다. 그렇기 때문에 우리는 '공동체를 벗어난 공동체'라는 비현실적인 묘사를 할 수밖에 없는 '삶의 얼개 일반으로서의 공동체를 벗어난 자기만의 공동체의 현존'을 기술할 수밖에 없습니다. 종교공동체는 우리에게 이렇게 있습니다.[07]

그런데 공동체는 힘의 실체입니다. 그래서 공동체의 현존에서 사람들은 '힘 있음'을 의식합니다. 힘은 정태적이지 않습니다. 그것은 정태적이라고 묘사될 때조차도 힘의 가능성으로 있어 이미 힘을 발휘하고 있습니다. 공동체도 힘을 발휘합니다. 발휘하는 힘으로 현존합니다. 그런데 그 힘은 이미 자기의 현존이 함축하는 자기의 '자리'를 지닙니다. 그 자리는 힘의 축적을 담고 있을 뿐만 아니라, 힘의 확산의 본디 자리, 곧 힘의 확산의 처음 자리이면서 그 확산이 수렴되는 마지막 자리이기도 합니다. 힘의 현존은 모호하지 않습니다. 그 나름의 존재를 위한 시공을 확보하고 있습니다. 그래서 그러한 힘의 자리들을 조망하면 우리는 삶 속에 편재(遍在)해 있는 여러 힘의 현존 양상을 읽을 수 있습니다. 그것은 우리에게 마치 지도읽기와 같은 경험을 하게 해 줍니다.

종교공동체도 다르지 않습니다. 종교는 자기가 현존하는 자리를 주장합

07 이와는 다른 입장에서 '공동체를 벗어난 공동체'라는 주제를 논의하는 다음 책을 참조하라: Goiogio Agamben, *The Coming Community*, trans. Michael Hardt, Minneapolis: University of Minnesota Press, 1993. '공동체'와 관련된 철학적 성찰을 위해서 다음 책을 참조하라: Maurice Blanchot, *The Unavowable Community*, trans. Pierre Joris, New York: Station Hill Press, 1988.

니다. 그러므로 우리는 그 주장을 통해 종교공동체의 현존이, 다시 말하면 이른바 그 힘이 더불어 사는 삶에 널려 있는 다양한 여러 힘의 실재들 속에서 어떤 자리를 차지하고 있는지를 짐작할 수 있습니다. 지도 그리기가 가능하기 때문입니다. 그러나 그러한 지도를 마련하기 전에 우리는 종교가 만든 지도와 만납니다. 그것은 우리가 그리는 지도의 자료가 됩니다. 우리는 불가피하게 그 자료를 간과할 수 없습니다. 물론 그것은 종교공동체가 마련한 지도이기 때문에 그것을 그대로 자기가 즉(卽)해 있는 영토의 묘사라고 하기는 어렵습니다. 자신의 현실과 이에 보태지는 꿈마저 포함하고 있는 다만 기호화된 지표(指標)와 표지(標識)에 더 많은 힘을 기울이며 종교가 이 지도를 그렸을 것이라는 사실을 간과할 수도 없습니다. 그러나 우리는 이러한 사실을 묘사하면서 이른바 힘의 실체로서의 종교공동체가 스스로 자기의 현존을 위한 '자리 잡기'를 의도하고 있을 뿐만 아니라, 실제로 그렇게 하고 있다는 사실을 주목하게 됩니다. 그리고 그것은 분명하게 종교의 지금 여기에서의 현존 양상을 드러내 줍니다. 그러나 종교공동체는 대체로 자신의 '자리'가 이른바 '지도 그리기'를 통해 확인될 수 있는 것이 아니라고 주장합니다. 지금 이곳에서의 자기현존을 확인하는 공간이란 실은 '인식을 위한 거점'이든가, 아니면 자신의 현존을 경험하게 하는 실재의 '임시적인 현현'이라고만 설명합니다. 이미 '오롯함'에 대한 주장에서 밝혔듯이 종교공동체는 자신을 더불어 사는 일상적인 삶의 '밖'에 위치지웁니다. 일상 안에 더불어 있을 수 없다는 자의식이 이미 그러한 자리를 상정하게 합니다. 그래서 그렇게 자리를 잡습니다. 밖과 연계된 '위와 아래, 앞과 뒤, 그리고 옆'이 그렇게 선택된 종교공동체의 자기서술의 공간입니다.

그러한 공간에서 종교공동체는 자기를 발언합니다. 그런데 그것은 '빈 소리'가 아닙니다. 그것은 그대로 그 공동체의 힘의 발휘입니다. 물론 우리가 보면 그 공동체는 우리와 더불어 있습니다. 하지만 그 실체는 스스로 우리의 '위'에서 또는 '앞'이나 '옆'에서 '너희들에게' 발언하고 있다고 말합니다. 그런데 우리는 종교공동체의 그러한 발언과 만나면서, 곧 그 발언이 담고 있는 힘을 느끼면서 우리의 자리를 되살핍니다. 그렇게 그 힘은 우리에게 실제로 영향을 줍니다. 일반화하여 말한다면 이러한 사실을 우리는 종교공동체가 사회와 어떤 관계를 맺고 있는가 하는 물음으로 다듬을 수 있습니다. 그런데 이 물음에 대답하기 위해서는 종교공동체가 스스로 있다고 전제하는 '밖'의 자리에서 무엇을 발언하고 있는지를 살펴보아야 합니다. 그 발언이 실제로 힘을 발휘하기 때문에 어떤 발언이 이루어지고 있는지를 살펴 기술하지 않으면 안 되는 것입니다.

우리는 이러한 맥락에서 전통적으로 일컬어온 종교공동체의 현존에 대한 서술이론들을 재조명해볼 수 있습니다. 이를테면 종교란 사회통합 기능을 한다고 주장하면서 그 관계를 정리하기도 했습니다. 이러한 주장은 어떤 개념으로 어떤 논리로 진술되었든 종교의 자리를 일상 아닌 일상 밖의 '위'에 놓고 이루어진 서술입니다. 일상의 차원에서 일어나는 사회통합의 필요가 종교를 낳았다고 하는 주장에 바탕을 둔 이러한 종교공동체의 힘에 대한 서술은 우리의 경험을 그대로 보여주는 것이기도 합니다. 하지만 이러한 주장은 실은 종교공동체의 자의식이 마련하는 종교의 자리에 대한 정당화 논리를 충실히 좇아, 그 '자리의 기능'을 '사회통합의 힘'이라고 서술하는 것이기도 합니다. 이러한 주장은 실재를 총체적으로 조망하고 판단하는 얼개를 갖추지 못한 공동체란 있을 수 없다는 사실을 들어 종교 없는 사회를 상정할 수 없다는 데 이릅니다. 종교가 그러한 '얼개'라고 보는 것입니다. 그러므로 이때 종교공동체가 발휘하는 힘은 절대적인 힘입니다. 여타 힘들과 어울려 '겨루어야 하는 힘'이 아닙니다. 모든 힘이 그 힘에 '안겨야 하는' 그러한 힘입니다. '위'의 힘은 그렇기 때문에 일상의 질서를 마련하고 규범을 제시합니다. 그것을 일상의 삶에 과(課)합니다. 그 힘으로부터의 이탈은 생존의 포기와 다르지 않습니다. 그 힘은 존재의 바탕이기 때문입니다. 일상의 경험에서 이를 언표한다면 그 힘은 숭고한 실재입니다. 그래서 그것이 '거룩함'으로 묘사되면서 일상은 그와 상반하는 '속(俗)됨'이 됩니다. 결과적으로 사회는 성(聖)의 실체이어야 합니다. 그 힘만이 사회통합을 이루기 때문입니다. 소박하게 말하면 더불어 사는 삶인 공동체는 절대적인 힘인 거룩한 실재가 없으면 하나의 공동체로 자신을 지탱할 수가 없다는 것입니다.

그러나 이러한 '위'의 힘이 숭고한 가치를 통해 사회의 무규범에 반하는 규범의 실현으로 귀결되지만은 않습니다. 그 힘은 '지배적 구조'를 지닙니다. 정점에 이른 힘조차 넘어서는 일상 밖의 힘은 일상적인 삶의 주체들에게 치밀하게 구조화된 지엄한 감시망으로 경험되기도 합니다. 그렇기 때문에 이러한 위치에 있는 힘은 그 힘과 만나는 경험주체들에게 스스로 그 안에 안겨야 하는 현실로 경험되기도 하지만, 자신을 '숨겨야 하는 두려운 실재'로 경험되기도 합니다. 두려운 심판자와의 만남과 다르지 않기 때문입니다. 도덕이나 법의 현존에서 우리가 익히 경험하듯이 그 두려움도 분명히 사회통합을 이루고 지탱하는 데 기여합니다. 그러나 이러한 현상이 '두려움의 내재화'를 촉진하고 축적한다는 사실을 우리는 간과할 수 없습니다. 그리고 내재화된 두려움이 '잠재적 저항'을 잉태한다는 것도 우리는 간과할 수 없습니다. 그런데 종교를 사회통합기제로 서술하는 설명에서는 이러한 사실들이 뚜렷하게 드러나지 않습니다. 이것은 매우 주목할 만한 일입니다. 다음과 같은 사실을 유념하면 더욱 그렇다는 것을 확인하게 됩니다.

'위'의 자리에 있는 힘은 스스로 자신을 '다스리는 힘'으로 이해합니다. 그러한 자의식을 가지고 자신의 힘을 행사합니다. 다시 말하면 자신이 모든 힘을 아우르는 주도적 위치에 있다는 자의식을 지니고 힘을 행사하는 것입니다. 윗자리는 그렇게 '모든 힘을 넘어선 힘'의 자리로 전제됩니다. 무릇 힘의 역동성은 그것이 여타 힘과의 관계에서 주도권을 확보하는 데서 비로소 온전히 실현된다는 것을 유념하면 그러한 현상이 낯설고 이상한 것은 아닙니다. 모든 힘은 그래서 윗자리를 차지하려 합니다. 더구나 일상 밖에 그것이 현존한다는 주장은 그 윗자리의 힘이 철저하게 '절대적인 지배 권력'이라는 사실을 자연스럽고 당연한 것으로 승인하게 합니다. 종교공동체는 자신의 자리가 윗자리라는 사실을 통하여 이를 실천합니다. 종교는 지배 권력으로서의 자의식을 가지고 자신의 힘을 확장합니다. 우리는 종교가 그렇게 있다고 하는 사실을 언제 어디에서나 경험합니다.

그런데 그러한 자의식은 이미 '다른 힘'의 배제를 함축하고 있습니다. 다른 힘과의 공존이란 윗자리에서의 힘의 자의식에서는 불가능한 현실입니다. 그렇지 않았다면 위의 자리를 자신의 자리로 전제하지 않았을 것입니다. 지배 권력은 다른 힘을 배제할 뿐만 아니라 무화(無化)시키려 합니다. 다른 존재를 소거하려는 것과 다르지 않습니다. 아니면 다른 힘을 내 힘에 예속시키려 합니다. 다른 힘에 예속된 힘은 이미 스스로 힘일 수 없기 때문입니다. 하지만 그렇다고 해서 그 주도권의 행사가 여타 힘을 온전하게 소거하는 것은 아닙니다. 더불어 살아가는 삶의 구조에서 보면 그렇다고 하는 것이 명확하게 드러납니다. 무릇 힘이라면 그 어떤 힘도 서로 얽혀 현존합니다. 그런데 종교공동체는 스스로 밖에 있다는 자의식에 근거해서 자기 힘을 절대화하고, 이를 통해 자신을 절대 권력과 동일시합니다. 이러한 태도는 힘이 현존하는 틀을 무너뜨리는 것과 다르지 않습니다. 그러나 그러한 일은 일어나지 않습니다. 어떤 힘이든 관계구조를 간과할 수 없는 상황 속에서 비로소 자신을 힘으로 드러나게 하기 때문입니다.

사실이 이러한데도 종교공동체는 자기의 자리가 일상을 넘어선 위의 자리이고, 자기의 힘은 그곳에서 비롯하는 것이기 때문에 '힘이 현존하는 틀'에서 자기는 이미 벗어나 있다고 주장합니다. 그러므로 절대 권력으로서의 지배기능을 행사하고 있을 뿐만 아니라 그래야 한다고 말합니다. 그렇다면 종교공동체는 사회를 통합하는 기능을 하는 것이 아니라 사회를 지배하는 기능을 하는 힘이라고 말할 수 있습니다. 사실상 그것이 종교의 이상입니다. 하지만 그렇기를 바랄 수는 있지만, 또 그것이 앞서 언급한 이야기와 몸짓을 통해 자기 공동체의 논리 안에서 확인되고 있는 것도 사실이지만, '유일한 힘'이라고 불리는 힘은 없을 뿐만 아니라 '절대적인 지배 권력'이라고 따로 떼어놓고 일컬을 수 있는 힘도 없습니다. 스스로 그렇다고 주장하는 힘은 있지만, 그렇다고 하는 것이 실증적으로 제시될 수 있는 힘을 인류사는 기억하지 못합니다. 그러한 어떤 사례도 우리는 우리의 경험 속에서 발견하지 못합니다. 이른바 유일한 힘의 주도적 발휘란 사실상 불가능합니다. 자신의 힘에 대한 절대적인 정당성을 스스로 승인하고 그것만이 현존하는 힘의 실재여야 한다는 주장을 당위적인 것으로 선포하는 일은 언제 어디서나 가능합니다. 그러나 현실은 그 당위를 전적으로 승인하거나 수용하지 않습니다. 다른 힘의 실재, 다른 주도권의 출현 등을 우리는 우리의 일상 속에서 지극히 자연스럽게 목도합니다. 이러한 사실은 '위'에서의 힘의 발휘가 불가피하게 부닥치는 한계를 보여줍니다. 그 한계를 우리는 절대적인 지배 권력으로서의 자의식을 가진 종교공동체가 필연적으로 수반하는 한계라고 말할 수도 있습니다. 이른바 '윗자리에서의 힘'이 지배 권력으로 있는 한, 사회는 바로 그 힘의 행사 때문에 통합이 아닌 균열과 혼란의 소용돌이에 빠질 수밖에 없습니다. 이에 이르면 '위'의 힘은 안겨야 할 것도 아니고 두려운 것도 아니게 됩니다. 그것은 사회 안에서의 생존을 위협하는 '불안한 것'이 됩니다. 그리고 그러한 힘과 직면하면서 우리는 종교공동체가 사회 해체를 충동한다는 사실을 확인하게 됩니다. 그렇게 되면 이윽고 그러한 사태는 '절대 권력의 횡포'에 저항하는 것이 힘의 책무라고 주장하는 '다른 힘'들에게 자기 정당성의 기반을 확보하게 해줍니다. '거룩한 지배'를 '일상의 통합'으로 기술하는 종교공동체의 자의식은 이러한 한계를 구조적으로 지니고 있습니다.

하지만 종교공동체의 자리에서 보면 자기 힘의 행사로부터 말미암는 이러한 균열과 갈등은 사회의 해체가 아닙니다. 그것은 오히려 절대적인 지배를 구축하는 과정에서 당연히 겪어야 할 과정입니다. 종교공동체는 이를 '사회의 갱신을 위한 과정'이라고 말합니다. '더불어 사는 삶'을 바로잡고 통합하기 위한 자신의 책무를 수행하는 과정에서 야기되는 '불손한 도전'과의 직면이라고 주장합니다. 그리고 불안은 다만 잠정적인 불가피한 과정이라고 여깁니다. 그러나 종교공동체 이외의 공동체들은 그러한 주장을 그대로 승인할 만큼 단순하지 않습니다. 현존하는 힘은, 그래서 실재하는 모든 것은 각기 자기를 하나의 단위로 한 주권영역을 확보하면서 서로 얽혀 있다는 자의식을 가지고 있습니다. 하나의 힘의 실재가 스스로 오롯함을 구축한다고 해서, 자기를 일상 너머 다른 높은 곳에 둔다고 해서, 그것이 보편적으로 승인될 수 있다고 기대하는 것은 현존하는 우리의 삶에 대한 충분한 성찰을 결한 데서 말미암은 판단일 수 있다는 사실에 대해 침묵하지 않습니다. 정치권력의 절대화가 정치적 지배를 효율적이게 할 수 있었던 어느 단계의 사회에서는, 그러한 주장의 논리가 그러한 지배세력과 더불어 '활용'될 수 있었습니다. 그러나 이러한 서술도 상대적입니다. 그러한 논의를 정당화할 만한 힘이 실재했었다는 실증은 어디에도 없습니다. 그러므로 우리는 이전에 비해 더불어 사는 삶이 상대적으로 복합적으로 진전되어 가면서 종교공동체가 스스로 주장하는 '위'의 점유는 점차 뚜렷하게 자기를 지탱하지 못하고 있다는 사실을 기술할 수 있습니다. 통합이 억압으로, 갱신이 해체로 읽히고 판단되면서 갈등이 첨예화되는 것이 우리가 겪는 종교공동체의 현존 양태이기 때문입니다. 그러한 갈등은 힘 자체의 지향성이 뚜렷한 상황일수록 그 강도를 더합니다. '양보할 수 없는 영역의 확보'에서 '타협할 수 없는 이념의 방어'에 이르기까지 그 양태도 다양합니다.

그런데 이러한 사실을 종교공동체가 전혀 인지하지 못하고 있는 것은 아닙니다. 우리는 종교공동체가 자신을 확인하는 장을 옮기고 있다는 사실에서 그러한 낌새를 발견합니다. 이를테면 힘의 자리를 '위'에 두기보다는 '아래'에다 두고자 하는 모습이 그러합니다. 물론 아래가 위와 그 속성을 전혀 다르게 지니고 있는 것은 아닙니다. 존재의 지향인 위는 그 존재 기반인 아래와 분리될 수 없습니다. 하지만 힘의 주체나 그 힘과 만나는 힘의 경험주체는 힘의 자리를 아래에 두는 것이 그 자리를 위에다 두는 것과 상당히 다르다는 것을 겪습니다. 무엇보다도 아래가 지닌 의미의 상징성은 위가 일게 했던 종교공동체의 '힘의 딜레마'를 상당한 정도 줄여줍니다. 지배의 불가피한 강제와 이로부터 말미암는 저항의 잠재성 간의 긴장을 꽤 풀어줄 수 있는 것입니다. 위가 단절을 전제한 비일상성의 범주 안에서 힘의 절대성을 선포하는 자리라고 묘사할 수 있다면, 아래는 구조적으로 무관할 수 없는 존재하는 모든 것의 기반으로서의 공간이라고 묘사할 수 있습니다. 그런데 '존재기반으로서의 힘'은 일상을 넘어가지 않습니다. 지금 여기의 존재를 존재이게 하는 힘으로 자신을 확인하기 때문입니다. 그러므로 아래의 자리에 있는 힘은 이를테면 역사를 넘어서지 않습니다. 오히려 역사를 살핍니다. 문화를 정화하기보다는 문화를 우선 읽습니다. 아래의 힘은 이러한 과정을 자신의 자의식 안에 담고 실재와 만납니다. 그리고 그러한 과정에서 자기가 지탱해야 하는 실재의 다양한 현존의 모습을 발견합니다. 지배가 이루어지는 당위를 버리지는 않습니다. 그러나 이와 더불어 자기가 있어 비로소 있게 된 실재의 현실을 어떻게 통어해야 할 것인지를 스스로 모색합니다. 공유할 수 있는 의미가 자신의 이념적 지표와는 다른 모습으로 있을 수 있다는 사실조차 유념합니다. 따라서 위의 자리에서와는 달리 타자의 현존을 되살핍니다. 이러한 종교공동체와 만나면 사람들은 위를 만난 경험에서 보였던 것과는 전혀 다른 반응을 보입니다. 이를테면 위에서의 힘과 만나면서 일었던 '강제된 안위'와 '두려움에 의한 승인'보다는, 앞의 경우에서 일던 '불안' 없이도 '존재기반에 대한 승인'과 이에서 비롯하는 '자신의 현존의 의미'를 모색할 수 있다는 반응을 할 수 있게 되는 것입니다.

하지만 아래의 힘의 모습을 이렇게 서술하고 끝낼 수 없습니다. '나에게 수렴되지 않으면 너는 없다'고 하는 '권력의 논리'와 다르지 않게 '나 없으면 너는 아예 없다'는 '기반의 논리'도 힘의 지배의식과 먼 거리에 있지 않기 때문입니다. 사람들이 존재기반을 확보하려 하고 이를 어떤 형태로든 확인하려는 것은 보편적인 현상입니다. 그리고 그러한 희구는 실제로 다양한 존재기반을 스스로 마련하게 합니다. 그러한 과정에서 종교도 하나의 가능성으로 전제된 것이고, 마침내 그것이 선택될 때 사람들은 그 종교에다 자신의 존재기반을 마련합니다. 종교공동체가 감동공동체로부터 비롯했다는 서술은 이러한 내용을 포함하는 것이기도 합니다. 하지만 특정 종교공동체가 자신이 '아래의 힘'이라는 것을 배타적으로 선언하는 것은 힘의 발휘라는 맥락에서 볼 때 그 나름의 긴장을 내포할 수밖에 없습니다. 존재기반에의 희구가 종교공동체나 특정한 종교공동체에 수렴되어야 한다는 것은, 그 종교공동체의 자기주장의 논리 이상일 수 없기 때문입니다. 물론 공감이 일어 공동체가 출현하는 것은 분명합니다. 하지만 그렇게 출현한 공동체의 자기 확장의 의도는 그 힘의 자리가 위로 묘사되든 아래로 묘사되든 지배하려는 힘의 발휘와 다르지 않습니다. 그러므로 비록 명시적인 지배가 아니더라도 이러한 힘과의 만남은 '공감에서 비롯하는 예속감'을 겪게 합니다. 그것은 예속되었다는 자의식에도 불구하고 공감을 포기할 수 없는 긴장, 곧 '일그러진 공감'입니다. 그런데 이러한 현상은 종교와 만나는 경험주체에게만 일어나는 일이 아닙니다. 우리가 일상 안에서 겪는 소외현상이 이러합니다.

강제하는 '위의 힘'이 비일상의 차원에서 다른 힘의 실재를 부정하는 것과 달리, '아래의 힘'은 일상의 차원 안에 있는 다른 힘의 실재를 부정하지 않으면서도 자신의 힘 안에 있는 다른 힘을 두려워합니다. 이러한 사태가 빚는 것은 잠재적 저항을 내재한 긴장의 지속이 아닙니다. 오히려 직접적이고 현실적인 갈등의 노출입니다. 지배 권력은 명시적으로 기능하지 않습니다. 그러나 힘의 각축이 불가피합니다. 누구나 각기 자기 나름의 존재기반을 확보하고 있기 때문입니다. 그럼에도 불구하고 종교공동체는 아래 자리에서 모든 존재기반의 통합을 의도합니다. 그러나 실제로 그러한 통합은 이루어지지 않습니다. 당해 사회 내에 있는 힘의 실체들이 서로 다른 존재기반을 일컫고, 서로 다른 규범과 의미를 짓기 때문입니다. 따라서 종교공동체의 통합의도가 강하면 강할수록, 그 종교공동체가 현존하는 사회는 오히려 갈등에 깊이 침잠할 수밖에 없습니다. 힘의 실체들이 서로 다른 존재기반을 일컫고, 서로 다른 규범과 의미를 짓기 때문입니다. 그러나 주목할 것은 특정한 종교가 당해 사회에서 유일한 지배 권력으로 있지 못한다든지 존재기반으로 자신을 확립하지 못한다고 해서, 그 사회가 공동체임을 지탱할 수 없는 것은 아니라는 사실입니다. 물론 종교는 그렇다고 하는 주장을 언제나 발언하지만 그것은 현실이 아닙니다. 종교만이 힘의 실재가 아니기 때문입니다. 그럼에도 불구하고 여전히 종교공동체는 위의 자리든 아래의 자리든 그러한 곳에서의 힘의 발휘가 결과적으로 공동체의 존재 여부를 결정한다고 판단하고 있습니다. 어쩌면 그것은 인간의 삶의 모습 자체가 관계구조로 이루어져 있다는 사실을 종교가 간과하는 데서 말미암은 것인지도 모릅니다. 자신도 그 관계구조의 한 매듭이라는 자의식을 잊거나 잃고 있기 때문이라고 할 수도 있습니다. 신념의 과잉은 인식을 닫아버리기 때문입니다.

그러나 이러한 판단이 종교공동체를 순화하려는 의도를 담고 있는 것은 아닙니다. 다만 주목할 것은 위든 아래든 어떤 자리에도 불구하고 종교는 여전히 자신을 '오롯한' 실재로 여겨 그 자리를 일상의 울밖에 정치(定置)한다는 사실입니다. 위에서 서술한 두 자리는 어느 편이든 결코 그 전제를 깨트리지 않습니다. 하지만 다시 주목할 것은 이러한 '한계'가 종교공동체에 의하여 의식되지 않는 것은 아니라는 사실입니다. '넘어섬'이든 '받쳐줌'이든 그것이 가지는 일상과의 이질성이 비록 종교공동체의 자리에서 보면 당연한 것이라 할지라도, 만약 그것이 소통의 장애를 빚는다면 그것이 충분히 재서술될 수 있다는 자각을 종교공동체는 유지하고 있습니다. 비단 이러한 까닭에서 말미암은 것은 아니지만, 우리가 주목하고 싶은 것은 종교공동체의 힘으로서의 자의식은 위나 아래가 아니라 근원적인 자리로 '중심'을 일컬으면서 자신을 확인해 왔다고 하는 사실입니다. 그러한 확인이 전승되면서 종교공동체는 위도 아래도 아닌, 그 둘의 규범성보다 더 근원적인 존재론적 자리라고 할 수 있는 다른 자리, 곧 '중심'을 힘의 자의식이 현존하는 곳으로 삼아, 위와 아래라는 두 자리의 한계를 넘어서려는 노력을 하고 있습니다. 중요한 것은 스스로 중심의 자리를 차지하고 있다고 하는 종교공동체의 자의식은 자신의 힘을 정당화할 뿐만 아니라, 사회 안에서 종교가 여타 힘의 실재들과 어떻게 함께 있는가를 설명하고 있다는 사실입니다.

그런데 중심은 실은 공간개념이 아닙니다. 그러므로 그것을 '힘이 실재하는 자리'라고 할 수는 없습니다. 다만 힘을 일컫는 자의식을 가진 경험주체의 자리라고 할 수 있을 뿐입니다. 그렇다면 그러한 자리는 자리가 아니라 자의식 자체라고 해야 정확합니다. 그러한 의미에서 중심은 위나 아래와 다릅니다. 위와 아래는 각기 위와 아래라는 속성을 지닌 채 서로 다른 양상으로 비일상성의 범주에 들면서, 모든 경험주체들에 의해 자신을 보편적인 개념으로 승인받을 수 있었습니다. 그러나 중심은 그렇지 않습니다. 중심은 그것이 중심이기 때문에 유일하다는 논리적 귀결을 스스로 지니고 있음에도 불구하고, 실은 자의식을 가진 모든 경험주체들은 스스로 자기를 중심으로 의식합니다. 그러므로 현실적으로 중심은 무수합니다. 누구나 자기를 포함해서 자기를 준거로 한 모든 경험을 중심의 범주에 담습니다. 중심은 그렇게 개념화됩니다. 따라서 우리가 만나는 것은 결코 하나의 중심이 아니라 산재(散在)해 있는 중심입니다. 이뿐만 아니라 모든 중심은 제각기 자기 이외의 모든 중심을 주변적인 것으로 여깁니다. 그렇다면 더불어 사는 삶의 얽힌 구조란 다른 말로 하면 중심이면서 주변이고 주변이면서 중심인 무수한 점의 연계라고 할 수 있습니다. 그럼에도 불구하고 종교공동체는 언제나 자신이 힘이라는 자의식을 '중심'으로 표출합니다. 달리 말하면 모든 힘의 원천이 자기로부터 비롯한다고 말합니다. 당연히 모든 힘은 자기한테로 귀착한다고 주장합니다. 그러므로 사회를 지탱하는 힘은 종교로부터 분출되는 힘이지 않으면 안 됩니다. 사회적 실체들은 모두 그 중심의 힘을 받아 드러내고 있는 것이기 때문입니다. '종교가 문화의 핵'이라고 하는 주장에서 이러한 종교의 자의식은 가장 두드러지게 나타납니다. 그런데 이러한 선언은 종교공동체가 발휘하는 힘이 가장 가치 있는 것이라는 주장을 넘어섭니다. 아예 종교가 없으면 현존하는 어떤 힘의 실재도 '생존할 수 없다'는 주장이기 때문입니다.

위와 아래가 그랬듯이 중심도 사람들의 요청에서 비롯한 것이었으리라는 것을 짐작하는 것은 어려운 일이지 않습니다. 출발과 귀착을 일상 속에서 살아야 했던 경험이 중심에의 자의식을 희구하게 했을 것이고, 거기서 더나아가 그러한 기대가 충족되는 종교를 낳았을 것이기 때문입니다. 그러나 그러한 기대는 특정한 종교공동체를 중심으로 승인하는 일과 반드시 일치하지는 않는다는 사실이 문제가 됩니다. 그러한 일치가 현실화된 것이 실은 종교공동체입니다. 그러므로 그러한 일치 현상이 없는 것은 아닙니다. 그러나 특정종교가 스스로 주장하는 자기의 중심성을 보편적인 것으로 확산하는 일은 전혀 현실적이지 않습니다. 이제까지 서술한 위나 아래의 자리와 조금도 다르지 않게 배타적인 지배의 논리를 펼치는 것과 다르지 않습니다. 실은 중심이 산재해 있는 것이 현실인데, 이러한 종교공동체의 자의식을 그대로 좇아 승인하고 수용하는 것은 불가피하게 무수한 중심 간의 갈등을 낳는 일이 될 수밖에 없습니다. 그러므로 결과적으로 자기가 중심이라는 주장은 갈등의 야기와 다르지 않습니다. 그렇기 때문에 '더불어 사는 삶'이 인간의 삶이라는 것을 유념한다면, 그 연계망의 어떤 자리를 중심으로 단정한다고 하는 것은 아예 실재에 대한 그릇된 인식에서 비롯하는 것이라고 할 수도 있습니다. 무수한 매듭은 있어도 중심은 지정될 수 없는 것이 그 연계의 구조이기 때문입니다. 그러나 이러한 서술이 실상을 기술하는 것인데도 실생활 속에서 우리가 만나는 것은 무수한 중심들입니다. 오히려 삶의 경험적 현실에서는 중심이 있기 때문에 비로소 연계망이 확산됩니다. 중심이라는 자의식이 곧 힘이기 때문입니다. 그러므로 모든 공동체는 스스로 자신이 중심이라고 하는 주장을 통해 다른 모든 중심과 만나야 하는 데서 갈등을 겪습니다. 종교공동체도 스스로 자신이 중심이라는 자의식을 지니는 한, 이로부터 말미암는 갈등에서 벗어날 수 없습니다.

종교공동체는 이제까지 서술한 자기 자신의 이러한 힘의 현실적 제약을 모르지 않습니다. 수직적인 구조나 중심의 상징만으로 자신의 자의식을 확인하면서도, 그 자리에서의 힘의 행사과정에서 부닥치는 장애를 간과할 수 없기 때문입니다. 그런데 바로 이러한 계기에서 우리는 수직적인 구조를 벗어나 수평적인 구조에서 자신의 힘다움을 자리 잡게 하려는 종교공동체의 자의식의 '변용'을 확인하게 됩니다. 우리는 위가 '앞'으로, 아래가 '뒤'로 바뀌는 변화를 기술할 수 있습니다. 달리 표현하면 지배가 '계도(啓導)'로, 그리고 기반이 '지지(支持)'로 바뀝니다. 이러한 변화는 우리로 하여금 저항의 잠재성과 해체의 직접성을 아우르면서 우리가 직면하는 소외의 현실성을 넘어설 수도 있겠다는 기대를 가지게 합니다. 종교공동체는 스스로 이러한 자의식을 가지고 자신의 힘을 늘 상황적인 판단에 의하여 주기적으로 되추스릅니다. 이를 가능하게 하는 자리를 일반화하여 우리는 '옆'이라고 개념화할 수 있습니다.

'옆'은 스스로 비켜서 있는 자리입니다. 그것은 타자의 삶의 자리에 참여하여 그 앞에서나 뒤에서 스스로 책임주체다운 행위를 한다는 것이 자칫 나 아닌 그 타자의 자율성을 침해하는 것일 수도 있다는 자각에서 말미암은 태도라고 할 수 있습니다. 그러므로 '옆'은 타자의 어떤 요청이 있다면, 또는 내가 판단하기에 내가 그에게 필요하다면, 언제나 그 필요나 요청의 장에 참여할 수 있음을 시사하는 '준비된 자리'이기도 합니다. 그러므로 이러한 옆의 자리에서는 이어진 실재와의 관계를 조절하거나, 옆에 실재하는 힘과의 긴장에서 이는 갈등을 다듬어야 한다는 판단이 다른 어떤 것보다 우선합니다. 이러한 힘의 분출과 만나게 될 때, 사람들은 비로소 다른 힘을 '공존하는 실재'로 느낍니다. 종교공동체가 여타 공동체와 단절되어 있지 않다는 사실을 직접적으로 경험하는 것입니다. 그러므로 종교공동체는 이러한 자리에 설 때 비로소 자신의 힘을 효과적으로 확산할 수 있습니다. 공감의 충동이 효율적으로 이루어지기 때문입니다. 그러므로 여기에서 우리가 발견하고 겪는 것은 종교공동체로부터 비롯하는 무수한 새로운 연결망입니다. 의식하고는 있었지만 분명한 인식의 구도 안에 들지 않았던, 또는 간과했던 '더불어 있음'의 얽힌 틀이 선명해지는 것입니다. 그래서 종교공동체가 힘을 발휘하면서 우리는 크고 작은 규모의 공동체 사이에서 생기는 간극을 메우는 힘의 현존을 확인하기도 하고, 공적인 것과 사적인 것의 이질적 연계가 낳는 긴장을 새로운 인식틀을 통해 가교(架橋)하기도 합니다. 계층, 인종, 이념, 삶의 모습, 전승된 기억들 사이의 모든 간극을 '매개하는 힘'을 종교공동체가 발휘하는 것입니다. 종교와 사회는 이렇게 서로 함께 있기도 합니다.

하지만 매개는 그저 있는 관계를 일컫는 것이 아닙니다. 그것은 힘의 의도된 행위입니다. 실재간의 얽힘의 틀은 그 의도의 이음줄일 뿐입니다. '의도된 매개'는 매개자의 의도의 확산과 다르지 않습니다. 그러므로 그 매개는 강제와 해체, 소외와 주변화를 지양한다 할지라도, 여전히 종교공동체가 스스로 희구하는 지배하려는 힘의 변용일 뿐입니다. 사실상 그렇다고 하는 것을 배제한다면 종교공동체는 있을 수 없습니다. 우리는 물론 그 변용을 역사적 맥락에서 필연적인 것으로 묘사할 수도 있습니다. 역사적 진전에 따라 종교공동체의 '힘의 현존'은 위에서 아래로, 다시 아래에서 중심으로, 다시 중심에서 옆으로 자리매김 해 왔다는 서술을 할 수도 있습니다. 종교가 인간의 경험을 통해 빚어진 것이라는 사실을 전제한다면 그것은 당연합니다. 삶의 정황이 필연적으로 종교라는 실재의 '힘의 자리'를 바꿔나갔을 것이기 때문입니다. 그래서 종교공동체의 힘의 발휘가 어떤 공간에서 이루어지는가 하는 것을 살피는 일은 종교라는 힘의 실체가 어떻게 사회라는 다른 힘과 관계를 맺고 있는지를 살피는 일과 다르지 않다고 말할 수 있습니다. 그런데 이러한 시각에서 우리는 대체로 종교공동체는 '첨예화된 갈등에서 유화적인 공존에 이르는 그 사이'에서 자기를 다채롭게 드러내며 그 진폭을 오간 '긴장의 변주(變奏)'였다고 기술할 수 있습니다.

하지만 변주는 변화가 아닙니다. 종교공동체가 자신의 힘의 확산을 의도하는 것은 종국적으로 종교적 가치, 또는 특정한 종교공동체의 이른바 존재의미를 절대화하려는 것과 다르지 않습니다. 이를 '지배'라고 개념화한다면 종교공동체의 힘의 실체가 지배지향적인 것이라는 점은 변하지 않았습니다. 그 힘의 변용이란 방법의 모색, 또는 적합성을 구축하기 위한 자리의 이전과 다르지 않기 때문입니다. 그러므로 종교가 사회 안에서 힘의 실체로 있으면서도 이른바 '세상의 갈등'을 불식한다는 것은 실은 지나치게 소박한 비현실적인 기대입니다. 종교라고 일컬어진 힘의 실체는 사회를 통합하기도 하고 해체하기도 합니다. 갈등을 낳기도 하고 매개하기도 합니다. 스스로 소외된 자리로 물러나기도 하고 적극적으로 물리적 힘의 행사를 마다하지 않기도 합니다. 종교공동체는 이렇게 있습니다. 이러한 모습이 중첩되고 변용되고 선택되곤 하면서 종교공동체는 자신의 현존을 유지합니다.

그러나 서술의 이 계기에서 우리는 종교공동체를 안고 있는 사회를 유념해야 합니다. 힘의 실체는 종교만이 아닙니다, 우리 삶의 자리는 힘의 실체들로 가득 차 있습니다. 그러므로 종교에 가해지는 힘의 현실에 대한 서술을 유보하고는 우리의 주제에 대한 논의가 충분할 수 없습니다. 소박한 주장입니다만 힘의 관계는 상호적입니다. 그러므로 종교와 사회, 그 힘의 구조를 논의하기 위해서는 당연히 그렇다고 하는 구조를 전제한 힘의 긴장과 갈등이 기술되어야 합니다. 그러므로 힘의 관계를 서술하는 데서 상수(常數)를 설정하는 것은 비록 방법론적인 것이라 할지라도 조심스럽습니다. 그러한 서술은 불가피하게 제한적일 수밖에 없기 때문입니다. 가능하다면 우리는 이러한 상수와 변수 투의 기존의 구조를 통한 접근을 지양할 필요가 있습니다. '문화'라는 서술개념을 통해 접근의 변화를 꾀한다면 우리는 이제까지 살펴보지 못한 것, 또는 우리의 언어에 담을 수 없던 것을 조금 더 찾고 또 발언할 수 있을지도 모릅니다. 이를 위해 우리는 다음 장에서 그러한 접근을 시도하면서 미진한 논의를 보완할 수 있는지를 살펴보고자 합니다.

제 **4** 강

—

다원성과 다양성,
그리고 중층성과 복합성
—종교와 문화

1. 개념적 실재와 경험적 실재

경험은 추상화되어 개념으로 기술되는 것이 당연합니다. 하지만 개념이 실재가 되어 경험을 재단하는 일은 자연스러운 일이 아닙니다. 경험과 개념을 아우르는 총체적인 삶을 관조할 수 있는 다른 접근을 모색하지 않으면 인식의 파열은 불가피합니다.

사람은 누구나 자기를 드러내려 합니다. 아프고 외로워서도 그렇고 좋고 행복해서도 그렇습니다. 그래서 누구나 이야기를 합니다. 내 이야기를 하고 남의 이야기를 듣습니다. 그렇게 어울려 살아갑니다. 소통과 공유는 사람 살이의 기본적인 조건입니다. 그것 없으면 삶이 없습니다. 삶이 구축되지를 않기 때문입니다. 그렇게 하고 살지 못하는 삶이 어떤 지경에 이르는지를 조금만 짐작해 보아도 삶이 이러하다는 것을 우리는 주저 없이 말할 수 있습니다. 소통부재의 삶은 삶의 주체로 하여금 자폐(自閉)를 넘어 자학(自虐)에 이르게 하고, 마침내 자멸(自滅)을 초래하는 데 이르게 하기 때문입니다.

그러나 경험을 이야기에 담아 자상하게 서술하는 것은 쉬운 일이 아닙니다. 아니, 쉽고 어렵고가 아니라 실은 비현실적인 일입니다. 삶은 그리 단출하지 않기 때문입니다. 일의 얽힘과 생각의 섞갈림이 예사롭지 않습니다. 그런데도 우리는 이러한 일을 속에 담고 있지 못합니다. 그렇게 얽힘이 심해 헤아리기 어렵다는 것이 오히려 이야기를 하도록 충동하고 있는지도 모릅니다. 그런데도 내 삶을 드러내기 위해 이야기를 해야 한다면, 그 이야기는 이제까지 내가 살아온 삶만큼이나 길고 두껍고 폭넓은 이야기가 되지 않으면 안 될 것입니다. 그렇지 않고는 내가 겪은 삶의 온갖 경험을 내가 하는 이야기에 다 담을 수가 없습니다. 그러나 그렇게 긴 이야기를 한다는 것은 불가능합니다. 그것은 마치 삶을 되사는 것과 다르지 않은데 그렇게 살 수는 없기 때문입니다. 그래서 이야기를 하고도 항상 모자라다는 느낌을 스스로 지우지 못합니다. 우리 누구나 겪는 일입니다. 삶을 모두 담기에는 우리의 언어라는 그릇이 너무 작은지도 모릅니다.

그래서 우리는 삶을 이야기하되 어떻게 하면 간결하게 할 수 있을지, 그러면서도 모든 경험을 거기에 담을 수 있게 할지를 생각합니다. 아득한 때부터 사람들은 그렇게 해왔습니다. 그렇게 하지 않으면 우리는 예상하지 못한 엉뚱한 처지에 빠지게 되기 때문입니다. 이를테면 우리가 다 아는 '긴 이름을 자식에게 지어준 어버이 꼴'이 되는 것입니다. 누구나 아는 것입니다만 요약하면 그 이야기는 이러합니다. 자식이 오래 살기를 바란 부모는 자기 자식을 위해 자기가 알고 있는 장수한 사람들의 이름과 오래 사는 짐승들의 온갖 이름들을 잇대어 자식의 이름을 지었습니다. 그런데 어느 날 그 아이가 우물에 빠졌습니다. 놀란 어버이는 자식이 위기에 처했다는 소식을 사람들에게 알려 구조를 받기 위해 자식의 이름을 부르면서 아무개가 우물에 빠졌으니 구해달라고 소리를 쳤습니다. 그러나 그 이름은 그 긴박한 상황에 적응하기에는 너무 길었습니다. 결국 그 아이의 이름을 다 부르고 구원을 청했을 때 이미 자식은 그 위기에서 벗어나지 못할 상태에 이르고 말았습니다. 슬픈 일입니다. 이 이야기는 여러 의미를 담고 있습니다. 그런데 삶의 묘사가 간결하지 못할 때 그것이 삶 자체를 오히려 거스르게 된다는 것을 희화적(戲畵的)으로 잘 보여주는 것이기도 합니다.

그런데 다행스럽게 인간은 자기의 언어를 통해 이를 잘 다듬을 수 있는 궁리를 해 왔습니다. 아마도 그러한 능력을 아예 가지고 있었기 때문이라고 생각합니다. 이를테면 우리가 잘 아는 한 종교에서는 사람살이를 묘사하면서 '생로병사(生老病死)'라고 일컫습니다. 넉자밖에 사용하지 않은 이 단순한 말이 인간의 삶을 한꺼번에 서술하고 있다는 사실을 우리는 모두 인정합니다. 그 네 음절의 '이야기'에 담기지 않은 하고많은 이야기가 왜 없겠습니까. 하지만 다시 생각해보면 그 간결한 언어에 담기지 않은 이야기가 또 무엇이 있겠습니까. 아무튼 생로병사를 나열하는 것만으로도 우리는 사람의 삶을 한꺼번에 묘사할 수 있습니다. 사는 이야기를 할 수 있게 되는 것입니다. 삶은 언어에 담기조차 힘들 만큼 많고, 얽혀 있고, 아주 복잡하지만, 이렇게 간추려 다듬으면 모든 삶이 그대로 꼬임 없이 스스로 명료해집니다. "태어남, 늙어감, 병듦, 죽음, 이런 것이 삶이다" 하는 이 진술은 진솔하게, 그리고 간명하게, 아무런 과장도 없고 아무런 가림도 없이 그대로 사람살이를 드러내줍니다. 그러나 삶이 이렇게 말하는 것만으로 온전히 드러나는 것은 아닙니다. 삶의 겉모양은 다 드러났다 할지라도 그 안에 담긴 삶의 속내는 거의 드러난 것이 없기 때문입니다. 이를테면 태어나 살아감이 담는 즐거움과 아픔이 있고 늙음이 짓는 쓸쓸함과 그윽한 관조(觀照)가 있습니다. 질병이 초래하는 괴로움과 새삼 깨닫는 삶의 기쁨이 있고, 죽음이 주는 별리의 애절함과 절망과 소멸에 대한 두려움, 그리고 영면(永眠)하는 안식의 기대가 있습니다. 그런데 생로병사를 주장하던 그 종교는 이를 더 뭉뚱그려 인간이 지닌 답답한 문제의식을 초점으로 하여 이를 되살피면서, 이 일련의 삶의 과정을 '인간은 고해(苦海)'라고 하는 말로 압축했습니다. '살아 있다는 것, 또는 살아간다는 것 자체의 양태가 다름에도 불구하고, 온통 괴로움'이라고 하는 말 속에 삶을 다 담고 있는 것입니다. 그런데 우리는 이러한 표현을 통해, 비록 드러나는 양상은 사람 따라 다르다 할지라도, 이렇게 저렇게 만나는 피할 수 없는 고통이 사람이 사는 곳이면 어디에서나 보편적인 현상이라는 것, 그리고 그것은 언제나 있는 지속적인 현실이라는 것, 그렇기 때문에 그 고통은 묻지 않으면 안 되는 지극한 물음으로 우리의 의식을 지배하고 있다는 것 등을 경험하는 우리 삶의 내용을 그대로 드러낼 수 있습니다. '고해'라는 용어 안에 우리의 고통을 다 담을 수가 있는 것입니다. 그러므로 그 언어는 단순하게 특정한 사물을 지칭하는 언어가 아닙니다. 인간의 지극한 삶의 경험을 담은 언어이기 때문입니다. 이때 일컬어지는 '고통'이라는 언어를 우리는 개념이라고 말합니다.

무릇 개념어의 출현이 이러합니다. 다시 되풀이되는 내용이 담기겠지만, 앞에서 기술한 '고해'라는 은유적 표현을 낳게 한 언어인 '고통'을 통해 이를 좀 더 살펴볼 수 있습니다. 우리는 살아가면서 온갖 아픔을 겪습니다. 몸의 아픔에서 마음의 아픔에 이르기까지 우리는 한시도 아픔의 작희(作戱)를 벗어나지 못합니다. 이것이 우리 삶이 증언해주는 우리 삶의 내용입니다. 그러나 그 아픔의 경험을 시시콜콜하게 다 이야기하는 것은 현실적으로 불가능하다는 것을 우리는 누가 가르쳐주지 않아도 압니다. 그래서 그 아픔을 드러내고 싶을 때 적어도 그 정황을 유념하면서 "나는 고통스럽다!"라고 말하는 것으로도 상당한 정도의 소통을 이룰 수 있습니다. 짧고 명쾌한 어휘들에다 내 고통을 싣는 것입니다. 물론 그렇다고 해서 모든 짧은 언어들이 그럴 수 있는 것은 아닙니다. 때로 그러한 짧은 언어들이 소통보다는 강제에 의해 특정한 내용을 일방적으로 전달하는 경우가 더 많습니다. 명령이 그러하고, 감탄이 그러하고, 냉소가 그러하고, 비난이 그러합니다. 그 언어들은 모두 짧고 명료합니다. 그러나 '고통'은 그러한 어휘가 아닙니다. 형식은 짧은 음절의 단어이지만, 그것은 온갖 아픔을 여과하고 추상화하여 이른 언어입니다. 그런데 그 여과의 틀은 다른 것이 아닙니다. 아픔의 구체성이나 직접성이나 현실성을 걸러내고 그러한 굴레에서 벗어나게 함으로써, 이른바 그 안에서 겪는 아픔을 시공의 보편성 안에 담기 위해 마련한 틀입니다. 달리 말하면 아픔의 경험을 추상화한 언어라고 할 수 있는 그러한 것입니다. 그러므로 '고통'을 발언하는 일은 서로 다른 아픔을 지닌 경험주체들로 하여금 제각기 다른 '아픔이라는 삶'을 서로 공감하면서 공유할 수 있게 합니다. 나의 아픔경험이 소통 가능한 현실로 언어를 통해 일컬어질 수 있게 되는 것입니다.

'고통'을 예로 들었지만 이러한 현상은 늘 있는 일입니다. 의도적으로 이를 두드러지게 하니까 특이한 현상처럼 읽힐 수도 있지만 실은 그렇지 않습니다. 경험을 여과하여 개념어를 짓는 일은 우리의 일상입니다. 언어 기능의 본연이라고 해도 좋습니다. 바로 그렇기 때문이라고 할 수도 있겠는데 우리는 그러한 작업을 의도적으로 수행하기도 합니다. 그래서 경험은 무수한 개념어에 의해서 소통 가능한 실재가 됩니다. 우리가 실제로 사용하는 모든 언어들이 그렇습니다. 이를테면 앞서 지적한 '고통'도 그러하고, 우리가 추구하는 '행복'도 그러합니다. '언어'도 개념어이고, '생각'도 그렇습니다. '공간'이나 '시간'도 다르지 않습니다. '사랑'과 '미움'도 그렇습니다. 그렇다면 개념에 대한 이런 연유(緣由)를 번거롭게 서술하는 것은 공연한 일일지도 모릅니다. 우리의 언어는 이미 익히 개념어들로 이루어져 있기 때문입니다.

그런데 이제까지 우리는 이른바 '개념어의 출현'을 소통을 위한 효율성의 맥락에서만 서술했습니다. 그래서 처음 출발점은 짧고 단출한 언어에 대한 관심이었습니다. 그러나 만약 우리가 개념어 또는 개념에 대한 관심을 일정한 과정을 거쳐 이루어진 '개념의 자리'에서 살핀다면, 이제까지 관심을 두지 않았던 다른 사실들을 위의 기술에 더 첨가할 수 있습니다. 다른 것이 아닙니다. 개념의 현존을 통해 경험을 심화하는 인간의 마음결을 읽을 수 있게 된다는 것이 그것입니다. 이를테면 우리는 몸의 아픔을 겪습니다. 그런데 그 아픔은 구체적이고 직접적인 것입니다. 우리는 질병의 이름을 댈 수도 있습니다. 그러나 우리가 아픔에서 바라는 것은 치유이지만, 그것이 아닌 경우, 그래서 아픔을 물을 수밖에 없는 경우에 겪는 아픔은 어쩌면 '아픔의 아픔'에 관한 관심이라고 할 수 있는 그러한 것입니다. 그런데 그러한 아픔은 질병으로 명명되는 그러한 아픔을 넘어섭니다. 또 다른 예로 뜻을 이루지 못한 아픔도 있습니다. 그 아픔을 우리는 상황적인 묘사를 통해 실패라든지 좌절이라고 기술할 수 있습니다. 그런데 앞의 경우와 마찬가지로 그때 겪는 진정한 아픔은 실패나 좌절로 환원될 수 없는 아픔의 까닭, 곧 '아픔의 아픔'입니다. 그런데 그러한 자리에 이른 아픔은 앞의 두 경우의 차이조차 넘어섭니다. 몸의 아픔과 실패의 아픔을 나누지 않습니다. 그 둘을 아우르는 다른 차원에서의 아픔을 되살피게 합니다. 개념어는 이를 가능하게 해줍니다. 그렇다고 하는 것을 우리는 개념의 자리에서 터득합니다. 거듭 언급하는 것이지만 이렇게 보면 개념은 인간이 지닌 독특한 마음결을 드러내는 표상이라고 할 수 있습니다. 개념은 그 결이 지닌 '깊이'를 보여줍니다. 몸이 아프고, 사업에 실패하고, 사랑하는 이의 배신에 마음이 상하고, 그래서 삶이 고달프고 괴로울 때, 그 아픔을 개념화한 '고통'은 몸을 벗어나고, 사업을 벗어나고, 사랑하는 사람을 벗어나고, 마침내 삶마저 벗어난 자리에서 내 실존을 새롭게 자극하는 조건으로 등장합니다. 왜냐하면 그때 우리는 비로소 '아픔의 아픔'을 묻게 되기 때문입니다.

그런데 이에 이르면 그 개념어로서의 '고통'은, 비록 그것이 지칭되는 사물은 아니지만, 고통으로서의 실재성을 가집니다. 고통이라는 실재가 그것을 지칭하는 개념과 더불어 현존하게 되는 것입니다. 이른바 '개념적 실재'가 됩니다. 이에 이르면 개념은 예사로운 것이 아닙니다. 그저 소통을 위한 것일 수 없습니다. '경험적 실재'를 벗어나 '개념적 실재'가 그로부터 말미암 게 되기 때문입니다. 실재 아닌 실재의 출현인 셈입니다. 이러한 현상은 우 리로 하여금 인간은 개념을 요청하지 않을 수 없는 경험을 일상에서 겪고 있는 존재라고 말할 수조차 있게 합니다. 이뿐만 아니라 이러한 사실을 전 제하고 이어 말하면, 개념은 마침내 내 삶을 읽는 범주가 된다고 하는 말도 할 수 있게 됩니다. 개념을 통해 삶을 읽게 되기 때문입니다.[01]

그러므로 개념은 삶을, 세상을, 존재를 기술하는 범주로 작용합니다. 그 범주가 사물의 묘사에 적합한지 그렇지 않은지, 이를테면 참인지 거짓인지, 또는 바른지 그른지 하는 것은 쉽게 단정할 수 없습니다. 그것은 개념이라 는 범주를 사물의 서술범주로 사용할 때마다 끊임없이 지속될 논의의 주제 로 있을 것입니다. 그렇기 때문에 지금 우리의 논의의 계기에서 확인해야 하는 것은 개념이 하나의 범주로 실재한다고 하는 현상 자체를 우선 승인하 는 일입니다. 그러나 그렇다고 해서 그러한 승인 여부가 그리 절박한 것은 아닙니다. 왜냐하면 우리는 우리의 일상적인 경험 안에서 개념이 사물을 기 술하는 범주가 되었다든지, 그 개념이 사물을 울 짓는 범주로 적절한지 등에 대한 인식과 판단 이전에, 이미 개념을 통해 사물을 읽고 있기 때문입니다. 우리는 그 개념으로 사물을 묘사하고, 동시에 사물에 대한 경험을 그 개념을 적용하여 읽고 판단하면서 내 삶을 구축합니다. 이를테면 '경험적인 실재'인 '몸의 아픔'을 겪으면서 '개념적인 실재'인 '고통'을 준거로 하여 그 아픔을 가 늠합니다. 이뿐만 아니라 사업의 실패 때문에 겪는 아픔도 개념으로서의 고 통을 준거로 하여 판단합니다. 그런데 개념은 그 두 다른 아픔을 가르지 않 습니다. 분명히 서로 다른 경험이지만 그 특정한 경험이 여과되고 추상화되

01 이와 관련하여 믿음, 언어, 경험의 문제를 다루고 있는 다음 책을 참조하라: Rodney Needham, *Belief, Language and Experience*, Oxford: Basil Blackwell, 1972.

면서 출현한 개념은 그것이 비롯한 '개념 이전의 경험'과의 연(緣)을 잇지 않습니다. 당연히 그 경험 안에 머물지도 않습니다. 개념은 스스로 자기의 범주를 빚으면서 자기가 비롯한 경험의 울을 넘어섭니다. 사실상 개념은 그래야 했고, 그래서 경험이 낳은 것입니다. 다시 말하면 경험에서 비롯하지만 경험을 넘어서는 것이어서 비로소 개념인 것입니다. 하지만 앞에서 지적한 바와 같이 '실재가 된 개념'은 되돌아가 자기가 비롯한 경험을 서술하는 하나의 범주로 자리를 잡습니다. 그리고 실제로 그렇게 기능합니다. 중요한 것은 그러한 과정 속에서 그 개념이 포용하지 못하는 것이라고 읽혀지는 고통은 고통일 수 없게 된다고 하는 사실입니다. 사람들이 개념을 통해 현실을 서술하고자 할 때 실제로 그러한 일들이 일어납니다. 그리고 우리는 당연히 그렇게 발언하고 그렇게 인식하고 그러한 것을 축으로 하여 일정한 판단을 합니다.

물론 개념이 '불변하는 것'일 수는 없습니다. 비록 그것이 경험을 여과하여 낳은 경험의 추상화 현상이라 할지라도 그것은 인간의 언어현상이기 때문입니다. 그러므로 개념도 개념어 자체도 역사적 변용 과정에 속해 있고 문화적 다양성을 입고 드러납니다. 개념도 역사–문화 의존적 현상입니다. 따라서 그 개념이 범주로 기능한다고 했을 때 그 범주 자체의 가변성을 우리가 간과할 수 없습니다. 개념은 범주이면서도 가변적인 범주로 있습니다. 그렇다고 하는 것은 개념적 실재란 근원적으로 잠정적(暫定的)인 것이라는 사실을 보여주는 것이기도 합니다. 개념의 함축은 늘 그러합니다. 마치 신축성을 지닌 공간구조처럼 우리는 개념의 깊이와 폭의 변화를 겪습니다. 그러나 그렇다고 해서 하나의 개념이 그것을 낳은 경험으로부터 온전히 절연된 것이라고 이해하는 것은 온당하지 않습니다. 아무리 깊이가 심화되고 폭이 확장된다 할지라도 자신이 비롯한 경험을 간과하는 개념은 이미 개념으로서의 현실성을 유지할 수 없습니다. 하지만 그럼에도 불구하고 우리는 경험과 개념, 곧 경험적 실재와 개념적 실재의 관계를 마치 단절된 것인 양 강하게 묘사합니다. 그 까닭은 다른 것이 아닙니다. 개념이 경험을 재단(裁斷)하는 범주로 우리의 인식틀 안에서 자리를 잡고 있기 때문입니다. 앞에서 언급한 바와 같이 개념적 실재가 경험적 실재를 재단하는 것이 우리의 일상이기 때문입니다.

이러한 사실을 유념한다면 우리는 다음과 같은 사실도 마저 기술할 수 있습니다. 개념이 인간의 사유를 짓는다는 사실이 그것입니다. 경험을 드러내는 일이 불가피하게 개념을 통해 이루어진다는 것은, 달리 말하면 실은 경험이 개념어로만 언어화된다는 것을 지적하는 것과 다르지 않습니다. 개념을 사용하지 않으면 경험은 설명 가능한 체계를 지니지 못합니다. 이를 우리는 다음과 같이 서술할 수도 있습니다. 우리가 개념이라고 일컬은 새로운 어휘의 출현을 '본유적인 경험의 개념화', 또는 '경험적 실재의 개념화'라고 한다면, 그 개념이 실재가 되어 경험을 재단하는 새로운 '틀'을 우리는 '개념이 짓는 경험의 개념화', 또는 '개념적 실재의 경험화'라고 할 수 있습니다. 그런데 바로 그 새로운 '틀'은 우리의 사유구조와 다르지 않습니다. 그 사유구조는 이제까지 우리가 경험하지 않은 다른 마음결의 표출입니다. 우리는 경험을 통해 우리의 생각을 다듬어 나아갔습니다. 그런데 이제는 경험이 추상화된 다른 실재인 개념이 경험을 재단하면서 개념 자체의 언어가 내 사유를 이끕니다. 그런데 결코 이러한 사실이 낯선 것이 아닙니다. 우리는 늘 개념어를 구사하면서 살아가기 때문입니다. 분명한 것은 개념은 우리의 사유와 이어져 있다는 것, 그러니까 우리는 경험적인 사유뿐만 아니라 개념적인 사유도 하고 있다는 사실입니다. 이와 같은 사실은 '경험의 세계'와 마주하는 '개념의 세계'가 현존한다는 것을 증언하는 것이기도 합니다. 곧 우리가 우리의 언어를 통해 경험을 개념화하여 서술한다고 하는 사실은, 개념의 세계가 어떻게 경험의 세계로부터 나와 스스로 현존하게 되었는가 하는 '계기'를 보여주는 것이기도 하고, 우리가 여러 개념들을 사용하여 우리 경험을 드러내고 있다는 것도, 개념의 세계가 경험의 차원과는 다른 차원에서 하나의 세계를 이루고 있다는 것을 보여주는 것이기도 합니다. 그러므로 우리는 개념들이 스스로 거대한 유기적 구조를 틀 짓고 있다고 말할 수 있습니다.

그런데 개념이 우리의 사유를 짓는다고 하는 것은 개념의 세계가 자신 안에 지니고 있는 이른바 '개념적 연계'를 우리가 살아가도록 한다는 것과 다르지 않습니다. 그런데 주목할 것은 그러한 개념적 연계의 틀 안에서의 삶은 우리로 하여금 개념의 출산이 비단 직접적인 경험에서 비롯하는 것만이 아니라, 그것이 이미 추상화된 개념에 의해서도 이루어진다는 사실을 보여준다고 하는 사실입니다. 개념은 개념을 낳습니다. 그리고 개념들은 서로 이어 개념망을 만듭니다. 개념은 무수한 개념들과 더불어 자기 나름의 '세계'를 짓습니다. 이뿐만 아니라 그 세계는 인간의 삶을 자기 울에 담습니다. 삶은 경험적 실재이기를 너머 이제는 개념적 실재의 울안에서 비로소 현존하게 됩니다. 앞에서도 지적했지만 그렇다고 해서 그 개념의 세계가 그것이 비롯한 경험의 세계를 간과하거나 단절하지는 않습니다. 그러나 그러한 무관하지 않음 때문에 오히려 개념적 실재는 경험적 실재를 자신이 없으면 있을 수 없는 자신의 '그림자'로 여기거나, 경험적 실재란 실은 개념적 실재의 범주 안에 드는 것이어야 비로소 그것이 실재로 승인되는 것이지, 그렇지 않다면 그것은 실재하지 않는 허구라고 하는 사실조차 주장합니다. 이러한 세계 안에서의 사유는 경험적 실재의 울안에서는 불가능했던, 다만 개념적 실재 안에서만 가능한 새로운 사유입니다. 그렇지만 이 새로움은 우리가 이 현상을 서술하는 논리적 맥락에서의 새로움이지 실제로는 전혀 새로운 것이 아닙니다. 우리의 일상을 이미 그러한 사유를 통해 그러한 언어를 늘 구사하면서 살고 있기 때문입니다.

그러므로 일반적으로 우리는 굳이 '개념'을 배우지 않아도 압니다. 그리고 우리는 그것을 힘들이지 않고 익숙하게 발언합니다. 그래서 그것은 경험을 전하고 공유하는 데서 이미 매우 유용한 틀이 되어 있습니다. 그러나 앞에서 지적한 '새로움'이라는 묘사를 우리는 유념할 필요가 있습니다. 왜냐하면 개념적 사유란 실은 경험적 사유의 굴절이라고 해도 좋을 낯선 것이기 때문입니다. 그런데도 우리는 그것을 익숙하게 살아가고 있습니다. 그렇다면 우리는 사실상 그 굴절이 초래하는 새로움을 어떤 형태로든 '학습'한 것이라고 할 수도 있습니다. '개념'은 처음 경험과 무관하지 않지만, 우리는 개념의 현존과 그것을 발언하는 '경험'의 세계에서는 있지 않았던 문법을 익혀왔음에 틀림없습니다. 그리고 그 과정에서 그 '새로운 언어'로 경험을 되살폈을 것입니다. 그러면서 그때 비로소 우리는 그 '개념의 세계'를 파악했을 것이고, 그 세계에 대한 내 인식은 마침내 그대로 내 경험이 빚는 인식과 다르지 않은 것으로 내게 귀결되었을 것입니다. 따라서 소박하게 말하면 우리는 우리가 빚은 언어, 곧 개념을 구사하면서 두 개의 다른 세계를 동시에 살아간다고 말할 수 있습니다. '직접적인 경험의 세계'와 또 다른 '정연(整然)한 개념의 세계'가 그것입니다.

그런데 이 둘은 실은 분리되어 있지 않습니다. 그것은 모두 삶이 낳은 필연이기 때문입니다. 하지만 이 둘이 구분되지 않는 것은 아닙니다. 단절되어 있지 않은 것임에도 불구하고 우리는 그 둘을 나누어 서술할 수 있다는 사실을 유념해야 합니다. 경험의 언어와 개념의 언어는 다른 범주를 짓고 있을 뿐만 아니라 다른 세계를 제각기 짓습니다. 그러므로 그 두 언어는 서로 갈등합니다. 이를테면 경험적 실재와 개념적 실재는 자신이 각기 인식과 판단의 준거라고 말합니다. 그런데 경험적 실재는 개념이 없으면 자신을 소통할 수 없는 한계에 가두어 두게 되고, 개념적 실재는 경험이 없으면 아예 자기가 없게 됩니다. 그럼에도 불구하고 각기 개념이 없어도 또는 경험이 없어도 자신이 현존한다는 논리를 폅니다. 그것이 이 둘의 갈등의 구조입니다. 경험과 개념의 이러한 모습을 유념하지 않은 채 경험을 진술한다든지 개념을 구사하면, 우리는 결과적으로 경험적 실재와 개념적 실재를 혼동하거나 그 둘의 착종(錯綜)을 인식하지 못합니다. 그리하여 많은 경우 개념적 실재가 곧 경험적 실재라는 인식을 자연스럽게 하게 됩니다. 더 직접적으로 서술한다면 우리는 때로 경험을 위해 개념이 요청된다는 사실을 필연적인 것으로 여기면서도, 동시에 그러한 이유 때문에 개념이 경험을 '재단'한다는 사실이 곧 개념에 의하여 이루어지는 경험에의 이반(離反)이라는 사실을 유념하지 못합니다. 더 나아가 그 개념이 역사-문화 의존적인 잠정적인 것이라는 사실을 간과하게 되면 이러한 사실은 심각해집니다.

바로 이러한 맥락에서 때로 개념은 그것 자체가 하나의 사물에 대한 정의(定義)와 다르지 않다는 주장도 일게 한다는 사실을 우리는 간과할 수 없습니다. 개념이 경험의 소통과 공유를 지향하려는 것이고, 그래서 이미 경험이 하나의 개념으로 다듬어졌다면, 그 개념은 그 경험을 규정하는 것과 다르지 않기 때문입니다. 게다가 개념은 그렇게 인식하는 사고틀을 짓습니다. 우리는 그래서 개념의 문법을 따라 생각하고 판단합니다. 그렇기 때문에 개념이란 바로 그 개념을 낳은 경험이 '무엇'인가 하는 것을 선명하게 규정한 것과 다르지 않다고 보는 것입니다. 어쩌면 이러한 설명은 자연스러운 귀결이기도 합니다. 따라서 이러한 자리에서는 개념과 정의를 다른 것으로 여기는 일이 불가능합니다. 그러한 생각을 아예 하지 않습니다. 그러므로 그 둘을 구분하는 일은 현실적이지 않습니다. 다시 말하면 개념은 사물의 본질을 드러내는 정의와 다르지 않다고 판단하는 것입니다. 그렇게 생각할 수 있는 논거는 분명합니다. 개념은 시공을 넘어서는 보편적인 차원에서 그 사물을 기술하기 때문입니다. 시공의 맥락 안에 있다면 그것은 아예 개념이 아닙니다. 추상 이전의 현실, 그러니까 바야흐로 개념을 요청하는 경험적 현실이기 때문입니다. 이뿐만 아니라 이미 하나의 개념이 승인되고 소통되기 위해서는 그것이 보편적인 것으로 공유되는 것이어야 한다는 사실을 유념하면, 개념에 대한 이러한 설명은 더욱 현실성을 갖습니다. 그렇기 때문에 앞에서도 이미 지적한 바와 같이, 개념은 그것 자체로 언어화되어 현존하면서 스스로 자신을 단순히 '경험을 추상화하여 드러낸 언어'라고만 여기지 않습니다. 스스로 하나의 실재가 됩니다. 그리고 그렇게 드러난 수많은 개념적 실재들과 연계된 틀을 마련하면서 스스로 하나의 '세계'를 짓습니다. 더 정확하게 말한다면 개념은 마치 경험과 무관하게 스스로 있는 존재인 양 자기를 주장합니다. 개념은 자신을 그렇게 다듬습니다. 그러므로 개념은 마치 오롯한 실재처럼 그렇게 자신을 '완결'합니다. 불변하는 사물의 본질을 모두 밝히는, 아니면 그 본질 자체를 드러내는 실재라고 자신을 확인하는 것입니다. 우리는 개념을 이렇게 받아들이고 이렇게 발언하고 이렇게 경청합니다. 개념은 우리의 현존을 인식하는 틀입니다.

그러나 경험을 좀 더 다가가 살펴보면 개념의 이러한 주장, 곧 개념을 이렇게 살아가는 우리의 태도가 그리 자연스러운 것이 아님을 새삼 발견하게 됩니다. 이미 언급했듯이 경험은 장황하게 서술될 수밖에 없는 삶 자체와의 만남입니다. 그러므로 경험은 멈추지 않는 과정입니다. 정태적이지 않습니다. 그렇기 때문에 경험이 자신을 하나의 본질이나 실재로 확언하지 못하는 것은 당연합니다. 어느 계기에서 그것이 추상화되어 개념화되기 전까지는 그렇습니다. 그 경험을 안고 넘어서는 개념이 출현하면서 비로소 그 경험은 정태적인 것으로 묘사됩니다. 하지만 경험은 방금 지적했듯이 늘 '과정 안에 있음'으로 기술될 수 있는 동태적인 현상입니다. 경험은 끊임없이 움직입니다. 그렇기 때문에 경험은 개념과 조화로울 수 없습니다. 당해 경험과 개념이 그러합니다. 그렇다면 그 경험적 실재에서 비롯한 개념적 실재도, 비록 자신의 세계를 스스로 축조(築造)하고 있다 할지라도, 필연적으로 항구적일 수 없습니다. 그런데도 인식을 위해 개념적 실재는 경험을 재단하고 경험에 의미를 부여합니다. 이것은 매우 주목할 만한 사실입니다. 이 사실을 간과하면 자칫 우리는 '인식의 파열(破裂)'을 겪을 수도 있기 때문입니다. 개념을 경험으로 환원하게 되기 때문입니다. 더 정확히 말한다면 경험은 추상화되어 개념으로 기술되는 것이 당연합니다. 그러한 요청이 불가피합니다. 삶의 편의를 위해서라고 말할 수 있습니다. 하지만 개념이 실재가 되어 경험을 재단하는 일은 자연스러운 일이 아닙니다. 그럼에도 불구하고 전자의 자연스러움과 조금도 다르지 않게 후자의 자연스러움이 우리의 일상이 되고 있습니다. 지극한 구조적 착종 현상을 간과한 채 우리는 개념적 실재와 그것이 빚는 세계, 그리고 그것에서 비롯하는 사유를 자연스러운 것으로 여기고 살고 있는 것입니다.

그런데 종교를 이야기하면서 이처럼 경험과 개념에 대하여 지루한 서술을 하는 것은 어찌 보면 맥락일탈적인 논의로 여겨질 수도 있습니다. 현실성이 없는 관념적인 언어유희라고 읽혀지기 십상이기 때문입니다. 그러나 그러한 비판을 유념하면서도 이러한 시도를 하는 것은 종교에서도 똑같은 일이 벌어지기 때문입니다. 실제로 우리가 겪는 현실에서 종교에 대한 우리의 이해는 개념적 실재에 편집(偏執)되어 있어 현실을 간과한 채 이루어지고 있는 것은 아닌가 하는 우려 때문입니다. 다시 말하면 우리가 종교에 대한 관심에서 경험적 사실에 주목하기보다 개념적 사실에 경도(傾倒)되어 있어

서술의 논리나 설명의 논리에만 관심을 가지는 것으로 판단되기 때문입니다. 이를테면 우리는 종교라는 말을 하면서 그것이 지닌 역사-문화적 요인에 대해서는 그리 적극적인 관심을 보이지 않습니다. 종교라고 일컬어지는 실재는 당연하게 보편적이라고 전제합니다. 그렇기 때문에 비종교적인 것은 사실상 없는 것이고, 만약 그렇게 기술될 수 있는 현상이 드러난다면, 그것은 서술의 잘못이라고 판단하든가 그 현상 자체가 정상적이지 않은 일그러진 것이라고 판단합니다. 이러한 맥락에서 종교는 대체로 초월적인 것을 함축한 개념으로 다듬어집니다. 지금 여기에 있는 현상이지만, 그것은 '저기 그때' 이루어진 것의 다만 지금 여기에서의 현현이라고 여기는 것입니다. 따라서 일상의 경험과 일상의 언어에 담기지 않는 다른 언어와 다른 문법으로 그 현상을 이야기해야 한다는 생각을 합니다.

그러나 이러한 '상식적인' 이해는 종교에 대한 정직한 인식을 그르칠 수 있습니다. 경험적 실재를 간과하기 때문입니다. 따라서 만약 이러한 주장의 자리에서 일상적인 경험이란 경험이 아니라든지 그것은 있을 수 없는 경험이라고 주장하는 데 이른다면, 이는 개념적 실재의 논리에 의하여 경험적 실재가 재단된 것 이상의 어떤 것도 아닙니다. 물론 우리는 비일상의 세계를 부정하지 않습니다. 그것을 현존한다고 주장하는 그 경험주체에게 그것은 실재이기 때문입니다. 그러나 그것은 일상의 경험적 실재가 아닙니다. 비일상의 차원을 개념적으로 겪는 일입니다. 따라서 그것은 다만 개념적 실재입니다. 그렇다고 하는 것을 개념의 논리에 의거해 발언하면서 경험적 실재를 간과한 결과로 얻은 비일상의 개념적인 실재가 그렇게 주장되는 것입니다. 그렇다면 우리는 이 문제와 관련하여 종교에 대한 다른 접근을 시도할 필요가 있습니다. 경험과 개념을 아우르는 총체적인 삶을 관조할 수 있는 다른 접근을 모색하지 않으면 인식의 파열이 불가피하기 때문입니다. 다음 절에서 서술하고 싶은 것은 이러한 문제들입니다.

2. 종교에 관심을 갖는다는 것

동일한 이름으로 불리는 종교라 할지라도 우리는 그 안에서 거의 다른 종
교라고 할 만큼의 차이를 가진 수많은 다른 모습을 만납니다. 그 다름을
결정한 것이 곧 그 모습으로 그렇게 있도록 한 역사-문화적 요인들입니
다. 그러므로 시공의 맥락을 간과한 종교에의 관심은 공허할 수밖에 없습
니다.

우리가 종교에 대한 관심을 가지는 까닭은 사람에 따라, 또 그 사람의 처
지에 따라 다를 수밖에 없습니다. 이와 아울러 그 관심은 시대에 따라, 또는
공동체의 삶의 정황에 따라 다르다고 할 수도 있습니다. 그런데 관심을 충
동하는 것은 무엇보다도 삶의 주체가 지니고 있는 어떤 '필요'입니다. 그 필
요는 결손에 대한 자각이라고 할 수도 있고 온전함에의 희구라고 할 수도
있습니다. 사물에 대한 관심은 대체로 이렇게 비롯합니다. 종교에 대한 관
심만이 그런 것은 아닙니다. 사물에 대한 우리의 관심이 그러합니다.

그런데 중요한 것은 그 까닭에 따라 전제하는 삶에 대한 자기 나름의 이
해가 이미 다듬어져 있다는 사실입니다. 이를테면 종교가 좀 더 선명해지기
를 바라 종교를 알고 싶은 경우에는, 이미 자기가 가장 이상적인 것으로 나
름대로 정의한 종교가 있는데, 실제로 그 종교를 경험하는 과정에서 그러한
이상적인 모습을 발견할 수 없을 때, 그 종교에 대한 이제까지 없던 관심을
보이게 됩니다. 더 정확히 말하면 종교를 경험하지 않았다면 그것에 대한

관심은 처음부터 일 수가 없었을 것입니다. 그러므로 달리 말하면 종교에 대한 관심이란 종교에 대한 자기인식을 회의하지 않을 수 없는 절박한 계기에서 비롯하는 것이라고 할 수 있습니다. 결국 종교에 대한 관심은 자기의 종교인식에 대한, 또는 자기의 종교경험에 대한 관심이라고 해야 더 정확할지도 모릅니다. 그렇다면 이 계기에서 우리가 간과하지 말아야 할 것은 종교에 대한 관심을 충동한 것이 종교와 나의 '관계'에서 비롯한 것이라는 사실입니다. 그러므로 종교에 대한 물음만으로 종교에 대한 관심을 다듬을 수 없습니다. 그 관심 안에는 종교와 그것을 묻는 내가 함께 있어야 합니다. 그 둘이 구조화되지 않은 인식틀은 때로 '앎을 위한 앎의 추구'의 차원에서 물음주체를 간과하게 됩니다. '왜 물음을 물었는지 모른 채, 혹은 그 까닭을 가린 채' 해답을 만나게 할 뿐만 아니라 관심의 내용을 그렇게 채우게 됩니다. 관심이 빚을 물음과 해답이 '나의 것'일 수가 없게 되는 것입니다. 이러한 사실을 유념하면서 실제로 사람들이 종교에 대한 관심을 어떻게 구체화하는지 살펴보기로 하겠습니다.

종교를 '알고자 할 때' 많은 사람들은 무엇보다도 먼저 자기가 알고 싶은 종교의 '경전'에 대한 관심을 갖습니다. 첫 장에서 이미 언급한 것입니다만 우리는 종교를 세계종교라는 울안에서 이해합니다. 그리고 그때 그렇게 일컬어지는 종교들이 가진 특성 중의 하나는 그 종교들이 모두 자기네 경전을 가지고 있다는 사실입니다. 그러므로 경전을 읽는다는 것은 그 경전을 지닌 종교를 이해하는 데 첩경이 됩니다. 무엇보다도 그것은 '편리'한 방법입니다. 책을 읽는 일이기 때문입니다. 경전은 당해 종교의 자기주장을 담고 있습니다. 그리고 그것은 당해 종교의 제도적 권위에 의하여 승인된 것이고, 그러한 권위를 역사적으로 면면히 전승해 온 것입니다. 그러므로 그것은 예사로운 책이 아닙니다. 그 종교공동체의 본질, 이념, 규범 등을 다듬은 원리의 집적과 다르지 않습니다. 그렇기 때문에 거의 모든 경전은 온갖 비일상적인 개념들로 수식됩니다. 신성하고 초월적이며 절대적이고 신비로운 후광으로 그 책의 권위가 그려지고 있고 그러한 것을 통해 경전은 보호되고 있습니다.[02]

그러므로 경전은 '경전'이 되기까지의 긴 역사를 가지고 있습니다. 처음 원전이라고 할 만한 것은 틀림없이 '구전된 이야기'였을 것입니다. 종교를 비롯하게 한 '사건'을 경험한 구전자(口傳者)들이 자기 기억을 되살리면서 이른바 '사실'을 전해주었을 것입니다. 그렇게 전승된 이야기들이 시대와 정황에 따라 여러 변주된 내용들을 지니게 되었으리라는 것도 우리는 충분히 짐작할 수 있습니다. 강조의 다름, 기억의 무늬의 차이, 화자(話者)의 생각의 첨가, 당해 공동체의 현존 상황이 요구하는 조건들이 반영되었으리라는 것도 예상할 수 있습니다. 그것이 문자로 기술되면서 엘리트들의 개념적 기술 속에서 구전(口傳)의 민중적 유연성이 지닌 자유로운 첨삭이나 해석의 여백이 제한되었을 것이라는 사실도 우리는 확인할 수 있습니다. 그러면서 공동체의 통합을 위해 그러한 책들이 일정한 원칙에 의하여 편집된 과정도 우리는 역사적으로 실증할 수 있습니다. 이렇게 본다면 경전은 제도적 권위에 의하여 출현한 책이고, 그렇기 때문에 그 권위의 규범 안에 있는 책이라는 사실을 우리는 승인하지 않을 수 없습니다. 그러므로 경전을 읽고 이를 살핀다는 것은 당해 종교가 스스로 '우리는 이러한 존재'라고 주장하는 자기 확인

---

02 경전화 및 탈경전화의 문제를 살펴보려면 다음 책을 참조하라: A. van der Kooij & K. van der Toorn, eds., *Canonization and Decanonization: Papers Presented to the International Conference of the Leiden Institute for the Study of Religions (LISOR), Held at Leiden 9-10 January 1997*, Leiden: Brill, 1998. 또한 경전 및 고전의 형성에 관한 논의를 위해서는 다음 책을 참조하라: Wilfred Cantwell Smith, *What Is Scripture?: A Comparative Approach*, Minneapolis: Fortress Press, 2005. 또한 열림과 닫힘의 관점에서 경전과 카탈로그를 대비하고 있는 다음 글을 참조하라: Jonathan Z. Smith, "Sacred Persistence: Toward a Redescription of Canon," *Imagining Religion: From Babylon to Jonestown*, Chicago: The University of Chicago Press, 1982, pp. 36-52.

이 어떤 것인지를 정확하게 파악할 수 있는 가장 좋은 방법입니다.

이처럼 종교는 자신의 주장과 가르침, 곧 인간이 봉착하고 있는 물음에 대한 해답을 말로, 글로, 그래서 책으로 전해주고 있습니다. 그러므로 거기 담긴 이야기는 종교가 지닌 일련의 해답체계의 원형이기도 합니다. 따라서 경전의 편찬은 그 종교의 정착을 사실적으로 드러내는 징표이기도 했습니다. 경전의 유무가 그 특정한 감동의 공동체가 하나의 종교로 승인받을 수 있는지 여부를 결정하는 중요한 요인이 된 것도 이러한 이유 때문이었습니다. 적어도 지금 여기에서 종교사의 진전을 바라보면서 우리는 그러한 판단을 할 수 있습니다. 그러므로 특정한 종교를 이해하고자 할 때 그 종교의 경전에 관심을 가지고 이를 읽는 것은 당연하고 필수적인 일입니다. 그리고 그러한 경전읽기는 그것이 담고 있는 사실에 대한 진술을 익히고, 그것이 함축하는 의미를 터득하며, 그것이 가지는 내 삶에 대한 현실 적합성을 모색하고 이를 적용하여 실천하는 것으로 이루어집니다.

하지만 우리가 만나는 종교라는 현상은 이렇게 이야기만으로 이루어져 있지 않습니다. 종교를 종교이게 하는 두드러진 특징의 하나는, 이미 앞의 여러 장에서도 되풀이하여 지적한 바 있지만, 그것이 마음의 현실일 뿐만 아니라 몸의 현실이라는 사실입니다. 해답을 누리는 감동은 자신의 삶을 새롭게 느끼고 자기가 사는 세상을 다시 터득한 잘 다듬어진 앎을 통해 일게 되기도 하지만, 또한 일정한 몸짓으로 그 감동을 드러내기도 하고 그렇게 드러난 몸짓을 통해 감동을 일게 하기도 합니다. 종교에서만 그런 것은 아닙니다. 일상의 삶에서도 우리는 그러한 삶을 살아갑니다. 때에 따라 경우에 따라 준행되는 의례가 그렇습니다. 종교의 경우에는 이를 대체로 제의라고 일컫습니다. 그러므로 제의는 종교가 담고 있는 몸짓의 전형이라고 할 수 있습니다.

그런데 흔히 그러한 몸짓은 마음을 드러내는 도구라고 이해됩니다. 몸을 매개로 하여 마음을 소통 가능하게 드러내는 것이라고 설명합니다. 우리는 때로 상식적이지 않은 의례의 구조나 제의에서의 몸짓 연희 등을 접하면서, 그러한 설명이 비로소 그 몸짓을 알게 해준다고 생각합니다. 그래서 때로 '소박한 몸짓'으로 이루어진 춤의 경우에도 손짓 하나, 몸의 굴신 하나, 눈짓 하나조차 의미의 분출이라고 풀이합니다. 물론 의미를 드러내기 위한 몸짓의 의도적인 다듬기가 비현실적인 것은 아닙니다. 우리는 그러한 일상을 살아갑니다. 하지만 몸은 몸 자체의 자기 격률을 가지고 있습니다. 어쩌면 이를 사유 이전, 또는 마음과 다른 몸짓, 아니면 몸-자아의 자기 표출이라고 일컬을 수 있습니다. 몸은 마음을 주체로 한 경험이 아닌 자기 경험, 곧 자기 나름의 몸의 감동을 드러냅니다. 일상적이지 않은 몸짓만으로도 우리는 이야기가 담고 있는 것을 포함해서 그것이 미처 담지 못한 다른 의미의 현실도 빚어낼 수 있습니다. 또한 마음에서 비롯한 어떤 의미도 몸짓으로 구현되지 않으면 마치 없었던 듯 유실되어 버린다는 사실, 그리고 자기도 의도하지 않았는데도 일게 된 어떤 몸짓이 의미를 지니고 마음을 채색한다는 사실도 몸이 단순한 매개이지만은 않다는 사실을 되살피게 합니다.

중요한 것은 바로 이러한 사실 때문에 만약 우리가 하나의 종교를 알고자 하는 자리에 선다면, 우리가 관심을 기울여야 할 것은 비단 이야기만이 아니며 몸짓 또한 그 관심의 불가결한 대상이어야 한다는 사실입니다. 이른바 사상을 종교의 가장 중요한 얼이라고 판단하면서 의례의 소거를 종교가 성숙하는 지표로 삼았던 일들이 종교사에서는 드물지 않게 나타나고 있습니다. 물론 우리는 몸짓의 규격화라는 강제된 형식이 의례의 기본이 되어 결국 의례를 이른바 허례허식이라고 지탄받게 했던 굴절된 몸짓 역사를 모르지 않습니다. 그러나 우리가 유념할 것은 이러한 판단이 몸짓을 준거로 하여 몸짓을 살핀 것이라기보다 마음을 준거로 하여 몸짓을 살핀 귀결이라는 사실입니다. 이야기와 몸짓을 분리하고 그 이야기가 문자화되어 경전에 이르는 '진보'의 궤적을 준거로 하여, 이른바 이야기를 수반하지 않은 몸짓만의 종교적 감동을 종교의 울에서 퇴출시킨 일도 우리는 새삼 주목하지 않으면 안 됩니다. 세계종교의 범주에 든 종교들이 하나같이 경전을 소유한 종교라는 사실이 이를 잘 보여줍니다. 경전을 갖추지 못한 감동은 종교가 아니라는 판단을 피할 수 없는 이유가 이런 데 있습니다. 그러나 어떤 경우도 종교는 의례를 지우지 않습니다. 그러므로 몸짓을 포함하지 않은 이야기만의 종교는 충분한 종교 이해일 수 없습니다. 달리 말하면 이야기와 몸짓은 서로 빈 구석을 채워주면서 종교라는 하나의 현상을 빚고 있는 것입니다. 그러므로 우리는 왜, 어떤 때, 어떤 형식으로 정형화된, 또는 돌연한 몸짓이 감동주체에 의해서 드러나는지를 살펴야 합니다. 또한 특정한 몸짓이 어떻게 반복되어 삶의 주체의 일상에서 몸을 규제하는가, 아니면 몸이 그 몸짓에 의하여 다스려지는가 하는 것도 살펴볼 필요가 있습니다. 무릇 수련(修練)이라든지 수행(修行)이 마음을 다스리는 것으로 일컬어지지만, 실은 몸에서 비롯하여 몸으로 되돌아오는 과정을 구조로 지닌 것이라는 사실을 아울러 언급해야 그 설명이 비로소 온전해집니다. 그러한 몸의 닦음은 몸이 일정한 몸짓을 스스로 익혀 그것이 관성(慣性)적으로 되풀이되도록 하는 것과 다르지 않기 때문입니다. 마음을 닦는 일은 몸을 닦는 일에서 떨어질 수 없습니다. 몸의 습관은 마음의 다짐보다 효율적으로 나를 다스리는 기제(機制)이기도 합니다.

하지만 이것만으로 우리의 몸짓에 대한 관심이 충분할 수는 없습니다. 우리의 삶이 개체적 실존으로 완성되는 것이 아니라 관계구조 속에서 비로소 그 실존조차 의미를 지니게 된다는 사실, 곧 공동체적 현존이 삶의 직접적인 현실이라는 것을 인정한다면, 우리는 내가 알려는 특정한 종교가 어떤 '집단적 몸짓'을 지니고 있는지를 살펴보지 않으면 안 됩니다. 어떤 감동이 왜 어떤 모습의 몸짓으로 어느 때 드러나는지를 살펴야 합니다. 제도적 권위가 자기의 유지와 확장을 위해 의례를 어떻게 관리하는지도 알아야 하고, 경험 주체들은 이에 대해 어떻게 반응하는지도 찾아보아야 합니다. 있던 의례가 어떻게 해서 소멸되는지, 적합성을 잃은 의례는 왜 그렇게 되는지, 그것의 갱신과 교정은 어떻게 가능한지, 없던 의례는 왜 어떻게 생기는지도 살펴야 합니다. 의례의 훼손이나 제의에 울을 쳐 근접할 수 없게 하는 일련의 금기는 어떤 기능을 하는 것인지도 유념해야 합니다.

이러한 사실을 유념하면서 자연스럽게 이어지는 관심의 전개입니다만, 종교를 알겠다는 우리의 관심이 이야기나 몸짓에 대한 살핌에서 머물 수는 없습니다. 더 직접적으로 종교라는 공동체를 들여다보아야 하기 때문입니다. 사실상 이야기의 전승이나 몸짓의 규범적 연희는 공동체가 없다면 있을 수 없는 일입니다. 공동체가 수행하는 '힘'에 의하여 그것들이 전승되고 확산되기 때문입니다. 따라서 관심을 가지는 특정한 종교공동체가 어떤 원리를 축으로 하여 이루어지고 있는지 살펴보아야 합니다. 공동체마다 그 형성원리가 다르기 때문입니다. 이와 아울러 그 공동체가 지닌 언어와 기억에 대한 관심도 기울여야 합니다. 언어가 지닌 문법의 차이나 개념의 특이성도 유념해야 합니다. 문법은 사유방식을 내포하고, 개념은 번역될 수 없는, 그래서 다만 미루어 짐작할 수 있을 뿐인 특별한 경험을 내포하고 있기 때문입니다. 당연히 무엇을 더 소중하게 여기고 어떤 것을 더 우선하는 것으로 여기는지를 결정하는 가치체계를 간과해서는 안 됩니다. 그것이 구축하는 의미가 삶을 규제하고 목표 지향적이게 하기 때문입니다. 이를 세계관이라고 하는 포괄적인 개념으로 표현할 수도 있습니다. 조직 안에서 기능의 분화가 어떻게 이루어지고 있으며 힘은 어떻게 배분되고 있는지도 주목할 현상 중의 하나입니다. 힘의 흐름을 좇아 기능이 조직 자체를 지탱하기 때문입니다. 따라서 공동체가 어떤 제도나 조직을 통해 어떻게 경영되고 있으며, 그런 일을 맡는 힘은 어떤 기획에 의하여 등장하는지도 살펴야 합니다. 구성원을 확보하고 지속적으로 관리하기 위한 이른바 성원의 사회화 과정이 어떻게 마련되어 있고 실천되고 있는지를 알지 않으면 우리는 그 종교를 충분히 이해한 것이라고 할 수가 없습니다. 당연히 그 공동체를 지탱하는 힘과 그 공동체가 지향하는 이념 간의 갈등 여부도 간과해서는 안 됩니다.

위에서 서술한 내용들을 유념한다면 종교를 이해한다고 하는 것이 소박한 일이 아니라는 사실에 대해 새삼 긴장할 필요가 있습니다. 종교의 얼을 다 포함하고 있는 것이기 때문에 그 종교의 경전을 읽는 것이 당해 종교를 이해하는 첩경이라고 말합니다. 그러면서 거기에서 비롯하는 교리나 교의(敎義) 등으로 다듬어진 완결된 서술체계로서의 가르침에 대한 이해를 권합니다. 그런가 하면 종교적 감동이란 사변의 귀결이 아니라 몸으로 겪는 체험이라고 주장하면서 의례에의 참여를 권하기도 합니다. 무엇보다도 관심이 있는 종교공동체의 일원이 되어 실제로 그 안에서 이루어지는 삶을 살아야 그 종교가 어떤 종교인지 알 수 있다고 주장하기도 합니다. 다 옳은 말입니다. 그렇기 때문에 위에서 언급한 어떤 하나의 자리에서 종교에 대한 관심을 마무리한다면 그것은 '사실의 간과(看過)'와 다르지 않습니다. 사정이 이러하다고 하는 것은 달리 말한다면 종교란 지극히 복합적인 현상이라는 사실을 지적하는 것이기도 합니다. 무릇 우리의 삶은 그렇게 복합적입니다. 인식이란 우리가 부닥친 사물을 단순화하고 투명하게 하려는 것이라는 사실을 유념하면 이러한 서술은 조금도 과장일 수 없습니다. 종교도 예외가 아닙니다. 우리가 이제까지 주목한 사실들을 다시 나열하여 말한다면 종교란 '이야기'와 '몸짓'과 '더불어 사는 삶'을 아우른 실체입니다. 사상과 실천과 공동체를 아우르는 현상이라고 해도 좋습니다. 그러므로 우리는 그 세 현상을 따로 떼어 종교를 서술할 수 없습니다. 물론 방법론적으로 나누어 살필 수는 있습니다. 하지만 그러한 접근이 부분을 전체화하는 오류를 짓게 할 수도 있다는 사실을 우리는 유념해야 합니다.

그러나 우리가 만나는 종교의 복합성은 이에서 머물지 않습니다. 이미 앞에서 일컬은 이야기, 몸짓, 공동체 등은 제각기 자기가 비롯한, 그리고 현존하는 '맥락' 안에서 자리 잡고 있습니다. 종교들이 스스로 비일상성에서 자신이 비롯한다고 할지라도 그러한 주장을 하는 종교는 지금 여기라고 일컬어지는 시공의 한계 안에서 '생존'하고 있습니다. 그러므로 그렇게 주장하는 비일상성은 우리가 겪는 일상적인 시간 경험에서 일탈할 수 없으며, 또한 우리가 일상을 살아가는 공간에서 분리될 수 없습니다. 그러므로 어떤 종교의 '이야기'도 '역사–문화 의존적 실재'입니다. '몸짓'과 '모임'도 다르지 않습니다. 그러므로 우리가 하나의 종교를 알려면 당연히 그것이 자리하고 있는 맥락에 대한 살핌이 아울러 이루어져야 합니다.

이에 이르면 우리는 또 다른 사실을 우리가 종교를 알기 위해 관심을 기울여야 할 내용으로 첨가할 수 있습니다. 우리가 지금 여기에서 만난 내가 알려는 종교의 '모습'이 그것 자체로 완결적인 것이 아니라는 사실이 그것입니다. 다시 말하면 지금 그 모습은 그 종교가 비롯한 이래 끊임없이 변화해 온 한 모습입니다. 상황적인 변용의 한 모습이라고 해도 좋습니다. 그리고 지금 여기의 그 모습은 앞으로 또 다른 정황에서 지금처럼 그렇게 이어질 까닭이 없다는 것조차 예상하게 하는 그러한 '실재'입니다. 처음부터 어떤 불변하는 본질이라고 여길 만한 그러한 것으로 지속된 항구적인 모습이 아닙니다. 그렇기 때문에 우리가 만나는 종교는 스스로 자기를 어떻게 진술하든 결국 '절대적'인 모습 자체일 수 없습니다. 그 변용의 현상 안에 있는 불변하는 본질을 탐구하는 것이 종교에 대한 진정한 인식이라고 주장하면서 그 변용을 간과할 수도 있습니다. 그러나 본질의 규명을 위해 드러난 현상을 모두 제거한다는 것은 현실적으로 불가능할 뿐만 아니라 그렇게 해서 남는 것이 본질일 수도 없습니다. 본질은 실재가 아니라 오히려 사물을 인식하기 위해 상정된 형이상학적인 전제이기 때문입니다.

그러므로 그러한 변용을 승인한다는 것은 종교는 문화-역사적인 '과정'에서 다양한 모습으로 드러난다는 것, 그렇기 때문에 하나의 종교를 만나면서도 그것이 '여러 모습이 중첩되고 축적되어 하나'로 일컬어지고 있다는 것을 확인하는 일입니다. 그러므로 동일한 이름으로 불리는 종교라 할지라도 우리는 그 안에서 거의 다른 종교라고 할 만큼의 차이를 가진 수많은 다른 모습을 만납니다. 그 다름을 결정한 것이 곧 그 모습으로 그렇게 있도록 한 역사-문화적 요인들입니다. 그러므로 시공의 맥락을 간과한 종교에의 관심은 공허할 수밖에 없습니다. 그렇다고 해서 지금 여기에서 우리가 직면한 당해 종교가 그러한 변용의 과정 안에 있는 것이라는 이유에서 이른바 '현존의 절대성'마저 지울 수는 없습니다. 지금 여기에서의 만남은 그것 자체로 이를테면 과거나 미래로 환원할 수 있는 것도 아니고, 여기를 저기로 치환할 수 있는 것도 아니기 때문입니다. 그런데 이 계기에서 물음 자리의 절대성이 전제되지 않는다면 변용 자체를 기술할 수 있는 논거조차 실은 확보할 수 없다는 주장이 제기되기도 합니다. 하지만 그렇다고 해서 물음주체가 불변하는 것은 아닙니다. 물음을 묻지 않을 수 없는 지금 여기의 당위적 절대성과 달리 물음주체의 삶의 자리도 바뀝니다. 문화-역사적 맥락 안에 있기 때문입니다. 그러므로 종교의 변용과 종교에 대한 관심의 변화라는 중첩된 변화를 맥락으로 전제하지 않으면, 우리는 종교에 대한 충분한 관심을 기울였다고 할 수가 없습니다.

　이제까지 우리는 종교에 대한 관심이 어떤 현상을 유념하면서 펼쳐져야 할 것인가 하는 것을 준거로 하여 몇 가지 사항들을 예거해보았습니다. 경전과 의례와 공동체, 그것들이 중층적으로 이루는 현상의 복합성, 그리고 그것이 문화-역사적 변용 과정을 맥락으로 한다는 사실, 그리고 관심주체의 변화라는 현실성을 이에 첨가한 내용이 그것입니다. 그런데 더 직접적인 문제는 이러한 관심을 어떻게 펼쳐야 할 것인가 하는 방법론입니다. 그런데 이제까지 서술한 내용들을 감안하면 종교를 알려는 태도가 선택해야 하는 인식을 위한 방법은 불가피하게 '비교'여야 한다는 것을 짐작할 수 있습니다. 이를테면 경전을 알고 싶은데 그것이 변용 과정 안에 있는 것이라면 우리는 지금 여기에서 만난 경전만을 경전이라 할 수 없는 한계에 부닥칩니다. 자연히 지금의 경전 안에 첨첨 쌓인 긴 시간의 지층(地層)을 훑어야 합니다. 그러자면 우리는 경전의 역사, 더 직접적으로 말한다면 그 편집사(編輯史), 또는 그것을 가능하게 했던 제도적 권위와 이념, 그리고 경전 이전의 경전의 모태로서의 이야기, 그리고 더 나아가 그렇게 이야기에 담겼던 사건 자체, 그리고 그것이 일어난 역사-문화적 배경, 그리고 그것을 겪어 이야기에 담았던 경험주체의 자리와 사람, 그리고 서로 다른 때 다른 주체에 의해 다른 곳에서 동일한 사건이 다르게 이야기된 사실과 배경 등을 살펴야 합니다. 이와 같은 관심을 전통적인 방법으로 말한다면 역사적 탐구, 또는 문화사적 탐구라고 할 수 있을 것입니다. 그러나 여기에서 우리는 그러한 상투적인 명명보다 '견줌'이라는 개념으로 우리의 관심을 다듬고자 합니다. 왜냐하면 '비교 또는 견줌'은 역사나 문화라는 개념보다 우리의 관심을 기울이는 방법의 기술(記述)을 위해 덜 이념부하적(理念負荷的)이라고 생각되기 때문입니다. 의례도 공동체도 다르지 않습니다. 그것은 끊임없이 바뀌어온 실체입니다. 그러므로 종교를 알기 위해서는 비교하는 일을 축으로 하여 우리의 관심을 펴야 합니다. 지금 여기서 내가 만나는 내 관심의 대상이 된 실재하는 '종교적인 것'의 이전을 살피고 이후를 짐작하는 일, 그리고 놓여 있는 자리가 품어 드러내주고 있는 '풍토'를 서로 견주어 두루 살피는 일을 우리는 놓쳐서는 안 됩니다. 중요한 것은 이러한 서술내용이 개개 종교 자체의 현실이기도 하면서, 스스로 또는 밖에서 종교라고 일컫는 모든 종교의 현실이기도 하다는 사실입니다. 그러므로 우리는 특정한 하나의 종교 안에서 앞뒤로 견주어야 할 많은 사안들과 부닥칠 뿐만 아니라 서로 다른 종교와 종교를 견주어야 하는 많은 사안들도 아울러 만나게 됩니다. 이뿐만 아니라 더 나아가 종교와 종교 아닌 것으로 일컬어지는 현실과의 비교도 불가피하게 요청하게 됩니다. 그렇다고 해서 견줌 또는 비교의 방법이 이 세 다른 경우에 획일적으로 적용될 수는 없습니다. 앞에서 든 여러 사안들을 그저 옆에 놓고 견주기만 하면 그 현상을 살필 수 있는 것은 아니기 때문입니다.

중요한 것은 비교의 준거입니다. 비교의 척도로 무엇을 왜 선택하는가 하는 문제입니다.[03] 그런데 우리가 이러한 '비교론적 접근'을 의도적으로 시도하고자 하는 것은 기존의 역사적 접근이나 문화적 접근과 다르게 우리의 관심을 펼치고자 하는 자의식 때문이라는 것을 유념할 필요가 있습니다. 이미

---

03 비교의 문제와 관련하여 비교의 다양한 모습을 검토하고 있는 다음 책을 참조하라: Aram A. Yengoyan, ed., *Modes of Comparison: Theory & Practice*, Ann Arbor: The University of Michigan Press, 2006. 그리고 비교종교학의 이론과 방법에 대해 논의하고 있는 다음 책을 참조하라: René Gothóni, ed., *How to do Comparative Religion?*, Berlin: Walter de Gruyter, 2005. 또한 제국주의와 종교 비교의 문제를 다루는 다음 책을 참조하라: David Chidester, *Empire of Religion: Imperialism and Comparative Religion*, Chicago: The University of Chicago Press, 2014. 비교, 혼합주의, 세속 이론, 인지과학 등의 관점에서 종교의 문제를 천착하고 있는 다음 책을 참조하라: Luther Martin, *Deep History, Secular Theory: Historical and Scientific Studies of Religion*, Berlin: Walter De Gruyter, 2014. 또한 종교연구 방법론, 비교, 전통의 문제와 관련하여 다음 책을 참조하라: Michael Pye, *Strategies in the Study of Religions, Vol. 1: Exploring Methods and Positions, Vol. 2: Exploring Religions in Motion*, Berlin: Walter De Gruyter, 2013.

첫 번째 장에서 서술한 바 있지만 우리는 대체로 종교란 어떤 것이라는 전제를 가지고 그것이 어떻게 역사적으로 전개되었는지, 또는 서로 다른 문화권에서 자리를 잡았는지를 살핍니다. 그런데 그러한 탐구의 결과는 대체로 특정한 하나의 종교를 모든 종교의 전범(典範)으로 놓고 그것을 준거로 하여 '판단'하는 데 이르곤 했습니다. 그리고 그 특정한 종교를 그렇게 판단준거로 선택한 것은 그 종교를 그렇게 전범으로 여기는 특정한 역사-문화적 힘에 의하여 결정되곤 했습니다. 그렇기 때문에 그러한 관심은 으레 어느 종교는 옳고 어느 종교는 그르다는 데 귀결하곤 했습니다. 그러나 그것은 불안한 일입니다. 경험을 배제한 개념의 차원에서 실재를 만들려 하는 것과 다르지 않은 결과를 초래할 수 있을 뿐만 아니라, 그렇게 할 경우 특정한 종교의 자기주장의 논리가 절대적인 준거가 되면서 그 특정한 종교의 판단범주 안에 들지 못하면 아예 종교이지 않다는 판단을 받을 것이기 때문입니다. 그렇게 되면 그 종교와 다른 상이성을 드러내는 종교들은 자신의 존립기반을 자기 아닌 타자에 의하여 잃게 됩니다. 역사적 접근이나 문화적 접근이 이념부하적이라고 한 것은 이러한 이유 때문입니다. 그런데 비교론적 접근에서는 그러한 판단이 전제되지 않습니다. 각 종교는 자체 안에서 자신의 이전과 이후의 변화를 기술할 수 있습니다. 변화 자체가 견줌의 내용이 됩니다. 서로 다른 종교를 마주 견줄 때에도 어느 한편을 비교 척도로 삼지 않을 뿐만 아니라 두 종교 밖에다 비교의 준거를 두지도 않습니다. 서로 둘을 교차시키면서 같음과 다름을 살핍니다. 그러므로 비교 방법은 마치 어떤 물건의 길이를 측정하는 척도처럼 그 측정대상 밖에 있는 이른바 공정하고 보편적인 준거를 두고 그것을 통해 대상을 살피는 것이 아닙니다.

그럼에도 불구하고 현실적으로 어떤 현상을 알기 위해 견줌을 방법으로 선택했을 때 우리는 여전히 어떤 척도를 찾습니다. 그런데 우리가 확인할 수 있는 것은 그때 등장하는 척도가 있다면 그것은 견줌을 통해 앎을 추구하고자 하는 물음주체 또는 관심주체라는 사실입니다. '인식주체'가 또는 그 주체의 '물음'이 비교의 준거가 될 수밖에 없는 것입니다. 또 그래야 합니다. 도대체 왜 그가 종교를, 특정 종교를, 종교와 종교를, 종교와 종교 아닌 것을 알려고 하느냐 하는 그의 문제의식이 결국 종교에 대한 관심을 기울이고 다듬어 이를 이해하려는 척도가 되어야 하는 것입니다. 다시 말하면 견줌은 내가 만난 낯선 것에 대한 관심, 옳은 것에 대한 관심, 그리고 자신의 문제에 대한 해답의 모색을 위한 관심 등이 결국 준거가 되면서 이루어질 수밖에 없습니다. 그러나 인식주체의 관심 자체가 인식을 위한 비교의 준거라고 하는 이러한 주장은 사물에 대한 물음주체의 전이해(前理解)를 인식객체에 과하는 것과 다르지 않은 한계를 드러내는 것이기도 합니다. 그렇기 때문에 결과적으로 이를 준거로 하는 것은 물음주체를 고착시키면서 앞의 경우와 마찬가지로 일정한 태도를 관심의 대상에 과(課)하는 것과 다르지 않습니다. 이는 바른 인식을 제한하는 요인이 될 수도 있습니다. 왜냐하면 비교를 위한 척도는 고정된 보편적인 것이기보다 오히려 상황적이어야 한다고 하는 것이 더 현실적이기 때문입니다. 견줌의 척도는 왜 무엇을 어떤 자리에서 누가 어떻게 묻느냐 하는 데 따라 가변적입니다. 상황에 따라 견줌이 초래하는 결과가 다르게 드러난다면, 결국 그 준거는 상황적으로 결정된 것이라고 할 수밖에 없을 것이기 때문입니다. 그러나 준거에 관한 논의가 어떻게 전개되든 중요한 것은 종교에 대한 이해를 위해 비교는 불가피하게 요청되는 방법이라고 하는 사실입니다. 여러 종교가 스스로 종교이기를 주장할 뿐만 아니라, 종교 간에 서로 배타적인 주장을 이어가고 종교와 종교 아닌 현실과의 긴장도 제도적인 실재의 현존 안에서 끊임없이 확인되는 오늘의 현실에서는, 종교에 대한 관심이 그렇게 펼쳐지는 것이 적합성을 갖는다고 판단되기 때문입니다.

　그런데 이러한 사실을 유념하면 우리는 특정한 종교를 그 안에서의 변화를 축으로 하여 지금 현존하는 모습의 앞뒤나 옆의 다름을 견주며 이해하는 일도 중요하지만, 오히려 아예 서로 다른 종교와의 비교를 통해 그 특정한 종교에 대한 관심을 더 효과적으로 다듬을 수도 있는 것 아닌가 하는 생각을 하게 됩니다. 나 자신이 나를 봉헌하고 있는 종교에 대한 이해조차도 내 종교를 내가 만나 마주하는 다른 종교와 견주어 살피는 것이 실제적으로 내 종교를 이해하는 더 현실적으로 적합한 방법일 수도 있지 않은가 하는 생각을 하게 되는 것입니다. 그러므로 우리는 앞에서 서술한 바와 같이 개개 종교의 내적 변화를 견주는 일과 각 종교 상호간의 같음과 다름을 교차하며 살피는 일을 구분하지 않고 이를 한데 모아 ‘문화 교차적(交叉的) 비교’라고 부를 수도 있습니다. 비교의 과제가 이에 이르면 우리는 종교, 특정한 종교, 그리고 종교와 여타 현실과의 이어짐에 대한 관심 등을 ‘문화 간의 만남’ 또는 ‘문화현상에서의 종교’에 대한 관심이라고 다듬을 수도 있습니다. 결국 그 종교들이 각기 놓여 있는 서로 다른 문화를 견주어 살피는 것이 종교에 대한 관심의 가장 현실적인 모습이라고 말할 수 있기 때문입니다. 그렇게 될 때 비로소 우리는 종교라는 현상을 인간의 삶의 총체를 일컫는 ‘문화 안의 현상’으로 전제하게 되고, 그러면서 종교란 일상에서 배제된 비일상의 실재라는 고정관념에서 풀려난 종교에 대한 인식을 의도할 수 있을 것입니다.

　그런데 우리가 종교를 문화현상으로 수렴하여 다시 살핀다고 했을 때 우선 부닥치는 문제는 ‘문화’라고 하는 개념 자체입니다. 이미 지적한 바 있지만 모든 개념은 추상적입니다. 그래서 그것은 보편적이고 총체적이며 때로는 절대적이기조차 합니다. 그러나 그렇기 때문에 이를테면 문화는 그것을 단정적으로 ‘무엇’이라고 지칭할 수가 없습니다. 그 어휘가 가지는 외연과

내포가 지나치게 유연합니다. 그래서 우리는 문화를 일컬으면서 일련의 '사실'과 이에 대한 '담론'을 문화라고 할 수도 있고, 구체적인 실천적 '행위'를 그렇게 부를 수도 있으며, 포착하기 힘들지만 분명하게 감지되는 어떤 '분위기'를 문화라고 할 수도 있습니다. 때로는 일체의 지속적인 행위 양태와 그것이 포함하는 의미나 가치, 그리고 규범을 모두 망라하여 이를 '관행'이라는 모호한 개념에 담아 문화를 설명하고자 하기도 합니다. 그래서 일정한 집단이나 공동체 안에서 표준화된 것이라고 말할 수 있는 행위나 코드를 문화라고 말하기도 합니다. 그런가 하면 이데올로기라든지 헤게모니라든지 '주류를 이루고 있는 이야기'라든지 하는 '힘의 현실'로 문화를 서술하기도 합니다. 더 나아가 경전과 유물 등의 전통적인 '사물'을 문화로 한정짓기도 하고, 이와는 달리 '앎과 힘'이 특정한 하나의 삶의 현장에서 어떻게 '체계화' 되고 있는지, 재화의 생산 및 소비 양태나 사물의 구분이 또한 어떻게 하나의 '구조'로 정착해 있는지 하는 것도 문화의 범주에 넣어 설명합니다. 사회, 공동체, 민족, 국가, 인종 등은 문화서술의 중요한 '단위'들이기도 합니다. 그러나 그렇다고 해서 이러한 것을 이루는 어떤 실재나 본질이 문화는 아닙니다. 오히려 그러한 것이 있다고 한다면 그러한 것을 구체화하고 옮기는 수단이 문화입니다. 이러한 맥락에서 우리는 문화란 인간의 삶을 총체적으로 서술 가능하게 하는 개념이라고 할 수 있습니다. 문화라는 개념 안에 들이지 않고 어떤 사물을 일컬으면 총체 안에서의 자기자리가 선명해지지 않는데 비해, 그것을 문화라는 개념에 넣어 살피면 그 자리를 확인하면서 그 몫의 서술에서 비롯하여 그 존재의미라고 할 수 있는 것까지 우리가 기술할 수 있기 때문입니다. 그러므로 사물의 이름이 개체적인 것을 지칭하는 것과 달리, 그것이 문화의 범주 안에 드는 것으로 서술될 때면 그 사물은 개체이기를 넘어 경험주체에게 '살아 있는 실재'가 됩니다. 그러나 바로 이러한 서술이 가능한 개념어이기 때문에 문화라는 어휘를 통해 어떤 현상을 서술하는 일은 편리하지만 쉽지 않습니다. 그래서 때로는 문화라고 하는 개념으로 사물이 수식되고 설명되면 갑작스럽게 소통장애에 직면하기도 합니다. 서술하는 실재가 현실성을 잃기 때문입니다.

　그런데 문화라는 개념이 어떻게 이해되든, 그것이 어떻게 활용되든, 문화를 일컫는 데서 누구나 공유하는 두드러진 함축적 내용이 있습니다. 문화란 '인간의 소업(所業)'을 일컫는다는 사실이 그것입니다. 인간이 지어 소통을 이루고 공유한 어떤 것이고, 그래서 인간의 삶이 그 어떤 것도 이 범주에서 벗어날 수 없다는 이해가 문화개념 안에 담겨 있습니다. 그렇다면 우리가 종교를 알고자 하여 이를 비교의 방법으로 접근한다고 하는 것은, 그 비교가 개개 종교 자체 안에서 이루어지든, 밖의 다른 종교나 세계와의 사이에서 이루어지든, 종교를 일상성 안에 있는 순전한 우리의 경험 내용으로 보고자 하는 것과 다르지 않습니다. 앞의 첫 절에서의 서술에 잇대어 말한다면, 만약 우리가 종교를 알고자 한다면 우리는 개념화된 경험의 세계, 곧 개념적 실재로 있는 종교가 아니라 끊임없이 개념화를 이루는 원천이 되는 경험의 세계에 즉해서 이를 살펴보아야 비로소 직접적이고 현실적이고 총체적인 종교에 대한 이해를 구축할 수 있으리라는 주장을 하려는 것입니다. 그것은 일상을 넘어선 비일상의 실재가 아니라 '비일상을 경험한다고 주장하는 삶의 일상성'을 살피고 싶은 것이라고 말할 수도 있습니다. 종교를 이해하기 위해서는 그것이 지녔다고 일컬어지는 사상이나 실천이나 공동체를 전체적인 유기적 단위로 전제해야 한다는 주장도, 그래서 비교방법을 통해 이에 다가갔으면 좋겠다는 제안도 이와 궤를 같이하는 주장입니다.

3. 문화로서의 종교

우리는 언제부터인지 알 수 없는, 그리고 언제 끝날지 알 수 없는 물음을, 이를테면 신의 존재 유무, 종교와 과학 등의 물음을 여전히 '종교적으로 묻고 답하면서' 우리의 종교에 대한 인식은 종교나 비종교나 반종교와는 다른 자리에서 물음을 묻고 있다고 스스로 판단하고 있습니다. 하지만 이러한 태도는 종교 자체의 물음의 변주일 뿐입니다.

이제까지 살펴본 바와 같이 종교는 비일상성 안에 있는 실재가 아닙니다. 다만 종교인들에 의하여 그렇다고 주장되는 현상인데, 그렇게 주장하는 종교인이나 그러한 주장도 실은 지금 여기에 있는 사람이고 지금 여기에서 이루어지는 주장입니다. 그렇다면 종교는 스스로 자신을 비일상적인 실재라고 주장한다 해도 엄연히 인간이 경험하는 일상 안에 있습니다. 인간은 이야기를 통해, 몸짓을 통해, 그리고 더불어 사는 삶을 꾸려가며 종교라고 일컬어지는 현상을 낳았습니다. 그렇기 때문에 비록 그것이 초월이나 신성(神聖)이나 신비로 개념화된다 할지라도 그러한 개념으로만 머물 수 없습니다. 그 개념 이전에 그러한 어휘로 개념화할 수밖에 없다고 여긴 실제 경험과 이어져 있었기 때문입니다. 우리가 종교를 문화의 범주에 넣고자 하는 것은 문화가 인간의 삶을 묘사하는 총체개념일 뿐만 아니라, 앞에서 이미 언급한 바와 같이, 종교란 바로 이러한 인간의 경험에서 말미암은 인간의 소산(所産)이라는 판단 때문입니다.

그런데 종교의 자리에서는 종교란 비록 그것이 경험에서 비롯한 현상일지라도 비일상적인 개념으로만 서술될 수 있는 현상이기 때문에 일상의 언어로 서술될 수 있는 현상이 아니라는 주장을 폅니다. 이를테면 초월을 이야기하는 사람들은 초월이란 초월의 차원에서만 일컬어지는 현상이지 그것을 일상의 언어로 서술하려는 것은 전혀 적합성을 갖지 못하는 일이라고 주장하면서, 종교를 설명하는 논리는 근원적으로 종교의 울안에서 순환하는 동어반복일 수밖에 없다고 주장합니다. 예를 들어 신의 존재란 경전을 통하여 실증되는 것인데, 그렇다고 하는 것을 확인하는 것은 경전이 신의 발언을 기록한 것이기 때문이고, 그렇다고 하는 것을 다시 확인하는 것은 신이 경전 안에서 그렇게 발언하고 있기 때문이라고 말합니다. 그러므로 그러한 기록이 인간의 경험을 기술한 것이라는 일상의 언어가 이 순환의 논리에 끼어들 수 있는 현실성은 없습니다. 그런데 바로 이러한 주장의 논리에 이견을 제시하는 것이 종교가 문화현상이라는 주장이기도 합니다. 달리 말한다면 끊임없는 동어반복의 논리로 자기를 주장하는 종교의 자기주장의 논리가 종교에 대한 인식을 차단하고 이를 억제할 뿐만 아니라 때로는 훼손하는 가장 중요한 장애라고 판단하는 자리에서 펼쳐지는 주장이 종교는 문화현상이라고 하는 주장이기도 한 것입니다. 그렇기 때문에 더 적극적으로 말한다면 종교가 문화현상이라는 주장은 그러한 장애를 저어하는 데서 끝나지 않습니다. 그러한 주장은 자기의 주장을 반복하는 것으로 자신에 대한 인식을 완성했다고 판단하는 종교의 자의식이 '종교가 어떻게 실제로 현존하는가 하는 문제'는 전혀 간과하고 있다는 사실을 뚜렷하게 드러내고자 하는 의도에서 말미암은 것이기도 합니다. 동어반복은 신념을 강화할 수는 있지만 인식의 지평을 확장하지는 못합니다. 그렇다고 하는 것을 우리는 우리의 일상 속에서 익히 경험하고 있습니다. 그러므로 종교를 문화로 기술하고자 하는 것은 종교도 인식의 대상에서 벗어날 수 있는 예외적인 현상이 아니라는 것을 주장하려는 것입니다.

그렇다면 우리는 종교를 문화 밖의 현실로 여길 때는 볼 수 없었는데 그것을 문화로 여길 때는 볼 수 있는 것이 과연 무엇인지 기술할 수 있어야만 합니다. 그런데 그것은 다른 것이 아닙니다. '비일상성의 일상적 현존'입니다. 바꾸어 말하면 종교가 주장하는 '비일상적인 것'이 실은 우리의 '일상 안'에서 일어나는 일이라는 것을 서술할 수 있어야 하는 것입니다. 그런데 우리는 이러한 '과제'를 대체로 종교에 위임하든가, 아니면 반종교적(反宗敎的) 진술에 맡겨 놓았습니다. 아니면 어떤 가치판단도 유보하는 것이 바른 인식의 길이라고 여기는 비종교적(非宗敎的) 태도의 발언을 경청하는 것으로 마무리하곤 했습니다. 이를테면 종교는 자신이 일상 안에 있으면서도 그것에 유폐되어 있지 않다고 주장합니다. 그러나 그렇다고 해서 일상으로부터 단절되어 있지도 않다고 주장합니다. 그러면서 바로 그렇기 때문에 종교는 근원적으로 '비일상의 실재가 머무는 일상의 자리'라고 말합니다. 비일상이 일상 안에 어떻게 있게 되었는지를 이렇게 묘사합니다. 반종교적인 자리에서는 어떤 구실을 들어 종교를 설명한다 할지라도 종교가 '거짓'이라는 사실을 불식시키지 못한다고 주장합니다. 이를테면 이른바 종교적 희구라고 우리가 부르는 인간의 '요청 또는 필요'는 근원적으로 사회적 왜곡이나 심리적 훼손을 의도적으로 간과하려는 게으르고 작위적인 설명틀이라고 말합니다. 그러므로 종교는 하나의 실재라기보다 마치 질병과 같은 것이어서 본연적인 삶의 모습으로 기술할 수 있는 것이 못됩니다. 종교는 다만 치유하거나 아니면 지워야 할 부끄러운 '잔재'이기 때문입니다. 반종교적인 자리에서는 일상 안에서의 비일상의 현존을 이렇게 묘사합니다. 비종교적인 자리에서는 종교의 현존을 부인하지 않습니다. 그러나 반드시 관심을 기울여야 할 현상이라고 여기지도 않습니다. 적극적으로 관심을 가지는 경우에는 종교가 주장하는 비일상성이 당혹스럽고, 소극적으로 관심을 가지는 경우에는 종교가 현존하는 일상이 다른 일상의 현상에 견주어 상대적으로 주목할 만한 것이 되지 못합니다. 종교보다 우선하고 중요한 일들이 많기 때문입니다. 그러므로 종교라는 현상을 깊이 살펴 이를 다듬기보다 상황적 조건 속에서 종교가 빚는 현실적 기여를 판단하는 것이 종교와 맺는 건전한 관계라고 주장합니다. 그러므로 굳이 이러한 자리에서는 종교라는 현상을 '비일상의 일상 안에서의 현존'이라고 일컬을 필요가 없습니다. 그저 삶의 다양한 모습의 하나이기 때문입니다.[04]

종교에 대한 태도는 제각기 자기자리에 따라 서로 다릅니다. 물론 종교와 관련해서만 그런 것은 아닙니다. 우리는 서로 다른 자리에서 다른 필요에 따라 사물을 만나면서 제각기 다른 이해를 펼칩니다. 그것이 우리의 소박한 삶입니다. 그러나 때로 그러한 태도는 서로 다르다는 사실을 준거로 하여 제각기 옳으니 그르니 하는 판단을 하는 데 이릅니다. 그런데 이에 이르면 서로 다른 입장을 승인하고 수용하지 못하게 됩니다. 무릇 보편적인 이해가 가능하고 그 지평이 넓어야 우리는 서로 더불어 살아가는 삶의 자리에서 공감과 조화를 의미 있게 누릴 수 있습니다. 그렇다고 해서 일치를 당위적인 것으로 주장하려는 것은 아닙니다. 중요한 것은 다름 간의 조화는 때로 일치를 넘어서는 새로운 가치를 살도록 한다는 사실입니다. 따라서 위에서 예거한 바와 같이 서로 다른 태도 가운데 어느 것은 옳고 어느 것은 그르다는 판단을 서둘러 하는 것은 온당하지 못합니다. 그러한 판단 이전에 우리가 취해야 할 태도는 그러한 주장들이 그 나름의 절실한 관심과 물음에서

---

04 당대의 무신론 문제와 관련하여 조금 더 진지한 성찰을 살펴보려면 다음 책을 참조하라: Terry Eagleton, *Reason, Faith, and Revolution: Reflections on the God Debate*, New Haven: Yale University Press, 2009. 또한 최근 종교, 정치, 신의 죽음이라는 문제를 새삼 다루고 있는 다음 책을 참조하라. Terry Eagleton, *Culture and the Death of God*, New Haven: Yale University Press, 2014. 아울러 학교 교과서에서 종교가 어떻게 표상되고 있는지를 다루고 있는 다음 책을 참조하라: Bengt-Ove Andreassen & James R. Lewis, eds., *Textbook Gods: Genre, Text and Teaching Religious Studies*, London: Equinox Publishing, 2014. SF소설과 종교의 문제를 다루고 있는 다음 책도 참조하라: Steven Hrotic, *Religion in Science Fiction: The Evolution of an Idea and the Extinction of a Genre*, New York: Bloomsbury, 2014.

그러한 귀결에 이르게 된 것임을 우선 존중하는 일입니다.

하지만 우리는 그러한 세 태도들이 지속해 온 긴 과정을 유념할 필요가 있습니다. 그런데 그 과정을 살펴보면 제각기 그 자리 나름의 진지성에도 불구하고 '상황적 적합성'의 차원에서 그 자리들이 한결같이 유의미했던 것은 아니라는 사실을 발견하게 됩니다. 그 자리들은 대체로 역사적 변천이나 문화적 차이를 간과하고 있습니다. 이뿐만 아니라 그 세 자리는 모두 종교를 우리가 그것을 만나는 현실 안에서 드러나는 현상 그대로 승인하지 않고 자기가 보고 싶은 것만을 선택적으로 보고 있다는 사실도 확인하게 됩니다. 그러므로 우리는 이러한 태도들을 근본적으로 독단론이나 환원론의 범주에 넣어 그 다양한 변주의 모습이라고 기술해도 좋을 듯합니다. 조금 다른 시각에서 이를 '자기 정당화의 동기가 인식의 동기를 압도하고 있는 모습'이라고 할 수도 있습니다. 물론 자기를 정당화하는 일은 매우 중요합니다. 그것은 존재의미를 확립하도록 하기 때문입니다. 하지만 자기 아닌 타자의 현존을 간과하거나, 타자가 나와 마주한 그 나름의 '다른 자아'라는 사실을 유념하지 않을 때, 상황 인식은 말할 것도 없거니와 존재 자체의 현존 모습에 대한 총체적인 인식을 이루지 못한 채, 우리는 더불어 사는 삶 자체를 스스로 훼손하면서 그렇다는 사실조차 의식하지 못하는 자리에 빠지게 됩니다. 우리는 그러한 자의식에 함몰된 실재의 자멸 현상을 수없이 겪고 있습니다. 그것이 힘이든 신념이든 앎이든 심지어 덕목의 이름으로 드러난 것이든, 그러한 것들에 의해 구축된 '오만'의 몰락은 어쩌면 자연현상이라고 해야 할지도 모릅니다. 그러므로 위에서 나열한 종교적인 자리, 반종교적인 자리, 비종교적인 자리가 제각기 지닌 의미 있는 종교서술에도 불구하고, 우리는 그것들이 지닌 한계를 아울러 인식하면서 또 다른 가능한 자리를 모색하지 않을 수 없습니다. 그리고 그러한 자리는 위의 세 자리를 아우르면서 이들을 넘어서는 자리여야지 그것들을 버리면서 이루어지는 자리여서는 안 됩니다. 그렇게 해서는 종교에 대한 인식의 현실성을 확보하지 못하기 때문입니다. 그렇기 때문에 우리가 주장하려는 것은 위의 자리들이 자기한계를 지닌다는 판단뿐만 아니라, '또 하나의 안목(眼目)'을 이에 첨가하여 그 자리들의 의미와 한계를 아울러 지양하고 싶은 것입니다. 즉 '비일상성의 일상성, 그리고 일상성의 비일상성'의 현존을 승인하는 자리, 곧 '경험적 실재의 개념적 실재화', 그리고 그렇게 실재가 된 '개념적 실재의 경험적 현실성'을 승인하고 수용하는 자리에서 그 비일상성과 일상성을 되묻고 싶은 것입니다. 이를 위해 우리는 앞에서 서술한 다양한 생각들을 모아 다음과 같이 다듬을 수 있습니다.

종교는 그것이 어떻게 설명되든 삶의 현실 속에서 사람들이 경험하는 직접적인 현실입니다. 종교에 대한 태도와 상관없이 그러합니다. 지나치게 단순화한 다만 잠정적인 분류이기는 합니다만, 종교인이든 반종교인이든 비종교인이든 그들에게 이미 그렇게 불리는 현상이 있다고 하는 것은 누구나 종교와 무관하지 않음을 뜻하는 것이고, 그러한 의미에서 우리는 바로 앞에서 서술했듯이 종교는 누구나 경험하는 직접적인 현실이라고 할 수 있습니다. 종교는 달리 말하면 인간의 삶을 총체적으로 서술하기 위해 개념화한 이른바 문화를 구성하는 한 요소입니다. 그런데 문화는 집체적 정체성을 구축하도록 합니다. 역으로 말하면 그렇게 집체적으로 구축된 삶의 모습이 문화로 개념화된 것입니다. 그러므로 문화는 그것이 총체적 개념임에도 불구하고 우리 삶의 현실 속에서 수많은 집체적 정체성을 묘사하는 근간이 됩니다. 각기 현존하는 수많은 공동체의 정체성이 문화라는 이름으로 수식되어 그 나름의 현존을 확인하게 하고 있는 것입니다. 그래서 우리는 '문화의 다름'을 일컬을 수 있습니다. 흔히 우리가 말하는 '타자의 현존'이란 다른 문화를 지닌 사람들의 공동체가 엄연하게 '나와 다른 모습'으로 내 삶의 정황과 이어져 있다고 하는 것을 지칭합니다.

그런데 이와 아울러 모든 실재하는 것은 힘이라는 사실을 유념하면, 우리는 '문화들의 현존'은 불가피하게 '힘의 만남'일 수밖에 없고, 그것은 자기를 확산하고 지속하려는 의도와 더불어 '힘의 겨룸'을 빚을 수밖에 없다는 사실도 서술할 수 있습니다. 자연히 개개 문화는 자기 공동체의 집체적 정체성과는 상이한 정체성을 가진 '타자'와 만나면서 갈등을 드러냅니다. 그럴수록 개개 공동체는 스스로 구축한 문화를 통하여 자기의 연대(連帶)를 확인하고 또 강화합니다. 종교가 문화라는 사실을 전제하고 종교현상을 조망하면, 우리는 개개 종교가 스스로 자기의 정당성을 주장하든, 반종교적인 자리가 종교를 부정적으로 배척하든, 비종교적인 자리가 종교를 평가절하하든, 그러한 규범적 판단 이전에 언제 어디서나 그 단위가 개인이든 집단이든 공동체든, 종교가 자기 정당성과 이에 반하는 정당하지 않은 타자 사이의 긴장과 갈등을 드러내고 있다는 사실을 승인하지 않을 수 없습니다. 달리 말하면 종교는 자기의 절대성을 '단원적(單元的)인 것'으로 전제하면서 이를 자기 서술의 내용으로 삼고 있다는 사실을 새삼 확인하게 됩니다.

단원성의 개념적 실체를 감안하면 이러한 주장은 그르지 않습니다. 단원성은 모든 현상이 하나에서 비롯했다는 것을 주장합니다. 모든 실재하는 것은 그 하나로 귀일한다는 것도 아울러 주장합니다. 한갓 주장이 아니라 그것이 '사실'이라고 말합니다. 그런데 종교에서 주장하는 단원론적 주장은 단순하게 서술적이지 않습니다. 그것은 배타적인 유일성의 모습으로 현존합니다. 그렇기 때문에 타자의 현존은 배척되어야 할 뿐만 아니라 무화(無化)되어야 합니다. 그것이 이루어지지 않는다면 적어도 자신이 차지하고 있는 정점(頂點)과 중심의 자리로 모든 타자가 수렴되어야 한다는 주장으로 이를 대체합니다. 그러나 되풀이하지만 우리가 경험하는 종교현실은 그렇지 않습니다. 단원론적 입장을 주장하는 수많은 종교들이 현존합니다. '하나'가 '여럿'인 셈입니다. 그러한 현상을 확인하기 위해 정교한 관찰이나 치밀한 논리를 펴지 않아도 됩니다. 우리가 직접 겪는 삶의 일상이기 때문입니다. 이를테면 물음에 시달리다 만난 해답의 감동적 경험은 그 경험주체로 하여금 그것을 절대적인 것으로 수용할 수밖에 없게 합니다. 그러므로 모든 해답의 경험은 절대적인 것으로 구조화되어 있습니다. 그 경험주체에게는 '그것 하나뿐'입니다. 따라서 개개 종교들이 각기 자기의 정당성을 일원론적 논리의 펼침 안에 담는다는 것은 자연스러운 현상입니다. 그것은 분명한 현실이기도 합니다. 우리는 이러한 사실을 승인해야 합니다.

그런데 우리가 종교들의 이러한 태도와 만나면서 종교란 그렇다는 것을 승인하고 끝난다면 우리는 종교에 대한 인식을 조금도 진전시킬 수 없습니다. 종교의 그러한 단원론적 태도는 실은 자기를 설명하기 위해서가 아니라 자기에게 봉헌할 것을 요청하는 데서 비롯한 것입니다. 그러므로 종교의 주장을 승인하고 수용하는 것으로 종교에 대한 인식이 이루어졌다고 한다면, 그것은 스스로 '인식'을 포기하고 '봉헌'을 선택하는 것과 다르지 않습니다. 봉헌을 인식처럼 발언하는 것은 착각이라고 지적할 수 있지만 그러한 태도가 그른 것은 아닙니다. 종교가 주장하는 것을 알고, 그 앎에 터하여 그 종교의 모든 주장을 받아들일 수 있습니다. 그것이 종교인의 자리입니다. 하지만 종교에 대한 인식은 종교란 그러한 태도를 지니고 있는 문화라는 사실을 승인하면서 이를 바탕으로 우리의 물음을 물어 나아갑니다. 왜냐하면 종교를 문화로 이해하는 우리의 자리에서 보면, 비록 개개 종교의 자기 절대화가 그 특정한 종교의 자기주장의 맥락에서는 현실성을 갖더라도, 그 종교와 더불어 종교라는 이름으로 불리는 온갖 종교현상을 알고자 하는 관심의 맥락에서는 오히려 그러한 주장이 가장 두드러진 인식의 장애를 짓는다고 판단하기 때문입니다.

그러나 거듭 강조합니다만 그러한 개개 종교의 자기주장을 부정할 수는 없습니다. 그것이 현실이기 때문입니다. 그러므로 우리는 자기 절대성에 관한 주장의 산재(散在)현상을 들어 개개 종교를 향해 "너만 절대적이지 않아. 다른 모든 종교들이 제각기 자기가 절대적이라고 주장하고 있잖아. 그러므로 개개 종교의 자기 절대성의 주장은 옳지 않아!"라고 말하려는 것이 아닙니다. 개개 종교의 자기주장을 그르다고 판단할 수는 없습니다. 그러나 우리는 이와 관련하여 다음과 같은 몇 가지 사실을 지적할 수 있습니다. 하나는 종교는 제각기 자기의 절대성과 정당성을 배타적으로 주장하는 현상이라는 사실이고, 다른 하나는 종교의 주장은 실재하는 현상을 바탕으로 진술되고 있는 것이 아니라는 사실이며, 끝으로 지적할 수 있는 것은 그렇기 때문에 종교의 발언을 우리는 사실기술의 언어가 아닌 다른 언어로 범주화하여 살필 필요가 있다는 사실입니다. 그런데 이를 다시 요약한다면 그러한 사실들로 묘사할 수 있는 하나의 문화가 다름 아닌 종교라는 현상입니다. 그러한 주장 때문에 문화의 범주에 넣을 수 없는 것이 종교인 것이 아니라, 그러한 주장을 그 속성으로 지닌 채 문화의 한 모습으로 있는 것이 종교라는 현상입니다. 우리가 추구한 '다른 안목'이란 종교를 이러한 맥락에서 묻고자 하는 것입니다. 그것이 곧 종교를 문화현상의 범주 안에서 논의하고자 하는 우리의 입장입니다. 그런데 이러한 자리는 무엇보다도 우리가 인식하려는 종교에 의하여 거절될 수 있습니다. 자기를 부정한다고 판단하기 때문입니다. 하지만 이러한 자리는 종교가 조심스럽게 관심을 기울이지 않으면 안 될 내용이 될 수도 있습니다. 왜냐하면 자기가 직접 만날 수 없던 자기 모습을 그릴 수도 있으리라는 판단을 할 수 있을 것이기 때문입니다. 그러나 어떤 사태가 전개되든 우리가 유념해야 할 것은, 우리가 의도하는 것은 이러한 현상에 대한 규범적인 판단이 아니라 그러한 거절과 승인이 펼치는 현상 자체에 대한 인식을 도모하는 일이라는 사실입니다. 의미를 읽는 일이나 규범을 도출하여 종교를 판단하는 일은 그러한 현상을 기술하고 그 현상에 대한 인식에 터하여 이루어져도 늦지 않습니다.

그렇다면 우리는 좀 더 적극적으로 종교를 문화현상으로 전제하는 우리의 입장에서 논의를 펼 수 있습니다. 이 계기에서 우리가 우선해야 하는 일은 무릇 종교의 현존이 '다원성을 기반으로 한 다양한 현실'을 드러내고 있다는 사실을 실증적으로 제시하는 일입니다. 이를테면 우리는 앞 장들에서 종교를 물음과 해답의 상징체계라고 기술하면서 그것이 인간에게 각기 나름대로의 감동을 일게 하면서 지금 우리가 일컫는 종교라는 공동체를 출현하게 한 것이라고 한 바 있습니다. 그런데 이제는 바로 그렇게 출현한 종교란 불가피하게 역사-문화적 특성을 옷 입고서 현존하고 있다는 사실을 제시해야 하는 것입니다. 해답이 함축하는 비일상적 실재들이 일상성의 역사-문화적 특성으로 수식된다는 사실을 실증적으로 밝혀야 하는 것입니다.

이러한 자리에서 본다면 개개 종교는 제각기 자기 나름의 다른 뿌리를 가지고 솟아나고 자라고 꽃피고 결실한 문화입니다. 이른바 '인류의 문화'에서 비롯한 것이 아니라 '인류의 다양한 문화'에서 비롯한 것입니다. 이러한 서술에 대해 이견이 제기되곤 합니다. 이를테면 아득한 처음은 문화권의 차이를 확인할 수 없는 하나였을 터인데, 그렇다면 근원적인 문화를 밝혀 종교의 처음도 '전형적인 어떤 모습'을 그려야 할 것 아니냐는 주장이 그 하나의 예입니다. 종교 간의 갈등이 논의되는 자리에서 흔히 일컫는 모든 종교들의 '정점에의 귀일'이라고 하는 이상(理想)은 이러한 주장에서 비롯한 한 모습입니다. 갈등을 저어하여 일치를 규범적인 당위로 전제하는 이러한 생각은 충분히 수긍할 수 있는 고뇌를 담고 있습니다. 그러나 이러한 이상은 그것이 지니는 이념적 정당성에도 불구하고 실은 정직한 현실 인식에 기반을 두고 있지 않다는 사실 때문에 '비현실적인 이상'으로 간주될 수밖에 없습니다. 그것은 마치 인류의 삶이 갈등을 넘어서려면 다양한 문화가 하나의 문화로 통합되는 것이 첩경이라고 하는 말과 같이 비현실적입니다. 그러한 일이 일어나기 위해서는 '근원적인 하나'라고 전제된 어떤 것을 향해 언어도 하나로 회귀해야 하고, 관습도 하나로 귀일해야 합니다. 의식주가 그렇게 다듬어져야 하고, 나아가 기억도 통제되어야 하며, 의미의 추구나 실현도 하나여야 합니다. 꿈도 다르지 않습니다. 결국 기억의 소거, 경험의 통제에서 완성되리라고 기대되는 이러한 일치의 희구는 실은 이상이 아니라 왜곡된 문제의식에서 비롯한 안일한 편의주의적 자기탐닉일지도 모릅니다. 아니면, 그러한 주장을 하는 주체가 스스로 이러한 사실을 의식하고 있지는 않겠지만, 문제에 직면한 정직한 인식에도 불구하고 그 문제가 내포한 부담스러운 난점에서 일탈하려는 무책임한 관념, 곧 맹목적인 관성일 수도 있습니다.

종교는 다원적이고, 그렇기 때문에 다양합니다. 종교가 문화라는 서술은 이를 분명하게 보여줍니다. 종교는 종교사가 서술될 수 있는 현상이고 종교문화사가 기술될 수 있는 현상입니다. 그러나 종교는 이를 선뜻 승인하지 못하는 긴장을 지니고 있습니다. 종교는 바로 그러한 문화입니다. 그런데 되풀이하는 언급이지만, 우리는 종교는 그렇다는 것, 그러한 문화라는 것을 승인해야 합니다. 하지만 이 두 다른 자리, 곧 종교는 문화의 범주 안에 들수 없다고 하는 종교의 자리와 종교만이 그러한 주장을 한다는 것을 승인하면서 바로 그러한 모습으로 있는 문화가 종교라고 하는 자리가 서로 만날 수 없는 것은 아닙니다. 적어도 옳고 그름을 판단하는 일을 전제하고 출발하지 않는 한 그 만남은 비현실적이지 않습니다. 가치판단을 유보하거나 배제하자는 주장이 아닙니다. 그것은 인식의 전제가 아니라 귀결이어야 한다는 것, 그런데 그것도 실천적인 장에서의 적합성을 준거로 하여 이루어져야 한다는 것 등을 주장하려는 것입니다. 그러므로 종교적인 자리에서든 반종교적인 자리에서든 비종교적인 자리에서든 스스로의 자의식에서 종교가 문화라는 사실을 승인할 때까지, 우리는 어쩌면 그러한 자리에서 이루어진 종교에 대한 관심은 그 어떤 것이든 종교인식을 위해 성숙한 기여를 하지 못할지도 모른다는 사실을 유념하지 않을 수 없습니다. 왜냐하면 종교를 문화현상으로 여기지 않는 자리는 근원적으로 지적 부정직의 과오를 수반하기 때문입니다. 사실상 이제까지 살펴온 종교의 자리나 반종교의 자리나 비종교의 자리는 실은 인식의 자리가 아니라 신념의 자리입니다. 그러한 자리들은 스스로 지적 차원에 머물고 있다고 하면서도 실은 자기가 선택한 사실만으로 모든 것을 설명하고자 합니다. 결국 해답을 전제한 물음을 묻는 일, 경험적 실재를 간과하는 개념적 실재를 통해 경험을 해체하는 일 등이 그러한 자리의 모습들로 드러납니다. 우리는 그렇다고 하는 것을 발언하지 않으면 안 됩니다. 신념을 비난하려는 것이 아니라 '신념을 수반함으로써 말미암은 지적 과오'를 지적하고자 하는 것입니다.

그런데 이미 언급한 바와 같이 문화는 근원적으로 복합적인 개념입니다. 그것은 모든 요소들이 한데 어울려 이루는 현실을 총체적으로 일컫은 것입니다. 그래서 문화를 정의한다든지 이를 설명하는 것은 거의 불가능합니다. 내포와 외연이 아울러 유연하기 때문입니다. 그래서 다만 서술맥락에서의 용례를 따라 문화가 스스로 자기를 밝혀주고 구체화해 준다고 말할 수 있을 뿐입니다. 때로 우리는 역사(시간)에 대칭되는, 또는 병치되는 개념으로 문화(공간)라는 말을 사용하기도 합니다. 하지만 엄밀하게 말한다면 '역사-문화'를 '시간-공간'과 같은 것으로 여길 수는 없습니다. 왜냐하면 '문화'는 공간적인 개념으로 일컫는 경우에서조차 시간에 침잠된 공간을 더불어 읽어야 하는 그러한 공간이기 때문입니다. '역사'도 다르지 않습니다. 그것도 공간에 침잠된 시간을 더불어 읽어야 하는 그러한 시간입니다. 그러므로 만약 우리가 삶의 총체개념으로 문화라는 언어를 선택했다면 그때의 문화는 시공을 근간으로 하는 삶의 모두를 아우르는 것이지 않으면 안 됩니다. 그렇다면 문화는 지극히 중층적이고 복합적일 수밖에 없습니다. 다시 말하면 시공의 복합성이 그대로 내재화되어 있을 뿐만 아니라 그대로 드러나고 있는 것이 문화입니다. 이러한 사실을 유념하면서 '역사–문화'를 다시 살펴보면 우리는 우리가 일컫는 문화라는 개념을 좀 더 분명하게 설명할 수 있습니다. 문화는 '시간 안의 현상'이기 때문에 불가피한 소멸과 생성의 흐름을 좇을 수밖에 없습니다. 아울러 문화는 공간 안의 현상이기 때문에 불가피하게 '나 아닌 다른 나'와 만날 수밖에 없습니다. 그런데 이러한 '흐름'과 '만남'은 서로 얽히고 풀리곤 하면서 스스로 중첩된 복합적인 현상을 빚습니다. 그것이 초래하는 것이 바로 '변화'입니다.

때로 우리는 변화와 관련하여 그것이 지닌 구조를 찾고자 합니다. 어떤 원칙에 의하여 변화가 전개되는지 알고 싶은 것입니다. 그리고 그러한 변화의 법칙을 서술하는 일이 드물지 않습니다. 이를테면 인과의 법칙을 주장하는 것이 그러하고, 역사의 변증법적 진전의 주장이 그러합니다. 변화를 진보로 개념화하는 것도 그 틀 안에 넣을 수 있고, 종말론적 관점에서 변화를 비극적으로 수용하는 태도도 그렇게 할 수 있습니다. 그러한 주장들은 변화를 설명합니다. 이러한 설명에 의하면 더 나아가 변화는 예측할 수도 있고 의도할 수도 있으며 제어할 수도 있고 기피할 수도 있는 것이기도 합니다. 그러나 흥미로운 것은 변화를 일게 하는 일정한 법칙이 있으리라는 이러한 주장은 "변화는 정해진 대로 이루어진다"고 이야기함으로써 실은 '변화의 변화다움'을 부정하고 있는 것과 다르지 않다는 사실입니다. 이뿐만 아니라 앞에서 예거한 예측이나 의도나 제어나 기피 등은 실은 '변화에 대한 결과론적인 설명'이라는 사실입니다. 다시 말하면 그러한 것에 대한 실증은 변화를 확인한 뒤에 이루어집니다. 그러므로 변화에 대한 설명은 언제나 '변화-이후'이지 '변화-이전'은 아닙니다. 그렇다면 실은 변화란 설명할 수 없는 필연입니다. 변화의 방향도, 변화 자체가 지니리라고 예상하는 가치나 의미도 모호합니다. 그런 것이 있다 해도 여전히 그 모든 것이 변화 과정 안에 있어 그런지도 모릅니다. 우리는 변화의 당위성만을 승인할 수 있을 뿐입니다. 사물이 중층성과 복합성을 벗어나지 않는 한 변화는 불가피합니다. 그런가 하면 때로는 불변하는 것을 상정하고 그것의 지속을 실증하면서, 이를 변화를 인식하고 판단하는 준거로 설정하기도 합니다. 시간을 넘어선 '시간 아닌 시간'을 일컫기도 하고 공간을 넘어선 '공간 아닌 공간'을 일컫기도 합니다. 영원이라든지 저승이라든지 하는 것들은 그래서 등장합니다. 그러나 그러한 비일상적인 실재가 불변하는 차원에 있는 것이기 때문에 변화의 흐름에서 벗어나 있다는 주장은 현실성이 없습니다. 그러한 실재는 일상 안에서 일었던 경험을 추상화한 개념적 실재입니다. 따라서 변화 과정 안에 있는 일상을 반영하지 않을 수 없습니다. 일상적인 것이든 비일상적인 것이든 그 비롯함의 자리는 지금 여기의 삶의 현실이기 때문입니다.

문화는 이렇게 있습니다. 이 계기에서 우리는 종교가 주장하는 이른바 '순수'에 주목하고 싶습니다. 그런데 만약 우리가 앞의 서술에서 일컫은 변화라는 사실을 승인한다면 순수란 없습니다. 이른바 '순수'라는 것을 변화와 무관한 것으로 이해한다면 그렇다고 말할 수 있습니다. 문화에서 순수란 없습니다. 이념적 차원에서 어떤 것을 정당화하기 위해 순정성(純正性)을 일컬을 수는 있습니다. 하지만 그것이 사실을 지칭하는 것일 수는 없습니다. 사실상 순수에의 희구는 변화에 대한 무의식적인 두려움이나 속수무책감에서 비롯한 자기방어적인 태도에서 말미암은 것이라고 할 수 있습니다. 그렇기 때문에 자기를 정당화하고 절대화하기 위한 개개 종교의 순수성의 주장은 언제나 그 주장의 계기나 필요나 의도나 효용에서 충분할 수가 없습니다. 또한 그렇기 때문에 늘 제한적입니다. 순수의 주장이 동어반복의 논리를 통해 이루어진다는 사실이 그러하고, 힘을 통해 자기의 상대적 우위를 주장하는 논거가 순수를 정당화하는 기반이 되고 있는 것도 그러합니다. 그런데도 종교는 자기가 변화와 무관하게 본래적인 순수성을 그대로 유지한다고 주장합니다. 그런데 우리는 종교가 이러한 사실을 주장하고 있는 문화현상임을 승인해야 합니다. 그리고 그 자리에서부터 우리의 종교 논의를 시작해야 합니다.

그런데 문화는 온갖 실재를 수식하면서 스스로 일정한 서술범주를 마련합니다. 달리 말하면 우리는 문화라는 용어를 수식하는 여러 언어를 가지고 있을 뿐만 아니라, 이를 두루 활용합니다. 이를테면 우리는 상위문화를 말하고 하위문화를 일컫습니다. 중심의 문화도 말하고 주변의 문화도 말합니다. 대중문화와 이에 대립한다고 판단되는 엘리트 문화를 나누어 일컫기도 합니다. 원시문화도 있고 고대문화와 현대문화, 그리고 현대 이후의 문화조차 말합니다. 동양문화나 서양문화, 한국문화나 중국문화도 말합니다. 당연히 정치문화도 경제문화도 군사문화도 말하고 이에 더하여 종교문화도 일컫습니다. 이러한 서술은 한이 없습니다. 실제로 문화를 수식하지 못할 어떤 것도 없습니다. 만약 문화를 더불어 사는 삶을 살아가는 인간이 취득하는 능력과 습관의 총체라든지, 역사적으로 전승된 의미와 가치의 그물이라고 한다면, 문화의 범주론적 분류체계는 결국 경험주체의, 또는 삶 주체의 실존적 맥락에 의하여 결정된다고 할 수 있기 때문입니다. 그러므로 실제의 모든 삶에 대한 서술범주들이 그대로 문화를 수식할 수 있는 것은 당연한 일입니다. 이를 우리는 문화가 자체의 서술범주를 낳는다고 묘사할 수 있습니다. 우리는 이러한 '작업'을 통해 삶의 지형(地形)을 다듬고 그 안에서의 삶의 기상도(氣象圖)마저 그립니다.

그런데 문화와 관련하여 이러한 서술을 한 것은 그러한 범주가 형성되는 과정에 우리가 주목해야 하지 않을까 하는 생각 때문입니다. 다시 말하면 무엇이 어떻게 그러한 서술범주들을 마련하도록 충동하느냐 하는 것입니다. 앞에서는 이를 문화 자체가 낳는다고 말했습니다. 하지만 이러한 진술만으로는 충분하지 않습니다. 이에 대한 답변을 마련하기 위하여 우리의 관심을 조금 에둘러 '이미 수식된 문화'들의 직접적인 상호 만남을 살펴보아도 좋을 것 같습니다. 이를테면 우리는 상위문화와 하위문화를 일컫습니다. 그런데 그 둘이 만나는 경우 그 만남의 현장에서 우리에게 다가오는 것은 그렇게 위와 아래의 개념으로 수식된 두 문화의 '갈등'입니다. 하위문화는 상위문화에 대한 일종의 저항을 자신의 긴장한 모습을 통해 드러냅니다. 상위문화를 자신을 억제하는 지배문화로 간주하기 때문입니다. 그런데 이러한 사실이 상/하의 문화에서만 드러나는 것은 아닙니다. 이것은 가시적이든 잠재적이든 일단의 긴장을 함축하고 있는 보편적인 현상으로 모든 문화에서 드러납니다. 그렇다면 이러한 분류된 수식 이전에 이미 문화는 스스로 그렇게 분류될 수 있는 긴장과 갈등을 내포하고 있는지도 모릅니다. 서술범주의 출현이 갈등을 낳는 것이 아니라 긴장관계로 현존하는 문화가 스스로 범주의 분류를 빚고 있다고 말할 수도 있지 않을까 하는 생각을 하게 되는 것입니다. 달리 말하면 문화는 힘에 의하여 이루어지는 작위적인 행동을 스스로 반영하고 있다고 말할 수 있습니다.

그런데 이러한 사실을 통해 우리가 미루어 짐작할 수 있는 것은 문화가 중층성이나 복합성을 지닌다는 사실, 그리고 일련의 변화 과정이 '자연스럽게' 이루어지는 것이 아니라고 하는 사실입니다. 작은 단위로 분류-서술된 실체들이 어떤 것이나 문화-장(場) 안에서 '주도권'을 확보하기 위한 경쟁적 정황을 빚고 있으며, 이것이 그러한 복합성이나 중층성, 그리고 변화를 촉진하고 있는 것이라고 할 수 있기 때문입니다. 그렇다면 결국 문화가 구분되고, 구분된 문화의 차이가 확인되고, 이에 따른 평가가 불가피하게 수반된다고 하는 것은 '힘의 차이'가 빚는 현상이라고 할 수 있을 텐데, 이를 우리는 개개 문화의 '헤게모니 지향성'이라고 다듬을 수 있습니다. 문화가 지닌 '힘을 주도하려는 지향성' 때문에, 동일한 차원에서 공존하는 서로 다르게 수식된 문화들이라 할지라도 그 존재양태가 '병존'으로 그려지지 않습니다. '문화의 높낮이'라고 할 수 있는 몇 겹의 층위를 불가피하게 지어냅니다. 그런데 이에서 우리가 주목할 것은 그 층위가 빚는 차이는 유동적이라는 사실입니다. 힘은 그것이 힘이라는 사실 때문에 정태적일 수 없는 것입니다. 그렇기 때문에 그 차이가 빚는 갈등은 문화 자체를 역동적이게 하는 힘이기도 합니다. 문화가 스스로 지속하는 시간은, 그리고 다른 문화와의 불가피한 접촉은 그러한 역동성을 충동하는 직접적인 요인입니다.

종교도 이러한 서술에서 조금도 벗어나 있지 않은 문화입니다. 종교는 자신 안에서 헤게모니에 따른 층위를 구성하면서 마치 서로 '다른 문화'라고 일컬을 수 있을 만큼의 차이를 자기 안에서 빚습니다. 개개 종교의 역사에서 드러나는 '개혁'이라는 이름의, 또는 정통성 논란을 축으로 한 점철하는 굴절들이 그러합니다.[05] 우리가 처음에 주목했던 '세계종교'라든지 '민속신앙'이라든지 하는 것도 그러한 예입니다. 세계라든지 민속이라든지 하는 것

---

05 종교의 중심과 주변의 역학 관계를 통해 종교의 변화를 설명하는 다음 책을 참조하라. André Droogers, *Play and Power in Religion*, Berlin: Walter de Gruyter, 2011.

은 제각기 주도권을 선취하려는 과정에서 드러난 개념적 실재의 이름들입니다. 이뿐만 아니라 종교와 종교 아닌 다른 문화의 이어짐에서도 다르지 않습니다. 종교가 스스로 자기를 일상과 단절시켜 비일상의 자리에 놓든, 자신의 자리를 문화의 앞이나 뒤, 위나 아래, 옆이나 중심 어디에 놓든, 종교와 문화의 만남은 이미 종교와 종교 아닌 것이 서로 겹쳐져 있음을 보여줍니다. 일상과 단절된 비일상은 없기 때문입니다. 그럼에도 불구하고 종교는 스스로 일상 안에서 헤게모니를 쥐려 하고 비일상의 차원을 제시하면서 이의 실현을 의도합니다. 그렇게 하지 않으면 자신의 생존의 문제가 심각해진다는 자의식을 가지고 있기 때문입니다. 그런데 종교가 그러한 태도를 취하는 한, 힘의 층위의 출현, 그리고 그로부터 비롯하는 역동성에 의한 서로 다른 문화 간의 긴장은 불가피합니다.

이러한 맥락에서 살펴보면 종교가 자신의 순수를 주장하는 일은 전혀 현실 적합성이 없는 일임을 새삼 다시 확인하게 됩니다. 그것은 다만 자기 확인을 위해 비일상의 차원에 놓인 언어를 아무런 굴절 없이 일상에 적용하는 데서 말미암은 부적절한 주장일 수밖에 없습니다. 그렇지 않다면 순수를 주장하는 것은 헤게모니를 확보하려는 의도적인 동기가 지어낸 이념적 지향이든지, 아니면 타자의 현존을 부정하려는 당위적 규범을 마련하기 위한 또 다른 의도적인 준거의 구축일 수밖에 없습니다. 순수는 문화를 일컫는 맥락에서는 어떤 경우에도 실재일 수 없습니다. 그러나 우리는 이러한 주장을 하는 문화와 만납니다. 되돌아가는 논리적 서술이 됩니다만, 종교가 그러한 문화입니다. 그러나 이러한 비판적 발언이 가능하다고 해서 종교가 그르다든지 종교의 주장을 간과하는 것이 옳은 판단이라든지 하는 논의로 이 사실이 전개되어서는 안 됩니다. 스스로 순수를 주장하는 현상이 있다는 사실, 그런데 그것을 두드러지게 주장하는 문화가 종교라는 사실을 승인하는 데서부터 우리의 종교논의가 이어져야 하기 때문입니다.

그런데 이러한 사실들을 통해 더 분명해지는 것이 있습니다. 문화는 지극한 '복합성'을 지니고 있다는 사실이 그것입니다. 어떻게 수식된 것이든, 무엇을 수식한 것이든 문화는 그러합니다. 종교도 예외가 아닙니다. 순수한 그리스도교라든지, 진정한 불교라든지, 정통적인 이슬람이라든지 하는 서술은 현실적으로 불가능합니다. 그것이 종교입니다. 그런데 모든 종교는 각기 자기의 순수성을 주장하면서 자기는 불변하는 진리를 보유하고 있을 뿐만 아니라 진리 자체라고 주장합니다. 그러한 주장을 통해 자신의 힘을 강화합니다. 그렇게 강화된 힘은 헤게모니를 확보하게 되며, 그 헤게모니는 '있어야 할 종교'와 '없어야 할 종교'를 나누면서 마침내 개개 종교들의 현존을 지극한 혼동의 소용돌이에 들게 합니다. 그런데 그러한 소용돌이에는 스스로 순수한 실재라고 주장하는 그 종교도 포함됩니다. 자신은 예외적이라고 선언하는 그러한 모습으로 그 소용돌이 안에 있습니다. 그것이 오늘 우리가 만나는 종교의 현실입니다. '혼효(混淆)'라고 해야 더 적절할 수도 있을 이러한 현상은 우리로 하여금 종교에 관한 관심이 종교의 자기주장을 좇는 것으로는 결코 완결될 수 없는 것임을 확인하도록 해주는 것과 다르지 않습니다.

이처럼 종교가 문화라는 사실을 유념할 때 우리는 종교가 얼마나 철저하게 '혼합된 것'인가에 새삼 주목하지 않을 수 없습니다. 이뿐만 아니라 이제까지 일반적인 앎으로 여겨온 이를테면 유신론이라든지 무신론이라든지, 유일신론이라든지 다신론이라든지, 심지어 교체신론이라든지 하는 분류는 경험을 간과한 개념적 실재의 논리적 '진화'가 낳은 '현상'이라는 것을 충분히 짐작할 수 있게 됩니다. 그것들은 개념의 논리 안에는 있어도 경험의 현실 속에는 없는, 다시 말해서 추상화한 관념에 의하면 실재일 수 있어도 역사적인 현실경험에 의하면 확인할 수 없는 실재입니다. 즉 이 모든 것은 분류에서 말미암은 개념적 실재입니다. 경험적 현실에서는 이러한 기술이 불가능합니다. 왜냐하면 실제로는 우리가 유신론 안에서도 무산(霧散)되는 신의 현존을 확인할 수 있고, 무신론 안에서도 그 주장의 유신론적 구조를 확인할 수 있기 때문입니다. 그런데 그것이 우리의 삶입니다. 개념적으로는 도저히 중첩되지 않는데도 그 두 다른 경험이 혼재해 있음을 우리는 특정한 하나의 종교전통 안에서도 얼마든지 실증적으로 제시할 수 있습니다. 문화로서의 종교는 종교란 더 이상 단원적인 것도 아니고 순수한 것도 아니라는 사실을 보여줍니다. 그것은 동시에 종교의 그러한 주장이 현존한다는 사실을 승인하면서 얼마나 더 많은 논의가 종교와 관련하여 일어야 할 것인가를 보여주는 일이기도 합니다. 우리가 종교'를' 이야기하는 것이 아니라 종교에 '대하여' 이야기하고자 하는 것은 이러한 이유 때문입니다. 그렇게 하지 않으면 우리는 종교와 관련하여 종교의 자기 발언만을 좇는 '인식부재의 인식'을 전개할 수 있을 뿐입니다. 그것은 이미 신도의 자리에서 현실화된 종교현상입니다. 그런데 우리는 그 현상마저 우리의 관심에 담고 싶습니다. 이러한 인식이 의도되지 않으면 자칫 종교현상에 대한 우리의 천착은 사실의 왜곡, 이에서 비롯하는 기만적인 앎의 구축, 다시 이를 통한 허구적인 해답의 양산, 그것이 낳을 감동의 공허한 귀결, 그래서 이 허(虛)를 메우려는 데서 비롯하는 맹목과 광기의 일상화, 이것이 종국적으로 도달할 개체적 실존과 공동체의 유실 가능성에 직면할 수밖에 없습니다. 그런데 이것은 우리가 참으로 알고 싶어 물었던 종교현상입니다. 그런데 우리가 그런 난국에 봉착했다면 그것은 종교에 대한 물음이 어느 결에 스스로 종교현상이 된 것과 다르지 않습니다. 어쩌면 이제까지 우리가 지녀온 종교에 대한 관심이 아무런 결실도 이루지 못한 채 물음의 무한한 반복 안에 머물고 있는 것은 이러한 사실 때문인지도 모릅니다. 우리는 언제부터인지 알 수 없는, 그리고 언제 끝날지 알 수 없는 물음을, 이를테면 신의 존재 유무, 종교와 과학 등의 물음을 여전히 '종교적으로 묻고 답하면서' 우리의 종교에 대한 인식은 종교나 비종교나 반종교와는 다른 자리에서 물음을 묻고 있다고 스스로 판단하고 있습니다. 하지만 이러한 태도는 종교 자체의 물음의 변주일 뿐입니다. 종교에 대한 물음이 종교적일 때 우리가 어떤 사태와 직면하게 되는지를 단단히 성찰할 필요가 있습니다.

4. 미로(迷路): 닫힘과 열림의 현장

종교 안의 자리에는 종교인이 자리 잡고 있습니다. 그러나 인간은 보이지 않습니다. 종교 밖의 자리에는 인간이 자리 잡고 있습니다. 그러나 종교인은 보이지 않습니다. 인식을 위한 과정에서 현상의 어떤 것을 배제하거나 간과하는 일은 바른 인식을 저해하는 일입니다.

종교는 물음과 해답으로 구조화된 문화입니다. 그러므로 그것은 인간의 삶 속에서 언제 어디서나 확인되는 현상으로 있습니다. 그러나 그렇게 있되 그것은 다원적이고 다양하며, 중층성과 복합성을 아울러 지닙니다. 그리고 그것은 변화하는 실재입니다.

그럼에도 불구하고 우리는 대체로 종교는 하나의 뿌리를 가진 것이기 때문에 단원적이며, 종국적으로도 단일한 것이라고 생각합니다. 따라서 세상이 어떻게 바뀌고 삶이 얼마나 복합적이고 중첩된 것이라 할지라도 종교는 순수하고 순정(純正)한 것이기를 기대합니다. 그리고 그러한 기대는 종교가 불변하는 지속성을 통해 그것이 제시하는 해답이 영속적인 것임을 담보해 주리라는 또 다른 기대로 마무리됩니다. 그러한 것이 담보되지 않는다면 종교가 우리의 문제에 대한 해답이라고 할 수 없으리라고 생각하기 때문입니다. 그런데 종교는 그러한 기대를 스스로 수용할 수 있다고 주장합니다. 그러면서 그러하다고 하는 사실을 지속적으로 선포합니다. 그 선포는 힘을 동반하면서, 또는 힘 자체로서 사람들이 기대하는 해답의 구실을 합니다. 모든 종교가 그렇습니다. 세계종교의 범주에 드는 개개 종교들이 제각기 자신을 그렇게 드러냅니다. 그런데 그러한 '실세'종교에 의하여 주변화된 이른바 '종교이되 종교이지 않은 종교들'도 다르지 않습니다. 제각기 스스로 사람들의 기대에 부응하는 해답의 실체라고 주장합니다. 그 주장은 당해 정황에서 적합성을 준거로 삼아 힘으로 기능합니다.[06] 그러므로 종교는 소멸되지 않습니다. 개개 종교의 생성과 소멸은 이어지겠지만, 종교라고 우리가 일컫는 삶의 모습, 곧 물음과 해답의 구조가 힘의 실체로 현존하는 그 모습은 사라지지 않습니다. 인간이 문제를 가지고 있는 한, 그리고 거기에서 머물지 않고 그 물음에 대한 해답을 추구하는 한, 그러한 삶의 표상으로서 종교가 사라질 까닭이 없습니다. 그러므로 인간의 삶이 있는 곳에는 종교라고 일컫는 삶의 모습이 일기 마련입니다. 인간의 삶을 총체적으로 문화로 개념화할 때 종교가 그 문화의 범주 안에 드는 것은 당연한 일입니다. 종교는 문화입니다.

그러므로 종교는 비일상적인 차원에서 비롯한 신비한 실체이기 때문에 우리에게 과해진 것도 아니고, 일상적인 실재와 대칭적으로 병존하는 다른 실체이면서 그것이 지니는 가치나 의미가 일상을 초월한다는 그 불연속성 때문에 우리의 삶을 제어하는 것도 아니며, 이른바 '종교적'이게 되는 어떤

06　종교의 적합성과 진화라는 문제를 다루고 있는 다음 책을 참조하라: Mikko Heimola, *From Deprived to Revived*, Berlin: Walter de Gruyter, 2013.

불가해한 속성이 하나의 본질처럼 인간 안에 내재해 있기 때문에 생겨난 것도 아닙니다. 종교가 현존하는 것은 사람들이 인간 삶의 어떤 모습을 범주화하여 그 삶을 기술하면서 이를 종교라고 명명하였기 때문입니다. 그런데 종교는 일상과는 다른 것이라고 설명됩니다. 다시 말하면 종교는 그렇게 설명하는 인간의 삶 속에 있습니다. 그럴 수 있는 것은 인간의 필요가 이를 빚었기 때문입니다. 무릇 모든 문화는 그렇게 범주화되고, 서술되고, 그렇게 있습니다. 종교도 다르지 않습니다. 따라서 모든 문화가 그렇듯이 종교도 인간 삶이 비롯하게 한 문화입니다. 그러므로 인간이 사라지지 않는 한, 종교는 끊임없는 변모를 통해 자신을 지탱할 것이고, 그 변모에도 불구하고 종교를 빚은 경험주체들은 각기 자기 자리에서 그것의 비일상성을 주장할 것입니다. 그런데 다시 주목할 것은 그 변모를 역동적이게 하는 것은 문화 자체에서 그렇듯이, 그래서 종교에서도 그럴 수밖에 없듯이 다원성, 다양성, 중층성, 복합성입니다. 그리하여 만일 우리가 어떤 까닭에서든 오늘 삶의 현장에서 종교를 물어야 할 만한 문제로 판단하고 있다면, 우리가 이에 대한 앎을 의도하면서 다가가야 하는 길은 종교의 주장을 되뇌이면서 이를 승인하고 수용하고 강화하는 것일 수는 없습니다. 우리가 관심을 기울여야 할 것은 종교의 주장이 비롯한 삶의 자리, 달리 말하면 비일상을 이야기하는 일상의 자리, 그리고 비일상을 이야기하면서 그것을 실재로 여기고 사는 일상적인 삶의 모습 등입니다. 달리 말하면 종교가 삶의 모습임을 승인하면서 문화를 읽는 문법으로 종교를 읽는 것이 우리의 과제이어야 한다고 말할 수 있습니다. 종교가 문화라는 사실을 거듭 확인하는 자리에 서야 하는 것입니다.

그런데 이러한 관심을 가지고 종교를 인식하겠다는 우리의 희구가 언제나 열린 출구에 이르는 것은 아닙니다. 물음 자체를 다듬는 일에서부터 방법론을 구축하는 데 이르기까지, 그리고 도달했다고 여겨지는 인식의 내용을 언어화하고 이를 소통 가능한 앎으로 엮어내기까지, 더 나아가 그 앎에서 말미암으리라고 예측되는 의미와 가치를 규범화하는 일 등은 의외로 심각한 딜레마를 이 모든 과정 곳곳에서 직면하게 합니다. 흔히 심각한 역설적인 구조에 빠져 곤혹스러운 정황을 가리켜 '미로적 정황'이라 일컫습니다. 그것은 문제에 직면한 당혹과 점철하는 좌절, 끊임없이 되풀이되는 시행착오에도 불구하고 강인하게 지속되는 출구의 모색, 그리고 마침내 이른 문제의 문제다움에 대한 터득과 그에 상응하는 해답의 확인을 한꺼번에 묘사하고 있습니다. 그런데 미로에서 벗어날 수도 있지만 끝내 그 미로 안에서 미아(迷兒)로 남을 수도 있습니다. 그렇기 때문에 미로는 그것 자체가 역설입니다. 미로는 출구의 모색이 거의 불가능한 닫힌 상황을 보여주면서, 동시에 출구의 모색이 불가능하지 않다는 열림을 아울러 담고 있는 장(場)이기도 하기 때문입니다. 종교에 대한 비판적 인식을 도모하는 우리의 자리가 바로 이러한 '미로적 정황'인지도 모릅니다.

이러한 맥락에서 오늘 우리가 직면하는 '종교의 현실'과 관련하여 두 가지 중첩된 미로를 그려볼 수 있습니다. 하나는 종교라고 일컫는 현상이 스스로 주장하는 '자기주장의 논리'가 우리에게 과하는 미로입니다. 종교는 이미 '물을 것이 없다'고 하는 자리에서 스스로 미로이기를 거절합니다. 그러나 우리는 '물을 것이 없다'는 사실에 대한 물음을 물을 수밖에 없는 삶의 현실을 경험합니다. 왜냐하면 종교는 실제로 '집적된 문제 덩어리'로 우리 앞에 놓여 있기 때문입니다. 종교에 대한 인식의 차원에서부터 그것의 현존에서 비롯하는 윤리적인 차원에 이르기까지, 그리고 그 현존 자체가 힘으로 기능하는 조직이나 제도로서의 실체에서부터 그것이 지닌 '비일상의 일상 안에서의 현존'이 삶의 현장에 드리우는 의미에 이르기까지, 문제를 담지 않은 어떤 마디도 없습니다. 그런데도 종교가 문제 있음을 부정한다면 우리는 종교와 직면하면서 스스로 '미로이기를 거부하는 미로'에 대한 물음을 물어야 합니다. 그 물음은 달리 말하면 미로가 없으므로 이 마당 안에 아예 들어갈 필요가 없다고 문을 닫아 버리는 닫힘에 대한 물음입니다. 종교는 그러한 모습으로 있기 때문입니다. 그러므로 우리는 그 닫힘을 열림으로 만날 수 있는 가능성을 조심스럽게 두드려야 합니다. 그것이 우리의 경험 안에서 열림으로 자리 잡기까지 아직 우리가 종교와 만난 것이 아닐 수도 있기 때문입니다. 사물과의 만남은 그 사물의 닫힘을 묘사하는 것으로 끝나는 것이 아니라, 사물의 닫힘이 확인되고 그 사물의 열림에 대한 기대가 실현되는 것에서 비로소 이루어지는 일입니다. 그것이 다름 아닌 진정한 물음의 제기입니다.

또 다른 하나는 '종교를 묻는 물음'이 지닌 미로입니다. 세(勢)로 결정되는 이른바 세계종교는 더 이상 종교가 미로정황 안에 있는 현실이 아니라고 주장합니다. 그러나 그러한 주장은 이미 그 맹목성, 근거 없음, 충분하지 않은 논거로 인하여 더 이상 스스로 그 안온한 귀결의 닫힘 안에 안주할 수 없습니다. 그런데도 그렇게 있습니다. 아울러 종교현상의 복합성이나 중층성, 가변성이나 다양성을 간과하는 소박한 실재론의 자리에서 펼쳐지는 종교에 대한 관심도 자기 관점에만 집착할 경우 물음을 더 이상 허용하지 않는 닫힌 정황으로 귀결합니다. 종교가 착취기제라든지 유치한 자아의식에의 함몰현상이라고 주장하는 설명들이 그러합니다. 유념할 것은 그러한 자리가 대체로 종교의 자기 주장을 종교논의의 기반으로 전제하고 있다는 사실입니다. 그렇기 때문에 그러한 자리에서 펼쳐지는 종교에 대한 관심은 종교가 선언하는 '~ 이다'에 대한 '~가 아니다'로 일관합니다. 그러면서 종교에 대한 물음과 해답을 종교의 기존 주장에 대한 부정의 논리에서 더 나아가 찾을 필요가 없다는 자의식에 안주합니다. 그러므로 이 자리에서도 종교는 미로가 아닙니다. 이미 출구를 확인하고 미로를 통과했다면 그것은 미로일 수가 없다고 판단하기 때문입니다. 사람들이 일컫는 미로란 실은 인식을 위한 정연한 논리의 전개과정을 쉽게 지나지 못한 어려움을 묘사한 것입니다. 그러나 바로 그렇게 주장되는 현실 자체가 커다란 미로적 정황입니다. 왜냐하면 그러한 설명은 종교를 투명하게 해체하여 재구축하는 것이 아니라, 현실적으로는 그러한 설명을 통해 복합적이고 가변적인 현상을 사상(捨象)하고 있기 때문입니다. 그러므로 되풀이하는 서술이지만 그러한 자리에서 자신의 주장을 해답으로 확인하고 멈춰서는 것은 또 다른 형태의 닫힘입니다. 미로의 부정은 이러한 모습으로 현존합니다. 따라서 이러한 자리에서 종교논의가 스스로 주장하듯 더 이상 물을 것이 없는 닫힌 정황이라는 것은 오히려 자기가 제시한 설명의 한계를 드러내는 것과 다르지 않습니다. 여전히 미로는 엄존(儼存)합니다.

바야흐로 전통적으로 종교를 지탱하던 주장들은, 종교의 자리에서 이루어진 것이든 종교에 반하는 자리에서 이루어진 것이든 상관없이, 모두 그 적합성을 지속적으로 확보하지 못하는 사태와 직면하고 있습니다. 오늘의 사태를 일컫는 '낯선' 언어들을 유념하면 우리는 그 심각성을 쉽게 짐작할 수 있습니다. 이를테면 세계화, 다문화적 상황, 가상현실의 일상화, 제반 영역 주권들의 자기 절대화, 그럼에도 불구하고 그 절대의 중첩과 복합이 낳는 절대의 붕괴현상, 생명과 죽음의 관리 가능성, 이미지의 범람과 언어의 주변화, 동시성과 익명성, 그리고 발언과 기억의 삭제 불가능성을 축으로 한 소통구조와 연결망의 갱신, 예상할 수 없는 다중(多衆)의 간헐적인 출현, 개체적 실존 안에 칩거하는 무수한 자아의 지속적인 점멸(點滅), 지향(指向)의 분산으로 인한 가치 정향(定向)의 불가능성과 비현실성, 힘으로 충전된 사회에서 야기되는 정치의 실종 등은 우리가 예거할 수 있는 몇 가지 현대의 징후이고 동시에 현실입니다.

　종교는 이에 대해 해답을 제시하고 있습니다. 스스로 그렇다고 말합니다. 그러나 그 해답이 현실 적합성을 확보하고 있는지의 여부는 불투명합니다. 오히려 이 계기에서 우리가 직면하는 것은 종교가 제시하는 해답의 현실적인 전개 양상이 갖는 불가해한 역설입니다. 종교는 바로 자신의 해답을 통해 스스로 일컫는 '근본적인 자리'에 섭니다. 그런데 그 자리는 단일성과 순정성을 담보한다고 여겨지는 그러한 자리입니다. 그런데 설명의 타당성을 측정하는 것은 그것이 가진 논리적 정연성이 아닙니다. 그 설명의 현존을 경험하는 경험주체의 삶의 내용입니다. 그런데 그것이 증언하는 것은 종교의 자리에서 이루어지는 해답이 종국적으로 배척과 미움과 살육에 이르면서 인간의 삶 자체를 곤혹스럽게 하고 있다는 사실입니다. 직접적으로 말하면 오늘 종교는 갈등의 원천 또는 원인(遠因)이면서 그 갈등의 정당화 기제이기도 합니다. 그런가 하면 전쟁을 잉태하고 출산하는 몫을 수행하고 있습니다. 그렇다면 이른바 그 '선한 측면'에도 불구하고 이를 포함하여 그 설명을 자료로 삼아 살피는 한, 종교는 적어도 구조적으로 기만을 제도화하고 이를 양산하고 있다고 하는 기술도 불가능하지 않습니다.

　종교에 대해 인식의 논의를 펼쳤다고 하는 자리도 다르지 않습니다. 비일상이란 실재하지 않는다고 주장하는 논의는 정당합니다. 그러나 그러한 주장은 비일상의 실재가 일컬어진 경험의 현실을 충분히 살피지 않습니다. 다시 말하면 일상의 어떤 경험이 비일상으로 개념화될 수 있다는 사실을 부정합니다. 그렇게 되면 결국 비일상이 일상 안에 있는 실재라는 사실을 간과하고 논의를 펼칠 수밖에 없습니다. 그러한 종교논의들은 실재하지 않는 것을 실재한다고 주장하는 것이 종교가 아니라, 실재하지 않는 것을 실재한다고 하는 경험을 살아가는 것이 종교라는 사실을 의도적으로 폄훼합니다. 그러면서 그러한 현상이 현존한다는 사실보다 그러한 '그릇된 현상'이 현존한다는 사실에 더 주목합니다. 그런데 이러한 태도는 인식을 기하려는 것이라고 할 수 없습니다. 전제된 가치판단을 정당화하기 위한 작위적인 인식론의 전개일 뿐입니다. 그러므로 그러한 자리가 간과하는 다른 현상들은 아예 실재하지 않는 것으로 간주될 수밖에 없습니다. 그런데 전제된 범주에 들지 않는다는 구실로 실제로 겪는 어떤 현상을 실재로 여기지 않고 의도적으로 지워 버리는 것은 지적으로 부정직한 행위입니다. 그것은 인식의 자리에서는 있을 수 없는 일입니다. 그렇게 지워질 수 있는 실재도 없습니다. 그러므로 이러한 자리도 구조적인 기만을 내장하고 있다는 사실에서 예외일 수 없습니다.

이러한 사실을 좀 더 구체적으로 살펴볼 수 있습니다. 이를테면 모든 종교는 힘을 축적하고 강화합니다. 그 힘은 가시적인 '세'에서 가시적이지 않은 '얼'에 이르기까지 다양합니다. 종교는 이 힘을 절대화합니다. 그래서 그 힘은 보편적이고 항구적입니다. 불변하는 참입니다. 따라서 그 힘은 그대로 현실 적합성을 갖는 규범으로 기능해야 합니다. 종교는 그렇게 주장하고 그렇게 그 힘을 구사(驅使)합니다. 당연히 그 힘은 비일상적인 실재입니다. 일상 안에 함몰될 수 있는 것이 아닙니다. 그러므로 그 힘은 일상을 판단하고 계도하고 일상을 일상이게 하는 신성하고 초월적이고 신비한 실재입니다. 종교에 대한 인식의 자리에서도 다르지 않은 논리를 전개합니다. 종교는 힘의 실체이지만 그 힘은 일상에 참여할 수 없다고 판단합니다. 그것은 다른 차원에 있는 다른 격률을 가진 다른 실재에 해당하는 것이라고 이해하기 때문입니다. 일상에 참여하더라도 그것은 특정한 일상, 곧 비일상을 승인하고 수용하는 일상의 한계 안에서 영향력을 가질 뿐이고, 또 그래야 한다고 주장합니다. 그러므로 종교는 정치와 분리되어야 합니다. 인간의 역사가 범한 과오 중의 하나는 그 둘이 분별되지 않아 빚어진 참화입니다. 그러므로 종교의 힘은 제한되어야 하고 규제되어야 합니다. 그렇게 하기 위한 원칙이 정교분리의 제도라고 주장합니다. 그런데 이러한 맥락에서 보면 종교의 자리든, 종교에 대한 인식의 자리든 어떤 자리에서나 종교는 그것 자체가 '정치적인' 실재라는 것을 승인하고 있다고 말할 수 있습니다. 그러나 우리의 실제 경험에 의하면 종교의 현실 지배적인 태도든 종교의 힘에 제동을 걸고자 하는 논의든 모두 현실 적합성을 갖지 못한 공허한 논의에 불과합니다. 왜냐하면 그것은 마치 "밖에 있으니 안을 건사할 수 있다"는 주장과 "밖에 있어야 하는 것이 왜 안에 들어오고자 하느냐" 하는 주장이 벌이는 '투정'과 다르지 않기 때문입니다. 전제의 논의 전개와 그 전제에 대한 반전제의 논의 전개는 결국 같은 범주에서 일어나는 일입니다.

그런데 "종교가 힘을 행사한다"는 기존의 서술을 재편성하여 "힘이 드러나는 하나의 현상이 종교다"라고 하는 자리에서 보면 우리는 전혀 다른 사실을 기술할 수 있습니다. 일컬어 '종교의 정치적 행위'라고 하는 것은 정치적 행위이면서 그대로 종교적 행위입니다. 그것은 분리될 수 있는 것이 아닙니다. '정치의 종교적 행위'도 다르지 않습니다. 그것은 종교적 행위이면서 그대로 정치적 행위입니다. 그러므로 우리는 "종교가 정치행위를 하다니!"하고 그 현상에 다가갈 것이 아니라 "종교가 정치를 하는구나!"하고 그 현상에 접근할 때 비로소 그 사실이 우리의 실제 삶과 어떻게 연결되어 있는가 하는 데 대한 인식을 낳을 수 있습니다. 정치의 종교행위도 다르지 않습니다. "정치가 종교에 간여하다니!" 하고 그 현상에 다가갈 것이 아니라 "정치가 종교를 위해 자기 몫을 수행하는구나!"하고 그 현상에 다가갈 때 그 사실에 대한 인식에 이를 수 있습니다. 그러므로 이러저러 해서는 '된다든지 안 된다든지'하는 판단을 전제하는 것은 문제를 향해 열려 있지 않은 닫힌 정황 안에 머무는 것과 다르지 않습니다. 거기에서는 어떤 인식도 펼쳐지지 않습니다. 물음이 물어지고 그에 대한 해답이 주어진다 해도, 그것은 상호 간 참여의 주제나 정도(程度), 그리고 방법이 논의될 수 있을 뿐입니다. 그러나 종교와 정치를 모두 담고 있는 문화라는 범주에서 다시 그 둘을 살펴 새로운 범주를 마련하고 이 문제를 되살피면, 우리는 전혀 다른 출구를 마련할 수 있을지도 모릅니다. 적어도 종교도 정치도 삶의 일상에서 일고 있는 힘의 현상에서 예외일 수 없다는 사실의 승인만으로도 우리는 이제까지 논의된 것과 다른 논의를 펼칠 수 있을 것입니다.[07]

되풀이하여 강조한다면, 오늘 우리의 종교에 대한 관심이나 앎이나 인식이 '닫힌 정황을 벗어나는 출구'를 찾아야겠다는 생각에 이르게 된 것은 비단 '종교의 자기주장' 탓만은 아닙니다. 우리가 곤혹스러운 미로 안에 들어서 있다고 하는 자의식을 가지게 한 것은 '종교에 대한 인식'의 빈곤이 초래한 당연한 귀결이기도 하기 때문입니다. 그렇게 발언할 수 있는 논거는 두 가지로 요약할 수 있습니다. 하나는 '종교에 대한 인식'을 '종교를 인식하는

07 '종교/세속'의 이분법을 넘어선 '세속 이후(post-secular)'의 종교-정치의 문제를 논하는 다음 책을 참조하라: Markus Dressler & Arvind-Pal S. Mandair, eds., *Secularism and Religion-Making*, Oxford: Oxford University Press, 2011. 마찬가지로 종교와 세속의 분할 구도에 대해 의문을 제기하는 다양한 논의를 위해 다음 책을 참조하라: Craig Calhoun, Mark Juergensmeyer, & Jonathan Van Antwerpen, *Rethinking Secularism*, Oxford: Oxford University Press, 2011. '종교와 정치적 테러'의 문제에 대한 다양한 논의를 위해서는 다음 책을 참조하라: Bryan Rennie & Philip L. Tite, eds., *Religion, Terror and Violence: Religious Studies Perspectives*, New York: Routledge, 2008. 2001년에 미국에서 발생한 '9·11 테러'와 관련하여 종교와 테러의 문제를 이론화하고 있는 다음 책을 참조하라: Bruce Lincoln, *Holy Terrors: Thinking about Religion after September 11*, 2nd ed., Chicago: The University of Chicago Press, 2006. 폭력을 '종교적 행위'로 개념화하고 있는 다음 책을 참조하라: Hans G. Kippenberg, *Violence as Worship: Religious Wars in the Age of Globalization*, trans. Brian McNeil, Stanford: Stanford University Press, 2011. 또한 종교와 폭력의 문제에 대한 철학적 성찰을 살피고 있는 다음 책을 참조하라: Hent de Vries, *Religion and Violence: Philosophical Perspectives from Kant to Derrida*, Baltimore: The Johns Hopkins University Press, 2002. 그리고 남아시아의 종교와 폭력 문제를 다루고 있는 다음 책도 참조하라: John R. Hinnells & Richard King, eds., *Religion and Violence in South Asia: Theory and Practice*, London: Routledge, 2007. 또한 세계적인 맥락에서 종교와 테러의 문제를 고찰하고 있는 다음 책을 참조하라: Mark Juergensmeyer, *Terror in the Mind of God: The Global Rise of Religious Violence*, Berkeley: University of California Press, 2000.

일'과 혼동하기 때문입니다. 우리는 종교에 대한 관심이란 대체로 특정한 종교, 또는 여러 개개 종교를 두루 알고자 하는 태도를 뜻한다고 생각합니다. 그리고 실제로 그러한 태도로 종교에 대한 인식을 추구합니다. 그리하여 특정한 종교의 역사, 문화, 가르침, 종교공동체의 현실 등을 살핍니다. 그리하여 마침내 그 종교를 알았다고 하는 데 이릅니다. 다시 말하면 특정한 종교가 자기를 주장하는 서술의 논리를 익히는 것이 그 종교에 대한 바른 앎의 태도라고 생각하고 있습니다. 이른바 '전통종교를 탐구하는 일'이 그렇고 '세계종교를 두루 살펴 익히는 일'이 그러합니다. 그것들이 없으면 탐구할 수 있는 '종교 자료'가 없다고 주장합니다. 당연히 그 설명 안에는 그 종교들에 대한 '비판적인 인식'도 포함됩니다. 그래서 종교들의 상대적인 경중(輕重)마저 평가할 수 있습니다. 그리고 마침내 특정 종교의, 또는 개개 종교의 주장을 논거로 하여 '인류의 종교'를 설명합니다.

그러나 이러한 인식은 순환구조를 가집니다. 처음 비롯한 문제가 '문제를 제기한 자료가 제시하는 해답'으로 되돌아와야 그 인식이 탐구한 내용의 적합성 여부가 판단되기 때문입니다. 이러한 종교탐구의 의미나 가치를 부정할 수는 없습니다. 그것은 종교와 부닥쳐 내 안에서 이는 직접적인 관심이기도 하기 때문입니다. 그러나 그렇게 이루어진 종교에 대한 관심은 결국 종교 안에서, 또는 '자료' 안에서 그것이 제시하는 한계 내부의 논리만을 좇아 그 현상을 기술하고 다듬습니다. 그래서 종교의 울을 벗어나 종교를 일컫는 것은 종교의 자기주장을 간과하는 것이고, 그것은 결국 이해하고자 하는 자료의 폐기나 자의적(恣意的)인 왜곡이라고 주장합니다. 그러나 이러한 태도는 결국 은폐되고 변형된 종교적 봉헌이거나 특정한 종교공동체에의 귀속과 다르지 않습니다. 종교에 대한 물음은 이루어지지 않습니다. 당연히 종교에 대한 충분한 인식을 확보하지도 못합니다. 종교는 여전히 설명할 수 없는 것으로 내게 남아 있습니다. '인식의 빈곤'은 피할 수 없습니다.

또 다른 하나는 종교에 대한 관심을 대상인 종교보다는 관심주체인 자기에게 더 무게를 두고 펼치는 경우입니다. 물음은 물음주체의 실존적 정황에서 비롯합니다. 그래야 물음이 정직해집니다. 이른바 물음을 배워 묻는 경우가 없지 않지만, 그것은 자칫 자신에게 부정직한 물음과 앎을 구축할 수 있습니다. 그렇다면 종교에 대한 관심을 가지면서 인식객체보다 인식주체에 더 비중을 두는 것은 당연하고 자연스러운 일입니다. 하지만 물음주체의 자리는 언제나 한정되어 있습니다. 자기의 실존적 정황, 그리고 자기가 현존하는 역사-문화적 맥락 안에 있습니다. 따라서 물음은 그러한 조건들 안에서 빚어진 것입니다. 그러므로 어떤 사실이 물을 수밖에 없는 객체로 떠오를 때 우리에게는 물음을 묻는 내 자리와 더불어 그 대상을 겪을 나 아닌 다른 사람들의 자리도 아울러 유념하는 태도가 필요합니다. 그래야 만나는 사물이 두루 보입니다. 그렇지 않으면 결과적으로 내가 만나는 사물을 내가 보고 싶은 대로 보게 됩니다. 내게 보이는 것만 보고, 내가 이미 의미 있다고 짐작한 면만 봅니다. 결국 그러한 태도에 따르면 스스로 물은 물음에 대한 해답이란 내게 적합성을 가지는 것이어야 합니다. 그렇지 않은 것이라면 그 앎은 아예 그 사물에 대한 인식이 아니라고 판단하게 됩니다.

그런데 이러한 태도는 '인식객체의 자리'에서 보면 자기 자신이 가진 그 나름의 존재의미가 배제되거나 아예 부정당하는 일과 다르지 않습니다. 이를테면 우리는 삶을 힘의 현상으로 읽을 수 있습니다. 그렇다고 해서 어떤 현상이든 그것이 정치현상으로 설명되어야 하는 것은 아닙니다. 그런데 물음주체가 정치적 관심을 가지고 종교를 살피게 되면 종교는 온전히 정치현상으로 읽힐 수밖에 없습니다. 하지만 종교를 그렇게만 설명하게 되면 그것은 논리적으로 말한다면 종교현상을 물은 것이 아니라 정치현상을 물은 것과 다르지 않습니다. 그 관심 안에는 이미 종교현상이 있는 것이 아니라 정치현상만 있기 때문입니다. 물론 어떤 문화현상에서도 중첩과 복합의 현실성을 간과하지 못합니다. 그러므로 종교를 종교라는 서술범주에만 넣어둔다는 것은 정직한 인식을 위해 장애가 될 수밖에 없습니다. 종교는 종교이면서 정치현상이고, 경제현상이며, 심리현상이기 때문입니다. 그러므로 종교를 정치현상으로 환원하여 이를 설명하는 것이 무리한 것은 아닙니다. 그러나 정치현상으로 범주화하여 그 안에만 담을 수 없는 어떤 두드러진 점 때문에 그것을 굳이 종교라고 호칭했던 그 연유에 주목할 필요가 있습니다. 그러므로 종교현상을 그대로 정치현상으로 환원하여 서술하는 것이 불가능한 작업은 아니지만, 정치적 맥락에서 종교를 서술한다는 것과 그것을 정치현상으로 바꾸어 서술한다는 것은 같지 않습니다. 물론 종교와 정치를 범주화하여 구분한 그러한 정황이 시간이나 삶의 구조의 변화 때문에 바뀔 수밖에 없다고 하는 것을 우리는 승인해야 합니다. 하지만 그러한 사실을 유념한다 할지라도 우리가 그러한 분류체계의 역사를 아예 지워 버릴 수는 없습니다. 중요한 것은 인간의 경험 속에서 그러한 현상의 묘사가 어느 정황에서는 절실하게 요청되었다는 사실입니다. 그러므로 그러한 분류체계가 변화 과정 안에 있음이 확인되었다면, 그때 이루어져야 하는 것은 어느 특정한 서술범주에다 모든 현상을 환원하기보다는 서술범주 전체를 되살펴야 하는 일입니다. 그럼에도 불구하고 우리는 종교를 바라보는 이른바 '객관적인 자리'에서 흔히 종교를 다른 현상으로 환원하여 읽는 그러한 방법으로 종교를 설명해 왔습니다. 결과적으로 우리는 '개념으로서의 종교'는 확보했지만 '실제적인 종교'는 잃고 말았습니다. 그래서 종교에 대한 비판적 인식은 여전히 낯설고 현실성 없이 주변에 머물고 있습니다. 종교에 대한 인식의 빈곤은 종교의 자기주장 때문만이 아닙니다. 종교에 대한 인식을 의도한 자리도 이러한 현상을 초래한 책임에서 벗어날 수 없습니다.

그러나 우리가 묘사한 '인식의 빈곤'은 종교 안의 자리나 종교 밖의 자리 때문만은 아닙니다. 겉으로는 그렇게 드러나고 있어 그렇다고 묘사하는 것이 옳지만, 그 두 자리가 그럴 수밖에 없는 더 깊은 차원을 살펴보면 또 다른 사실을 확인하게 됩니다. 다른 것이 아닙니다. 종교 안의 자리에는 종교인이 자리 잡고 있습니다. 그러나 인간은 보이지 않습니다. 종교 밖의 자리에는 인간이 자리 잡고 있습니다. 그러나 종교인은 보이지 않습니다. 인식을 위한 과정에서 현상의 어떤 것을 배제하거나 간과하는 일은 바른 인식을 저해하는 일입니다.

무릇 닫힌 채 묻는 물음은 물음일 수 없습니다. 물음은 그것 자체로 열림입니다. 그러므로 물음에 담기지 못할 어떤 것도 없어야 그것이 비로소 물음입니다. 그리고 물음을 물을 수 없는 것은 아무것도 없습니다. 그런데 그 물음이 추구하는 해답은 그것이 해답으로 승인되고 수용되는 순간 더 이상 물을 것이 없는 정황을 빚습니다. 그러므로 그것은 실은 닫힘입니다. 물음을 더 이상 용인하지 않기 때문입니다. 따라서 닫힘이지 않은 해답이란 현실성이 없습니다. 닫힘은 구체성이고 직접성이고 현실성입니다. 해답은 그렇게 있어야 합니다. 하지만 삶은 스스로 역동적입니다. 닫힘 자체에 대한, 그러니까 해답 자체에 대한 또 다른 물음을 일게 합니다. 그러므로 열림에의 가능성을 함축하지 않은 닫힘은 이미 닫힘이 아닙니다. 해답일 수가 없습니다. 그러므로 열림에서 머무는 것도, 닫힘에서 머무는 것도, 그것을 의도했든 그렇지 않았든, 결과적으로는 모두 부정직한 태도입니다.

그러므로 물음과 해답, 열림과 닫힘의 정황에서 우리에게 요청되는 것은 '정직성'입니다. 그 정직성은 현상의 기술에서부터 시작되어야 합니다. 그러기 위해서는 두 가지 분명한 태도가 전제되어야 합니다. 하나는 해답이라고 일컬어진 인식의 내용을 되물어야 하는 일입니다. 직접적으로는 기존의 해답이 지닌 현실 적합성에 대한 회의에서 그 물음이 비롯합니다. 그런데 그것은 해답에 의해서 닫힌 상황을 열린 상황으로 바꾸는 일이기도 합니다. 그렇게 하지 못하면 우리는 해답이라는 이름의 유폐공간에서 질식할 수도 있습니다. 정직은 이때 우리에게 마련되어 있는, 그러나 그렇다고 하는 것을 간과해 온 출구와 다르지 않습니다.

그런데 열림은 개념적 실재의 맥락에서 이어지는 논리적 진전을 통해 이루어지는 것이 아닙니다. 기존의 개념들이 내게 과하는 '편리한 현실'을 넘어, 내 경험의 현장에서 변화하는 과정에 있는 낯선 문제의 출현과 직면하면서, 새로운 개념의 출현을 의도하는 상상력을 통해, 지금의 해답을 되묻는 물음에서 비로소 열림이 이루어집니다. 그런데 그럴 수 있기 위해서는 경험주체가 '인간에 대한 관심'을 우선하는 것으로, 그리고 종국적인 것으로 전제해야 합니다. 이를 또 하나 유념해야 할 태도로 지적하고 싶습니다. 그러나 이때의 '인간'은 종교인도 아니고, 비종교인도 아니고, 반종교인도 아닙니다. 이들 모두를 포괄하면서 적어도 종교라는 현상이 인간의 삶 속에 현존한다는 것을 자기의 삶 속에서 분명한 실재로 지니는 인간 모두를 뜻합니다. 달리 말하면 '종교라는 문화를 영위하는 인간'이라고 해도 좋을 것 같습니다.

그러나 이 '인간'조차 넘어서지 않으면 안 됩니다. 결국 종교를 이야기하자는 것은 삶을 논의하자는 것이고, 그것은 사람에 대한 관심에 진지해져 보자는 희구와 다르지 않습니다. 그런데 개개 종교를 기반으로 한 어떤 종교논의도 이제는 그 한계가 분명합니다. 개개 종교의 자기 서술 언어인 동어 반복은 조금도 인식의 지평을 확장해주지 않습니다. 다만 그 발언주체의 신념을 강화할 뿐입니다. 그렇다면 종교도 역사가 기술되는 문화현상이라는 사실을 승인하는 자리에서 개개 종교의 그러한 현상이 어떻게 인간을 서술하고 있는지를 살피는 자리에 서지 않으면 안 됩니다. 종교언어들이 낳는, '인간적'이라는 표현으로 수식된 반인간적, 또는 비인간적 주장들을 간과할 수 없기 때문입니다. 그러므로 오늘을 살아가는 우리가 종교와 관련하여 새삼 인간을 되생각하는 계기에서 우리가 해야 할 일은, 지금 여기에서 사람들이 '물음과 해답의 구조'를 어떻게 살고 있고 또 살아야 하는가의 문제를 통해 '새로운 인간상'을 탐색하는 일입니다. 이것이 종교에 대한 관심의 모습이지 않으면 안 됩니다. 기존의 종교들이 제시하는 인간상을 지금 여기에서의 적합성을 찾아 다시 다듬거나 다시 꾸미는 해석학적 과제를 수행하는 것만으로는 우리의 물음도, 우리의 해답도 정직하기가 쉽지 않습니다.

종교에 대한 우리의 관심은 이러한 사정 때문에 분명히 여전한 미로적 정황 안에 있습니다. 종교가 드리우는 인식에의 그늘이 너무 짙고, 그리고 그것으로부터 벗어나려는 인식에의 노력이 지닌 종교의 그림자가 너무 길기 때문입니다. 그러나 미로를 벗어나는 일이 그리 어려운 것만은 아닙니다. 미로에서의 '탈출'은 '비상(飛上)'이면 됩니다. 그렇게 하면 우리는 더 이상 미로적 정황 안에 머물지 않아도 됩니다. 떠나 버리면 입구를 확인할 필요도 없거니와 출구를 모색할 필요도 없습니다. 열림에서 닫힘을 추구할 필요도 없고, 닫힘을 다시 열림이게 할 필요도 없습니다. 달리 말하면 종교에 대한 관심을 포기하면 종교와 더불어 이는 문제도, 종교로부터 말미암은 번거로움도, 종교에 귀일한다고 여겨지는 온갖 순수한 고뇌라는 이름의 기만적 구조도 물을 필요가 없습니다. 포기는 포기되는 사물의 부재를 선언하는 것과 다르지 않기 때문입니다. 탈출과 비상은 이러합니다. 그러나 이제까지 살펴본 바와 같이 그것은 불가능합니다. 종교는 초월적인 실재도 아니고 개념의 논리 속에 비로소 현존하는 사물도 아닙니다. 그것은 삶 자체입니다. 우리가 삶의 현장에서 종교와 만나 미로적인 정황을 의식하는 것은 이미 우리가 현존하는 그 공간이 폐쇄공간으로 지속하기를 바라지 않는 삶의 절실한 충동 때문입니다. 그러므로 이 미로적 정황에서 출구의 모색은 이 공간으로부터 '탈출'을 모색하여 도달하는 '비상'과는 다릅니다. 비상은 미로적 정황의 '버림'이지만 출구의 모색은 그 정황의 '아낌' 또는 '존중'입니다. 거기에 인간이 살고 있기 때문입니다. 우리가 의도해야 하는 것은 후자이어야 합니다. 미로는 미로이어서 답답한 폐쇄공간으로 읽히지만 그곳은 우리 삶의 유일하고 절대적인 현장이기 때문입니다. 그리고 삶은 불가피하게 열림과 닫힘, 닫힘과 열림으로 구조화된 '의미를 낳고 경험하는 공간'이기 때문입니다.

그렇다면 "지성적 공간 안에서의 종교: 종교문화에 대한 비판적 인식을 위하여"라는 우리의 주제에 대한 관심은 정직한 인식과 열린 상상력에 의하여 직조(織造)될 때 비로소 의미 있는 결실을 기대할 수 있을 것입니다.

제 5 강

—

당대(當代) 종교문화에 대한
비판적 인식
─오늘, 우리 종교문화의 모습

* '이 장은 강좌에 포함되었던 것이 아니다. 그러나 네 차례에 걸친 강의가 지닌 모호한 개념적 서술을 보완
하기 위하여 이곳에 첨가하기로 하였다. 이 장의 내용은 이미 *Korea Journal*, Vol. 52, no 3(Autumn 2012)
에 "Profiles of Contemporary Korean Religions: The Emergence of Neo-Ethnicity"(pp.9-34)라는 제목으
로 발표한 바 있고, 다시 이를 요약한 내용을 민음사에서 2014년에 출판한 『동서양의 문명과 한국: 역사와
전통』에 "종교와 역사: 오늘의 한국종교"(pp.175-210)에 수록하였다. 여기에서는 이전 발표를 더 보완하고
수정하였다.

1. 당대인식의 난점 하나: 역사적 접근

역사의식이 낳는 당대인식은 '그름에 대한 질책'과 '바름에 대한 회구'로 채워져 있습니다. 그러므로 역사적 접근을 통한 당대인식이란 결국 신념을 구축하는 기반이 됩니다. '행위를 독촉하는 신념'이라고 해야 좋을지도 모릅니다.

이제까지 우리는 종교가 무엇이라고 하는 주장을 거의 펴지 않았습니다. 종교의 자리에서 일컫는 종교, 종교에 반하는 자리에서 일컫는 종교, 그러한 두 자리와는 다른 접근을 통해 종교를 조금 더 투명하게 살피려는 자리 등에서 일컫는 종교에 대한 논의가 제각기 자기 나름의 한계가 있다는 것을 지적하면서, 또 다른 '방법'은 없을까 하는 것을 모색해 왔을 뿐입니다. 그러한 과정에서 우리는 앞의 자리들을 전제하든가 아니면 잇는 맥락에서 우리의 자리라고 할 만한 것을 '종교를 문화로 보는 자리'라고 일컬었습니다. 이미 문화인류학에서는 익숙한 이러한 '장(場)'을 분명한 개념적 차이의 서술도 없이 차용하는 것이 설득력을 가질는지는 모르겠습니다. 그렇기 때문에 이러한 우리의 '실험적인 접근'이 옳은 거라고 주장할 생각은 없습니다. 방법은 필요의존적인 것이라고 이해하기 때문입니다.

인식을 위해 어느 사물에 다가가는 길은 늘 가변적입니다 그렇기 때문에 그것이 어떤 것이든 새로운 시도를 무의미한 것이라고 부정하는 일은 매우 조심해야 합니다. 이전과 동일한 객체라 할지라도, 새로운 시도는 실은 그

객체가 새로운 접근을 시도해야 할 만큼 다른 것으로 물음주체에게 다가왔기 때문에 이루어집니다. 그렇다면 우리의 접근이 그 나름의 의미를 지닌 것일 수 있다는 것을 좀 더 명료하게 하기 위해 지금 여기에서 우리가 겪는 종교현상을 그러한 접근을 통해 어떻게 서술할 수 있을 것인지를 살펴, 우리의 자리가 기존의 다른 자리에서 서술해 왔고 또 서술할 수 있을 논의와 어떤 다름을 보여줄 수 있는지를 살펴보고자 합니다. 이를 위해 우리의 마지막 장을 "오늘 한국의 종교현상"이라는 주제로 다루어보고자 합니다. 우리의 새로운 자리가 의도하는 일이 이러한 주제를 설명하는 데서 구체적으로 드러날 수 있으리라고 기대하기 때문입니다.

이미 앞에서 밝혔듯이 이 장에서 다루려는 우리의 과제는 한국의 '당대 종교현상'을 서술하고 이해하는 것입니다. 무릇 당대의 문제를 기술한다는 것, 그리고 그것을 통해 당대를 진단한다는 것, 그래서 그것이 지닌 의미를 지금 여기에서 시의성을 잃지 않고 제시한다는 것은 당대를 사는 주체에게 당연하게 주어지는 과제이고 이 주체가 마땅히 수행해야 할 일입니다. 그리고 그 과제를 수행하는 주체가 당대의 현상과 직접적으로 만나고 있을 뿐만 아니라 그 당대의 정황 속에 현존하고 있다는 사실 때문에, 그러한 작업은 그 현상에 대한 인식을 의도하는 자리에서 아무런 방법론적 문제를 야기하지 않으리라고 생각합니다. 현장을 경험하고 있는 주체는 그 현장을 굳이 묻지 않아도 그 현장을 다 안다고 여기는 것이 우리의 상식이기 때문입니다. 이를테면 그러한 태도는 사건 현장에 있었던 사람의 증언을 그 사건에 대한 충분한 설명이라고 여기는 것과 다르지 않습니다. 하지만 다시 생각해보면 그 경험주체의 직접적인 경험에서 말미암은 것이라 할지라도, 그러한 증언이 곧 그 사건에 대한 충분한 '설명'은 아닙니다. 그 증언은 오히려 '사건의 일부'이지 '사건에 대한 인식'일 수는 없는 것입니다. 그러므로 의외로 우리가 수행하려는 당대인식이란 그리 수월하지 않습니다.

이렇게 말할 수밖에 없는 것은 인식주체의 인식객체와의 직접적인 만남이나 그러한 정황 안에서의 머묾이 인식을 위해 요청되는 '거리'를 확보하지 못하고 있기 때문입니다. 그러므로 설혹 어떤 사물에 대한 인식이 이루어졌다고 할지라도, 그러한 정황에서 그때 일컬어지는 인식이란 실은 '인식'이 아니라 오히려 그 객체에 대한 즉각적이거나 직접적인 '반응'이라고 해야 옳습니다. 인식의 구조가 아예 결여된 상황 안에서 이루어진 것인데도 이를 굳이 앎이라고 주장하기 때문입니다. 그럼에도 불구하고 우리는 때로 당대를 기술하는 주체가 '당대 안에 있다'는 사실 때문에 당대에 대한 그 주체의 '반응'을 당연하게 그 당대에 대한 '인식'으로 여기곤 합니다. 그러나 우리가 인식해야 할 현상은 그러한 '반응'까지 포함한 현상입니다. 그 반응이 그 현상과 분리된 것은 아닙니다. '당대에 내재한 나를 제외한 당대'란 비록 그것이 방법론적으로 주장되는 것이라 할지라도 불가피하게 안에 있으면서 밖에 있어야 하는 주체와 객체의 괴리를 함축하기 마련입니다. 그렇다면 당대에 대한 '당대의 인식'이란 사실상 불가능한지도 모릅니다. 그것은 당대로부터 인식주체를 떼어놓는 상당한 '시간적인 거리'를 요청하기 때문입니다.

그러나 자기가 살고 있는 당대를 인식하고자 하는 의도가 당대 안에 현존한다고 하는 '물음의 현실성'을 우리는 간과하거나 배제할 수가 없습니다. 당대를 겪는다는 것이 그대로 당대를 아는 것이 될 수는 없습니다. 우리가 일컬어 삶의 문제라고 여기는 것들은 모두 지금 여기에서 말미암은 것들입니다. 삶의 곤혹스러움이라든지 설명할 수 없는 불안이라든지 하는 것은 지금 여기를 감당하지 못하는 우리의 어떤 한계에서 비롯합니다. 그러한 것들이 우리로 하여금 직면한 정황을 벗어나려는 출구를 모색하도록 충동합니다. 그러므로 우리는 당대를 살아가면서 온갖 알 수 없는 사태, 물음조차 불가능했던 미지의 사실, 그리고 이전의 인식이 내 삶의 순항을 좌초하게 하는 소용돌이에 함몰되어 있다는 것을 소박하게 승인하지 않으면 안 됩니다. 그러고 보면 당대를 사는 사람들은 누구나 당대를 '문제'로 의식하는 주체입니다. 우리는 누구도 '투명한 당대'를 만나지 못하기 때문입니다. 그것이 우리의 삶의 현실입니다.

그런데 이러한 사실은 우리에게 또 다른 것을 보여줍니다. 우리는 앞에서 '직접적인 만남'이나 '그 정황 안에 있음'이라는 사실 때문에 인식을 위한 거리를 구조적으로 확보하지 못하고 있다고 말하면서, 그러한 정황에서는 당대인식이란 사실상 불가능한 것이리라고 주장한 바 있습니다. 하지만 우리는 우리가 만나는 현실, 곧 당대에 대한 물음을 끊임없이 묻고 있습니다. 물음은 삶의 일상입니다. 이처럼 삶의 주체가 이미 문제를 제기하는 주체라는 사실을 유념하면 인간은 어떤 정황에서든 결코 인식의 기회를 결여할 수 없는 존재라는 사실을 새삼 승인하지 않을 수 없습니다. 그렇다면 우리는 앞에서 서술한 것과 전혀 다른 주장을 펼 수도 있습니다. 인식을 위한 '거리'를 굳이 의도하지 않는다 할지라도 우리의 삶 자체 안에 그 거리가 구조적으로 내장되어 있다고 주장할 수 있는 것입니다. 다시 말하면 '우리가 살아가는 당대'와 '당대를 사는 주체' 간의 일정한 '거리'가, 곧 당대를 인식할 수 있는 일정한 어떤 '거리'가 이미 그 삶 안에, 당대의 경험 안에, 곧 당대에 대한 물음의 틀 속에 구조적으로 자리 잡고 있다고 말할 수 있습니다. 그러므로 이것은 당대의 주체가 당대를 인식하는 일이 불가능하지 않다는 것을 함축합니다.

우리는 그러한 가능성의 실현으로 일컬음 직한 하나의 예로 이른바 '역사적 접근'을 들 수 있습니다. 우리는 으레 당대를 설명하기 위하여 이를 역사적 맥락 안에 놓고 그 자리가 어디인지를 확인하려 합니다. 시간의 맥락에다 당대를 위치지우고, 과거나 미래를 서술준거로 하여 이것들과 당대를 서로 견줌으로써 당대를 올연하게 드러나게 하는 것입니다. '과거를 회상하며 현재를 이와 비교하면 ~'이라든지 '미래를 지향하면서 현재를 살펴보면 ~'이라든지 하는 당대인식을 서술하는 '도입 틀'이 이를 잘 보여줍니다. 우리가 지니고 있었지만 드러나지 않았던 '인식을 위한 거리'를 역사적 조망에 의해 구체화한다고 말할 수 있습니다. 우리는 그렇게 하여 당대를 인식합니다. 그렇기 때문에 역사적 접근이 마침내 드러내는 당대란 과거의 결과나 그것에 기초하여 이루어진 미래의 기대가 틀 지운 것이라고 설명됩니다. 그런데 비록 방법론적인 것이라 할지라도 이 경우 우리는 당대에 초점을 두기보다 과거나 미래에 관심을 둡니다. 당대를 설명하기 위한 인식의 준거가 절실하게 요청되기 때문입니다. 그리고 당대는 그 준거에서 추론된 당연한 논리적 귀결이라 여깁니다. 그러므로 당대는 필연적으로 '인(因)'에서 비롯한 '과(果)'로 기술됩니다. 이러한 설명은 당대에 대한 잘 마련된 인식이라고 할 수 있습니다. 왜냐하면 분명한 개념을 다듬고 정연한 논리를 펴면서 '왜 당대가 이러한지'를 설명하고 있기 때문입니다.[01]

그러나 이러한 방법이 우리가 의도한 대로 그렇게 자연스럽게 우리를 당대인식으로 이끌지는 않습니다. 그 설명을 살펴보면 우리가 의식하지 못한 난제가 이 방법 안에 내재해 있음을 확인할 수 있기 때문입니다. 문제는 '인에서 비롯한 과'에 이르는 논리의 정연성(整然性) 여부가 아닙니다. '과(果)'의 인(因)'으로 전제된 그 '인'이 과연 적합한 '인'인가 하는 것이 문제입니다. '인'

---

01 '역사적 접근'의 문제와 관련해서 다음 글을 참조하라: 정진홍, 〈역사〉, 《열림과 닫힘: 인문학적 상상을 통한 종교문화 읽기》, 산처럼, 2006, 120-144쪽. 또한 역사의 문제와 관련된 포괄적인 논의를 위해서는 다음 책을 참조하라: Paul Ricoeur, *Memory, History, Forgetting*, trans. Kathleen Blamey & David Pellauer, Chicago: The University of Chicago Press, 2004. 역사와 진리 구성의 문제를 위해 같은 저자의 다음 책 역시 참조하라: Paul Ricoeur, *History and Truth*, trans. Charles A. Kelbley, Evanston: Northwestern University Press, 1965.

으로 개념화된 과거는 우리가 역사적 사실이라고 기술하는 '지난 시간의 복합적 실재'입니다. '인'으로 개념화된 미래는 예상 불가능한 시간을 전망하면서 지니는 '복합적인 희구'의 내용입니다. 그러므로 과거는 서술하기 불가능할 정도로 많은 서사(敍事)를 담고 있는 '사실들의 더미'입니다. 미래도 다르지 않습니다. 온갖 꿈이 서린 희구의 구체적인 상(像)으로 가득 차 있을 뿐만 아니라, 그 상들은 끊임없이 가변적입니다. 그런데 우리는 그 중에서 어떤 사실을 뽑아내어 그것을 개념화하거나, 아니면 과거나 미래 전체를 추상화하여 개념화한 어떤 것을 '인'으로 설정합니다. 그러면서 우리의 당대를 그 '인'에 상응하는 개념적 실재로 만듭니다. 그렇게 하면 당대는 당연히 그 '인'의 '과'로 서술되고 설명됩니다. 결국 '인'은 그것이 어떤 것이든 '과'를 낳는 '필연적'인 것으로 승인되지 않을 수 없습니다. 하지만 중요한 것은 당대를 설명하는 준거가 된 과거와 미래는 우리가 과거라고 일컫는 그러한 과거에 '실제로 현존하던 과거'도 아니고, 우리가 미래라고 일컫는 그러한 미래에 '실제로 현존할 미래'도 아니라는 사실입니다. 그 과거나 미래는 다만 지금 여기에서 우리가 지금 여기의 나의 정황을 인식하기 위해 '선택한 실재'일 뿐입니다. 다시 말하면 당대를 인식하기 위한 '개념적 실재'인 것입니다. 더 구체적으로 말한다면 그것은 당대를 위해 지금 여기의 인식주체에 의하여 '해석된 실재'와 다르지 않습니다. 당대를 규정하는 과거나 미래란 실은 이러합니다. 따라서 역사적 접근이 담고 있는 인과론은 그리 '단순'하지 않습니다.

이러한 사정을 좀 더 살펴보면 역사적 접근의 난점이 더욱 두드러집니다. 역사적 접근을 통한 당대인식은 당대를 인식하려는 인식주체가 지금 여기가 아닌 다른 시간에 일어난, 그리고 일어날 일을 해석하여 개념화한 실재를 준거로 하여 당대를 설명하는 것과 다르지 않습니다. 그런데 그렇게 마련된 준거는 지금 여기를 인식하기 위한 지금 여기의 주체가 선택하고 해석한 것인 한 당대를 인식하려는 인식주체의 자의성(恣意性)에 의해 이루어진 것이라고 할 수밖에 없습니다. 뿐만 아니라 당대는 아직 기술도 되지 않았고 해석도 되지 않았습니다. 당대는 개념의 세계가 아닙니다. 그것은 지금 여기에서 직접 부닥치는 경험적인 실재이어서 바야흐로 설명이 필요한 그러한 세계입니다. 그러므로 이를 '개념적 실재'를 통해 인식하려는 일은 당대에 대한 현실 기술조차 의도할 수 없게 하는 것과 다르지 않습니다. '개념화된 과거 또는 미래'를 판단준거로 하여 이를 당대에 투척하면서 그 개념에 상응하는 인식내용만을 당대의 실재로 여기는 것과 다르지 않기 때문입니다. 그렇게 되면 지금 여기에 현존하면서도 그 개념에 의해 여과되지 않은 것들은 실재이기를 승인받지 못한 채 결국 '있지 않은 것'이 되어버리고 맙니다. 또한 과거나 미래는 견줌을 위한 준거로 요청된 것인데도 불구하고 그것들 자체가 당대인식을 결정하는 규범적인 범주가 되어 버립니다. 결국 당대를 인식하려는 의도에서 비롯한 역사적 접근은 지금 여기를 과거나 미래에 견주어 전자가 후자와 어떻게 다른지를 살펴 당대에 대한 인식을 도모하기보다는, 해석된 과거나 미래에 의하여 사실과는 상관없이 당대가 빚어지는 결과에 이르게 됩니다. 그렇게 되면 과거나 미래는 당대의 설명하는 '인'이 아니라 오히려 당대를 자기 안에 함몰시켜 해체해 버리고 되나올 수 없게 하는 '늪'과 다르지 않게 됩니다. 그렇게 되면 당대는 '과'일 수도 없습니다. 과거 속에서, 또는 미래 속에서 해체되는 당대만 있을 뿐인데 그러한 당대는 실은 논리적으로 서술한다면 '없음'과 다르지 않습니다.

그럼에도 불구하고 여전히 역사적 접근을 통해 당대에 대한 인식을 의도한다면, 그때 이루어지는 당대인식은 실은 우리가 만나 물음을 물은 '당대'에 대한 해답이 아니라 우리의 물음 이전에 준비된 해답, 곧 과거나 미래가 이미 우리의 당대 물음 이전에 스스로 '내장하고 있는 해답'을 만나 그것이 마치 지금 여기에서 우리가 묻는 물음에 대한 해답이라고 여기는 것과 다르지 않습니다. 그런데 그러한 '준비된 해답'을 과거나 미래가 지니도록 한 주체가 지금 여기에서 당대를 묻는 물음주체라는 사실을 유념하면 결국 역사적 접근이란 자기가 이해하고 싶은 대로 당대를 설명하려는 의도가 자신의 인식논리를 정당화하기 위해 마련한, 그런데 실제로는 아무런 인식도 이룰 수 없는 구조를 지닌, 명목상의 인식 틀이라고 할 수도 있습니다.

결국 역사적 접근은 당대를 인식하기 위한 거리를 마련하기보다 오히려 그 거리를 이미 해석된 개념을 통해 효과적으로 제거하면서 거리(距離)의 필요성을 아예 불식시킵니다. 따라서 우리는 당대로부터 비롯한 문제를 과거 또는 미래의 인식 범주 안에 귀속시키고, 과거나 미래에서 비롯한 현상과 의미를 당대에 대한 우리의 인식으로 간주합니다. 그렇게 마련된 인식 범주에 드는 것만을 '당대를 빚은 사실'이라고 여기기 때문입니다. 그러므로 이러한 접근을 통해서는 사실상 설명되지 않는 당대의 어떤 문제도 없습니다. 당연히 인식 불가능한 당대의 어떤 사태도 없습니다. 과거와 연계된 맥락에서 당연하게 있을 수밖에 없는 사실들이 있을 뿐이고, 미래의 지향에서 그 조망의 기반이 되어 마땅한 것만이 있을 것이기 때문입니다. 이러한 주장이 가능한 것은 '시간의 지속은 곧 인과의 연쇄'라는 전제 때문입니다. 하지만 이러한 전제가 자명한 것인지는 분명하지 않습니다. 논리적으로는 그렇게 서술할 수 있다 할지라도 경험적으로는 반드시 그러하지 않기 때문입니다. 그렇다면 이는 '시간의 맥락을 인과(因果)의 맥락으로 환원하는 일'과 다르지 않은데 이를 '경험적 현실로서의 시간'이 '논리적 현실로서의 개념'으로 환원되고 있는 것이라고 할 수도 있겠는데 그렇게 하는 것을 과연 당대인식이라고 할 수 있는 것인지는 아무래도 조심스럽습니다. 왜냐하면 당대에 대한 인식이라고 일컬어지는 이른바 '역사적 설명'이 결코 단일하지 않다고 하는 사실 때문에 그렇습니다. 무수히 다양한 역사적 설명이 제각기 당대의 '인'을 제시하고 있다는 사실은 주목해야 할 일입니다. 역사적 접근에서는 우리의 자의성(恣意性)이 효과적으로 제어될 수 있다는 것을 실증할 수 있는 어떤 인식을 위한 준거도 없기 때문입니다.

이러한 사실 때문이라고 판단되는데, 실제로 역사적 접근에서 이루어진 이른바 '당대인식'은 현존하는 정황에 대한 물음에 상응하여 앎의 논리를 투명하게 펼치려는 노력을 기울이기보다 오히려 현존하는 정황과 적합성을 가진다고 서술될 수 있는 행위규범을 마련하는 일, 그리고 이를 실천하기 위한 행동강령을 만드는 일에 더 많은 관심과 노력을 기울입니다. 그래서 역사적 접근을 통해 이루어지는 당대에 대한 인식은 대체로 규범적 판단을 준거로 한 행위로 귀착합니다. 그러므로 그러한 당대인식은 인식일 수 없습니다. 그것은 신념입니다. 이른바 역사의식에 기초한 이념의 구축과 다르지 않습니다. 그리고 이를 구체화하는 실천적 규범을 마련하는 일과 다르지 않습니다. 이는 당대에 대한 반응의 한 모습일 뿐입니다.

앞에서 우리는 당대와의 '거리 없음'이나 당대 '안에 있음'의 정황에도 불구하고 당대의 경험주체가 당대에 대한 문제를 제기한다는 사실이 당대를 살아가는 주체에 의한 당대에 대한 인식 가능성을 보여주는 것일 수도 있으리라는 주장에 근거하여 이른바 역사적 접근을 살펴보았습니다. 그러나 그러한 접근은 당대에 대한 앎을 구축하기보다 당대에 대한 이념으로 귀착하여 '도덕적 비판'이나 '도덕적 이상(理想)'의 구현이나 천명으로 나타난다는 사실도 살펴보았습니다. 따라서 역사의식이 낳는 당대인식은 '그름에 대한 질책'과 '바름에 대한 희구'의 개념과 논리로 채워져 있습니다. 그렇기 때문에 역설적이지만 그러한 자리에서는 우리가 염려한 '인식의 난점'을 일컬을 필요조차 없습니다. 오히려 그 자리에서 당대의 인식주체가 부닥치는 난점이라고 일컬을 수 있는 사태가 있다면 그것은 그 주체가 스스로 주장하는 '그름의 승인'과 '바름의 희구'를 일상으로 확장하려는 과정에서 부닥치는 '역사의식을 결한 당대의 인식주체들'이 지니는 무관심이나 의식 없음입니다. 따라서 역사적 접근은 인식을 지향하면서도 서둘러 인식을 간과하며 실천을 의도하는 스스로의 구조 때문에 엄밀한 의미에서 자신의 인식 여부에 대한 자성(自省)의 기회를 확보하지 못합니다. 이른바 '역사의식에 근거한 당대에 대한 심판'이 '바른 인식'의 이름으로 주장될 뿐입니다. 그런데 생각해 보면 역사적 접근은 그렇게 될 수밖에 없습니다. 우리는 앞에서 이를 모호하게 '자의성(恣意性)'이라고 표현한 바 있습니다만 그러한 심판이나 인식은 처음부터 신념의 산물이기 때문입니다. 그것은 인식에서 비롯한 것이 아닙니다. 그렇다고 해서 '인식과 더불어 있는 신념'도 아닙니다. 그것은 소박하게 '신념'입니다. 수식이 가능하다면 이를 '행위를 독촉하는 신념'이라고 해야 좋을지도 모릅니다.

2. 당대인식의 난점 둘: 비교문화론적 접근

문화는 '힘의 고르게 있음, 곧 편재(遍在)하는 힘'으로 서술되지 않습니다. 다시 말하면 '나'를 포함한 '타자들'과의 공존은 '힘의 기울어져 있음, 곧 편재(偏在)된 힘'의 현실을 보여줍니다. 그렇기 때문에 같음과 다름의 서술을 주도하는 것은 일정한 문화와 다른 문화의 관계에서 이는 '힘의 갈등적 구조'입니다.

당대를 인식하려는 또 다른 접근은 삶의 현실이 당대의 인식주체가 차지하고 있는 자리에서뿐만 아니라 여기 아닌 다른 자리에 있는 삶의 주체들의 당대 안에서도 일고 있다는 사실을 전제하면서 그 다른 삶의 모습과 내가 여기에서 겪는 삶의 모습을 견주어 내 당대를 인식하려는 그러한 태도입니다. 앞에서 기술한 '역사적 접근'과의 다름을 드러내기 위해 이를 '문화적 접근'이라고 해도 좋을 듯합니다. 더 구체적으로는 '문화 교차적 인식'이라고 할 수도 있습니다. 물론 이러한 방법이 요청된 것이 역사적 접근 이후는 아닙니다. 그렇다 할지라도 그렇게 기술하고 싶습니다. 왜냐하면 삶을 인과의 필연적 논리로 환원하는 역사적 접근이 초래한 '인식의 한계'를 느끼면서 '다른 인식의 기점', 또는 '더 포괄적인 조망의 자리'를 확보하려는 노력에서 문화적 접근이 비롯한 것이라고 말하면 두 접근의 다름이 뚜렷해 질 수 있기 때문입니다.

　이때 주목할 것은 '문화'입니다. 당연히 우리는 그것이 무엇인가를 물어야 합니다. 그런데 이러한 물음은 이른바 문화의 본질을 규정하려는 수많은 주장들과 만나게 됩니다. 그리고 그 주장의 역사, 곧 그 용어의 역사마저 서술할 수 있습니다. 그러다 보면 문화란 언어가 얼마나 깊고 무겁게 이념부하적 (理念負荷的)인가 하는 것도 알 수 있습니다. 그렇다면 문화에 대한 물음은 이 모든 것을 포괄적으로 다루지 않으면 안 됩니다. 그러나 우리의 논의맥락에서 우리가 관심을 갖고자 하는 것은 그러한 것이 아닙니다. 오히려 소박하게 단순합니다. 무엇이 문화인가 하는 물음이 아니라 왜 우리는 그러한 언어를 요청하게 되었는가 하는 데 대한 관심이기 때문입니다. 앞에서 일컬은 투의 문화에 대한 관심은 '문화라는 언어의 탄생' 이후의 사태이지 그 언어의 회임과 출산은 간과된 것이어서 실은 결과적으로 공허할 수밖에 없습니다. 왜냐하면 삶의 현실적인 맥락을 상당히 의도적으로 간과하지 않으면 이루어질 수 없는 '문화를 논의하기 위한 논의'에 머물게 될 수 있기 때문입니다. 그러 므로 문화란 무엇인가 하는 물음은 현실성이 없습니다. 우리는 문화라는 실 재를 만나는 것이 아니라 삶을 기술하기 위해 요청된 문화라는 개념을 구사 하고 있기 때문입니다. 물론 그것이 구체적인 사실을 포함하지 않는 것은 아 닙니다. 그러나 문화는 그 모든 것을 포함한 개념적 실재입니다.

중요한 것은 문화라는 어휘가 개념어라는 사실입니다. 그것은 실재하는 삶을 추상화하여 그 삶을 소통 가능하게 하기 위한 필요에서 빚어진 언어입 니다. 삶이 드러내는 현상이 그대로 묘사될 수 있고, 그래서 삶의 경험이 또 한 그러할 수 있고, 그 묘사된 내용이 하나의 경험주체에서 또 다른 경험주 체로 전달될 수 있었다면, 그러한 어휘는 등장하지 않았을지도 모릅니다. 그러나 삶은 지극히 복합적입니다. 얽히고설킴이 예사롭지 않습니다. 그러 므로 그것을 서술하고 인식하는 일은 쉽지 않습니다. 그래서 우리는 삶을 나누고 다듬어 수많은 단위체로 만듭니다. 복합적인 현상을 제각기 단일한 요인으로 환원하여 그 현상에 대한 인식을 의도합니다. 삶의 현상에 대해 역사적으로 진전되어 온 전통적인 담론편제(談論編制), 곧 우리에게 익숙한 정치, 경제, 과학, 예술, 철학, 종교 등의 분류체계가 그렇게 마련된 것입니 다. 우리는 이를 통해 삶을 효과적으로 구분하여 서술할 수 있는 범주를 마 련합니다. 그렇게 하면 우리가 삶의 복합성의 소용돌이에서 벗어나 삶 자체 에 대한 인식의 가능성을 현실화할 수 있다고 판단하기 때문입니다. 그리고 그것은 무용하지 않습니다. 개개 현상에 대한 서술이 이전에 비해 상대적으 로 수월해지면서, 이에 이어지는 그 현상에 대한 설명 안에 우리가 상당한 공감을 이룰 만큼 보편적인 인식의 내용을 담을 수 있기 때문입니다.[02]

02 '문화적 접근'의 문제와 관련해서 다음 글을 참조하라: 정진홍, 〈문화〉, 《열림과 닫힘: 인문학적 상상을 통 한 종교문화 읽기》, 98-118쪽. '문화 개념'과 '문화 체계로서의 종교'에 대한 논의를 위해 다음 책을 참조하

그러나 우리는 그렇게 이루어진 이른바 '분류체계'를 통한 당해 현상에 대한 인식이 우리가 의도한 것과는 전혀 다른 모습으로 바뀌는 것도 아울러 유념해야 합니다. 실은 그것이 인식의 한계를 지을 뿐만 아니라, 적극적으로 비판적인 자리에서 본다면, 결국 비현실적인 인식, 곧 인식일 수 없는 인식을 낳기도 한다는 사실을 유념해야 할 터인데, 그러한 점이 대체로 가려져 있기 때문입니다. 이를 부연하면 다음과 같은 사실을 기술할 수 있습니다. 분류는 실은 그것 자체가 목적은 아닙니다. 그것은 다만 인식을 위한 잠정적인 방법입니다. 그러므로 이때 이루어진 범주(範疇)는 인식이라는 작업을 위한 가설적 서술범주입니다. 그 범주는 필요한 인식이 무엇인지에 따라 언제나 바뀔 수 있습니다. 그러나 문제는 그렇게 분류하여 드러난 범주가 작업가설적인 서술범주라는 사실을 잊는 데서 비롯합니다. 달리 말하면 그렇다고 하는 사실을 잊을 때, 이미 분류된 개개 서술범주에 드는 현상을 근원적으로 '서로 다른 실재'라고 여기게 되기 때문입니다. '방법론적 서술범주'가 '존재론적 범주'가 되는 것입니다. 그런데 이렇게 되면 당연히 우리는 실제 삶에서는 불가능한, 그러나 개념의 세계에서는 가능한, '삶의 해체' 현상을 겪게 됩니다. 그럴 수밖에 없습니다. 그러한 개개 실재에 대한 인식, 곧 그에 대한 설명이 제각기 자율성과 자족성을 가지고 전개되기 때문입니다. 결국 삶을 인식하고자 한 우리의 의도와 상관없이 그렇게 이루어진 인식은 삶을 해체시켜 버립니다. 복합성의 지양은 삶의 총체성을 대가로 지불하고 얻은 소산인데, 그것은 바른 인식이라는 표피 아래에서 삶의 해체가 불가피하다는 것을 감추고 있습니다. 그렇다고 하는 것을 우리는 대체로 간과합니

라: Clifford Geertz, *The Interpretation of Cultures*, New York: Basic Books, 1973. '종교와 문화'라는 주제와 관련된 다양한 분야의 연구를 위해서 다음 책을 참조하라: Susan L. Mizruchi, ed., *Religion and Cultural Studies*, Princeton: Princeton University Press, 2001.

다. 그러나 그러한 가림이 오래 지속될 수는 없습니다. 만약 우리가 우리의 물음에 대해 충분히 진지하다면, 그래서 이를테면 정치와 종교를 인식을 위해 방법론적으로 구분할 수 있을지언정 그 둘을 별개의 실재로 분리할 수는 없다는 것을 실제로 경험하고 있다면, 그 둘을 서로 다른 범주에 담아야 할 만큼 단절된 두 개의 실재라고 보는 인식이 그 둘의 현존을 바르게 인식한 것이라고 할 수 있을 것인가 하는 물음을 묻지 않을 수 없기 때문입니다.

이러한 사실을 유념하면 우리는 범주의 효용, 범주 설정의 원리, 기존 범주의 재편(再編) 가능성, 또는 그러한 작업의 결과가 초래할 타당성 여부 등을 새삼 살피지 않을 수 없습니다. 그러면서 우리는 '해체된 삶의 통합'을 다시 지향하지 않으면 안 된다는 절박감에 직면합니다. 서술범주에 따라 실제의 삶을 재편하자는 주장이 아닙니다. 해체 이전에 앎을 위하여 이른바 범주를 요청했던 그 복합적인 삶 모두를 해체 이후에 다시 담을 적합한 '다른 언어'의 출현을 의도하지 않으면 안 된다는 사실을 주장하고자 하는 것입니다. '문화'는 그러한 계기에서 요청된 어휘라고 할 수 있습니다.

하지만 문화라는 개념이 우리가 예상하고 기대하는 총체성을 온전히 함축한 투명한 언어는 아닙니다. 그러한 기대를 하면서 발언하는 그 어휘의 용례를 보면 그렇다고 하는 사실을 새삼 확인할 수 있습니다. 왜냐하면 우리는 그 개념을 무한하게 넓은 것으로 여겨 오히려 실재를 모호하게 만드는가 하면, 그 개념을 어떤 것이나 수식할 수 있는 것으로 여겨 오히려 실재를 가늠할 수 없을 만큼 유연(柔軟)한 것으로 만들기도 합니다. 또한 온갖 것을 그 안에 켜켜이 쌓아 다듬을 수 없을 만큼 복합적인 것이 되게 하기도 합니다. 그리고 보면 '해체를 넘어 총체성'을 담겠다는 문화라는 개념은 바로 그러한 의도에서 말미암은 것이기 때문에 실은 모호하고 불안정하며 복합적일 수밖에 없습니다. 따라서 우리는 이를 특정한 필요에 따라 명료하게 정의하거나, 그렇지 않으면 적어도 그 개념의 특정한 함축을 전제하면서 일정한 맥락에서 사용할 수 있도록 조심하지 않으면 안 됩니다. 그러나 이러한 조심스러운 사용은 다시 특정한 필요와 함축, 그리고 일정한 맥락에 따라 그 나름의 '칸막이'를 마련하면서 문화라는 개념어를 자칫 그것을 낳게 한 이전의 분산적 해체로 회귀하게 하는 것과 다르지 않은 사태에 도달하기도 합니다. 그런데 이렇게 되면 문화라는 개념을 요청한 본래의 의도는 무산되고 맙니다. 이전의 '해체구조'로 되돌아가지는 않는다 하더라도 여전히 다른 형태의 '해체상황'을 빚기 때문입니다.

그렇다고 해서 아예 문화를 명료한 개념적 실체로 규정할 수도 없습니다. 총체성은 처음부터 '울(윤곽)'이지 '안(내용)'이 아니기 때문입니다. 그러므로 문화를 하나의 실체로 정의한다는 것은 현실적이지 않습니다. 결국 '문화'는 그것 자체로 모호하고 불안정한 것일 수밖에 없습니다. 문화는 그것과 어떤 다른 것과의 경계를 그을 수 있는 그러한 실재가 아닙니다. 경계를 지워 버리는 일, 실재와 실재 간의 간격을 메우는 일 등이 문화개념의 효용이기 때문입니다. 따라서 개념의 모호성이나 불안정성이나 복합성 때문에 오히려 문화는 삶을 서술하는 가장 '단순한 범주'가 됩니다. 되풀이되는 서술입니다만 그것이 총체성을 담보하기 때문입니다. 그것은 '총체적 실재라는 정체성'을 함축한 개념어로 우리 인식의 장에서 스스로를 현존하게 합니다.

그런데 주목할 것은 이러한 문화라는 개념어를 가지고 이른바 '해체된 삶'을 되 모으려는 의도를 살아가고 있는 삶의 주체가 '나' 또는 '우리'만이 아니라는 사실입니다. 다른 곳에서 그들 나름의 당대를 사는 주체들이 있습니다. 우리는 우리가 있는 '여기'가 아닌 '저기'에서 나나 우리와 마찬가지로 문화라는 개념어를 발언하는 '다른 나, 다른 우리'와 만납니다. 그런데 그들과의 만남은 '문화와 문화의 만남'을 빚습니다. 다시 말하면 그러한 만남은 '문화'라는 범주 안에 있는 실체 간의 만남이라는 사실을 승인할 때 비로소 제각기 자기의 정체성을 드러냅니다. 그때 거기에서 비로소 '다른 나, 다른 우리'가 나나 우리에게 서술 가능한, 그러면서 접촉할 수 있는, '타자'로 등장합니다. 그런데 타자와의 만남은 삶의 일상입니다. 이러한 사실을 유념한다면 이른바 문화를 운위하는 것은 인식론적 구조에서 본다면 삶에 대한 인식을 위한 거리를 이미 그 안에 담고 있다고 말할 수 있습니다. 이를테면 우리가 문화라는 개념을 통해 기술하고자 하는 현상은 언제나 타자와 더불어 있기 때문입니다. 그리고 타자와의 만남은 우리에게 '낯섦'을 경험하게 합니다. 그런데 그것은 이미 인식주체와 그 인식대상 사이에 일정한 거리가 확보되었음을 함축합니다. 그렇지 않으면 낯이 설 수가 없습니다. 이른바 '낯선 문화'를 만났다는 진술 자체는 이미 당대를 인식하려는 주체에게 인식을 위한 거리가 현실적으로 확보되었다는 것을 의미합니다.

그런데 낯섦과의 만남은 그것에 대한 앎에 머물지 않습니다. 처음부터 낯섦에 대한 관심에 이미 포함되어 있는 것이라고 해야 옳을 것인데, 익숙하지 않은 '다름'에 대한 관심은 그것에 관한 앎과 더불어 그 낯섦과 부닥치는 만남주체에 대한 새로운 인식의 자리에 이릅니다. 그러므로 '낯선 문화의 등장'은 '인식주체인 자기의 인식객체로서의 등장', 곧 자기인식의 계기와 다르지 않습니다. 자기를 살필 수 있는 견줌이 가능해지기 때문입니다. 무릇 자기에 대한 인식은 타자와의 견줌에서 현실화됩니다. 인식의 준거를 확보할 수 있기 때문입니다. 그런데 이보다 더 구체적인 '인식을 위한 거리 짓기'는 없습니다. 나 스스로 지은 것이 아니라 타자와의 만남 자체가 지은 거리이기 때문에 그것은 지워지지 않습니다. 그러므로 그 틀 안에서는 나도 타자도 기술할 수 있는 것이 됩니다. 그 기술은 나를 알게 하는 인식으로 나를 이끕니다. 달리 말하면 '다른 문화'와의 견줌에서 비롯하는 '상호간의 묘사'는 당대에 대한 인식을 가능하게 합니다. 따라서 '다른 문화의 발견'이 근원적으로 '인식을 위한 거리를 함축한 것'이라는 사실을 전제한다면, 자기를 포함한 문화교차적 서술은 당대를 인식하려는 주체가 당대 안에 현존하면서도 당대를 인식할 수 있도록 해주는 지렛목이 됩니다. 그러므로 이때의 견줌이 낳는 당대에 대한 앎의 진술은 당대에 대한 '반응'이 아닙니다. 문화적 조망을 통하여 당대의 인식을 의도하는 일은, 그것이 '인식을 위한 조건, 곧 거리 만들기가 확보된 자리'에서 이루어지는 것이라는 사실을 전제할 때, 오히려 '관찰'이라고 묘사할 수 있는 그러한 것입니다. 당대 안에서 당대를 바라볼 수 있는 것입니다. 그러므로 우리는 다른 문화와의 만남을 통해 내 문화의 문화다움을 짐작할 수 있습니다. 그것은 지금 여기의 우리를 총체적으로 서술하는 일과 다르지 않습니다. 다시 말하면 문화교차적 접근은 당대의 삶의 총체에 대한 인식을 가능하게 하는 도구입니다. 문화적 접근은 이렇게 당대인식의 방법으로 자리를 잡습니다.

그러나 당대를 인식하기 위한 역사적 접근과 다르지 않게 우리는 이 문화적 접근에서도 일정한 난제에 봉착합니다. 마치 역사적 접근의 '인(因)'과 '과(果)'처럼 다른 문화와의 만남은 불가피하게 나와 타자의 '같음(同)'과 '다름(異)'을 서술하게 하기 때문입니다. 주목할 것은 그 둘을 일컫는 것이 반드시 견줌의 결과는 아니라는 사실입니다. 실은 '견줌-이전'입니다. 낯섦과의 만남에서 타자를 묻는다든지 그것과 더불어 나를 묻게 되는 데 이른다든지 하는 그 물음들을 충동한 것은 실은 상호간에 존재하는 같음과 다름의 모호성이라고 할 수도 있습니다. 타자가 다름으로 전제된 것임에도 불구하고 우리는 다름의 승인과 수용으로 끝낼 수 없는 다른 현상, 곧 그 다름에서 발견되는 '같음의 너울거림'을 만나기 때문입니다. 그래서 우리는 무엇이 어디까지 왜 같고 다른지를 묻지 않을 수 없습니다. 그런데 중요한 것은 같음과 다름

중에서 어떤 것을 준거로 하여 앎을 추구할 것인가 하는 문제입니다. 이를 어쩌면 그 둘의 우선순위를 결정하는 문제라고 할 수도 있습니다. 형식만을 유념한다면 이러한 문제제기는 비현실적인 것일 수도 있습니다. 같음을 우선하여 접근하든 다름을 우선하여 접근하든 결과적으로 서술내용은 같을 수밖에 없기 때문입니다. 그러나 실제적인 앎의 추구 과정에서는 전혀 다른 현실에 이릅니다. 우선순위의 결정이 문화의 견줌을 결정하는 준거가 되기 때문입니다. 이를테면 같음을 전제한다면 다름은 종국적으로 의미를 지니지 못합니다. 이때 다름은 아무리 특수성의 논리로 강조한다 하더라도 종내 동질성의 범주 안에서는 간과할 수도 있을 부수적 현상 이상일 수 없기 때문입니다. 역으로 다름을 전제한다면 동질성은 인식의 범주에 들지 않습니다. 다름이 드러내는 현상의 특수성이 보편성을 간과해도 좋을 만큼 현실을 압도하기 때문입니다. 다름을 준거로 할 때 초래되는 같음의 왜소화 또는 주변화 현상, 그리고 같음을 준거로 할 때 드러나는 다름의 퇴색과 간과 현상은 결국 같음을 위한 다름의 소거, 또는 다름을 위한 같음의 배제와 다르지 않습니다. 때로 우리는 이러한 불가피한 택일적 과제의 역설에 직면하면서 "같으면서 다르고, 다르면서 같다"는 서술을 통해 이 난점을 지양하려 합니다. 그러나 그러한 발언은 이미 언급한 바와 같이 타자와 만나는 계기에서 전제한 물음의 내용입니다. 따라서 그러한 진술은 난점의 지양을 위한 수사(修辭)일 수는 있어도 당대를 인식하려는 '문제'에 대한 어떤 메아리도 치지 않습니다. 같음과 다름의 우선순위를 묻는 물음은 그러한 서술 이후에 제기되는 것이기 때문입니다. 그러므로 우리가 유념해야 할 것은 같음과 다름의 선택이라는 딜레마가 아니라, 그 선택이 결과적으로 초래할 상호 소거와 배제로 묘사되는 '인식의 장에서의 힘의 작동'입니다.

그렇다면 문화적 접근을 시도하는 장에서 우리가 직면하는 진정한 문제는 무엇이 같고 무엇이 다른지, 왜 같고 다른지 하는 다름이나 같음, 그리고 그 둘이 뒤섞여 모호해지는 인식론적 난제가 아닙니다. 당대를 인식하려는 주체를 불가항력적으로 유도하는 것은 오히려 이른바 '문화적 헤게모니'입니다. 문화는 '힘의 편재(遍在)'로 서술되지 않습니다. 다시 말하면 '나'를 포함한 '타자들'과의 공존은 '편재(偏在)된 힘'의 현실을 보여줍니다. 그렇기 때문에 같음과 다름의 서술을 주도하는 것은 일정한 문화와 다른 문화의 관계에서 이는 '힘의 갈등적 구조'입니다. 문화적 접근을 인식을 위한 거리를 내장하고 있는 구조로 서술할 수 있다고 하는 주장에도 불구하고, 그 접근이 시도되는 실제 자리에서는 그 거리를 지워 버리는 '힘의 논리'가 기능하고 있는 것입니다. 그래서 결과적으로 문화를 주제로 한, 또는 문화를 준거로 한 어떤 문화담론이든 불가피하게 서로 만난 문화주체들 간의 지배와 예속, 저항과 순응의 관계망을 짓고, 그것에서 말미암은 규범을 마련하면서 그것을 통해 진술됩니다. 그렇기 때문에 앞에서 언급한 이른바 역사의식이 '도덕적 규범'으로 귀착하듯이, 문화교차적 견줌을 통하여 이루어지는 당대인식은 지배의 정당화나 예속의 성찰, 저항의 기반이나 순응의 당위 등을 마련하기 위한 '규범적인 신념'이나 '성찰의 규범'으로 다듬어집니다. 충분히 실증할 수 없는 자만과 자학이 교차하면서 문화적 접근은 당대에 대한 인식이 아니라 당대에 대한 '이념적 지향'을 인식으로 서술하는 데 이릅니다.

3. 하나의 실험: 현상의 편곡(編曲)

당대는 제각기 다른 악기들이 자기의 고유한 음색으로 가락을 있게 하고, 다른 악기와 다른 소리의 어울림을 의도하는 '소리의 현장'과 다르지 않습니다. 우리는 '소리의 현장'이 스스로 하나의 '연주'이도록 하지 않으면 안 됩니다. 당대라고 일컬어지는 현상 자체가 자기를 발언하도록 해야 하는 것입니다. 봄(觀)의 즉각성은 인식 안에서 신념을 배태합니다. 그러나 들음(聽)의 지체성은 실천 안에서 인식을 배태합니다.

당대를 인식하려는 우리의 과제와 직면하면서, 어떻게 그것이 이루어질 수 있을까 하는 문제를 위에서는 두 가지 다른 접근을 예로 들어 살펴보았습니다. 그런데 이러한 진술에 대하여 그 논의가 비현실적일 뿐만 아니라 지나치게 도식적으로 다듬어졌다고 지적할 수도 있습니다. 삶이란 그리 분명하게 울을 지어 서술할 수 있을 만큼 소박하지 않기 때문입니다. 이를테면 시간은 흘러가기만 하지 않습니다. 그것은 일정한 공간에서 축적되기도 합니다. 그래서 우리는 '시간의 고고학'을 일컬을 수 있습니다. 그런가 하면 공간도 확장과 축소의 신축성 속에 머물지만 않습니다. 그것은 시간에 실려 풍화(風化)의 과정을 겪기도 합니다. 그래서 우리는 '공간의 기상학(氣象學)'을 일컬을 수 있습니다. 그렇기 때문에 우리는 더 나아가 고고학과 기상학의 착종(錯綜)을 예상하는 데 이를 수도 있습니다. 그렇다면 위에서 역사적 접근과 문화적 접근을 제각기 다르게 기술한 바 있지만 그 둘이 어우러져 빚는 어떤 인식을 기대할 수 있을지도 모릅니다.

그런데 그러한 문제 이전에 우리가 분명히 해야 할 문제가 있습니다. 다른 것이 아닙니다. '당대를 인식해야 한다'는 이른바 당대를 살아가는 사람에게 주어지는 당위가 참으로 당위적인 것인가 하는 물음을 묻지 않을 수 없다는 사실이 그것입니다. 왜냐하면 살아가면서 어떤 문제에 직면하여 이를 벗어나기 위한 해답을 추구하는 것은 당위적인 요청이라기보다 누구나의 일상이기 때문입니다. 따라서 일반적으로 '인식의 요청'조차도 우리는 일상 속에서 일상적으로 지닙니다. 그러므로 어떤 물음을 일상으로부터 들어내어 그것을 누구나 물어 해답을 찾아야 하는 과제로 설정하고, 이를 규범으로 과하는 것은 오히려 비일상적일 수도 있습니다. 더구나 시간의 맥락을 통해, 그리고 문화의 자리를 통해, 인식해야 비로소 정당한 앎에 도달한다고 주장하면서 그 방법조차 규범적으로 제시한다면 우리는 그 물음 자체가 우리의 일상에서 비롯한 것이라는 사실을 소박하게 승인할 수 없는 당혹스러움에 직면하게 됩니다. 마치 내 물음을 묻기보다 나와 상관없이 내게 과해진 물어야 할 물음을 물어야 하는 정황 속에서 내 물음은 물론 내 실존조차 간과되는 것과 같은 경험을 하게 되기 때문입니다. 뿐만 아니라 그래서 도달하는 해답도 실은 내게 적합성을 갖는 것인지를 회의하지 않을 수 없기 때문입니다. 당대인식을 요청하는 '문화'가 지닌 실상이 이러하다면, 우리는 당대인식을 요청하는 주체는 일상 속의 삶의 주체와는 다른 정체성을 지닌 '물음을 전유한 주체'라고 하는 이해를 현실적으로 전제하지 않을 수 없습니다. 그리고 보면 당대에 대한 인식이 삶을 비로소 삶답게 이끌 수 있는 '힘'이라고 하는 주장은 일상 속에 있으면서도 이를 벗어난 자리에 있다는 자의식을 지닌 '하나의 힘으로 현존하는 어떤 실체'에 의하여 주도되는 '힘의 작희(作戲)'일지도 모른다는 생각을 하지 않을 수 없습니다. 규범적인 당위로서 물음을 물어야 한다고 하지만, 그리고 인식을 위해 '거리의 확보'가 불가피하게 요청된다고 하지만, 우리는 그러한 규범이나 거리의 확보 여부 이전에 인식 자체가 문제라는 사실을 거론조차 할 수 없는 절박한 문제정황을 일상으로 살고 있기 때문입니다.

역사라고 하든 문화라고 하든, 삶의 주체는 그렇게 개념화된 틀에 의존한 일정한 방법을 통해 삶과 만나 그것이 지닌 문제를 넘어서는 것은 아닙니다. 우리는 그 틀 이전에 이미 그 개념을 낳게 한 현실을 겪습니다. 역사도 문화도 실은 그 겪음이 있어 비로소 그 속에서 배태된 것입니다. 그러므로 살아간다는 것은 실은 내 의식(意識)에 앞서는 '일어나는 사태'를 겨우 '추수(追隨)'하는 것일 수밖에 없다고 기술해도 좋을 그러한 것입니다. 그렇다면 그러한 삶의 현장 속에서 이를테면 당대인식을 규범적으로 요청하는 것은, 그래서 도달한 인식내용을 분명히 지닐 수 있을 때 삶이 온전해지리라고 주장하는 것은, 그러한 당위 주창자의 정당성을 강화하는 데는 적합성을 갖지만 일상적인 삶의 주체들에게는 현실 적합성을 갖지 않는 공허한 것은 아닌지를 되살피지 않을 수 없습니다. 앞에서도 살펴본 바와 같이 당대인식이 결과적으로 초래하는 것은 신념이고 이념이라는 사실을 유념하면, 그리고 그 신념과 이념이 제각기 다양한 내용을 지니고 갈등하면서 당대인식을 일정한 틀에 넣어 힘의 원천이게 한다는 것을 유념하면 더욱 그러합니다.

그런데 이러한 난제에 부닥칠 수 있다는 것을 유념하면서도 우리는 당대를 묻는 물음의 현실성을 부정할 수는 없습니다. 새로움이나 낯섦과의 만남이 기존의 인식을 흔들기 때문에도 그러하며, 거리 짓기가 그 계기에서 불가피하게 인식을 위한 전제일 수밖에 없다고 하는 사실 때문에도 그러합니다. 하지만 그렇다고 해서 유념할 만한 되살핌이 요청되는데도 여전히 그 자리에만 머물 수도 없습니다. 그렇다면 우리의 과제는 인식을 위한 거리 짓기에서 비롯한 것이라고 일컬어지는 역사적 접근과 문화적 접근을 두루 아우르면서도, 이를 넘어서 신념이나 이념에 함몰되지 않을 '당대인으로서의 당대인식'을 모색하는 일이지 않으면 안 됩니다.

우리는 이 계기에서 무릇 인식을 의도하면서 전제하는 이른바 '거리의 확보'가 당위적인 전제인가 하는 데 대한 물음을 새삼 물어볼 필요가 있습니다. 이러한 회의는 인식론의 전통에서 보면 유치하고 어불성설인 망상입니다. 그러나 거듭 말하지만 '거리'의 요청이 충족되지 않아도 우리는 삶을 '겪으면서' 살아가고 있습니다. 물론 이렇게 말하면 그 겪음 안에 앞에서 주장한 전통적인 '인식의 틀'이 이미 내장되어 있기 때문이라고 반론을 제기할 수 있습니다. 아마도 그러한 반론은 정당하리라고 판단됩니다. 그러나 우리는 '은폐된 인식의 구조'를 찾아내려는 것이 아닙니다. 인식을 위한 '전범(典範)'이란 것이 과연 실제로 존재하느냐 하는 것을 묻고자 하는 것입니다. 왜냐하면 인식을 위한 거리 짓기의 당위를 주장하는 그 인식 틀이란 것이 '전제된 인식의 구조'인지 '설명된 인식의 구조'인지는 아직 논의의 여지가 있기 때문입니다.

이를 다음과 같은 사실을 통해 좀 더 부연해 볼 수 있습니다. 이제까지 살펴본 바에 의하면, 적어도 인식을 위한 전범을 전제하는 한, 그 전범은 당대를 인식하기 위해서는 인식주체가 마땅히 당대 밖에 자리를 잡아야 한다고 말합니다. 그러나 당대의 인식주체는 인식을 위한 자리를 당대 밖에 마련하기 이전에 이미 스스로 당대 안에 있는 존재입니다. 이는 인식의 주체가 인식의 객체 안에 있는 것과 다르지 않습니다. 달리 말하면 인식주체가 당대의 현상 자체인 것입니다. 그러므로 이 경우에 '거리'를 요청하는 것은 당대로부터 분리될 수 없는 '당대의 구성요인'인 그 주체를 당대로부터 유리시키는 행위와 다르지 않습니다. 그렇다면 그러한 비현실적인 분리를 인식의 전범으로 삼아 규범적으로 적용하는 것은 현실 적합성을 결한 것일 수 있습니다.

그러나 이러한 반론은 지나치게 소박한 것이기도 합니다. 이른바 '반성적 성찰'의 가능성을 우리는 언제나 우리의 일상 속에서 현실화하고 있기 때문입니다. 인식주체는 자신을 인식하기 위해 언제나 자기 밖으로 나아갈 수 있으며 거기에서 자신을 살필 수 있습니다. 그리고 앞에서 살펴본 바 있는 당대를 인식해야 한다는 당위를 실천하기 위해 '전거가 된 인식의 틀'을 좇아 역사적 접근과 문화적 접근을 통해 그 과업을 수행한다고 하는 것도 실은 그러한 성찰적 인식의 틀과·다르지 않습니다. 그렇다면 당대의 주체가 당대를 인식한다고 하는 것은 아예 문제될 것이 없는데도 공연한 논의를 펼친 것이라고 할 수도 있습니다.

하지만 그런데도 '인식을 위한 거리 짓기'의 요청을 되묻고자 하는 것은 그 방법론 자체의 온전함 여부보다는 그 방법을 통한 인식이 초래하는 귀결 때문입니다. 다시 말하면 우리가 승인하고 수용하는 역사적 접근에서 서술되는 인과적 '해석'이 이른바 역사의식을 준거로 한 당대에 대한 심판에 이르고, 문화적 접근에서 진술되는 헤게모니적 구조 안에서의 '설명'이 이른바 문화교차적 서술을 통한 규범적 신념에 귀착한다는 사실 때문입니다. 둘 모두 인식 이전에 이미 인식주체에게 자기 물음이 함축한 가능한 해답을 정당화하기 위한 이념적 태도를 요청하고 있지 않았다면, 그러한 귀결은 불가능했을지도 모릅니다. 그러므로 인식 이후의 설명은 두 경우 모두에서 각기 자기의 이념적 태도를 강화하기 위한 논거와 논리로 구사됩니다. 그렇기 때문에 어느 자리에서든 우리가 인식이라고 주장하는 것은 결과적으로 사실에 대한 기술이나 인식이 아니라 물음을 제기한 때 이미 해답일 법한 것으로 배태된 '의도한 사실'을, 그러한 방법론 곧 역사의식이나 문화에 대한 서술을 통해, 상당한 작위성을 가지고 빚어낸 것입니다. 다시 말하면 이때 이러한 방법으로 이루어지는 인식이란 다만 물음주체가 자기가 하고 싶은 발언을 인식이란 이름으로 발언하면서 그 발언을 통해 현실을 자기가 이해하고 싶은 대로 '만들어 내는 것'과 다르지 않습니다.

그런데 이 계기에서 우리는 이에 첨가하여 두 가지 사실을 아울러 유념할 필요가 있습니다. 하나는 역사적 접근과 문화적 접근은 서로 단절되어 있지 않은 실은 하나인, 그러나 방법론적으로 분리된, 그러한 것이기 때문에 그 분리를 중첩된 구조로 다시 다듬을 필요가 있는 것은 아닌가 하는 일입니다. 앞에서는 이를 '시간의 고고학'과 '공간의 기상학'이 착종하는 풍경이라고 서술한 바 있습니다. 그 풍경을 그릴 수는 없을까, 그린다면 그것은 이를테면 어떻게 채색될 수 있는 것일까 하는 것 등입니다. 또 다른 하나는 무릇 반응은 인식이 아니라는 전제에서 '당대에 대한 반응과 인식'을 혼동해서는 안 된다는 주장을 한 바 있지만, 그러한 주장의 논의가 가능한 것은 결국 우리가 우리의 일상에서 반응과 인식을 뒤섞어 경험하고 있기 때문일 텐데, 그렇다면 아예 이 둘이 한데 어우러진 현상을 묘사할 수는 없겠는가 하는 것입니다. 다시 말하면 당대에 대한 반응만도 아니고 인식만도 아닌 그 둘이 빚는 '당대와의 어떤 만남'을 우리가 일상의 현실 안에서 겪고 있는데도 그것이 기술되지 않고 있다는 사실을 발언할 필요가 있는 것은 아닌가, 그리고 필요하다면 어떻게 그것을 묘사하여 드러낼 수 있을까 하는 것입니다.

이 두 가지 유념할 사항을 이제까지의 우리의 맥락을 좇아 살핀다면 다음과 같이 진술할 수도 있습니다. 이를테면 우리는 '제시된 인과의 법칙'에 상응하지 않는 어떤 사실 또는 사건을 겪곤 합니다. 물론 그것은 아직 설명이 미진하여 인과가 분명하게 드러나지 않은 탓에 그렇게 설명 불가능하다는 잘못된 판단을 하는 것이라고 할 수도 있습니다. 그러나 모든 '과'가 설명 가능한 명료한 '인'으로 환원되는 것은 아닙니다. 때로는 너무 많고 다양한 '인'의 갈등적인 펼침 때문에 아예 '인'을 상실하게 되기도 하고, 동일한 이유 때문에 '인'을 묻던 '과'의 현실이 실재이지 않게 무산되기도 합니다. 헤게모니의 구조 안에서 다듬어 제시하는 같음과 다름도 마찬가지입니다. 힘의 유전(流轉)은 '같음과 다름'을 무상(無常)하게 합니다. 그렇기 때문에 우리가 실제로 겪고 있는 같음과 다름은 그 둘의 혼효(混淆)이지 같음이 준거가 되어 그 앞에 등장하는 다름이 불변하는 다름으로 있다든지, 다름이 준거가 되어 전제되거나 귀결되는 실재로 같음이 항구적으로 있다든지 하는 것은 아닙니다. 다시 말하면 우리가 인식을 위한 전범대로 당대인식을 의도한다 하더라도 그 인식이 미처 담지 못하는 당대가 우리의 일상에 여전히 드리워져 있다는 사실을 우리는 간과할 수 없습니다. 만약 우리가 당대의 현상에 대하여 그 전범에 따른 '의도적인 논리적 전개'를 기획하지 않는다면 역사적 인과론으로 환원할 수 없는 어떤 현상을 만나기도 하고, 낯섦과의 만남을 통한 자기 발견을 의도하지 않는다면 헤게모니적 구조로 모든 실재를 환원할 수 없는 어떤 현상과 직면하기도 한다는 사실을 주장할 수도 있는 것입니다. 그렇다면 앞의 논의들을 벗어난 다른 진술의 논리를 마련할 수는 없을까 하는 것을 우리는 진지하게 생각해볼 필요가 있습니다.

자칫 이러한 진술은 마치 우리가 어떤 특정한 역사적 현상을 지목하면서 그것을 예외적으로 인과율로 환원이 되지 않는 특이한 것이라고 주장하려는 것으로 이해될 수도 있습니다. 하지만 그런 것은 아닙니다. 역사적 접근은 어떤 현상도 예외 없이 인과의 법칙에다 담을 수 있습니다. 그러나 이러한 방법론적인 적용 이전에 우리는 좀 더 구체적으로 우리의 삶을 되살펴볼 필요가 있습니다. 이때 우리가 확인하게 되는 것은 다른 것이 아닙니다. 당대의 주체가 당대를 만나는 것은 '역사로 환원된 사실'이 아니라는 것입니다. 경험주체에게는 당대와의 만남이란 지금 여기에서 직면하는 이를테면 '단회적(單回的)이고 직접적이고 구체적인 사실'입니다. 그 경험이 그러한 '설명의 보편성'에 귀속되기 이전에 이미 경험주체는 자기 나름대로 그렇다고 하는 것을 겪고 있기 때문입니다. 그런데 그렇기 때문에 그 사실에 대한 물음을 제기했던 나름대로의 경험주체는 당대를 설명하는 인과적 설명에 의해 당대인식을 이루기보다 오히려 그 설명에 의해 자기의 지금 여기에서의 경험이 사실인지 아닌지 혼란에 빠지는 심각한 회의를 안게 되기도 합니다. 왜냐하면 역사적 접근에 의하여 제시되는 '인'은 '과'인 당대를 설명하는 데 그치지 않고, 그 '과'인 지금 여기를 아예 해체하여 그 '과'에 상응하는 '인'의 범주 안에 퇴거시키기 때문입니다. 그렇게 되면 경험도 주체도 지금 여기에서 무산되는 황당한 '느낌'을 지우지 못합니다. 그렇기 때문에 경험주체에게 인과의 설명은 때로 공허하고 무의미하기조차 합니다. 달리 말하면 어떤 사실을 경험한 주체는 그 현상이 역사적 접근에 의해 서술되는 어떤 '인'의 '과'라고 하는 설명에 쉽게 동조하지 못합니다. 경험주체의 현실성과 직접성이 해체되기 때문입니다. 그러므로 우리는 '인식 이전의 인식'이 역사적 접근을 통해 이루어진 '인식 이후의 인식'과 더불어 경험주체에게 제거할 수 없는 침전물처럼 남아 있다는 사실을 주목하지 않을 수 없습니다. 이러한 맥락에서 우리는 경험주체가 지닌 '인식 이전의 인식'을 인과의 논리에 의한 역사적 환원이 불가능한 '사실'이라고 말해도 좋을 듯합니다. 우리가 의도하는 것은 그러한 사실이 있음을 유념하고자 하는 일입니다.

마찬가지로 문화적 접근에서도 우리는 헤게모니의 논리에 의하여 같음과 다름을 일컫는 설명으로 환원할 수 없는 다른 현상을 만납니다. 이를테면 견줌을 통해 비로소 인식되는 경험주체이기 이전에 그 견줌을 비롯하게 한 낯섦을 만나 그것을 물었던 인식주체가 이미 살던 당대의 문화가 있었습니다. 그런데 그것은 같음도 다름도 아닌 문화입니다. 그러한 문제의식 이전의 당연한 삶의 현존이기 때문입니다. 그러므로 그렇게 만나는 당대의 문화는 다름과 같음의 범주에 들지 않습니다. '같음도 다름도 아닌 것'입니다. 그것은 타자와 견주어 인식된 '자기 이전의 자기'의 문화, 곧 그 견줌을 비롯하게 한 자아의 문화, 더 나아가 헤게모니가 논의되는 장에서는 자기를 그 주도권의 주체이게 한 그러한 자아의 문화, 그러니까 자신의 현존을 지탱하는 자기 정체성이기도 한 문화입니다. 달리 말하면 타자와의 만남에서 비로소 이루어지는 견줌의 경험 이전에 스스로 자신을 확인하는 '독특한 자기만의 문화'입니다. 이러한 문화는 경험주체를 인식주체이도록 한 '인식주체 이전의 주체'를 우리로 하여금 확인하게 합니다. 그러나 문화적 접근은 아예 그러한 주체를 문화적 접근을 통한 설명 이후의 실재로 여깁니다. 적어도 논리적으로 그러합니다. 그렇다면 우리는 같음과 다름 이전의 문화를 일컬을 수 있어야 합니다. 그것은 헤게모니의 논리를 좇지 않아도 되는, 또는 그러한 주장의 현실 이전의 현실로서의 문화, 곧 경험주체가 자기를 묻기 이전에 누리는 '자기만의 문화'입니다. 우리가 유념하려는 것은 그러한 사실이, 곧 '인식 이전의 인식주체의 인식내용'이 이제까지 우리의 논의에서 배제되고 있었던 것은 아닌가 하는 것이었습니다.

그러나 그렇다고 해서 '인식 이전의 인식'이 당대에 대한 어떤 문제의식도 지니지 않는다는 것을 뜻하는 것은 아닙니다. 달리 말하면 단회적인 현상이라고 일컬어지든, 우리 나름의 현상이라고 일컬어지든 아니면 이러한 것들이 겹친 '단회적인 우리 나름의 현상'이라고 일컬어지든 어떤 당대 경험에도 '알기 힘듦'이나 '설명이 쉽지 않음'이나 '의미가 분명하지 않음' 등으로 묘사할 수 있는 '문제'는 있기 마련입니다. 그래서 당대를 모르지는 않지만 물음을 물었던 것입니다. 그러나 중요한 것은 무릇 당대의 경험주체에게는 이미 그 이전에 타자와의 만남에 의한 당대인식의 내용이 주어져 있다는 사실입니다. 우리는 실은 당대를 설명하는 무수한 다양한 인식과 더불어 당대를 만납니다. 그럼에도 불구하고 우리가 물음을 물었던 것은 우리에게 주어진 역사-문화적인 인식의 서술내용이나 설명 또는 해석을, 곧 인과나 독특성을, 내용으로 한 당대에 대한 '이야기'를 충분히 수용할 수 없다는 어떤 한계를 겪었기 때문입니다. 어떤 의도된 힘이 당대에 대한 인식을 나와 상관없이 '선포'하고 있지는 않은가 하는 회의도 이에 첨가되곤 합니다.

그렇다면 당대에 대한 인식은 처음 겪은 문제를 물어 그 해답을 추구하는 그런 것과 같을 수가 없습니다. 처음 겪은 문제를 풀어 해답한 그 해답에 대한 되물음을 구조로 하여 펼쳐질 수밖에 없습니다. 그렇기 때문에 달리 보면 역사적 접근이나 문화교차적 비교의 논리가 아닌 다른 논리가 당대를 서술할 수 있어야 하지 않을까 하는 희구는 당연한 것이기도 합니다. 그 두 방법은 서술의 수사(修辭)가 바뀔 뿐, 구조적으로는 동어반복의 논리를 좇을 수밖에 없는 그런 것이라고 판단되기 때문입니다. 그러므로 기존에 있던 인식의 전범을 전제한 논리로 당대를 서술하는 것이 아니라 그와는 '다른 논리'에 당대를 실어 펼 수도 있어야 하는 것 아닐까 하는 생각을 해보게 되는 것입니다. 더 나아간 자리에서 이러한 문제의식을 서술한다면 우리는 이를 "어떻게 하면 '신념이 빚는 당대 만들기'를 당대인식으로 여기는 과오에서 벗어날 수 있을 것인가" 하는 말로 다듬을 수도 있습니다.

그렇다면 이 계기에서 중요한 것은 '당대인식'이란 근원적으로 '모름-앎'의 구조로 이루어진 것이 아니라 '앎-앎'의 구조로 이루어진 것이라는 사실을 유념하는 일입니다. 이제까지 서술한 맥락을 좇는다면 당대인식은 '인식 이전의 인식'과 '인식 이후의 인식'의 중첩으로 기술될 때 비로소 다듬어지는 것이라고 말할 수 있습니다. 다시 말하면 당대인식이란 '인'의 '과'라든지 헤게모니가 산출하는 타자와의 견줌의 결과라든지 하는 서술을 지양(止揚)하는 작업에서부터 비로소 가능해지는 일이라고 할 수 있습니다. 이러한 되물음을 좇아 우리의 주장을 이어간다면 당대인식은 '인식 이전의 인식'을 기반으로 하여 '인식 이후의 인식'을 거듭 인식하는 것이지 않으면 안 됩니다. 그렇기 때문에 그 일은 인과나 헤게모니를 준거로 한 견줌을 서술하고 해석하는 것이 아니라 그러한 견줌이 빚는 소용돌이조차 포함한 삶의 현실을, 곧이른바 '새로운 문제'로 의식된 '역사-문화적 접근'조차 아우른 현상을, 당대 안에 있는 물음주체가 다듬는 일이지 않으면 안 됩니다. 이를 우리는 '현상의 편곡(編曲)'이라고 말하고 싶습니다. 당대는 모든 삶의 모습이 그렇듯이 제각기 다른 악기들이 자기의 고유한 음색으로 가락을 있게 하고, 다른 악기와 다른 소리의 어울림을 의도하는 '소리의 현장'과 다르지 않다고 여겨지기 때문입니다.

그러나 우리는 아직 편곡자로서 적합하지 않을 수도 있습니다. 악기에 따른 소리의 다름과 소리 자체의 어울림의 원칙에 익숙하지 않은 한 그렇습니다. 그러므로 중요한 것은 '소리의 현장'이 스스로 하나의 '연주'이도록 하는 일이 우리의 일이지 않으면 안 됩니다. 당대라고 일컬어지는 현상 자체가 자기를 발언하도록 해야 하는 것입니다. 만약 '소리'가 인식 이전에 분명한 실재(實在)로 우리의 경험 안에 우리와 더불어 현존하고 있다는 것을 승인한다면 그 소리를 듣는 일은 불가능하지 않습니다. 또 그것만이 소리의 현존과 더불어 우리가 할 수 있는 일입니다. 특정한 소리의 소멸을 우리는 증언할 수도 있습니다. 새로운 소리의 출현을 확인할 수도 있습니다. 힘의 현존처럼 소리도 유전(流轉)하는 실재이기도 합니다. 그러나 당대는 당대가 품고 있는 소리를 스스로 편곡하여 이를 연주합니다. 우리는 이러한 '작업'에서, 또는 이러한 태도에서, 전제된 규범적 당위에서 말미암은 '작위적인 사물 빚기'에 의하여 간과되는 많은 현상을 비로소 상대적으로 덜 놓칠 수 있으리라는 기대를 하게 됩니다.

신념에 의하여 차단된, 또는 소거된 '인식을 위한 거리'가 신념의 제거를 통해 그대로 회복되는 것은 불가능한 꿈입니다. 회복은 언제나 비현실적인 이상(理想)입니다. 그러나 그 '거리'의 빈자리가 새로운 것에 의하여 채워지면서 다른 모습으로 그 거리가 이어짐을 기대할 수는 있습니다. 당연히 인식의 개념도 이전과 같을 수는 없습니다. 어쩌면 이를 '봄(觀)'에서 '들음(聽)'으로의 전이(轉移)라고 해도 좋을지 모르겠습니다. 봄의 즉각성(卽刻性)은 인식 안에서 신념을 배태합니다. 인식이 곧 신념이 됩니다. 그러나 그것은 신념에 의한 인식의 배신이기도 합니다. 그러나 들음의 지체성(遲滯性)은 실천 안에서 인식을 배태합니다. 그것은 인식에 의한 실천의 신념이기도 합니다. 그렇다고 서술할 수 있습니다.

4. 한국종교문화의 지금 여기의 모습: 소외공동체 문화의 역동성

당대의 종교문화를 서술하기 위해 이른바 '종교'라는 개념을 어떻게 정의할 것인가 하는 논의는 유보하기로 합니다. 물론 그 개념의 역사-문화적 연원과 그 개념의 적합성 여부가 심각하게 논의되고 있음을 의도적으로 간과할 수는 없습니다. 그래서 앞의 서술에서 이 문제를 다양하게 논의한 바도 있습니다. 상식의 늪에 빠지지 않아야 한다는 주장이 그 논의의 심각성을 반영한다고 해도 좋습니다. 하지만 이곳에서는 이 장의 앞에서 서술한 맥락을 좇아 우리에게 '들리는 소리'대로 종교를 다듬어 기술하고자 합니다. 이러한 자리에서 우선 우리가 전제해야 할 것은 종교라는 용어를 소통 가능한 개념으로 우리가 이미 공유하고 있다는 사실입니다. 이를테면 불교, 유교, 그리스도교, 이슬람 등을 비롯하여 자생종교라든지 민족종교라든지 한국종교라든지 하는 호칭으로 불리는 여러 종교들, 그리고 무속을 비롯하여 그 밖의 종교적 수행이라고 기술될 수 있는 현상들을 종교문화의 범주 안에 넣는 데서 우리가 그리 어려움을 겪지 않고 있는 것이 현실입니다. 그 개념에 대한 분석적이고 비판적인 인식을 의도하지 않는 한, 현실 속에서 종교라는 현상을 지칭하여 이를 하나의 분류개념으로 활용하는 일은 우리 삶의 자리에서 이루어지는 소통 과정에서 거의 장애를 일으키지 않습니다. 이와 아울러 우리는 한국에서 시행되고 있는 인구통계에서 드러나는 종교 인구에 관한 기술도 명목적인 구분에서 그대로 승인하고 수용하고자 합니다. 통계에 의하면 한국의 '종교인' 수는 전체 인구의 반을 약간 상회합니다. 이러한 수치는 상당 기간 동안 큰 변화 없이 지속하고 있습니다. 이러한 사실은 종교인과 비종교인 간의 수적인 균형이 유지되고 있음을 보여주는 것이기도 하지만, 동시에 두 집단 간에 상당한 긴장이 내재해 있음을 드러내주는 것이기도 합니다. 또한 종교 간의 역사-문화적 차이에 따라 종교들 사이에서 찾아볼 수 있는 긴장도 외면할 수 없습니다. 또한 당연히 시대나 상황에 따른 종교의 다양한 대응 양상에 의하여 종교의 현존이 다른 모습으로 이루어졌음을 유념하지 않으면 안 됩니다. 그러므로 현존하는 모든 현상이 당연히 그러하지만, 우선 이러한 사실에만 주목하더라도 우리는 한국의 당대 종교현상에 대한 논의가 종교라고 일컫는 현상만을 자료로 삼을 수 없는 상당히 복합적인 구조를 지닌 것임을 짐작할 수 있습니다.[03]

그러나 이러한 사실들을 일일이 천착하는 일은 앞서 지적한 역사적 접근이나 문화적 접근이 이미 상당히 수행해 왔을 뿐만 아니라 지금도 지속되고 있습니다. 당연히 우리는 이러한 논구를 통해 당대의 한국의 종교현상에 대한 인식을 추구할 수 있습니다. 하지만 이미 언급한 것처럼 만약 그것이 구조적으로 불가피하게 이념부하적인 인식을 상당한 정도 드러낼 수밖에 없다면 우리는 조금은 다른 접근을 시도할 필요가 있습니다. 이러한 사실을 유념하면서 우리는 위에서 언급한 역사적 접근이나 문화적 접근을 아우르면서도 이를 넘어서는 자리에서 '현존하는 소리'로 개념화할 수 있는 종교문

---

03 한국갤럽조사연구소가 2015. 2에 발표한 〈한국인의 종교 1984-2014〉를 참고하라.

화의 '울림'을 '당대의 연주'를 좇아 다음과 같이 서술해 볼 수도 있으리라 생각합니다.

1) 중심과 정점의 괴리

현재 우리 사회에는 공동체의 '저변'에 있으면서 일상적인 삶의 실제적인 '중심'을 차지하고 있는 종교, 그리고 공동체의 '정점'을 차지하고 있으면서 일상적인 삶의 실제적인 '주도권'을 차지하고 있는 종교가 나뉘어져 있습니다. 그리고 전자는 자신의 기능적 주변화를, 후자는 자신의 의미론적 주변화를 저어하고 있습니다.

우리는 우선 여러 종교가 더불어 있는 다종교(多宗敎) 현상을 오늘 한국종교문화의 두드러진 사실로 지적할 수 있습니다. 그러나 개개 종교에 따라 신도 수나 제도의 정교함이나 사회에 미치는 영향력에서 차이가 분명하여 이른바 세(勢)가 서로 다릅니다. 하지만 두드러진 '지배종교'는 없습니다. 또 앞에서 나열한 그러한 기준에서 볼 때 세가 약하여 간과되기도 하고 무시되기도 하는 종교가 없지 않지만 마찬가지로 두드러지게 '억압받는 종교'도 없습니다. 그렇다고 해서 여러 종교가 종교 간의 편차를 유념하지 않아도 좋을 만큼 등가적(等價的)이고 등위적(等位的)으로 편재(遍在)해 있는 것은 아닙니다. 개개 종교는 그것이 지닌 역사적 전승의 무게와 당해 사회에서 일정한 적합성을 통해 행사하는 영향력을 준거로 평가할 때 분명한 우열을 드러냅니다. 이를테면 불교와 유교와 무속 등은 역사적 전승의 무게가 상대적으로 우월한 데 반해, 가톨릭과 개신교를 아우르는 그리스도교는 사회적 영향력의 차원에서 상대적으로 우월하다는 판단을 할 수 있습니다. 우리는 다시 전자를 이 땅의 문화-역사의 중심을 차지하고 있는 종교로, 그리고 후자를 상대적으로 더 실제적인 영향력을 현실에서 행하는 당해 사회의 힘의 정점에 있는 종교로 묘사할 수도 있습니다. 중요한 것은 비록 상대적인 기술이기는 하지만 현재 우리 사회에서는 공동체의 '저변'에 있으면서 일상적인 삶의 실제적인 '중심'을 차지하고 있는 종교, 그리고 공동체의 '정점'을 차지하고 있으면서 일상적인 삶의 실제적인 '주도권'을 차지하고 있는 종교가 나뉘어 있다고 하는 사실입니다.

그런데 이 두 다른 자리에서의 종교들이 결코 정태적이지는 않습니다. 중심을 차지하고 있다고 일컬어지는 종교들은 정점을 지향하며 끊임없이 움직입니다. 중심에 상응하는 영향력을 발휘하지 못하고 있다는 것을 스스로 알고 있기 때문입니다. 자기의 종교가 마치 깊은 뿌리를 내리고 있음에도 불구하고 열매를 충분히 맺지 못하고 있는 나무와 같다는 자의식을 가지고 있는 것입니다. 정점을 차지하고 있다고 일컬어지는 종교들도 다르지 않습니다. 이 종교들은 끊임없이 중심을 지향하며 움직입니다. 상당한 영향력을 발휘하고 있음에도 불구하고 중심에 상응하는 무게를 지니고 있지 못하고 있다는 사실을 알고 있기 때문입니다. 자기의 종교가 마치 풍성한 열매를 맺으면서도 뿌리가 깊지 않은 나무와 같다는 자의식을 가지고 있는 것입니다. 전자는 자신의 기능적 주변화를, 후자는 자신의 의미론적 주변화를 저어하고 있는 것입니다. 적어도 우리가 지칭하여 구분할 수 있는 지금 여기의 여러 종교들을 위의 도식으로 정리해 보면 오늘 여기에 있는 한국의 여러 종교들은 각기 중심지향적인 수평구조를 한 축으로 하고 정점지향적인 수직구조를 또 한 축으로 하는 두 축의 중첩을 준거로 자기의 좌표를 그릴 수 있는 그러한 모습으로 현존하고 있습니다.

문제는 이 두 지향성이 빚는 마찰과 갈등에서 말미암는 굉음(轟音)입니다. 그 둘은 '자연스러운 공존'을 이루지 못하는 구조를 이루고 있습니다. 그런데 종교도 그 어떤 문화현상과 다르지 않게 '확장'과 '전승'에 의하여 자기의 생존을 지탱합니다. 따라서 그 확장과 전승의 의도가 현실화되는 현장은 마찬가지로 확장과 전승을 의도하는 다른 종교들과의 겨룸의 장이 될 수밖에 없습니다. 바로 그 겨룸의 장을 이루고 있는 것이 위에서 지적한 중심과 정점의 구조입니다. 당연히 그곳에서 이루어지고 있는 마찰과 갈등은 서로 '견딜 수 없음'으로 드러납니다. 이미 중심을 차지하고 있는 종교는 주변에 있는 종교가 정점을 차지하는 것을 견디지 못합니다. 그것은 전통적으로 지속해온 당해 공동체의 '가치가 전도(顚倒)되는 일'과 다르지 않다고 여기기 때문입니다. 그 같은 일은 있을 수도 없거니와 일어나서도 안 되는 일입니다. 그러한 이유 때문에 중심은 오히려 자기가 서둘러 정점을 차지하고자 합니다. 그것을 가리켜 '중심의 기능이 회복되는 것'이라고 주장합니다. 이와 마찬가지로 정점에 있는 종교는 저변에 있는 종교가 스스로 중심을 주장하는 것을 견디지 못합니다. 그것은 이미 '시대착오적'인 것으로 판정된 것인데 여전히 그렇게 있는 것은 '문화지체현상'과 다르지 않다고 여깁니다. 그렇기 때문에 스스로 중심의 자리를 차지해야 할 터인데 여전히 정점만을 차지하고 있는 것은 분명한 자기의 정체성을 오늘 여기의 우리 공동체 안에서 확립하지 않은 채 이루는 실은 불안정한 성취일 수밖에 없다고 판단합니다. 그러므로 정점의 중심지향적인 움직임을 '힘의 뿌리내림'이라고 주장합니다. 다종교 현실 속에서 일고 있는 지금 여기의 한국 종교들의 갈등은 이러한 구조에서 비롯하고 있으며 또한 이러한 구조를 이어 낳으면서 이어지고 있습니다.

유교는 이 땅에서 중심과 정점을 모두 점유했던 기억을 가지고 있을 뿐만 아니라 지금도 그러한 자의식을 지니고 있습니다. 그러나 지금 여기에서 이는 갈등 속에서 유교는 정점과는 유리된 중심을 점유하고 있을 뿐입니다.

그래서 유교는 스스로 역동성을 상실한 채 망연(茫然)한 지속만을 유지하고 있는 것으로 보입니다. 이러한 모습을 우리는 어쩌면 저변종교의 전형이라고 할 수도 있을 것 같습니다. 중심을 차지하고 있으면서도 스스로 중심으로서의 몫을 하지 못하고 있기 때문입니다.

이를테면 가부장제의 소멸을 현실화한 호주제의 폐지 과정에서 유교는 뚜렷한 반론이나 이견을 발언하지 않았습니다.[04] 조상으로 개념화되는 '혈연의 신성성(神聖性)'의 붕괴가 일고 있는데도 아무런 저항의 힘도 발휘하지 못했습니다. 유교의 제사는 절대적인 신에게 드리는 의례가 아니라는 이유로 가톨릭이 자기 신도들로 하여금 조상제사를 지내도 좋다고 허락하는 과정에서도 그러한 허락이 담고 있을 자기 '조상' 개념의 상대적인 폄훼에 대한 어떤 이견이나 주장도 제기하지 않았습니다.[05] 인문학의 필요가 크게 주창되면서 유교의 가르침은 이른바 지혜와 철학적 사유의 갈증을 채워주는 원천의 형태로 다시 일고 있어 유교의 경전은 새삼스러운 관심의 적(的)이 되고 있습니다. 현대적인 최상의 조건을 두루 갖춘 고등교육 기관이 한국 유교의 학문적 중심을 차지하고 있기도 합니다.[06] 하지만 그러한 학문적 결실이 생활화되는 데까지 이르고 있지는 않은 것 같습니다. 경전에 대한 관심이 새로운 사회구조에서 요청되는 규범을 위한 해석학적 적합성을 모색하기보다 오히려 '회귀적 정서'의 고양을 통하여 당대에 대한 자탄(自嘆)을 일상화하는 데 기여하고 있는 것은 아닌가 하는 생각을 가지게 합니다.

---

04 호주제는 2008년 1월 1일부터 폐지되었다.

05 가톨릭은 1939년 교황 비오 12세가 중국에서의 제사를 공식적으로 승인하였다. 한국에서는 제2차 바티칸 공의회 이후 전례헌장 37항에 의거하여 1970년 이후 미사전례에 조상제사를 도입하기 시작하였다.

06 성균관대학교는 유교의 가르침인 인의예지(仁義禮智)를 교시(校是)로, 수기치인(修己治人)을 건학이념으로 하고 있다. 유학대학과 유학대학원이 있다. 건학원년을 1398년 조선조 개국과 더불어 설치된 성균관의 개관으로 잡고 있으면서도 그 뿌리를 더 아득히 372년 소수림왕 2년에 설립된 태학(太學)과 연계시키고 있다.

또한 우리 사회의 삶의 규범으로 지속적으로 정착해 있던 유교적 의례의 규범은 빠르게 힘을 상실하고 있습니다. 통과제의라고 불리는 관례(冠禮)나 계례(筓禮), 혼례, 상례와 제례 등에서 이미 유교적 의례는 바야흐로 현실성을 유지하지 못하고 있습니다. 우리 사회가 설정한 '성년의 날'은 관례의 회복이지도 않고 새로운 성년식의 출현도 아닙니다. 다만 형해화(形骸化)된 관례의 작위적인 재연(再演)에 지나지 않습니다.[07] 혼례가 '예식장 의례'라는 이름의 설명할 수 없는 형식으로 펼쳐져도 이에 대한 유교의 '소리'는 들리지 않습니다. 제례와 장례도 유교적인 이념을 담고 있다기보다 유교적 형식의 관습으로 지속되고 있지만, 이도 또한 분명하게 쇠퇴하고 있습니다. 화장(火葬)의 급속한 증가는 적합성을 상실한 이념이 실용성에 의해 어떻게 퇴조하는지를 가장 잘 드러내는 예이기도 합니다.[08] 전통적인 '혈연을 준거로 한 가족'을 대치(代置)하는 '계약을 준거로 한 새로운 가정'의 등장에 대한 유교의 침묵도 위의 경우와 맥을 같이 합니다. 이러한 사실을 유념하면 중심의 유지조차 힘든 현실에서 볼 때 유교의 정점 지향적 움직임은 이미 소멸된 꿈에 대한 환상적인 집착이거나 아니면 꿈일 수조차 없는데 그렇다고 주장하는 시대착오적인 망상에서 비롯한 것인지도 모르겠다는 판단을 하게 됩니다.

그럼에도 불구하고 유교는 관습의 형태로 우리 사회의 얼개를 짓고 있습니다. 그 얼개의 견고함은 쉽게 제거될 수 없습니다. 이른바 그것이 내실이든 표피든 '유교적인 것'의 제거는 우리 사회의 해체와 다르지 않습니다. 문제는 그렇다고 하는 자의식을 유교 스스로 지니면서 현실 적합성을 모색하지 않은 채 자신의 정태성(靜態性)을 오히려 자기의 중심점유현상의 당연한

---

07 '성년의 날'은 1973년에 제정되었다. 1975년에 5월 6일로 지정되었다가 1984년부터 5월 셋째 주 월요일로 고정되었다.
08 통계청에서 발표한 2013년 사회조사에 의하면 국민들이 선호하는 장례방법으로는 '화장후 자연장'이 45.3%로 가장 높았다.

현존양식이라고 판단하는 데 있습니다. 그리고 스스로 그 중심이 정점과 일치하지 않는다는 사실에 대해 회의하면서 그렇게 되지 않은 것에 대한 책임이 당대 문화의 비정상성에서 말미암은 거라는 판단을 하고 있습니다. 그러나 중심과 정점이 반드시 일치하는 것은 아닙니다. 중심의 지속이 자연스럽게 정점을 확보하게 하는 것도 아닙니다. 정점이 중심을 차지할 수도 있습니다. 종교사는 그것 자체가 종교의 출현과 소멸의 역사를 기술한 것입니다. 유교는 이러한 현상에 대한 뚜렷한 인식을 하고 있지 않는 듯합니다. 적어도 지금 여기 우리 현실 속에서는 그렇습니다.

불교도 유교와 마찬가지로 스스로 중심의 자리에 있다고 판단합니다. 이를 승인할 수 있는 온갖 조건들을 다 갖추고 있습니다. 또한 오랫동안 정점을 점유했던 사실조차 이에 첨가할 수 있습니다. 그것은 지금도 자기가 중심에 자리 잡고 있다는 자의식의 기반이 되고 있습니다. 그러나 유교와 다르지 않게 정점은 기억 속의 현실입니다.

그럼에도 불구하고 유교와는 달리 불교는 지금 여기에서 체감(體感)되는 현실 부적합성이 자기로부터 비롯한다고 판단하면서, 급격하게 자신의 갱신을 통해 기존의 자기 자리인 중심을 유지하면서도 공동체 전체에 실질적인 영향력을 발휘할 수 있는 힘의 정점에 이르려는 강한 움직임을 보여주고 있습니다. 불교가 그럴 수 있는 것은 자신의 종지(宗旨)가 한국인의 생활세계 속에서 이는 실존적인 물음에 대한 뚜렷한 '해답의 상징체계'로 한국인의 의식 속에서 기능한다는 사실에 대한 자긍심 때문입니다. 그리고 이러한 주장은 현실성을 갖습니다. 인연, 윤회, 업보, 전생(前生) 등은 불교의 울을 벗어나서도 삶의 궁경(窮境)에서 분명한 '해답'을 담고 발언되고 있습니다. 이뿐만 아니라 우리의 언어문화는 '순화'된 불교 언어를 우리의 일상 안에 가득히 담고 있습니다. 다반사, 찰나, 아수라장, 단말마, 뒷바라지, 아비규환,

야단법석, 나락, 이판사판, 동냥, 무진장, 공부, 아귀다툼 등이 그 예입니다. 불교적 담론의 흔적은 의식의 심층에서 여전히 살아 있습니다. 이러한 맥락에서 이 땅의 불교는 한국문화와 불교문화를 등가화하는 데 조금도 주저하지 않습니다.

그럼에도 불구하고 그에 상응하는 현실적인 힘의 실체로 현존하지 못하고 있다는 인식으로부터 불교는 스스로 벗어나지 못하고 있습니다. 이를테면 앞에서 예거한 언어들은 이미 적합성을 결한 '낡은 언어'로 간주되는 것이 급격한 변화로 일컬어지는 오늘 여기의 현실이기 때문입니다. 이러한 불교의 자의식은 자신으로 하여금 정점지향적인 수직 상승적 노력을 절박하게 의도하도록 합니다. 이에서 비롯한 개혁의 움직임은 오늘 우리 불교의 현저한 현상입니다. 이제까지의 불교공동체를 현대적 개념에서의 조직으로 개편하고 정비하고 강화합니다. 승려(僧侶, 성직자) 및 불자(佛者, 평신도)의 교육이 치밀하게 다듬어집니다. 경전의 우리말 번역은 두드러진 개혁의 예입니다. 사실상 불교는 한국의 당대 종교들 중에서 가장 능동적으로 자신을 확산하고 전승하는 일을 위해 전통적인 모든 것을 새로 살피고 새로운 해석을 가해 적합성을 모색하고 있습니다. 그런데 이때 불교가 지향하는 정점은 새로운 자리의 확보가 아닙니다. 불교는 정점 지향을 자기 혁신을 통한 '회복' 또는 '중흥'으로 개념화합니다. 불교의 '기억'에서 정점은 소멸된 것이 아니라 오늘의 '정황' 때문에 간과되거나 잠시 망각되었다고 여겨지기 때문입니다.

흥미로운 것은 이 과정에서 불교가 좇고 있다고 판단되는 갱신의 본(本)이라고 할 법한 것이 그리스도교, 특히 개신교의 여러 모습들이라고 하는 사실입니다. 물론 불교가 그러한 분명한 의도를 가지고 자기 갱신을 도모하고 있는 것은 아닙니다. 그러나 결과적으로 '현대적'이기 위한 불교의 혁신은 그러한 모습으로 지금 여기의 현실 속에서 인상지어지고 있습니다. 사찰의 대형화 및 도시로의 확산, 여러 모임의 정례화, 찬불가를 부르는 일, 사회에 대한 적극적 관심의 구체화, 선원(禪院) 등을 통한 생활불교의 지향, 해외 포교를 통한 국제화 등이 그렇습니다. 수행자가 아닌 신도의 자기 확인이 상대적으로 불분명한 불교에서 그러한 자기 확인을 제도화하고자 신도증을 발급하는 사업을 하고 있는 것도 그러한 맥락에서 읽을 수 있습니다.[09] 종교 인구조사에서 불교의 신도수가 증가하고 있는 것도 그러한 개혁의 결과라고 간주할 수 있습니다.

그러나 이러한 '현대화'는 중심의 자리에서 정점의 자리도 아울러 점유하기 위한 개혁의 이상(理想)이면서도, 동시에 이른바 불교적인 것의 해체를 초래할 수도 있는 함정일 수도 있다는 우려를 낳고 있습니다. 왜냐하면 현대화는 '은둔적인 벗어남의 자유'와 '참여적인 실천의 굴레' 간의 현실적인 긴장을 수반하기 때문입니다. 더구나 당대의 정황은 불교의 자기 기억만을 준거로 한 개혁을 허용하지 않습니다. 이미 종교는 하나가 아니라 여럿이고, 그 종교들의 상호 영향, 그리고 변화된 삶의 자리의 풍토도 이전과 같지 않습니다. 불교가 중심의 자리에서 정점의 자리도 아울러 점유할 수 있기를 바라는 일이 불교 자신의 자체 의도만으로 이루어질 수는 없습니다. 오늘 우리의 현실은 '기억의 전승'을 주장하는 것만으로는 감당할 수 없는 '새로운 정황'이기 때문입니다.

가톨릭은 정점을 차지하고 있는 대표적인 종교입니다. 가톨릭의 발언이 정점에서 '선포'되고 있음을 우리는 듣습니다. 가톨릭 자신도 그러한 자의식을 가지고 있습니다. 그러나 가톨릭을 정점에 자리 잡도록 한 것은 교세가 아닙니다. 신도 수는 상대적으로 약합니다. 그럼에도 불구하고 가톨릭이 그

---

09 조계종의 신도증 발급은 94종단 개혁에서 마련한 '신도법'에 의해 1996년부터 시행되었다. 2013년에 21만 명이 등록한 것으로 발표된 바 있다.

렇게 일컬어지고 있는 것은 실제적인 영향력 때문입니다. 당대의 여러 다양한 사회적 현실에 대한 가톨릭의 발언이나 참여는 시민들로부터 시의적절한 것이라는 판단을 받고 있습니다. 가톨릭의 영향력은 이러한 판단에서 말미암은 신뢰에서 비롯합니다. 이러한 신뢰는 비록 급격한 팽창은 아니라 할지라도 지속적으로 가톨릭 신도 수를 증가하게 하고 있습니다. 가톨릭의 정점 점유 현실은 쉽게 변화하지 않을 것으로 짐작됩니다. 이러한 현상은 마찬가지로 정점을 점유하고 있다고 판단되는 같은 그리스도교인 개신교와 견주어 살펴볼 필요가 있는 주목할 만한 일입니다. 개신교 신도 수는 완만하게 감소하고 있기 때문입니다. 또한 일반인들은 가톨릭의 교회 조직이 사회에서 일어나는 온갖 중요한 일들에 대한 관심을 강화하면서 이를 치밀하게 분석하고 실천하는 유연성을 지니고 있다고 이해하고 있습니다. 이뿐만 아니라 전승되는 제도를 통해 자성(自省)의 노력도 지속적으로 현실화하고 있습니다. 이를테면 지역별 시노드(synod)의 개최 등이 그러합니다. 이러한 사실로 인해 가톨릭이 하나의 종교이면서도 '종교를 넘어선 신뢰'를 받고 있다고 기술할 수 있으며, 이러한 신뢰는 정점 지배를 지속하게 하는 '선한 기제(機制)'로 가톨릭을 지탱해주고 있습니다.

이와 아울러 중심을 차지하기 위한 노력도 지속적으로 행해지고 있습니다. 유교의 제사를 허용한 것은 그러한 노력의 대표적인 예입니다. 제사는 전래 초기에 가톨릭을 사교(邪敎)로 규정하게 한 직접적이고 구체적인 문제였습니다. 가톨릭은 이 일로 무수한 순교자를 냈습니다. 이를 허용한 가톨릭의 논리와 상관없이 이러한 태도는 가톨릭에 대한 일반적인 신뢰를 더 높이는 효과를 가져왔습니다. 미사언어를 한국어로 바꾼 것도 중심 지향적인 의도의 구현과 다르지 않다고 짐작됩니다. 가톨릭이 세계적인 연계망 안에 있고, 바티칸과의 관계가 국가 간의 관계로 자리 잡고 있다는 사실도 가톨릭이 정점과 아울러 중심을 점유하는 데 기여하고 있다고 판단됩니다. 이를테면 많은 순교자들이 시성(諡聖)되고 시복(諡福)된 일은 나라 안의 '사건'이기를 넘어 '가톨릭권(圈)'이라고 할 수 있는 더 넓은 지평에서 한국가톨릭의 무게를 더해준 '세계적인 사건'으로 일컬어지고 있습니다.[10]

그러나 정점에서의 역할에 대한 충분한 신뢰에도 불구하고 가톨릭이 스스로 의도하는 중심의 자리에 들어서는 일은 아직 현실화되지 않았습니다. 4대 또는 5대 신도의 출현에도 불구하고 지금 여기의 가톨릭이 자신이 이 땅에 처음 전래되던 '그 때의 참신함', 곧 기존 종교를 부정하고 대치(代置)해도 좋을 기대를 안았던 때의 자의식을 기억 속에서 그대로 유지하고 현존하는 한, 그것은 현실적인 제약을 가질 수밖에 없습니다. 이를테면 가톨릭 전래 200주년을 기념하는 가톨릭의 이념적 지향이 "이 땅에 빛을!"이라는 슬로건이 함축한 이른바 '중심을 부정하거나 배제하는 정서'를 지속하는 한 그러합니다. 가톨릭의 중심 지향적 의도가 중심의 교체로 나타나야 하는 것인지, 중심의 일방적인 배제로 구현되어야 하는 것인지, 아니면 조화로운 공존의 규범을 지어 이룰 수 있는 것인지 하는 데 대한 태도는 아직 확연하지 않습니다. 그러나 기존에 중심을 차지한 종교들에 대한 '폄훼의 논리'로는, 곧 그 종교들은 그 종교들의 현존을 유념해야 할 만큼의 무게를 지니고 있지 않다고 판단하는 그러한 태도로는, 중심 지향적 의도가 현실화될 수 없으리라고 예상할 수 있습니다.

한국사에 대한 가톨릭의 새로운 서술이 가톨릭의 정당화 논리를 넘어 한국사의 과거와 미래에 대한 새로운 해석학을 통해 한국인들에게 공감적으로 다가갈 수 있을 때까지 가톨릭의 중심지향성은 한계에 머물지도 모릅니

---

10 1984년 교황 바오로 2세에 의하여 단번에 103명이 시성(諡聖)되고, 2014년 프란치스코 교황에 의하여 124명이 시복(諡福)되었다.

다. 또한 가톨릭은 지금 여기에서 우리 자신의 신학을 전개하는 데서도 한계를 내장하고 있습니다. 비록 국지적(局地的)인 역사-문화적 특성 안에서의 '신학적 태도'를 '허용'받았다 하더라도, 한국의 가톨릭이 '보편 교회'의 울을 실제로 벗어날 수는 없기 때문입니다. 이러한 잠재된 우려로 인해 가톨릭은 정점의 수호와 강화가 오히려 중심에 이르는 지름길이라는 판단을 하고 있는지도 모릅니다. 그러한 관심이 정치나 사회현실에 대한 적극적인 간여의 형태로 이전보다 더 구체적으로 드러나고 있기 때문입니다.

개신교는 사실상 근대화 이후 이제까지 한국 종교문화의 정점을 차지해왔습니다. '새로운 이념'을 모색하고 구축하려던 영락(零落)한 지배계층을 축으로 하여 자생적으로 초래된 가톨릭과 달리 개신교는 근대화의 온갖 영역, 이를테면 언어, 교육, 의료, 여성 등에서, 그리고 그것이 담고 있는 근대적 덕목들, 이를테면 자유, 평등, 민주 등의 이념을 수용한 '새로움'의 실체로서 우리 사회 안에 자리를 잡았습니다. 특별히 그리스도교가 담고 있는 유대민족의 역사에 대한 신학적 해석을 통해 '민족 수난이 갖는 고통의 의미'와 '현존하는 미래로서의 해방의 이념'을 구축한 바 있습니다. 그리고 질병의 치유와 물질적 풍요 같은 '잘 되기'를 희구하는 기복(祈福)을 포함한 일련의 고양된 분위기의 예배를 통해 정점의 유지를 가능하게 하는 세(勢)를 확보하기도 하였습니다.

지금도 여전히 개신교는 세를 과시하고 있고, 그러한 의미에서 우리 종교문화의 정점을 분명하게 점유하고 있다고 말할 수 있습니다. 그런데 우리가 만나는 당대 개신교의 특성은 무엇보다도 '대형교회'의 출현입니다. 종교의 생존 원리를 충족시켜주는 현실적인 답안은 세의 확산과 전승이라는 것을 대형교회는 그대로 드러내고 있습니다. 그래서 이를테면 잦은 모임, 다양한 행사, 부흥회와 대규모 집회, 기도원의 설립, 작은 단위의 다양한 생활공동체의 운용과 이의 통합적인 관리, 교회공동체를 위한 무한한 헌신과 봉헌의 권유, 사회사업기관의 운영, 언론기관의 확보 등은 대형교회를 지향하는 모든 교회의 실천적 규범이 되고 있습니다. 이와 아울러 현실에 대한 관심의 구현을 통해 정점을 점유하려는 노력도 지속적으로 강화되었습니다. 교육, 의료, 사회복지, 시민운동, 민주화, 인권, 생태계 등의 영역에서 개신교의 발언과 참여는 두드러진 것이었고, 아직도 이 같은 사실은 이어지고 있습니다. 정치 및 사회적 문제들에 대한 즉각적이고 직접적인 관심과 참여도 시민들의 신뢰를 얻는 데 크게 이바지하였고, 이는 개신교가 정점의 점유를 지속하는 데 기여하였습니다. 이 모든 것들을 가능하게 한 것은 개신교의 세(勢)이고 이를 직접적으로 드러내는 표지(標識)가 '대형교회'입니다.

그러나 그 '대형교회다움'의 그림자는 주목할 만큼 크고 짙습니다. 개신교에 대한 우리 사회의 반응은 다른 종교에 비해 두드러지게 부정적입니다. 개인인 신도에 대해서도, 공동체인 교회에 대해서도 별로 다르지 않습니다. 부정적인 판단의 내용은 대체로 물질적 부에 대한 집요한 욕구, 권력에 대한 맹목적인 추구, 타자를 승인하지 않는 배타적 독선, 분석적 인식을 배제하는 반지성적 신념에의 함몰 등으로 일컬어집니다. 개신교 인구도 서서히, 그러나 분명하게 감소하고 있습니다.[11] 물론 개신교의 기울음은 '새로움'이 개신교를 간과하고도 이루어질 수 있을 즈음부터, 곧 이 땅의 근대화가 종교 의존적이기를 그만두면서부터 비롯한 것이라고 설명할 수도 있습니다. 하지만 개신교는 자기 종교의 안팎에서, 그리고 지금 여기의 온갖 삶의 차원에서, '많음과 적음', 그리고 '같음과 다름'을 축으로 한 균열과 갈등의 굉음을 끊임없이 증폭하고 있는 구체적인 실체로 있습니다. 이러한 부정적 판단은

---

11 한국기독교목회자협의회가 글로벌 리서치에 의뢰하여 조사한 '2012. 한국인의 종교생활과 의식조사'에 의하면 각 종교에 대한 시민들의 신뢰도는 개신교 18.9%, 가톨릭 26.2%, 불교 23.5%로 나타나고 있다.

'긍정적 기여'라고 서술된 기존의 판단에 대한 심각한 회의조차 일게 하고 있습니다.

개신교는 '신뢰의 추락으로 인한 소외'라고 묘사할 수 있는 이러한 그림자를 모르지 않습니다. 그럼에도 불구하고 그러한 자기인식이 자성(自省)을 축으로 하여 현실화하지 않는다는 데 개신교의 위기가 지닌 심각성이 있습니다. 왜냐하면 개신교는 자신이 차지한 정점을 지금 여기와 연결되지 않은 '다른 자리'로 인식하고 있기 때문입니다. 이러한 의식(意識)은 자기를 지금 여기 우리의 역사와 문화 밖에 자리 잡게 합니다. 그리고 개신교의 이 '다름-자의식'은 이른바 '세상'에 대한 '심판자로서의 자아의식'으로 이어져 있습니다. 그런데 심판자에게 자성이란 오히려 결격사유일 수밖에 없습니다. 그렇다면 개신교의 경우 자기 성찰은 구조적으로 자기 안에서부터 이미 차단되어 있습니다.

이러한 상황 속에서 개신교는 자기확산의 한계를 이른바 세계를 향한 소명의식으로 '승화'시키고 있습니다. 해외선교의 열정은 거의 '순교의 갈망'으로 묘사될 정도입니다. 19세기 식민지 확장의 논리를 그대로 이은 이른바 해외선교는 '우리'의 선양(宣揚)이라는 정당화 논리와 더불어 이루어지고 있는 한국 개신교를 특징짓는 또 다른 징표입니다. 이와 아울러 개신교는 그 나름의 독특한 중심 지향적 움직임을 드러내고 있습니다. 자신의 '역사의식'으로 표출되는 이러한 태도는 한국의 역사와 문화를 자신의 품에 아우르려는 의지를 드러내고 있습니다. 이를 불교나 가톨릭과 견주어 기술한다면, 자신의 사명을 '정치적 이념의 제시'와 더불어 '문화적 동질성의 착근(着根)'을 시도하는 일'로 개념화하고 있다고 할 수 있습니다. 이른바 '민중신학'의 정치적 이념성, 그리고 '토착신학'의 문화적 해석학은 이러한 예입니다.

그런데 개신교의 중심 지향적 의도는 자신이 의도하는 대로 이루어지고 있지 않습니다. 지금 여기에 스민 아득한 기억과 몸짓으로부터 의미를 빚어내어 이루는 이념이나 해석학이 아니라 자신에 의하여 언제 어디에서 누구에게나 과(課)할 수 있는 것을 지금 여기에서 제시하면서 이를 새로운 이념이나 의미로 여기게 하는 투의 접근 때문입니다. 이뿐만 아니라 개신교가 확장과 전승을 지속할 수 있었던 것은, 비록 개신교가 스스로 의도하지 않았다 할지라도, 그러한 '고양(高揚)된' 중심 지향적 노력 때문이 아니라 오히려 역설적으로 토착적 무속의 울에 담겨 있는 '기복적(祈福的)인 정서'에 뿌리를 내렸기 때문이었습니다. 그러한 맥락에서 보면 개신교는 이미 중심의 자리도 차지하고 있다고 말할 수 있습니다. 그러나 그것이 곧 중심지향성을 충족시키는 것은 아닙니다. 여전히 개신교는 이미 아득한 전승을 통해 중심을 이루고 있는 가치나 행태나 상징에 대한 배타적 태도를 지속하고 있습니다. 이러한 개신교의 성향을 가장 잘 이야기해주는 상징적인 사건은 타 종교의 몰락을 의도하면서 행한 이른바 '땅 밟기 선교'입니다.[12] 그것은 '자신이 정점을 점유하고 있다는 자의식'과 '스스로 중심을 차지하지 못했다고 하는 자기의 주변의식'이 상충하면서 기존의 중심 자리에 있는 지신밟기를 이용하여 중심을 몰락시키고자 한 '역설의 전형적인 모습'입니다. 개신교는 정점과 중심의 구조에 대한 혼란스러운 자의식을 드러내주고 있습니다.

2) 상황인식의 층위와 정치행위의 양태

다문화종교의 정황에서는 '종교권력'을 넘어서는 '정치권력'의 우위가 분명해집니다. 따라서 이 상황에서 종교와 정치의 만남은 정치 주도적 형태

---

12 '땅 밟기 선교'의 신학적 근거는 분명하지 않다. 구약성경 여호수아 6장의 여리고성 함락이 그 원형이라고 하기도 하고, 우리 전통문화의 지신밟기가 기반이 되었다고 주장되기도 한다. 2010년 봉은사, 동화사에서 있은 땅 밟기 행사에서부터 주목을 받기 시작하였는데 2011년에는 미얀마 사찰에서, 2014년에는 인도 부다가야 마하보디사원에서 이런 행사를 벌리기도 하였다.

로 이루어집니다. 종교가 정치를 점유하는 일도 불가능하고, 종교의 정치 행위도 현실적인 한계에 부닥칩니다.

그런데 우리가 직면하고 있는 당대는 '단일종교문화'에서 '다종교문화'로, 그리고 이에서 다시 '다문화종교'로 바뀌면서 그 이전에 예상할 수 없던 복잡한 문제들을 야기하고 있습니다. 다시 말하면 '우리 안에 있는 하나의 종교를 살아가던 삶'에서 '본래 있던 문화에서 종교만을 걸러 우리에게 옮겨진 이른바 여과된 여러 다른 종교들을 만나며 사는 삶'을 넘어, '다른 문화가 우리 안에 옮겨 오면서 자연히 그 안에 있는 종교도 여과 없이 우리 안에 있게 되었기 때문에 여러 다른 종교들과 더불어 살아야 하는 삶'을 살게 되었습니다. 그래서 우리는 그러한 지속적인 상황 변화를 어떻게 이해하고 승인하고 수용할지 곤혹스러워 하고 있습니다. 더구나 그러한 상황을 우리는 복합적으로 지금 여기에서 한꺼번에 겪고 있습니다. 소박하게 말한다면 그 세 범주가 내 삶의 현실에서 나뉘어져 있지 않은 것입니다.

우리의 개개 종교는 이러한 상황인식에서 제각기 다른 층위를 드러내고 있습니다. 종교에 따라 다르기도 하지만 개개 종교 자체 안에서도 그 인식의 위계(位階)가 무척 다채롭고 폭이 넓습니다. 나아가 신도 개인의 진폭은 당혹스러울 만큼 불안정한 유동성을 더합니다.[13]

이를테면 여전히 단원적인 차원에서 종교에 대한 인식을 살아가고 있는 종교 또는 종교인들이 있습니다. 이들에 의하면 종교는 단일하고 유일한 것이어야 하고, 그러한 종교는 자신이 봉헌하고 있는 종교뿐입니다. 그러한 자리에서의 발언에 의하면 어떤 의미에서든 종교가 하나가 아니라 여럿인

---

13 이와 관련된 '단원의식'과 '다원의식'의 문제에 대해서는 다음 글을 참조하라: 정진홍, 〈가교와 희망: 변화에서 보완으로〉, 《정직한 인식과 열린 상상력: 종교담론의 지성적 공간을 위하여 》, 청년사, 2010, 46-77쪽.

다종교문화란 잘못된 것이고, 그런 것은 없어야 합니다. 그래서 실제로 그러한 자리에서는 다종교문화는 '없다'고 단정합니다. 이것은 우리가 근본주의라고 부르는 종교 또는 종교인들의 전형적인 태도입니다. 개신교에서는 상대적으로 근본주의가 두드러집니다.[14] 이에 비하면 한국의 가톨릭이나 불교의 태도는 비록 그 안에 여러 다른 인식의 층위들이 채색되어 있지만, 개신교에 비해 다른 종교의 현존을 부정하는 데 그리 적극적이지 않습니다. 물론 그렇다고 해서 타 종교의 현존 자체를 그 당해 종교의 자기주장의 논리를 좇아 승인하고 있는 것은 아닙니다. 이른바 '관용이나 포용'의 논리는 현존 자체의 승인과는 다릅니다. 그것은 인식의 논리에 실린 태도가 아니라 실천적 현장에서 필요에 의해 등장한 '덕목'이기 때문입니다.

이러한 상황에서 서로 다른 종교들 간의 '대화'의 모색, '만남'의 추구가 이루어지고 있다는 사실은 주목할 만한 일입니다.[15] 그러한 일이 종교계 일반에 확산된 현상이기보다 그 일을 일삼아 하는 특정한 단체나 신도들의 '전문적인 사업'일 뿐이라는 반응이 없지 않습니다. 그것은 사실입니다. 하지만 그러한 일의 지속은 당면한 종교 간의 긴장을 유념할 때 결코 무의미하지

---

14 근본주의와 관련하여 다음 글을 참조하라: Peter Antes, "New Approaches to the Study of the New Fundamentalisms," in Peter Antes et al., eds., *New Approaches to the Study of Religion 1 : Regional, Critical, and Historical Approaches*, Berlin: Walter de Gruyter, 2008, pp. 437-447. 또한 미국 예술 과학 아카데미의 후원으로 마틴 마티와 스콧 애플비가 주도한 근본주의 프로젝트(1987-1995)의 성과물을 참조하라: Martin E. Marty & R. Scott Appleby, eds., *Fundamentalisms Observed*, The Fundamentalism Project, vol. 1, Chicago: The University of Chicago Press, 1991; *Fundamentalisms and Society: Reclaiming the Sciences, the Family, and Education*, The Fundamentalism Project, vol. 2, Chicago: The University of Chicago Press, 1993; *Fundamentalisms and the State: Remaking Polities, Economies, and Militance*, The Fundamentalism Project, vol. 3, Chicago: The University of Chicago Press, 1993; *Accounting for Fundamentalisms: The Dynamic Character of Movements*, The Fundamentalism Project, vol. 4, Chicago: The University of Chicago Press, 1994; *Fundamentalisms Comprehended*, The Fundamentalism Project, vol. 5, Chicago: The University of Chicago Press, 1995.

15 다종교현상과 종교 간의 대화 문제와 관련하여 다음 글을 참조하라: 정진홍, 〈종교 간의 대화: 대화 이외의 대안 모색〉, 《정직한 인식과 열린 상상력: 종교담론의 지성적 공간을 위하여》, 78-101쪽.

않습니다. 그러나 이보다 더 주목할 것은 이러한 일에 지지를 보내지 않거나 부정적 반응을 보이는 태도에 대한 이들의 비판입니다. 이른바 진보적인 종교인들이라고 불리는 일단의 사람들은 이러한 의식의 자리에서 자기들에게 '동조하지 않는 세력'에 대한 '정죄나 심판'을 통해 자신의 확장과 전승을 기획하고 또 실현합니다. 이러한 모습은 또 다른 형태의 근본주의적 분위기를 담고 있습니다.

그러나 이미 우리의 현실은 다종교문화를 넘어 다문화종교의 정황 안에 있는 종교들과 만나고 있습니다. 종교만의 문제가 아니라 '다문화 안에서의 다종교 상황'이 우리가 인식해야 할 현실로 떠오르고 있는 것입니다. 이를테면 이슬람의 관습법인 스쿠크(Sukuk)법[16]을 우리 금융시장에 도입하는 문제와 관련한 여러 종교의 반응들, 곧 개신교의 극단적인 저항과 불교나 가톨릭의 의도적이라고 읽힐 수밖에 없는 간과, 그리고 종교 간의 대화를 당위적인 것으로 주장하는 진보적 종교 세력의 기이한 침묵은 이러한 새로운 사태 속에서 우리 종교들이 어떤 긴장을 지니고 있는지를 잘 보여줍니다.

이러한 사태와 관련한 언어의 문제는 이미 앞의 여러 장에서 언급한 바 있습니다. 다시 요약한다면 단일종교문화에서의 종교언어는 다종교문화에서는 적합성을 지닐 수 없습니다. 그런데도 여전히 이전의 언어를 발언한다면 우리는 언어의 부적합성은 물론 그 부적합성 때문에 비롯하는 인식의 혼돈을 피할 수 없습니다. 이러한 사정은 단일종교문화의 언어나 다종교문화의 언어를 다문화종교의 현실 속에서 발언하는 경우에도 그대로 드러납니다. 종교언어의 탈색 또는 해석, 그리고 새로운 서술 언어의 마련은 불가피

---

16 이슬람 채권법. 정부에서는 2009년, 2011년에 조세특례제한법 일부 개정안을 통해 이를 도입하려고 했지만 특정종교에 경제적 특권을 부여하는 것이라는 이유로 한국기독교총연맹을 중심으로 한 개신교의 적극적인 반대로 유보되었다.

한 과제입니다.

그런데 주목할 것은 이러한 상황인식에서 드러나는 종교와 정치권력과의 관계 양상입니다. 존재하는 것은 어느 것이나 그것이 존재한다는 것 자체가 힘의 현존을 의미합니다. 마찬가지로 종교의 현존도 그것 자체가 힘의 현존입니다. 따라서 힘의 행사라는 의미에서 정치적으로 충전(充塡)되지 않은 종교란 없습니다. 종교는 자신의 생존을 위해 불가피하게 '정치적'이 되는 것입니다. 그런데 종교의 당대에 대한 인식의 층위는 종교가 지닌 힘의 분출과 불가분리의 관계를 지니고 있습니다. 그것이 종교와 정치권력의 '만남의 유형'을 결정하기 때문입니다.

단일종교문화를 의식의 층위로 지니고 있는 종교들은 정치권력과의 관계에서 정치권력의 자기 예속화를 의도합니다. 정치권력이란 그것 자체로 존재의미를 지니지 못합니다. 그것은 종교에 의하여 지지(支持)될 때 현존의 의미를 확보하며, 모든 정치행위가 비로소 정당성을 지닙니다. 정치권력에 대한 이러한 인식은 정부와의 관계에서 정치권력이 행하는 모든 일에 대해 그 정당성 여부를 자신이 판단하는 것으로 구체화합니다. 정치권력에 대한 종교의 그러한 인식은 그렇기 때문에 때로 저항으로 나타나기도 하고, 때로 유착으로 나타나기도 합니다, 그러나 그 표상과 상관없이 종교의 의도는 정치권력에 대한 종교의 우위를 자신의 의식(意識) 안에 담고 '종교의 정치 점유'를 지향합니다. 우리 당대의 종교들은 대체로 이러한 의식의 층위에 자리하고 있습니다.

그러나 우리가 살아가고 있는 당대는 그러한 단일종교문화의 정황이 아닙니다. 우리 사회 안에서 이미 종교는 하나가 아니라 여럿입니다. 그런데 아직도 우리의 종교들은 이 사실을 전적으로 승인하거나 수용하지 못하고 있습니다. 단일 종교를 인식한 의식의 층위에서 다종교 상황을 접하고 있는 것입니다. 그러나 정치는 이미 다종교문화를 전제하고 자기의 다스림을 펼칩니다. 그러므로 종교의 현실인식은 정치의 현실인식과 상충할 뿐만 아니라 시민들의 현실인식과도 조화롭지 못합니다. 종교의 현존에 대한 인식의 내용은 우리 사회 안에서 상당한 당혹을 일게 하고 있습니다. 그렇다고 해서 오늘의 다종교문화가 종교에 의해서 전적으로 간과되고 있는 것은 아닙니다. 타 종교의 현존을 일방적으로 부정하는 일이 현실성을 갖지 못한다는 것을 상당한 정도 모든 종교들은 인식하고 있습니다. 따라서 여러 형태의 '공존'을 모색합니다. 앞에서 잠깐 언급했듯이 종교 간의 대화나 한국종교인 평화회의[17] 등의 조직들이 이를 실증합니다. 하지만 종교 간의 관계는 근원적으로 '조화'이기보다는 '경쟁'으로 표출될 수밖에 없도록 구조화되어 있습니다. 당연히 이는 상호간의 '갈등'으로 전개됩니다. 지금 여기에 있는 개개 종교가 펼치는 자기주장의 논리에 의거하는 한 그렇습니다.

이러한 다종교문화에서는 당연하게 '정치권력에 대한 종교적 점유'가 특정 종교에 의하여 배타적으로 이루어지지 않습니다. 그리고 그것이 비현실적인 기대라는 사실을 의식하면서 종교들은 각기 정치권력을 자신의 확산과 전승을 강화하고 지속하기 위한 '종교적 도구'로 삼습니다. 정치적 이슈의 선점(先占), 정치비판을 통한 자신의 '정치세력화' 등이 전형적인 예입니다. 종교 간의 경쟁에서, 또는 종교와 여타 세력과의 관계에서, 당대에서 일고 있는 정치적 이슈를 선점하는 것은 그것 자체가 '자기 종교의 세(勢)'를 확장하는 것과 다르지 않습니다. 그것은 경쟁에서 이길 수 있는 힘의 원천이 됩니다. 가톨릭과 개신교와 불교 등이 제각기 벌이는 일들, 이를테면 인권, 사회정의, 환경, 통일, 평화 등의 주제에 대한 경쟁적 선점이 개개 종교

---

17   현재 개신교, 불교, 원불교, 유교, 천도교, 천주교, 한국민족종단협의회 등 7대 종단이 회원으로 참여하고 있다.

에 대한 신뢰를 평가하는 하나의 척도가 되고 있다는 사실을 우리는 간과하지 못합니다. 우리의 당대 종교들은 대체로 이러한 층위의 의식을 가지고 정치와 만납니다. 스스로 '정치행위'를 하면서 정치와 만나고 있는 것입니다.

그러나 어느 종교도 자신의 이러한 행동을 정치행위로 서술하지 않습니다. 정치권력을 계도하고 질책하며 억제하기 위한 '종교행위'라고 말합니다. 정치행위가 아니라 정치에 경고하기 위한, 또는 선도(善導)하기 위한 종교적 행위라고 주장하는 것입니다. 가톨릭도 불교도 개신교도 다르지 않습니다. 그러면서도 자신의 '정치적 행위'를 종교행위의 절대성을 통해 절대화합니다. 그렇게 절대화된 '종교적 힘'의 발휘, 곧 '종교의 정치행위'는 '정치의 정치행위'와 다르지 않게 역사의 추이를 바꾸기도 합니다. 정치권력의 비정상적인 등장과 전횡이라고 판단되는 권력의 남용에 대한 종교의 비판적 저항, 곧 종교의 정치행위는 여타 사회세력과 더불어 새로운 현실의 구축(構築)에서 두드러진 한 몫을 합니다. 우리는 '민주화 운동'의 과정에서 그러한 종교의 역할을 경험한 바 있습니다. 이러한 사실이 실은 종교는 거대한 힘의 실체이고 정치적인 결과를 초래하는 정치행위의 주체라는 것을 실증합니다. 따라서 종교와 정치의 만남은 정치세력 간의 만남과 다르지 않습니다. 두 힘 간의 갈등은 불가피합니다.

그런데 이때 벌어지는 종교와 정치의 갈등은 '종교의 정치참여'의 정당성 여부에 대한 논쟁, 그리고 '정치의 종교 간여' 여부에 대한 논쟁 등으로 이어집니다. 지금 여기에서 우리는 이러한 사태와 직면하고 있습니다. 그런데 우리가 이 현상에서 주목하고자 하는 것은 이러한 논쟁의 현실적인 준거가 무엇인가 하는 것입니다. 이 계기에서 우리는 이른바 '정교분리(政敎分離)'의 원칙과 만납니다. 우리의 헌법은 정교분리를 명시하고 있습니다.[18] 이에 근거하여 공교육에서의 종교교육도 엄격하게 제한하고 있으며,[19] 종립(宗立)학교에서의 종교교육도 일정한 계도(啓導)를 통해 관리되고 있습니다.[20] 공적 행사에서 종교의례가 요청되는 경우에는 여러 종교가 함께 참여함으로써 정치권력의 종교편향 가능성을 억제합니다. 법률적으로 종교는 어떤 차별의 요인도 될 수 없습니다.

그런데 우리의 실제 정황에서 보면 주목할 것은 정치의 종교 탄압이나 종교의 정치 참여 여부가 정교분리의 원칙을 좇아 일고 있는 논의의 핵심은 아니라는 사실입니다. 오히려 우리가 이 계기에서 발견하는 것은 '정교분리의 원칙'을 좇아 개개 종교는 자신의 정치적 행위 곧 '종교의 정치적 행위'를 정당화하고 있다는 사실입니다. 다시 말하면 정교분리라는 준거는 개개 종교가 자신을 보호하고 방어하기 위한 논거, 또는 타 종교와의 겨룸에서 적극적으로 타 종교를 제어하는 기제(機制)로 활용됩니다. 예를 들어 개신교의 국가조찬기도회에 대한 불교의 반응, 정부가 전통문화를 빙자하여 불교에 편향적인 지원을 하고 있다는 개신교의 반응은 정교분리 원칙이 정치권력에 의하여 훼손되고 있다는 사실에 대한 고발입니다. 그러나 각 종

---

18 헌법 20조: "모든 국민은 종교의 자유를 가진다. 국교는 인정되지 아니하며 정치와 종교는 분리된다."
19 교육기본법 제6조: "국가 및 지방자치단체가 설립한 학교에서는 특정한 종교를 위한 종교교육을 하여서는 아니 된다."
20 계도의 법적 기반은 다음과 같다. 교육기본법 제25조: "국가 및 지방자체단체는 사립학교를 지원 육성하여야 하며, 사립학교의 다양하고 특성있는 설립목적이 존중되도록 하여야 한다." 초중등교육법 제6조: "국립학교는 교육부장관의 지도감독을 받으며, 공사립학교는 교육감의 지도 감독을 받는다." 제7조: "교육부장관 및 교육감은 학교에 대하여 교육과정운영 및 교수-학습방법 등에 대한 장학지도를 할 수 있다." 제23조: "교육부장관은 교육과정의 기준과 내용에 관한 기본적인 사항을 정하며, 교육감은 교육부장관이 정한 범위 안에서 지역의 실정에 적합한 기준과 내용을 정할 수 있다." 제29조: "학교에서는 국가가 저작권을 가지고 있거나 교육부장관이 검정 또는 인정한 교과서를 사용해야 한다." 종교를 가르친다는 일과 관련한 제반 문제를 살펴보려면 다음 책을 참조하라: Jonathan Z. Smith, *On Teaching Religion*, Christopher I. Lehrich, ed., Oxford: Oxford University Press, 2013. 고등교육기관에서 '종교를 가르치는 일(신학)'과 '종교에 대해 가르치는 일(종교학)'을 분리하는 일과 관련하여 다음 책을 참조하라: Linell E. Cady & Delwin Brown, eds., *Religious Studies, Theology, and the University: Conflicting Maps, Changing Terrain*, Albany: SUNY Press, 2002.

교의 이러한 반응은, 실은 정교분리 원칙이 정치권력에 의하여 엄격히 준수되어야 한다는 주장을 통하여, 각 종교가 경쟁적인 종교를 제어하려는 '정교분리 원칙을 빙자한 정치행위'와 다르지 않습니다. 그렇다면 정교분리 원칙이란 처음부터 정치와 종교가 분리되어 무관한 것으로 있어야 한다는 원칙이라고 이해할 수 있는 것이 아닙니다. 현실적으로 그 둘의 분리란 불가능하기 때문입니다.

그런데도 그러한 원칙이 요청되고 있습니다. 그 까닭은 다른 것이 아닙니다. 힘의 실재인 정치와 종교가 어떻게 현실적으로 각자의 힘의 분출을 양자의 관계 안에서, 그리고 각기 자기가 일정한 기여를 하고 있다고 판단하는 공동체 전체를 위해서, 조정할 수 있을 것인가를 규정하는 '법률적 이상(理想)'이 요청되고 있기 때문입니다. 그러므로 정교분리 원칙이란 그렇게 요청된 이상입니다. 그러나 다종교문화 안에서 각 종교가 정치권력과의 관계를 어떻게 펼치고 있는가를 살펴보면, 그 양자 간의 이상적인 조화를 실현하기 위해 정교분리 원칙을 승인하고 수용하기보다는 다종교 문화 속에서 일어나는 종교 간의 경쟁에서 자신이 우위를 점하기 위한 자기 정당화의 수단적 논거로 각개 종교가 그 원칙을 활용하고 있다는 것을 알 수 있습니다. 그러므로 다종교문화의 이러한 층위에서 일어나는 종교와 정치의 관계는 '정치를 수단화하는 종교의 정치행위'라고 정리할 수 있습니다. 그런데 정치도 다르지 않습니다. 정치는 바로 이러한 맥락에서 종교를 다스림을 위한 수단으로 여깁니다. 구조적으로 정치는 '종교의 정치수단화'를 내장하고 있습니다. 그러므로 그것을 현실적으로 의도하지 않을 수 없습니다.

단일종교문화나 다종교문화와는 다르게 다문화종교의 정황에서는 개개 종교의 현존 자체가 '국지적(局地的)'이지 않습니다. 그렇다고 해서 전이(轉移)되는 것도 아니고, 이식(移植)되는 것도 아닙니다. 필연적으로 지금 여기에 정착하는 것도 아니고 그렇게 반드시 지금 여기를 떠나 유전(流轉)하는 것도 아닙니다. 그 상황 안에 있는 종교는 이른바 역동적인 '세계'와 연계하여 지금 여기에 현존합니다. 우리의 당대 종교는 이미 이러한 정황 안에 있습니다. 이 현상을 종교인들이나 시민들이 어떻게 인식하느냐 하는 것은 별개의 문제입니다. 지금 여기에서 우리는 '종교가 안고 있는 다른 문화'를 만나는 것이 아니라 '다른 문화가 지니고 있는 종교'를 만나고 있는 것입니다. 그러므로 공동체 전체의 자리에서 보면 종교는 문화의 종속변수이지 스스로 독립변수이지 않습니다. 바야흐로 종교는 단일종교문화나 다종교문화 등 이전의 차원에서 확보했던 '두드러진 현상'으로서 자기를 더 이상 지탱하지 못합니다. 종교가 종교문화의 독특성 또는 예외성을 주장하면서 자신이 일상의 영역으로 환원될 수 없는 실재라고 주장한다면, 이 상황 속에서 이것은 아예 어불성설(語不成說)입니다.

그런데 다문화적인 사회는 이전의 어떤 사회보다 '복합적'입니다. 그리고 그 복합성은 단순화를 의도할 수 없을 만큼 심각한 것이어서 아예 복합성 자체를 통어해야 하는 정황이 벌어집니다. 단일종교문화에서의 종교의 자의식이나 다종교문화에서의 종교의 자의식이 펼치던 전승과 확산을 위한 논리는 '거대한 힘의 복합체'와 직면하면서 더 이상 적합성을 확보하지 못합니다. 개개 종교의 통어기능이 비현실적이게 되면서 종교는 스스로 힘의 탈진을 경험하게 되기 때문입니다. 이러한 상황에서는 이전에 예상할 수 없던 '정교한 현실적 다스림'이 요청됩니다. 이를테면 어떤 현실도 배제할 수 없고 그렇게 해서도 안 되는 다스림이 이루어져야 하기 때문입니다. 그런데 종교는 구조적으로 그렇게 할 수 없습니다. 따라서 다문화종교의 정황에서는 '종교권력'을 넘어서는 '정치권력'의 우위가 분명해집니다. 당연하게 이 상황에서 종교와 정치의 만남은 정치 주도적 형태로 이루어집니다. 종교가 정치를 점유하는 일도 불가능하고, 종교의 정치행위도 현실적인 한계에 부 닥칩니다.

그러나 동시에 이러한 문화에서는 정치가 종교를 예속하는 일도 불가능하거니와 종교에 간여하는 일도 현실적이지 않습니다. 이미 정치권력의 '다스림의 개념' 자체가 바뀌고 있는 것입니다. 참여와 탄압이라든지 저항과 유착이라든지 하는 개념들은 이 상황에서 종교와 정치의 만남을 서술하는 데 적합성을 갖지 못합니다. 이 상황에서는 종교와 정치가 힘의 실체로 직접적으로 부닥치는 일조차 묘사되지 않습니다. 그 '둘의 관계'라고 하는 '전통적인' 묘사를 여전히 사용한다면 우리가 이에서 발견하는 것은 복합적 구조 안에서 정치권력이 행사하는 구성 요소들 간의 '매개 기능'과 자기 생존을 유지하기 위해 불가피하게 그 기능을 존중하는 당해 공동체 구성 요소들의 '의존 기능'입니다. 그리고 종교도 그러한 구성요소 중의 하나입니다. 따라서 종교와 정치의 만남은 '매개 기능과의 의존적 만남'으로 정리될 수 있습니다. 관행적인 용어를 그대로 사용한다면 '종교의 정치 의존' 행태가 이 상황에서 이루어지는 종교와 정치의 관계유형이 되리라고 묘사할 수 있습니다. 그런데 그것은 또한, 여전히 관행적인 표현을 사용한다면, 정치가 종교에 대한 영향력을 강화하거나 심화하는 것으로 읽히는 현상이기도 합니다.

이를테면 문화재란 명목으로 이루어지는 불교문화유산의 보호와 관리를 위한 정부지원은, 정치가 불교를 보호하는 일이면서 동시에 불교를 관리하는 일이기도 하고, 불교가 자기를 확장하기 위해 타 종교와 견주어 정치권력을 자기 나름대로 선용(善用)하는 것이기도 합니다. 다시 말하면 이러한 일을 통하여 정치는 '복합적인 총체'를 다스리는 데서 불교의 협조를 얻을 수 있고, 불교는 정치권력의 지지를 얻어 효과적으로 자기 확장의 기반을 조성할 수 있습니다. 물론 상황적인 조건에 따라 갈등으로 판단되는 경우도 없지 않습니다. 예를 들어 개신교의 해외선교에서 일어난 선교사의 피랍 및 피살 사건 등이 그렇습니다. 이때 정치권력은 개신교 선교사들의 귀국을 강제하거나 출국을 제한하는 등 개신교 해외선교의 자율성을 침해하는 '간섭 기능'을 발휘합니다. 이렇게 되면 자율적인 활동을 지향하는 개신교의 종교권력도 '저항 기능'을 표출합니다. 그러나 이 경우에도 여전히 해외선교 행위는 정부의 국민보호라는 기능이 없으면 불가능하다는 의미에서 종교의 정치 의존은 불가피하고, 통제되지 않은 해외선교가 국가에 위해를 초래할 수도 있다는 현실에서 볼 때 정치의 종교 관리는 불가피합니다. 매개와 의존의 구조는 변하지 않습니다.

'종교와 정치의 유기적인 상호관계'라고 묘사할 수 있을 이러한 '매개'와 '의존'의 현상은 우리가 직면하는 당대의 전형적인 정교관계 유형입니다. 다문화종교의 현상을 인식하고 있는 차원에서는 이러한 의식의 층위에서, 이러한 현상 안에서, 자기현존을 모색하지 않을 수 없습니다. 그런데 이러한 사실은 '현상의 서술범주'를 새롭게 마련해야 한다는 근원적인 문제에 대한 성찰을 독촉합니다.

3) 다문화적 상황과 편의주의(便宜主義)

이제 정치는 종교의 소비재입니다. 종교는 자신의 존립을 위해 편의를 제공한다면 어떤 정치세력과도 타협하고 협조할 수 있으며, 언제나 그 세력을 '구입'하여 소유할 준비가 되어 있습니다. 거대화와 극단화는 다문화종교의 정황을 살아가는 종교들의 적절한 생존 원리입니다.

서술의 논리를 따른다면 단일종교문화에서 다종교문화에 이르고, 다시 이에서 다문화종교에 이르는 이러한 유형들이 점진적으로 이어 전개되었으리라고 판단되는데도 불구하고, 우리는 그러한 진전의 궤적을 뚜렷하게 기술하지 못합니다. 오히려 오늘 우리는 그 세 유형이 중첩된 복합적인 현실과 그에 대한 산만한 반응을 동시에 겪고 있습니다. 종교에 따라, 직면한 문제에 따라, 개개 종교 안의 다양한 의식의 층위에 따라, 정치권력의 속성에 따라 종교는 각기 그 세 유형 가운데 어떤 것을 선택하든가, 아니면 복합적인 반응을 보이고 있습니다.

그런데 이러한 상황은 지금 우리의 현실 속에서 '종교로부터 비롯하는' 상당한 혼란을 야기합니다. 다문화종교의 상황에서 단일종교문화에 상응하던 의식을 가지고 반응하면 그 반응은 전혀 현실 적합성이 없는 행위를 드러내게 됩니다. 이를테면 이슬람에 대한 개신교의 반응이 그렇습니다. 중동문화권 국가에서 온 유학생들을 '위장한 이슬람 선교사'라고 하면서 이들에 대해 거의 이슬람 공포증이라고 말할 수 있는 배타적 태도를 취하는 것은 다종교문화의 상황에서조차 적합성을 지닐 수 없는 반응입니다. 그런데 그러한 반응이 다문화 정황에서 종교적인 태도로 분출되고 있습니다. 다문화라는 정황은 다른 문화권이 지금 여기 우리 안에 들어와 있기 때문에 그 문화가 담고 있는 종교를 우리가 만나는 것이 당연한 그러한 정황을 일컫습니다. 그러므로 예를 들어 그 문화의 고유한 관행이 우리의 그것과 다르고 낯설다고 해서 막거나 피할 수 있는 것이 아닙니다. 그것은 마치 우리가 한복을 입고 있다는 이유로 우리가 방문한 국가에서 추방당하는 경우와 다르지 않습니다. 그렇다면 다른 '관습이나 행위'에 대한 진지한 관심을 기울이면서 '방어'가 아니라 '조화'를 모색해야 하는 것이 우리가 할 일입니다. 그것이 다문화 정황에서 요청되는 의식(意識)입니다. 대체로 정치권에서는 타 문화의 승인이나 수용에서 어느 다른 분야보다 실용적인 태도를 갖습니다. 국익을 위해서라도 특정 문화권의 종교를 비롯한 문화일반을 수용하는 데 별다른 저항을 하지 않습니다. 그러나 이러한 정치의 태도에 대해 개신교는 너그럽지 않습니다. 이슬람의 수쿠크 법의 문제에서 드러나듯 개신교는 정치의 그러한 태도를 특정종교에 대한 정치권력의 편파적 정책이라고 풀이하고 이는 정교분리 원칙에 반하는 잘못된 정책이라고 격한 부정적 반응을 보입니다. 이러한 태도는 단일종교문화의 정황에서나 가능한 의식의 표출입니다.

불교나 가톨릭은 이러한 사태에 관하여 아예 아무런 반응도 보이지 않고 있습니다. 그렇다고 암묵적인 동조를 하고 있는 것은 아닌 것 같습니다. 대화와 만남을 권장하는 모습이 없지 않은데도 불구하고, 이러한 구체적이고 직접적인 사태와 직면해서 어떻게 행동해야 할 것인가에 대해서는 아무런 준비도 되어 있지 않았다고 하는 것 말고는, 어떤 것도 이 침묵을 설명할 수 없습니다. 이러한 사태는 우리 종교들의 의식이 삶의 정황의 급격한 변화에도 불구하고 아직도 다종교문화나 그 이전의 단일종교문화의 차원에 머물러 있음을 보여주는 것과 다르지 않습니다. 그럼에도 불구하고 흥미로운 것은 정부가 의도하는 관광산업의 진작을 위한 템플 스테이 정책과 관련해서, 정치가 불교를 고유한 문화라는 이름으로 수식하면서 국익을 창출하기 위해 이용하는 것임을 분명히 불교가 모르지 않음에도 불구하고, 불교는 그 정책을 수용하는 것이 자신의 확장에 기여한다는 인식을 통해 이 정책을 긍정적으로 평가하면서 적극적으로 협조하고 있습니다. 그러면서도 동일한 정치권력을 담당하고 있는 공인(公人)이 공석에서 자신의 사적(私的) 신앙고백에 의거하여 공적 업무와 관련한 발언을 한 일에 대해서는 '정치권력의 종교 편향적 행위'라는 구실로 격한 반발을 보입니다. 또한 가톨릭은 시성(諡聖)의 문제가 '외교적 현안'이라는 사실을 조금도 어색하게 여기지 않습니다. 바티칸과의 관계가 국가 간의 관계라는 특수성을 감안하더라도 이는 종교의 정치 의존적 태도와 다르지 않습니다.

이러한 사례들은 다문화종교의 정황과 관련하여 단일종교문화적 의식이나 다종교문화적 의식의 차원에서 이루어지는 '적절한 반응'과 '부적절한 반응', 그리고 '당연한 반응'과 '혼란스러운 반응' 등이 중첩된 복합적인 현상입니다. 분명한 것은 우리의 현실은 이미 '다문화종교의 정황'에 이르렀다는 사실입니다. 따라서 종교가 단일종교문화적 의식이나 다종교문화적 의식을 가지고 이 사태에 대처하고 있다 할지라도 이미 그 반응은 다문화종교적 상황의 구조 안에서 그 현상을 구성하는 한 요인이 되고 있습니다. 따라서 중요한 것은 동일한 종교주체의 동일한 상황에 대한 인식에서 비롯한 반응이 왜 또는 언제 '정치점유'라든지 '정치행위'라든지 '정교의 상호의존'이라든지 하는 때로는 부적합할 수도 있을 양태들을 거의 자의적(恣意的)으로 선택하는가 하는 문제입니다. 다시 말하면 현존하는 다문화 상황에 대한 종교의 인식이 종내 '여러 양태가 중첩하는 복합적인 반응'으로 표출될 수밖에 없도록 한 그 '종교의 진정한 자의식'은 무엇인가 하는 문제가 중요합니다. 단일종교에서 다종교로, 이에서 다시 다문화종교로 바뀌는 상황에 따라 그에 대한 인식도 점진적으로 바뀌어 나아가면서 마땅히 그에 상응하는 종교의 반응들이 앞서 기술한 그러한 양태들로 드러난다는 것을 기술할 수 있어야 하는데 그것이 현실적으로는 불가능하기 때문입니다.

　종교가 상황의 변화를 인지하지 못한다든지, 그에 대한 적합한 대응 양태를 모색하지 않는다든지 하는 일은 실은 있을 수 없는 일입니다. 그런데도 그렇다고 하는 것을 확인할 수 없는 상황이 종교의 현존 양상에서 드러나고 있다면 우리는 종교가 스스로 지니고 있는 그러한 인식과 반응을 배제하거나 억제하는 어떤 것이 틀림없이 바로 그 종교에 내재해 있던가, 아니면 당해 종교에 의하여 선택되었거나, 그도 아니라면 어떤 것이 그 종교를 강제했기 때문이라고 생각해 볼 수 있습니다. 우리는 이러한 물음을 물으면서 그

'어떤 것', 즉 상황에 대한 인식을 제어한다든지 그에 상응하는 반응을 자의적이게 하는 어떤 것의 정체가 어쩌면 종교가 자기를 위해 가장 중요한 것으로 여기는 '편의'이지 않을까 하는 생각을 해보게 됩니다.

'편의'는 힘들지 않음, 손쉬움, 제고된 효율성, 단순화된 사유, 조건에 따른 가변성, 원칙을 간과하는 자의성(恣意性), 그리고 타산성(打算性)을 통해 자기에게 유리한 것을 좇는 기회주의적인 태도 등을 함축하는 '가치'입니다. 따라서 편의의 추구가 의도되는 정황에서는 모든 사물이 그 추구주체를 위한 도구가 됩니다. 편의는 존재하는 사물을 도구로 환원하여 도달한 이상적인 상황을 묘사하는 언어인 것입니다.

그렇기 때문에 우리는 이를 전형적인 '시장적(市場的) 가치'라고 말할 수 있습니다. 만약 오늘의 종교들이 자신이 현존하는 다문화종교적 정황에 대해 충분한 인식을 하고 있으며, 따라서 이에 상응하는 반응을 적절히 할 수 있을 터인데도 단일종교문화적 정황이나 다종교문화적 정황에 대한 반응을 '자유롭게' 구사하고 있다면, 실은 그 '자유로움'은 종교와 정치라는 도식적인 현실인식의 범주, 즉 이념적인 힘의 실체 간의 옳고 그름을 전제한 그러한 범주가 아닌 '다른 장(場)에 대한 인식'에서 비롯한 것이라고 할 수 있습니다. 곧 모든 힘의 현존이 이념을 탈색한 채 타협과 교환과 이윤을 지향하는 장이 되어 버림으로써 당대에 대한 그러한 태도를 지니게 된 것이라고 말할 수 있습니다. 그러므로 다문화종교적 정황은 '정치와 종교'라는 이원적 구조가 펼쳐지는 자리가 아니라 그 둘의 힘을 포함한 온갖 힘이 서로 만나 '조화'와 '갈등'을 낳으면서 현존하는 그러한 장입니다. 그런데 그러한 조화나 갈등은 언제나 있었습니다. 그럴 수밖에 없습니다. 서로 필요하기 때문입니다. 그렇다면 지금 여기에서 종교들이 반응하는 양태를 통해 드러나는 힘의 관계를 매개하는 것은 '필요'입니다. 현존하는 모든 것은 서로 필요하고, 또한 서로의 필요를 충족시켜 줍니다. 그러므로 이 상황에서 우리가 겪는 갈등과 조화는 서로가 서로를 위한 '도구'가 되어 있어 일어나는 현상입니다.

그러므로 오늘 우리의 종교들은 다문화종교적 장을 '시장(市場)'으로 개념화하여 인식하면서 타자와 견주어 상대적으로 더 높은 교환가치를 지닌 자기를 확립하지 못하면 자신의 생존을 지탱하지 못하리라는 자의식을 지니고 있습니다. 종교가 본래적으로 지니고 있다고 판단되는 고전적인 의미에서의 '진리의 실현'이란 그것 자체로 드러나지 않습니다. 그것은 상품적 가치로 환원되고 다른 언어와 다른 현상으로 포장되어 '감추어져 전달될 뿐'입니다. 그런데 종교는 그 '은폐된 실체로서의 종교적 진리'조차도 스스로 교환가치를 확보하지 못하면 자연히 소멸하리라는 것을 잘 알고 있습니다.

이러한 맥락에서 보면 정치는 종교의 소비재입니다. 필요 유무가 그 관계를 결정합니다. 자신의 존립을 위하여 편의를 제공한다면 어떤 정치세력과도 타협하고 협조할 수 있으며, 언제나 그 세력을 '구입'하여 소유할 준비가 되어 있습니다. 정치세력의 확보를 위하여 값을 지불할 준비가 되어 있는 것입니다. 물론 그 값은 정치세력이 제공하는 상품에 따라 다릅니다. 당연히 값의 흥정도 가능하고 불량품에 대한 거절과 고발도 자연스럽습니다. 그런데 정치의 자리에서 보면 종교도 정치권력의 소비재이기는 마찬가지입니다. 다만 다른 것이 있다면 정치세력은 시장 자체를 강제로 관장할 수 있는 데 비해 종교는 강제적인 시장관리가 불가능하다는 사실입니다. 따라서 시장구조에서 보면 종교는 언제나 정치에 비해 수세적입니다. 그럴수록 종교는 자신의 영향력을 발휘하기 위해 스스로 생산하는 소비재가 얼마나 고객에게 '편의'를 제공해줄 수 있느냐 하는 데 집착할 수밖에 없습니다. 그렇다면 오늘 우리 종교들이 보여주는 '정황에 대한 반응 유형들의 복합적인 혼재'는 다문화종교의 정황이 시장적 현실로 개념화될 때 비로소 설명될 수 있습니다.

이러한 사실을 승인한다면 오늘 우리 종교들이 지니고 있으리라고 판단되는 '시장적 자의식'은 어떠한 것일까를 두 가지 두드러지는 '지향성'을 들어 서술할 수 있으리라고 생각합니다. 하나는 '거대화'의 지향입니다. 이미 앞에서 다른 맥락을 통해 기술한 바 있지만, 다시 다듬는다면 신도 수의 팽창을 추구하는 일, 무수한 단위들로 이루어지는 복합 공동체의 구축, 조직 운영의 디지털화, 거대 건물의 건축, 부의 지속적인 축적, 우수인력의 경쟁적 확보, 자기 역사의 외연을 넓혀 우리 역사 안에서 더 큰 진폭을 확보하는 일, 축적된 전통의 공공재화(公共財化) 등이 이 범주에 들 수 있는 구체적인 거대화의 작업들입니다. 오늘 우리의 어떤 종교도 이러한 지향에서 예외이지 않습니다. 유교가 스스로를 '한국철학'으로 자리매김하려고 하는 이른바 '자기 일탈적 재생'을 거대화의 변주(變奏)로 여긴다면, 몇몇 민족종교의 쇠미(衰微) 현상을 제하고는 모두가 그러합니다.[21] 세계에서 가장 규모가 큰 교회공동체, 장기적으로 가장 거대한 성당건축을 기획하는 일, 끊임없이 이어지는 거대지향적인 불사(佛事)들은 우리에게 익숙할 뿐만 아니라 판단의 기준에 따라 많은 '시빗거리'를 낳기도 합니다.

거대성이 함축하는 다양한 기능의 복합적 실천은 거대화의 의도를 더 효과적으로 실현하는 바탕이 됩니다. 종단 교육기관의 운영, 사회사업 기관의 경쟁적 설치, 기도원, 수양원, 선방, 요양원, 명상센터 등의 급격한 증가, 그리고 개개 종교가 시도하는 이 땅에서의 새로운 자기 역사쓰기, 경전의 번역, 신문과 방송 등의 매체 운영 등도 여러 종교들이 스스로 거대화를 지향

---

21 '종교적 민족주의(religious nationalism)'의 문제와 관련하여 다음 글을 참조하라: Mark Juergensmeyer, "Nationalism and Religion," in Robert A. Segal, ed., *The Blackwell Companion to the Study of Religion*, Oxford: Wiley Blackwell, 2009, pp. 357-367.

하면서 이루어내는 '종교 문화적 사업'입니다. 그때그때 정치-사회적 이슈들에 대한 비판적 관심을 드러내고 이를 행동으로 구체화하는 수다한 자발적인 조직이나 단체들도 결과적으로는 당해 종교의 거대화 지향을 지원합니다. '영성의 산업화'라든지 '종교의 기업화'라든지 하는 현실묘사는 이미 낯설지 않습니다.[22]

거대화의 지향이 보여주는 또 다른 모습은 개개 종교가 자신의 세계화를 도모하는 데서 나타납니다. 개신교는 해외선교가 자기 세(勢)의 세계적인 차원에서의 확장이라고 서술합니다. 이른바 '전국의 복음화'라는 표어는 이제 '세계의 복음화'로 대치되었습니다. 불교도 다르지 않습니다. '한국불교의 세계화'는 갱신된 불교의 참 모습의 시현(示顯)이라는 긍지를 담고 있습니다. '세계에 유례가 없는 거룩한 성자(聖者)의 나라'라는 가톨릭의 자의식도 세계가 준거가 되면서 거대화의 종국이 어디인지를 보여주고 있습니다. 정통 유교를 보존하고 있는 나라는 우리뿐이라는 주장을 통해 새롭게 주창되는 한국이 '유교의 중심'이라는 논의도 세계화의 한 모습이고, 통일교의 '한국 중심주의'도 구조적으로 예외가 아닙니다. 물론 위에서 예를 든 시장 지향성이나 세계화 등의 여러 사례들을 아무런 여과 없이 '거대화'의 범주에 담을 것인가 하는 것은 논의의 여지가 있습니다. 그러나 중요한 것은 '거대화'의 범

---

22 '영성의 산업화 현상'에 관해서는 다음 책을 참조하라: Jeremy Carrette & Richard King, *Selling Spirituality: The Silent Takeover of Religion*, London: Routledge, 2005; Craig Martin, *Capitalizing Religion: Ideology and the Opiate of the Bourgeoisie*, New York: Bloomsbury, 2014. 또한 '종교의 기업화 현상'과 관련하여 다음 책을 참조하라: Jesper Kunde, *Corporate Religion: Building a Strong Company through Personality and Corporate Soul*, trans. Helle Nygaard & Nigel P. Mander, London: Prentice Hall, 2000. 또한 근대세계에서 치유, 영성, 심리학의 문화적 승리를 고찰하는 다음 책을 참조하라: Eva Illouz, *Saving the Modern Soul: Therapy, Emotions, and the Culture of Self-Help*, Berkeley: University of California Press, 2008. 근대의 세계적인 종교 현상이라고 할 만한 '종교와 여행' 또는 '종교와 투어리즘'의 문제와 관련해서는 다음 책을 참조하라: Michael Stausberg, *Religion and Tourism: Crossroads, Destinations and Encounters*, London: Routledge, 2011.

주 밖에서는 충분히 설명되지 않는데도, 그 범주에 담으면 비로소 그 사항이 왜 현존하는지를 설명할 수 있는 경우가 있다는 사실입니다. 이를테면 방금 기술한 '세계화 현상'의 '무모함'이나 '중심상징'의 등장이 그러합니다.

물론 거대화는 자연스러운 일입니다. 그것은 점증하는 힘을 실증적으로 드러내는 것이며 그럴 수 있을 만큼의 영향력도 아울러 발휘합니다. 거대화는 '압도적인 감동'을 자아내기도 합니다. 그것은 경쟁적 우위를 차지하게 하고 그럴 수 있는 종교가 상대적으로 타 종교보다 더 지속 가능하다는 것을 보장하는 것이기도 합니다.

그러나 종교의 거대화는 바로 그 거대성의 시장적 정황에서 비롯한 것이라는 사실 때문에 상당한 대가를 지불하지 않으면 안 됩니다. 종교가 주창하는 '이념적 신조'보다 종교의 세를 넓히려는 '사업적 신조(信條)'가 우선하기 때문입니다. 종교적 리더십은 그 무게가 성직에서 실무적 기능으로 옮겨갑니다. '사업적 수완'이 '돈독한 봉헌'보다 우선적으로 인정됩니다. 어쩌면 이러한 현상은 비일상적인 것으로 기술되는 '이념적 지표'의 약화현상이라고 할 수도 있습니다. 그러나 오히려 이념이 '시장 안의 재화'가 되었다고 하는 이른바 '이념적 지표의 변모 현상'이라고 묘사하는 것이 더 옳을 수도 있습니다. 교환가치를 갖지 않은 이념은 그것이 '거룩한 것'이라 할지라도 그 고전적인 가치의 명목만으로는 유통될 수 없기 때문입니다. 그렇다면 이러한 현상은 '손실을 함축한 대가의 지불'이기보다 '당연한 비용의 지불'이라고 할 수 있습니다.[23] 거대화에 대한 저항이 없지는 않습니다. 이에 대한 비판이 종교 안팎에서 진지하게 펼쳐지고 있습니다. 그러나 그러한 비판 자체가

---

23 '거대화'가 부정적인 현상이 아니라는 것을 강조한 실증적인 연구가 있다. 비록 미국의 경우이지만 유념할 만한 주장들이 담겨 있다. *Beyond Megachurch Myths: What We Can Learn from America's Largest Churches* by Scott Thumas and Dave Travis, A Leadership Network Publication John Wiley & Sons. Inc., 를 참조하라.

거대화되지 않는 한, 종교의 거대화 지향이 지양되기를 기대할 수는 없습니다. 그것이 힘의 현실입니다. 따라서 거대화에 대한 비판세력의 거대화 지향도 우리는 이 총체적인 거대화 성향에서 '다른 것'으로 다룰 수 없습니다. 개신교의 '작은 교회' 운동을 그 예로 들 수 있습니다.[24] 그러한 '작은' 세력은 '소리의 증폭', '주장의 과격화'를 통해 자신의 영향력의 증대를 꾀한다고 하는 맥락에서, 마찬가지로 거대화의 범주에 담길 수밖에 없습니다.

이러한 맥락에서 우리는 시장적 지향성의 두 번째 의식을 '극단화'로 기술할 수 있습니다. '강력한 정서'가 아니면 자기를 자기답게 부각시킬 다른 방법이 없는 것입니다. 거대화의 흐름에서 지체(遲滯)된 작은 힘들이 특히 그렇게 자기를 표출합니다. 그러나 극단화는 '작은 힘'의 전유물이 아닙니다. 어느 종교든, 그리고 종교들의 온갖 정치-사회적 운동들은 시장 지향적이라는 사실을 유념할 필요가 있습니다. 이른바 '돈독한 신앙의 실천'도 다르지 않습니다. 모두 어떻게 하면 '고객'의 관심을 유도할 것인가 하는 데 집중하고 있습니다. 그리고 그렇게 하기 위해서는 '달라야' 하고 '튀어야' 합니다. 그래서 눈에 '띄어야' 합니다. 가치의 지속적인 담보가 필요하지만 충동적인 욕구를 충족시켜 줄 만큼의 효용만으로도 자신의 가치를 확보할 수 있는 것이 새로운 장의 질서라고 판단하고 있기 때문입니다. 그래서 그러한 충동을 지속하는 것을 최상의 가치라고 여깁니다. 그리고 종국적으로 그러한 반응의 최종적인 목표는 그렇게 하여 자신을, 자신이 내놓은 상품을, 그 장에서, 곧 새로운 질서로 이루어진 시장에서, 지배적인 자리에 오르게 하는 것입니다. 따라서 신도의 확보, 곧 고객의 확보는 세의 확장과 일치하고, 그것은 또한 이념의 실현에 도달하는 첨경입니다. 그렇다면 극단화는 다문화종교의

---

24 이른바 '작은교회운동'이 여러 양태의 조직으로 확산되고 있다. 작은교회세우기연합, 작은교회운동전국연합 등이 그것이다.

정황 속에서 자기의 확산과 전승을 기하려는 개개 종교의 불가피한 요청일 수밖에 없습니다.

스스로 의도하든 그렇지 않든 결과적으로 오늘 여기의 종교들의 주장과 목표는 대체로 '극적(劇的)인 구조'를 통해 '연출'됩니다. 논리적 사유의 과정은 비현실적이라는 이유로 배제됩니다. 스스로 펼치고 있는 이념 지향적 '운동의 논리'가 그러하고, 그것을 구현하겠다는 돈독한 신앙의 '실천 논리'도 그러합니다. 모든 사실들은 소박하게 명료한 것으로 다루어집니다. 문제정황으로 지녀진 것조차 전혀 복잡하지 않은 것으로 간주합니다. 극단화는 철저한 '단순화'입니다. 다만 옳고 그름만이 투명하게 떠오릅니다. 그것을 판별한 과정은 드러나지 않습니다. 자신의 요청이 소비되면 그것은 선(善)이고, 그렇지 않으면 그것은 악(惡)입니다.

그런데 이러한 일은 소박한 이원론적 구조에서 택일을 현실적인 규범으로 제시할 수 있을 때 비로소 강력하게 이루어질 수 있습니다. 그 자리에서는 '주저(躊躇)'란 없어야 하고, 또 실은 없는 것으로 전제되어야 합니다. 고뇌도 다르지 않습니다. 그것은 없을 수 없지만 건강하지 않은 환상에의 몰입일 뿐입니다. 삶 주체의 몰지각, 의식 없음, 비겁함, 기회주의적 태도로 인하여 그 택일적 선명성이 밝혀지지 않아 드러나는 신기루가 다름 아닌 고뇌라고 일컬어집니다. 모든 것은 단순합니다. 그렇기 때문에 현실에 대한 기술(記述)보다 옳고 그름의 판단이 우선합니다. 이를 역으로 말하면 더 분명해집니다. 옳고 그름을 전제하면 현상은 단순해집니다. 사실보다 판단이, 판단보다 실천이 우위를 점하면, 그 실천에서 비롯하는 논리가 현실을 기술하는 한, 현상은 단순할 수밖에 없습니다. 그리고 그 실천이 당위로 요청됩니다.

당연히 실천을 위한 방법론적인 이견은 얼마든지 있을 수 있습니다. 그러나 그것이 인식을 위한 논리를 구축하지는 않습니다. 다만 실천을 위한 것일 뿐입니다. 그리고 방법과 실천이 분리될 수 없다는 것을 유념한다면, 방법론적인 이견이 단순성을 훼손할 만큼 심각한 것은 아닙니다. 실천의 장에서는 사실상 방법론적 논의는 무의미하고 실제로 현실화되지도 않습니다. 선택된 방법이 실천을 지지하는 한, 실천의 중단을 전제하지 않는다면, 방법의 교체란 사실상 비현실적인 기대입니다. 그러한 일이 일어난다면 그것은 실천의 붕괴를 뜻하는 것과 다르지 않기 때문입니다.

이뿐만 아니라 단순화를 통해서 명백해진 그릇된 현실에 대해서는 그것을 책임질 주체가 누구이고 무엇인가를 뚜렷하게 제시합니다. 그것은 극단화의 또 다른 징표입니다. 극단화는 부정하고 배제하고 지워야 할 대상을 확실하게 돋보이게 합니다. 그렇다고 해서 지탄된 세력이 우호적으로 바뀔 가능성이나 현실적인 개선 가능성을 적극적으로 모색하는 것은 아닙니다. 그런 일은 원천적으로 차단됩니다. 그러한 차단이 이루어지지 않으면 사태는 단순화되지 않기 때문입니다. 그러므로 '제거 또는 배제의 당위'만이 요청됩니다. '극단화'는 이런 모습으로 우리 오늘의 현실에서 종교들이 현존하는 하나의 '추세'를 짓고 있습니다.

그런데 스스로 의도한 단순성과 선명성에도 불구하고 극단화는 실은 혼란스러운 당혹을 일게 합니다. '단순성 또는 선명성의 혼재 현상'이 일기 때문입니다. 우선 주목할 것은 이러한 극단화 지향의 태도들이 종교 안팎에서 기림과 소원(疏遠)함이라는 상치하는 반응을 일게 한다는 사실입니다. 이를테면 인권문제나 생태계의 문제, '평화담론' 등에 관련한 개신교, 불교, 가톨릭의 진보적 운동들은 그 치열함 만큼의 비동조적 세력과 직면합니다, 낙태나 존엄사, 창조과학이나 동성애에 대한 각 종교의 보수적 운동들도 다르지 않습니다. 그리고 그러한 반응은 동일한 사안에 대한 동조와 비동조를 한데 겪게 합니다. 그렇기 때문에 기림이든 소원함이든 더욱 자신을 극단적이게 합니다. 힘의 갈등이 이를 충동하기 때문입니다. 그러면서 극단화는 그렇지 않으면 두드러지지 않을 양가적인 반응을 더욱 두드러지게 합니다. 자연보호를 도롱뇽 보호라는 표어로 수식했던 불교의 고속철 공사 반대의 배타적 주장이라든지, 임신의 상황적 곤경을 배려하지 않은 채 주장되는 가톨릭의 낙태 반대 운동과 같은 것들이 그 예입니다. 개신교도들에 의한 잦은 불상 훼손도 그러하고, 불교가 이른바 정부의 종교 편향적 정책을 고발하는 과정에서 행했던 산문(山門) 폐쇄 조치 등도 같은 범주에 듭니다. 사람들은 이러한 극단화의 지향에서 한편으로는 단순하고, 극적이고, 그래서 감동적으로 공감할 뿐만 아니라 이에 참여할 수 있는 동기를 부여받습니다. 사람들은 그러한 극단적인 일련의 행위를 '소유'할 만한 가치가 있는 것으로 판단하고 선택합니다. 다른 한편으로는 꼭 같은 이유로 동일한 사안에 대하여 유치하고 과장되고 작위적이어서 경멸스러운 이질감을 느낄 뿐만 아니라, 이를 소유한다는 것은 그릇된 선택 행위라고 판단합니다. 그리하여 이에 대한 저항의 정당성을 스스로 마련합니다. 극단화는 결국 '보편적인 시장 확보'의 한계를 스스로 내장하고 있을 뿐만 아니라, 언제나 자기 상품에 대한 '불매운동'과 직면하리라는 것을 예상해야 합니다.[25]

그런데 우리가 이 계기에서 유념할 것이 있습니다. 극단화는 '절대화'와 같지 않다고 하는 사실이 그것입니다. 절대화는 단일종교문화나 다종교문화에서 가능한 개개 종교의 자기주장의 모습입니다. 그러한 자리에서는 타자의 승인이란 있을 수 없습니다. 그러나 극단화는 개개 종교가 현존하는

---

25 이곳에서 '극단화'를 '정치적 극단주의(political extremism)'와 동의어로 사용하고 있는 것은 아니다. 폭력을 수반하는 그러한 가능성을 온전히 배제하는 것은 아니지만 '불확실성'에 대한 여러 양태의 '방어적 자기확산'을 함축한 개념으로 사용하고 있다. 이를테면 '필요를 넘어서는 상품의 개발'이나 '상궤를 넘어서는 인기영합적인 리더십' 등을 이 개념에 포함하고 있다. 이와 관련하여 *Extremism and Psychology of Uncertainty* by Michael A. Hogg and Daniell Blaylock, Blackwell Publishing Ltd., 2012를 참조하라.

지금 여기의 정황이 시장적 정황으로 개념화될 수 있는 다문화종교적 상황에서 일어나는 현상입니다. 그러므로 절대화는 타자에 대한 승인이 원천적으로 불가능하다는 사실에서 비롯하지만, 다문화종교의 정황에서는 자신의 배타적 정당성을 주장하는 것은 가능해도 타자의 제거는 실제로 가능하지 않습니다. 그리고 그렇다는 것을 아는 종교들이 보여주는 태도, 곧 자기 정체성의 확인을 의도하는 태도가 극단화입니다. 그러므로 극단화를 절대화와 같은 것으로 여길 수는 없다는 것을 우리는 유념하지 않으면 안 됩니다.

이러한 맥락에서 오늘 여기에서 벌어지고 있는 현상을 살펴보면 자주 일컬어진 현 사태에 대한 익숙한 진단과는 다른 사실을 우리는 지적할 수 있습니다. 이를테면 예외 없이 개개 종교에서 드러나고 있는 이른바 '보수와 진보의 갈등'을 다시 살펴볼 수 있습니다. 흔히 그러한 양자 간의 갈등은 '큰 힘'과 '작은 힘'이 겨루는 모습이나 옳고 그름 간의 갈등이라고 단정하곤 했습니다. 그러나 우리가 이제까지 기술한 맥락에서 보면, 이것은 오히려 당해 정황 안에서 서로 입지가 다른 주체들이 자기 현존의 지속과 확장을 위해 제각기 선택한 자기 극단화의 다른 양태들이 마주쳐 일으키는 굉음이라고 묘사할 수 있습니다. 그런데 어떤 양태가 적합성을 지니는가 하는 것은 '그들'이 결정하는 것이 아니라 '시장'이 결정합니다. 종교는 이를 알기 때문에 극단화를 추구한 것이라고 할 수 있습니다. 그러나 시장의 결정이 항구적인 것은 아닙니다. 시장은 언제나 '유동적'입니다. 그렇다고 하는 것을 종교 또한 모르지 않습니다. 그래서 종교는 자신을 극단화하고 강화하면서 서로 다른 극단화 지향적인 실체들과 지속적인 경쟁상황을 이어갈 수밖에 없습니다. 그것이 다문화종교 정황에서의 종교의 현존양상입니다. 그 갈등의 현실 속에서는 어느 편도 자기를 포함한 현실이 얼마나 복합적인가 하는 데 대한 성찰을 스스로 배제합니다. 각기 자신이 처해 있는 현실인 다문화적 정황에 대한 '인식의 장'을 마련하지 않습니다. 인식의 복합성이 낳는 '판단의 망설임'도 없고, 인식의 논리적 역설과 직면하여 불가피한 '어눌한 발언'도 없습니다. 극단화에서는 어떤 주장도 이미 선명하기 때문입니다. 다시 말하면 그래서 극단화를 지향합니다.

이 계기에서 우리는 '무엇을 극단화하고 있는가' 하는 '극단성의 내용'이 언급되어야 하지 않겠느냐는 질문과 만납니다. 내용에 따라 극단화의 정도(程度)가 결정되리라는 것을 예상할 수 있기 때문입니다. 그러나 그 내용이 어떤 것이든 그것은 종내 '극단성' 자체로 귀착합니다. 다시 말하면 극단성의 내용이 문제가 아니라, 극단성은 극단성 자체를 내용으로 하고 있다는 사실을 우리는 주목하지 않으면 안 됩니다. 그렇다면 극단성은 오늘 다문화종교의 정황에서 '형식'으로 있는 것이 아닙니다. 그것은 형식이면서 아울러 그것 자체가 이미 '내용'입니다. 그리고 '고객'은 기림과 소원함이 소용돌이치는 곤혹을 겪으면서도, 바로 그렇기 때문에 더 선명한 극단성을 선택합니다. 따라서 극단성으로 극화(劇化)되지 않은 것은 소비재가 될 수 없습니다. 어떤 주장이나 행위든 그것이 아무리 유의미한 것이라 할지라도 단순화되고 극단화되지 않으면 그것은 이미 다문화종교적 정황, 곧 시장적 정황에서 현존할 수 없습니다.

오늘 우리의 현실에서 거대화와 극단화는 다문화종교의 정황을 살아가는 적절한 생존원리입니다. 그것이 함축한 편의만이 오늘의 종교를 지탱하게 하는 가치인 것입니다. 온갖 물음의 해답을 모두 빨아들이는 거대화는 시장적 정황에서 가장 적절한 편의이고, 총체적인 복합성이 제기하는 모든 물음을 아예 침묵하게 하는 극단화는 다문화적인 정황에서 가장 효율적인 편의입니다. 거대화와 극단화는 '편의가 이념이 되는 현실'에서 편의가 되물어지는 다른 상황이 출현하기 전까지는 사라질 수 없는 당위입니다. 오늘 우리의 종교는 이렇게 있습니다.

4) 네오-에스니시티(neo-ethnicity)와 소외문화의 역동성

오늘을 사는 사람들은 누구나 자신이 소외되어 있다는 느낌을 가지고 있
을 뿐만 아니라, 자신이 속한 공동체가 '소외공동체'라는 사실마저 확인하
고 있습니다. 그러나 오늘 우리가 겪는 소외공동체란 '소외된 공동체'가
아니라 소외를 생존의 격률로 삼는 공동체입니다. 그러한 공동체는 소외
에 의하여 이루어진 공동체이면서, 소외를 지향하지 않으면 자기 정체성
을 상실할 수도 있는 그러한 공동체입니다.

그런데 이러한 다문화적-시장적 상황에서 우리는 그 정황 자체가 다만
복합성으로 서술되는 것으로 끝나지 않는 어떤 구조를 확인합니다. '다-문
화'가 이미 예상하게 하듯이, 그리고 이를 개념화한 '시장성'이 또한 암시하
고 있듯이, 복합성은 그것이 이미 무수한 '단위들의 집적'이라는 사실을 함
축하고 있습니다. 다만 그 단위들 간의 관계와 그것을 결정하는 이른바 '생
태계'를 선명하게 서술할 수 없다는 사실 때문에 이를 복합성으로 개념화한
것일 뿐입니다. 따라서 다문화적 정황이란 '통합된 실체'를 뜻하지 않습니
다. 오히려 통합의 불가능성을 함축한 정황, 곧 균열의 구조를 전제한 정황
입니다. 우리는 이러한 사실을 실제로 경험합니다. '시장적 소외'라고 할 수
있을 조짐이 다문화정황 안에 있는 종교의 거대화 및 극단화의 각개의 틈새
에서 나타나는 것을 확인할 수 있는 것입니다. 가장 전형적인 것으로 지적
할 수 있는 것이 언어의 이질화현상입니다.

'다른 언어'들이 뒤섞여 사용되고 있다는 것은 근원적으로 '소통장애의
구조'를 당해 문화가 안고 있다는 것을 의미합니다. 이른바 외국어 학습이

하나의 조류(潮流)로 일상이 되어 가고 있는 오늘의 추세는 세계화가 낳은 불가피한 소통장애를 어떻게 하면 효과적으로 극복하느냐 하는 것이 우리의 생존수단임을 직접적으로 보여줍니다. 당연히 주류언어 또는 주도권을 잡은 언어의 사용자나 집단으로부터 그렇지 않은 언어를 사용하는 개인이나 집단이 소외되는 현상은 불가피합니다. 더 나아가 정치, 경제, 문화 등의 기존의 문화담론편제가 마련한 서로 다른 울안의 발언들도 울 밖에서는 소통장애의 언어이기를 벗어나지 못합니다. 당연히 종교의 경우, 다른 종교들 상호간의 언어의 벽은 물론이고, 이른바 종교문화와 그 밖의 문화의 벽도 직접적이고 실제적입니다. 우리는 이를 단일종교문화를 넘어 다종교문화에 이르면서 익히 경험했고, 지금도 이 벽이 낳는 장애를 넘어서기 위한 온갖 노력이 종교문화 안에서 다양한 대화문화를 빚으면서 경주(傾注)되고 있습니다.

하지만 우리가 직면하는 오늘의 다문화정황이 함축하고 있는 소통장애는 '외국어가 빚는 극복해야 할 소통장애'라는 투로 설명할 수 있는 그러한 정황이 아닙니다. 왜냐하면 다문화 자체가 서로 다른 무수한 이질적인 언어들을 끊임없이 '낳고' 있기 때문입니다. 이를 우리는 무수한 서로 다른 언어공동체의 출현이라고 할 수도 있습니다. 그런데 이러한 공동체의 출현은 소통장애를 수반하면서 서로 소외를 본래적인 삶의 모습으로 지니게 합니다. 그러므로 다문화는 구조적으로 소외문화입니다. 특정한 집단이나 계층을 소외시키는 힘의 불균형이 빚는 그러한 소외가 아니라 오늘의 문화 안에 현존해 있다는 사실 자체가 짓는 본연적인 소외를 모두가 경험하고 있는 것입니다. 그러므로 오늘을 사는 사람들은 누구나 자신이 소외되어 있다는 느낌을 가지고 있을 뿐만 아니라 자신이 속한 공동체가 '소외공동체'라는 사실마저 스스로 확인하고 있습니다. 다시 말하면 오늘 우리가 겪는 소외공동체란 '소외된 공동체'가 아니라 '소외를 생존의 격률로 삼아 스스로 이룬 공동체'인 것입니다. 그렇기 때문에 오늘 여기를 사는 우리는 '문화와 전통이 다른 사람들이 함께 모여 사는 일정한 공간' 안에서 '같은 문화와 전통을 가진 소수의 사람들끼리 모여 사는 집단'에 속해 있는 것과 같은 그러한 자의식을 가지고 있습니다. 그러한 공동체는 소외에 의하여 이루어진 공동체이면서, 소외를 지향하지 않으면 자기 정체성을 상실할 수도 있는 그러한 공동체입니다. 이러한 현상을 직접적으로 드러내는 것이 앞에서 언급한 이질적인 언어의 양산 현상입니다.[26]

오늘 우리 사회에서 가장 두드러지게 소외집단을 낳는 여러 요인 중의 하나가 '다른 언어'라는 사실은 누구나 겪는 일입니다. 이를테면 세대 간의 소통 불능은 언어의 이질화 현상에서 비롯합니다. 나아가 전문적인 용어에 대한 무지도 그러하고, 새로 등장한 시의적(時宜的)인 언어에 대한 낯섦도 중요한 '균열의 요인'이 됩니다. 그러나 이는 앞에서 지적한 바와 같이 어느 정도 극복이 가능합니다. 문제는 동일한 언어에 대한 다른 개념적 이해가 낳는 단절입니다. 우리의 경우 중요하다고 여겨지는 거의 모든 개념들에서 세대 간의 단절이 구체화되고 있습니다. 생명, 환경, 공동체, 정의, 평등, 인권, 평화, 통일 등을 그 예로 들 수 있습니다. 일제 강점기의 세대, 해방 이후 세대, 6·25 세대, 군사독재 세대, 그 이후의 저항 세대, 그리고 민주화가 이루어진 이후의 세대들은 제각기 자기가 겪은 '악몽'을 준거로 하여 그러한 언어의 개념을 채웁니다.

---

26 세속화 및 식민주의와 관련한 근대 종교의 다양한 전개 양상을 살펴보기 위해서는 다음 책을 참조하라: Timothy Fitzgerald, ed., *Religion and the Secular: Historical and Colonial Formations*, London: Equinox, 2007. '소외 공동체로서의 종교'라는 문제뿐만 아니라 세속주의가 만들어내는 새로운 종교 개념에 대한 논의를 위해서는 다음 책을 참조하라: Talal Asad, *Formations of the Secular: Christianity, Islam, Modernity*, Stanford: Stanford University Press, 2003.

반드시 세대 간의 경우에만 한하는 것은 아닙니다. 그것은 진보나 보수라는 이름으로 규정되는 이념적인 집단 간에도 첨예하게 드러납니다. 집단이 아닌 개인의 기억에 의해서도 결정됩니다. 그런데 이 모든 세대와 다른 입장들이 한데 어울려 살고 있는 것이 다문화 정황입니다. 여기에다 다른 문화권의 삶의 주체들이 지닌 언어, 그 언어가 함축한 기억의 다름까지 포함하면 언어의 소통장애는 불가피합니다. 물론 우리는 번역과 통역이 이루어지는 현실을 간과할 수 없습니다. 그러나 우리가 부닥친 지금 여기의 다문화 정황은 이제까지 겪은 어떤 소통장애와도 다른 소통장애를 드러내고 있습니다. 일정한 같은 시간에 일정한 같은 공간에 살면서 같은 언어를 발언하고 있으면서도, 그 발언이 이질적인 것이어서 겪는 소통장애이고 소외이기 때문입니다.

다문화정황 안에서는 결국 모든 발언주체들이 '같은 언어로 다른 것을 주장'할 수 있습니다. 더 적극적으로 말한다면 '동일한 언어'임에도 '다른 언어'라고 여기며 그렇게 발언하고 듣고 있는 것인 다문화정황입니다. 그렇기 때문에 혼란은 일상일 수밖에 없습니다. 그러나 삶의 실제 현장에서 보면 이러한 서술은 실은 관념적입니다. 왜냐하면 그렇게 혼란으로 기술되는 상황에서 이와 상관없이 삶의 주체들은 모두 자기발언이 공명(共鳴)되는 자기들 나름의 공동체에 각기 속해 있기 때문입니다. 그 안에서는 자기 발언으로 인한 소통의 장애를 겪지 않습니다. 오히려 상큼하고 따듯하게 소통이 가능한 선명한 언어들을 발언하고 있습니다.

만약 이러한 서술을 우리가 승인할 수 있다면 언어의 '이질성'을 준거로 하여 살펴야 하는 현상은, 그 '이질성이 빚는 혼란스러운 소통 부재의 다양성'이 아니라, '이질성이 구획(區劃)한 산재하는 공동체의 출현'입니다. 다시 말하면 특정한 언어는 자신의 소통 가능성을 준거로 하여 다른 공동체와 단절된 하나의 단위 공동체를 만듭니다. 특정한 언어는 그러한 공동체를 형성하는 힘으로 작용합니다. 그런데 그 공동체는 '기능적 단위 공동체'가 아닙니다. 그러므로 현존하는 다른 공동체와 이어져 있는 것은 사실이지만, 그 관계가 필연적으로 상보적이지는 않습니다. 그렇다고 해서 경쟁에 의한 상대방의 도태(淘汰)를 유도하지도 않습니다. 다만 그 공동체 간의 연대(連帶)는 일정한 한계를 지닙니다. 의도적인 단절은 불필요하고 또 불가능하지만 무관심은 그 나름의 의미를 갖습니다. 자기 정체성을 스스로 유지하도록 하기 때문입니다. 그러므로 서로가 필요하다고 하는 판단 이전에 자신을 어떻게 유지할 것인가 하는 것이 다문화정황 안에 있는 공동체의 우선하고 유일한 '이념적 지향'입니다. 그것이 오늘의 다문화정황입니다.

그러나 더 직접적으로 이와 더불어 우리가 주목해야 할 일은 그러한 공동체가 실제로 일정한 공간을 점유하고 있는 것은 아니라는 사실입니다. 그러한 의미에서 그 공동체는 '소외된 이산자(離散者)들의 집결장소'가 아닙니다. 그러한 공동체 구성원들이 공간적으로 고립되었다는 것을 실증할 수 있는 '경계(境界)'도 불분명하고, 자기들을 소외시키려는 포위망을 구축할 세력의 '위협'이 가시적이지도 않습니다. 이뿐만 아니라 그 공동체는 고정된 것이 아닙니다. 늘 유동적입니다. 그럼에도 불구하고 그 공동체 구성원은 자기들만의 언어를 공유하고 있습니다. 그런데 그 언어는 '타자들'과의 소통에서 한계를 느끼면서 스스로 자신의 공동체가 소외공동체라는 자의식을 지니는 사람들의 언어입니다. 그러므로 현실적으로는 스스로 점유한 공간이 없으면서도 그러한 자의식을 통해 그 공간을 확보하고 있다고 생각하며, 실제로 실증된 경계가 없음에도 불구하고 그 경계가 분명하게 자기와 타자 사이를 나누고 있다고 확신하고 있으며, 분산(分散)당한 기억이 전승되지 않는데도 스스로 어떤 힘에 의하여 자신이 파편화되었다고 회상하며, 위협 세력이 투명하게 실재하지 않는데도 포위된 정황 안에서 지니는 심각한 위기감을 실감합니다. 철저한 소외공동체의 구성원이라는 자의식을 가지고 현실을 살아가고 있는 것입니다.[27]

이러한 사실은 우리로 하여금 매우 흥미로운 서술을 하게 합니다. 다문화정황에서는 언어의 이질성으로 인한 새로운 공동체의 출현이 불가피한데, 그 공동체는 실재하는 것이 아니라 상상의 공동체로 현존한다는 묘사를 할 수 있는 것입니다.[28] 따라서 다문화정황에서 사람들은 이질적인 언어를 구사한다고 판단되는 특정한 공동체에 자기가 속해 있다는 상상 속에서 '자기 공동체'를 지닙니다. 그러므로 그 정황에서는 '함께 있되 더불어 있지 않으며, 더불어 있되 함께 있지 않은 삶'을 살아갑니다. 현실적인 공동체와 상상의 공동체가 일치하지 않는 구조 안에서 사람들은 '자기들 나름'의 소통 가능한 자기 공동체, 그러나 또한 '다른 자기들 나름'의 언어와는 이질적인 언어를 좇아 구축하는 자기 공동체를 추구합니다.

종교인들의 삶이 전형적으로 그렇습니다. 오늘 우리의 종교는 그러한 공동체로 현존하고 있습니다. 사회 안에 있으면서 자신의 공동체는 따로 있다

---

27 전통적으로 이러한 주제는 특정 민족의 수난사를 중심으로 한 'diaspora'의 개념 안에서 논의되었다. 그러나 그 개념은 이제 새로운 '범세계적 현상'을 서술하는 범주로 재편되고 있다. 이를 위해 *Theorizing Diaspora: A Reader*, ed., by Jana Evans Braziel and Anita Mannur., Blackwell Publishing Ltd., 2003을 참조하라. 이와 아울러 '경계선'과 '흐름'이라는 주제로 종교와 지리학의 문제를 논하는 다음 책을 참조하라: Thomas A. Tweed, *Crossing and Dwelling: A Theory of Religion*, Cambridge: Harvard University Press, 2006. 종교의 역동성과 종교 혼합현상과 관련해서는 다음 책을 참조하라: Anita Maria Leopold & Jeppe Sinding Jensen, eds., *Syncretism in Religion: A Reader*, New York: Routledge, 2005.

28 여기에서의 '상상의 공동체'는 Benedict Anderson이 그의 책 *Imagined Communities*, Verso, 1983, 1991, 2006에서 사용하고 있는 것과 같지 않다. 그는 정치적 민족주의(nationalism)의 뿌리와 현실을 천착하면서 이 개념을 지어낸 것과 달리 이곳에서의 상상의 공동체란 이른바 '세계화'가 이루어지는 맥락에서 펼쳐지는 다문화정황에서의 공동체의 '속성'이 어떻게 형성되는지를 살피려는 계기에서 상정된 것이기 때문이다. 그렇기 때문에 그가 1991년 개정판에서 변화된 세계정세를 유념하고 기존의 자기 이론에 '기억과 망각'의 장을 첨가하여 '그것이 짓는 공동체'를 설명하고 있다면 여기에서 살피려는 것은 오히려 시장적 정황 안에서 소외를 생존원리로 지닐 수밖에 없는 '삶의 주체들이 짓는 기억과 망각'을 주목하려는 것으로 그 차이를 서술할 수 있을 것이다.

고 여깁니다. 그런데 그 공동체에서만 삶을 살아갈 수는 없습니다. 그래서 사회 안에 들어오지만 그것은 새삼스러운 소외경험을 강화합니다. 사회도 자기 종교공동체도 어떤 것도 실재성을 가지지 못하면서 여전히 자신은 함께 있되 더불어 있지 않은 역설을 그 둘의 장에서 겪습니다.

이에 기반을 두고 이루어지는 종교인의 삶의 모습은 다음과 같은 사실을 묘사해보면 더 두드러지게 나타납니다. 종교인들은 다문화종교의 정황 속에서 단일종교문화의 반응을 유지하면서 자기 절대성을 발언한다든지, 다종교문화의 정황에서나 가능한 반응인 이른바 관용을 다문화종교의 정황 속에서 고양된 덕목으로 발언한다든지, 다문화종교의 정황 안에서는 아무런 현실성도 갖지 못하는 정교분리 원칙을 현실적이면서도 가장 드높은 이상(理想)으로 여기는 발언을 하면서도 그러한 제각기 다른 발언을 다문화종교의 정황에 적합한 발언이라고 판단하는 각자의 공동체를 '일구며' 살아가고 있습니다. 그러므로 그러한 공동체는 다시 반복하지만 앞에서 지적한 바와 같이 '함께 있되 더불어 있지 않으며, 더불어 있되 함께 있지 않은 공동체'와 다르지 않습니다.

그런데 이러한 사정은 이른바 순수와 정통을 주장하는 보수적 공동체에서도, 규범적 당위를 선포하면서 이를 실천한다고 주장하는 진보적 공동체에서도 마찬가지입니다. 모두 실재하는 공동체와 상상의 공동체의 간극(間隙)에서 스스로 소외를 짓고 스스로 이를 경험하는 데에서는 아무 다름이 없습니다. 그러한 반응은 다문화종교에 대한 인식에서 말미암은 것이라기보다, 단일종교문화의 인식을 다종교문화에서 지니고 있으면서 이를 통해 다문화종교의 정황에 반응하는 모습이라고 말할 수 있습니다. 언어가 이미 그렇습니다. 이를테면 이 정황에서 가장 빈번히 등장하는 절대, 유일(唯一), 관용, 배타 등을 비롯해서 온전함, 신비, 신성(神聖), 초월 등의 언어들은 모두 단일 종교적 정황에서 만들어지고 다종교정황에서 가꾸어진 것들인데 그것들이 다문화종교의 정황에서도 여전히 발언되고 있는 것입니다. 그러나 다문화종교의 정황에서는 그 언어들 어느 것도 현실적으로 적합성을 발휘하지 못합니다. 제각기 다른 공동체들이 모두 자기를 그러한 언어로 수식하고 묘사하기 때문입니다. 결과적으로 우리는 '수많은 유일한 것', '여럿인 절대'를 살아가지 않을 수 없습니다. 유일성이나 절대성의 주장은 오히려 많은 유일성, 여럿인 절대를 낳습니다. 결코 일방적일 수 없는데도 '관용'을 베푼다 하고, 현실적으로 불가능한데도 스스로 '배타적'으로 타자를 대합니다. 비일상적인 차원에서나 현실성을 가지는 언어들을 일상의 현실 속에서 실재한다고 주장하기도 합니다. 그런데 그러한 발언은 지금 여기의 당대를 소외문화이게 하는 것과 다르지 않습니다. 곧 '이어진 모든 공동체의 상호 소외'를 불가피하게 초래할 수밖에 없습니다.

그러나 이러한 사실 때문에 자신이 소통의 문제에 봉착하고 있다는 사실을 종교 스스로 모르지 않습니다. 그럼에도 불구하고 기존의 언어를 포기하지 않습니다. 그러한 언어를 버리는 일은 결국 자기를 포기하는 일과 다르지 않다는 것도 알고 있기 때문입니다. 당연히 이 사태를 그릴 수 있는 새로운 언어를 지어내면 됩니다. 그런데 지금 여기를 살아가는 당대의 주체들이라면 어느 공동체의 구성원이든 모두 경험하는 것이지만, 그래서 종교도 이러한 사태에 속해 있기 때문에 당연히 겪는 것이지만, 이전의 타당성이 회의될 수밖에 없는, 그런데도 자기를 확인해주는, 그 언어 이외에 자기를 지탱할 수 있는 새로운 언어를 마련하는 일이 쉽지 않습니다.

그래서 이를테면 개신교는 여전히 '세계복음화를 위한 해외선교의 한국적 사명'을 발언하고 있습니다. 가톨릭은 순교지(殉敎趾)를 성역화(聖域化)하는 일이 '한국에서 일어난 가톨릭 교회사의 기적'을 실증하는 것이라는 사실을 발언하고 있습니다. 불교는 '한국불교의 세계화'는 마침내 이루어질 꿈의 실현이라는 감동적인 발언을 하고 있습니다. '의례의 온전한 전승과 유학의 완성'은 이 땅에서 이루어진 자랑스러운 유산으로 기려야 한다는 유교의 발언도 실재합니다.

그러나 이러한 발언들은 그 발언이 의도하는 것처럼 그렇게 소통 가능한 것이 아닙니다. 해외선교는 오히려 그 현장에서 국위의 실추를 낳고, 순교지의 성역화는 우리 안에서 민족사의 정통성을 훼손하는 일이며, 불교가 아니라 '한국불교'를 특정(特定)하는 세계화는 국수주의적 망상이고, 온전함과 완전함으로 자신을 회고하는 것은 상실에 대한 자위(自慰)와 다르지 않다는 발언도 마찬가지로 실재합니다. 그러므로 이러한 선언은 이미 그러한 언어로는 다문화종교의 정황에서 의미를 지니지 못합니다. 그렇기 때문에 이러한 '발언'들은 발언주체 간의 관계뿐만 아니라 화자(話者)와 청자(聽者)의 관계를 '상호간의 소외'로 구조화합니다. '하나의 커다란 공동체' 안에서 동일한 언어를 사용하고 있으면서도 서로 더불어 함께하지 못합니다.

그러나 소통의 희구는 누구나의 실존의 모습입니다. 공동체도 다르지 않습니다. 그런데 그러한 주장의 소통을 누리려면 전체를 배제할 수도 없고 간과할 수도 없습니다. 그렇다면 그 커다란 하나 안에서 각기 다른 '자기들의 작은 공동체', 곧 자기 언어의 발언이 장애를 받지 않고 공유될 수 있는 그러한 공동체를 구축하지 않으면 안 됩니다. 규모의 크고 작음이 아니라 존재양태를 유념하면서, 그러한 공동체의 출현을 기대하든가 아니면 스스로 그러한 공동채를 빚어내야 합니다. 그렇게 있는 것이 오늘 우리의 종교 공동체의 모습입니다.

그런데 이러한 현실은 달리 말하면 실재하는 공동체에서 상상의 공동체로 나아가고, 거기에서 스스로 소외를 경험하는 것과 다르지 않습니다. 다문화종교의 정황에서 겪는 종교의 소외는 그렇게 현실화합니다. 이를테면 정점을 점유하고 있고 그렇다고 하는 자의식을 가진 종교는 자기가 그러한 정점을 차지하고 있기 때문에, 비록 자기 언어가 중심의 자리에서 보면 이질적인 것이라 할지라도, 이윽고 자기가 그 중심을 차지하게 되리라는 기대 속에서 그 중심을 이미 차지하고 있다고 생각하면서 아예 정점을 누립니다. 그러나 그것을 승인해주는 어떤 타자도 없습니다. 따라서 그러한 태도는 그렇게 생각하는 사람들의 상상의 공동체 안에서 그들 나름의 소외의식을 강화합니다. 하지만 그러한 발언을 감행하는 그 상상의 공동체 곧 자기 종교 안에서는 그러한 발언이 더 이상 바랄 수 없는 소통언어로 승인되고 수용됩니다. 그 자리에 머무는 한 소외는 아무런 문제가 되지 않습니다. 자신의 정체성을 이어 지니는 것만이 긴요한 일일 뿐입니다.

소통되지 않는 자기의 이질적인 언어가 중심마저 차지하리라는 상상 속에서 이미 중심조차 차지한 정점의 위치에 자신이 있다고 판단하는, 그래서 소외가 오히려 정체성을 더 강화한다고 여겨지는 이러한 예로, 우리는 개신교와 가톨릭을 들 수 있습니다. 중심을 점유하고 있는 종교도 다르지 않습니다. 불교나 유교는 자기가 중심을 차지하고 있음에도 불구하고 정점을 차지하지 못하고 있다는 소외감을 살아갑니다. 하지만 바로 그러한 중심을 차지하고 있다는 이유 때문에 중심에서 발언되는 자신의 언어가, 그래서 언제 어디서나 소통되리라고 판단되는 자신의 언어가, 마침내 정점을 차지할 때도 여전히 그러리라는 상상 속에서 이미 정점조차 차지한 중심의 위치에 자신이 있다고 확신합니다. 자신이 지금 여기에서 겪는 소외가 오히려 자신의 정체성을 강화할 뿐입니다.

그렇다면 중심종교의 정점지향성이나 정점종교의 중심지향성은 다문화 정황이 빚는 '소외를 지양하려는 움직임'이라기보다 현실적으로 다문화종교의 정황이 지니고 있는 '소외문화 자체의 역동성'이라고 해야 옳을 듯합니다. 다문화종교의 정황에서는 개개 종교들이 스스로 소외되었다는 자의식을 가지면서도 그것에서 말미암는 힘을 통해 마련하는 새로운 '소통공동체'로서의 정체성을 꾸려가면서 자기 현존을 지속하고 있기 때문입니다. 이를 우리는 새로운 종교공동체의 출현, 또는 다문화정황에서 빚어지는 네오-에스니시티(neo-ethnicity) 현상이라고 해도 좋을 것 같습니다. 왜냐하면 그렇게 이루어진 공동체는, 즉 어떤 발언을 하든 그러한 발언을 자유롭게 하면서 온전한 소통을 공유할 수 있는 공동체는, 전통적인 개념을 빌린다면 마치 일정한 문화권 안에서 자기네들만의 언어와 관습과 가치체계를 공유하는, 그러나 전체에서는 소외된 작은 민족공동체(ethnic minority)와 다르지 않다는 느낌을 갖게 되기 때문입니다. 오늘 다문화종교의 정황 안에 있는 종교공동체는 우리가 전통적으로 '민족집단(ethnic group)'이나 '부족공동체(tribal community)'라고 불렀던 그와 같은 공동체를 이루면서, 제각기 자기 에스니시티(ethnicity)를 지니고 있다고 묘사해도 좋을 그러한 모습을 보여주고 있기 때문입니다.

이러한 맥락에서 보면 이제까지 우리가 살핀 종교들의 거대화와 극단화도, 그것에서 비롯하는 편의주의적인 태도도 실은 '소외문화의 역동성'이 표출된 것이라고 할 수 있습니다. 그렇다고 해서 거대화나 극단화가 함축하는 힘의 강화나 편의주의적인 태도가 '소외를 초극하는 방법'이라고 말하려는 것은 아닙니다. 다시 말하면 소외를 극복해야겠다는 절실한 필요가 종교들로 하여금 거대화나 극단화를 비롯한 편의주의적 지향을 하도록 한 것이 아니라, 그렇게 하지 않으면 자신의 생존을 지탱할 수 없다는 절박함에서 '소외를 살아가는 방법'으로 정착한 것이 앞에서 지적한 그러한 지향이 아닌가 하는 것을 말하고 싶은 것입니다. 다문화정황에서의 소외는 극복하거나 지양해야 할 것이 아니라 오히려 새로운 공동체를 낳는 힘의 원천이라고 이해할 수 있음을 강조하고 싶은 것입니다. 앞에서 언급한 바 있는 각 종교에서 거대화와 극단화에 대한 반작용으로 나타나는 이른바 '작음에의 지향'이나 '두드러지지 않음에의 희구'도 소외를 극복하기보다 소외 자체를 살려는 몸 짓이라는 사실에서 보면 지금의 서술맥락 안에 그대로 담길 수 있으리라고 생각합니다.

이제까지 우리는 우리의 당대가 우리로 하여금 이질화된 언어를 경험하 지 않을 수 없게 한다는 사실을 지적하면서, 그렇기 때문에 다문화정황은 소 외 공동체를 낳을 수밖에 없고, 그렇다는 사실의 필연 속에서 우리 당대 문 화는 소외문화로 전제될 수밖에 없다는 사실을 확인했습니다. 그리고 역설 적으로 그 소외는 다문화정황 안에서 새로운 공동체를 짓는 역동성일 수 있 다는 사실을 지적했습니다. 이러한 맥락에서 종교도 그러한 소외공동체로 있다는 사실을 네오-에스니시티라는 이름으로 서술해 보았습니다 그런데 소외란 실은 자기 상실과 다르지 않습니다. 소외를 삶의 역동성으로 여긴다 는 것은 전통적인 소외 개념에는 담길 수 없는 서술입니다. 그렇다면 우리 는 소외라는 전통적인 개념을 버리면서 이제까지의 현실의 구조를 다시 서 술하든지, 아니면 여전히 그 개념을 사용하면서 소외가 함축한 아직 논의되 지 않은 진정한 문제가 무엇인지를 찾아 논의를 더 이어가지 않으면 안 됩 니다. 이때 후자의 맥락에 선다면 우리는 새삼 '소외문화에서의 자기 확인' 은 어떻게 가능한가 하는 문제를 묻게 됩니다. 이는 네오-에스니시티는 어 떻게 자신을 확인하느냐 하는 문제와 다르지 않습니다. 그런데 현실적으로 오늘의 종교가 그렇게 있다면 우리는 오늘 여기에 있는 종교들이 자기를 어 떻게 확인하는지 묻지 않을 수 없습니다.

그러나 다문화종교의 정황에서 소외의 불가피성을 운위하는 것은 개개 종교의 자기 확인이 사실상 불가능하다는 것을 발언하는 것과 다르지 않습니다. 왜냐하면 바야흐로 개개종교의 현실이 자기 확인을 할 수 없는 상황에 놓여 있다는 것을 인식한 결과 생겨난 종교의 반응, 곧 다문화정황에 대한 종교의 '반응'을 개념화한 것이 바로 소외이기 때문입니다. 그렇다고 해서 전승을 통해 여전히 종교라는 현상으로 명명되는 일단의 집단적 실체를 자연스러운 해체의 흐름에 실어놓을 수도 없습니다. 그렇게 되지도 않습니다. 왜냐하면 전통적으로 종교는 자기가 온전한 참이라든지 자기가 절대적인 해답이라든지 하는 주장을 스스로 '확장'하고 '전승'하면서 자기의 '자기다움'을 이루어 왔기 때문입니다. 그러나 이제는 다릅니다. 그 정체성이 '진리'로 묘사되느냐 '신'으로 기술되느냐 하는 것은 종교의 현존과 '상관'이 없습니다. 당장 지금 그 종교가 여기에서 얼마나 되는 세(勢)를 확보하고 이를 '기능적'으로 드러내느냐 하는 것이 현존하는 종교의 자기정체성을 확인하는 현실적인 척도가 되어 있습니다.

그렇다면 소외문화를 살면서 자기 확인을 할 수 있는 길을 자기의 언어로는 더 이상 찾을 수 없습니다. 이미 자기 언어는 '자기 울안의 언어'로 제한되었기 때문입니다. 그렇다면 오히려 자기 소외를 초래한 '다른 언어'를 통해 자기를 묘사하고, 이를 차용(借用)하여 자기를 확인할 수 있는 가능성을 모색하는 것도 하나의 방법일 수 있습니다. 그 언어는 내 울 밖의 언어이고 '내 발언'에 반응한 '다른 언어'이기 때문입니다. 그러므로 그것은 달리 보면 실은 '이질화된 내 언어'입니다. 흥미로운 것은 이미 소통이 불가능한 개개종교의 '울안의 언어'로 그 종교를 확인하는 것보다는 그 종교가 아닌 타자에 의해 그 종교에 가해진 '이질화된 언어'로 그 종교를 수식할 때 비로소 개개종교는 오늘의 정황 속에서 자신이 어떤 모습으로 있는지를 분명하게 확인할 수 있다고 하는 사실입니다. 그런데 그러한 언어는 개개 종교 스스로 선택하는 것이면서 또한 타자에 의하여 그 종교에 부여되는 것이기도 합니다.

이를테면 현존하는 종교들은 인권, 정의, 생명, 죽음, 복지, 생태계 등에 대한 논의에서부터 이들과 관련한 구체적인 실천에 이르기까지 참여하지 않는 영역이 없습니다. 그러나 주목할 것은 이러한 주제들이 당대를 살아가는 종교가 직면하고 있고 '수행해야 할 과제'로 있는 것만은 아니라는 사실입니다. 그러한 주제들은 종교 스스로 '자기 정체성을 드러낼 수 있는 언어'로 기능하고 있습니다. 그런데 그 용어들은 실은 전통적이고 정통적인 개개 종교의 '진수(眞髓)'를 함축하고 있는 '변형된 언어'들입니다. 그리고 이러한 언어들은 더 폭넓은 개념으로 정리되어 사용되기도 합니다. 오늘 우리의 정황에서 이를테면 '영성(靈性)'이 그러하고 '치유(힐링)'가 그러합니다. 이 언어를 전유하는 집단은 없습니다. 그러나 이 언어를 공유하지 못할 집단도 없습니다. 다분히 '종교적임'을 함축한 것이라 짐작되면서도 결코 그렇지 않습니다. 오히려 때로 종교조차 이 용어의 사용을 스스로 당혹해 하기조차 합니다. 특별히 당해 에스니시티 안에서는 그러합니다. 하지만 이 용어를 발언하면 뜻밖에 소통이 가벼워지면서 자기 정체성의 확인이 쉬워질 뿐만 아니라 네오-에스니시티를 낳은 커다란 울의 정황에서조차 거기 있는 다른 공동체들과 더불어 이어져 있음을 확인할 수도 있습니다. 그렇다면 그러한 언어들은 기능적인 효용 이전에 다문화종교의 정황이 지닌 소외문화의 소외 자체가 발휘하는 역동성의 표출이기도 합니다. 소외 자체를 살아가는 길은 이질적인 언어로 자신을 '규정'하면서 스스로 자신을 승인하는 일입니다. 그렇게 할 때 비로소 그 길을 승인받을 수 있습니다. 부연한다면 시장성 안에서 상품의 존재 양태는 그래야 하고 그럴 수밖에 없습니다. 우리의 종교들은 그러한 정황 속에 있습니다.

　당연히 그러한 '수식 언어'는 한없이 '생산되고 소비되면서' 진화할 것이고 그 과정에서 서로 끝없이 중첩과 복합을 겪을 것입니다. 그것이 종내 종교들의 중첩과 복합을 일궈내면서 종교현상 자체에 대한 새로운 명명(命名)이 가능해지고, 이제까지 겪지 못한 새로운 서술을 종교와 관련하여 할 수 있는 데까지 이를 것인가 하는 것은 다문화종교 정황이 품고 있는 아직은 희미한 미궁(迷宮)입니다. 그러나 그 어떤 미궁도 그 나름의 공간과 그 안에 담기는 것들로 이루어져 있습니다. 우리의 물음이 진지하고 현실적이고 구체적이면 그만큼 그 미궁도 그렇게 채워질 것이고, 그래서 그 미궁도 스스로 자신의 길을 열어나갈 것이지만, 그렇지 않다면 혼란스러운 길 잃음의 소용돌이에서 그저 닫힌 공간의 나락에 침잠하는 우리 모습을 사라지는 메아리처럼 아득하게 들을 수 있을 뿐일 것입니다. 그런데 그럴 수도 있는 것이 삶의 현실임을 우리는 간과할 수 없습니다.

그러나 이러한 묘사도 실은 단일종교문화나 다종교문화의 정황을 반향(反響)하는 '회상의 논리'를 좇는 것일지도 모릅니다. 다문화종교의 정황에서는 합당한 것일 수 없기 때문입니다. 왜냐하면 다문화종교의 정황은 종교를 미궁에 가두는 그러한 현실이 아니기 때문입니다. 그것은 열려진 장, 자신을 교환할 수 있는 가치의 담지자로 놓는 열린 장이기 때문입니다.

결국 당대의 우리 종교에 대한 인식을 모색하면서 우리가 도달한 자리는 '종교'라는 언어의 비현실성, 그리고 그 개념의 부적합성이기 때문입니다. 그렇다고 하는 사실을 승인하지 않는다면 종교와 관련한 우리의 모든 논의는 피곤한 도로(徒勞)일지도 모릅니다. 그리고 거기에 머물러 편하다면 그것은 자기를 속이는 일과 다르지 않다고 주장하고 싶습니다.[29]

---

29 이와 관련하여 '불분명한 종교(indefinite religion)'라는 문제를 논의하고 있는 다음 글을 참조하라: Danièle Hervieu-Leger, "Religion as Memory: Reference to Tradition and the Constitution of a Heritage of Belief in Modern Societies," in Hent de Vries, ed., *Religion: Beyond a Concept*, New York: Fordham University Press, 2008, pp. 245-258.

5. 맺음말

종교는, 종교라는 이름으로 불리는 전통적인 종교집단인 개개종교는, 자존(自存)하는 것이 아닙니다. 연속과 단절, 굴절과 비약, 창조와 소멸의 계기(契機)를 점철하는 '집합적인 사건'으로 현존하면서 마침내 그 이름조차 상실하거나 포기할 수도 있는 그러한 것입니다.

이제까지 우리는 당대의 한국종교에 대한 소묘를 시도하였습니다. 역사적 인과법칙과 문화헤게모니 이론을 통한 정연한 서술들이 어쩌면 조금은 서두르는 듯 느껴지는 '도덕적 규범의 적용'을 낳으면서 실상에 대한 기술조차 아예 간과하고 있는 것은 아닌가 하는 우려를 하면서 무척 서툰 우회를 해보았습니다. 중심과 정점, 상황인식의 층위와 정치행위의 양태, 다문화적 상황과 편의주의, 네오-에스니시티와 소외문화의 역동성 등은 이러한 시도를 위해 선택된 사실들을 개념화한 언어들입니다. 다시 말하면 그 언어들이 발언하는 현상의 소리를 '들리는 대로' 엮어 그것이 짓는 '총체적 소리'를 다듬어보고자 한 것입니다.

가치판단을 결여하고 있다든지 의미를 의도적으로 간과하고 있다고 서술될 수 있는 이러한 접근이 당대인식을 위해 적합한 태도인가 하는 것은 얼마든지 논의의 여지가 있습니다. 당대를 살아가는 주체에게 당대인식이란 곧 행위의 전거를 확보하는 일입니다. 그래서 당대인식은 그처럼 긴박한 당위로 요청됩니다. 또 그래서 그것은 의미 있는 일이기도 합니다. 그런데 그것을 짐짓 간과한다면 이는 예사로운 일이 아닙니다. 무릇 인식과 실천은 단절된 것도 아니고, 그럴 수 있는 것도 아닙니다. 그렇다면 그 둘을 나누는 일은 다만 현상을 서술하는 과정에서나 가능한 일이지 실제에서는 구조적으로 동시적인 것입니다. 그뿐만 아니라 기존의 역사적 접근이나 문화적 접근은 인식을 위한 '거리 만들기'를 자기 구조 안에 내장하고 있는 한 충분한 판단과 실천의 기반을 마련하고 있음을 부정할 수 없습니다. 따라서 현실적으로 말한다면 이른바 당대의 현실인식으로 서술되고 있는 현존하는 논의에 새삼스레 첨삭(添削)할 어떤 것도 없습니다. 그런데도 우리는 그러한 태도를 지양하고자 하는 노력을 경주하였습니다. 따라서 우리의 실험적 제안은 더 철저히 검토되어야 합니다.

그러나 이 계기에서 다시 강조하고 싶은 것은 이른바 기왕의 당대 인식이 함축하고 또 드러내어 실천하는 '규범적 판단'이 실은 '사실'을 조작할 수도 있다는 우려입니다. 이뿐만 아니라 그렇게 하고 있다는 일단의 우려가 현실성을 가진다는 사실을 우리가 지금 여기에서 실제로 겪고 있기 때문입니다. 이를테면 오늘 우리는 의외로 '감동스러운 윤리적 실천'이라는 이름의 폭력을 경험하고 있습니다. 특히 종교문화의 경우에 더욱 그렇습니다. 우리는 사랑이라는 구실로 행해지는 증오, 자비라는 이름으로 행해지는 저주, 순종이라는 명분으로 행해지는 잔혹함, 사람의 길이란 이름으로 주장되는 비인간적 전횡을 경험하고 있습니다. 이전에도 그러했지만 우리 당대의 종교문화의 모습도 그리 다르지 않습니다. 그럴 수 없는 존재구조 속에서 이루어지는 그러한 행태는 누구에게나 낯설지만 그 낯섦은 엄연한 현실로 우리 삶의 한복판에서 일어나고 있습니다. 그래서 누구나 부닥칩니다.

그래서 그렇겠지만 종교에 대한 인식의 발언에서조차 우리는 '비분강개(悲憤慷慨)의 음조(音調)'를 듣습니다. 그리고 그러한 인식의 발언이 충동하는 정서적 공감은 바로 그러한 음조 때문에 인식을 더 투명하게 하기보다는 인식을 닫는 신념을 오히려 더 돈독하게 강화합니다. 그렇다면 오늘 우리의 학문도 당대의 종교현상과 조금도 다르지 않다고 기술할 수 있습니다. 다문화상황 속에 있기 때문입니다.

이러한 맥락을 좇아 도달한 당대 한국의 종교문화를 우리는 네오-에스니시티의 출현으로 정리할 수 있었습니다. 아직 그것은 조심스러운 성급한 판단입니다. 그 성급함이 공연한 소음을 일으킬 수도 있습니다. 우리는 다문화종교의 정황에 처해 있으면서도 단일종교문화나 다종교문화의 정황에서의 반응을 살고 있기 때문입니다. 앞서 장황하게 기술한 오늘 우리의 종교문화에 대한 비판적 인식도 실은 그러한 반응의 범주 안에서 이루어지고 있습니다. 그럼에도 불구하고 우리는 더디지만 분명하게 다문화종교의 상황에서 벌어지는 소외의 현상학, 소외의 사회학을 구축하는 일이 불가피하다는 사실을 터득하고 있습니다. 소외의 역동성을 통해 자신을 추스르지 않고는 어떤 종교도 스스로 현존할 수 없다는 것을 발언하기 시작하고 있는 것입니다. 그것이 바로 네오-에스니시티의 출현이라고 일컬어지는 현상에서 비롯합니다.

그 네오-에스니시티의 '운명'을 이야기하는 것은 아직 설익은 짓입니다. 그것의 '지금'도 실은 모호하기 때문입니다 그러나 우리에게 익숙한 '역사나 문화의 자리'에서 펼쳐지는 논리를 좇아 살피기에는 그것이 당혹스러울 만큼 이제까지 겪지 못한 '다름'을 향해 우리를 이끌고 있다는 사실은 분명합니다. 또한 그 다름은 네오-에스니시티로 서술된 지금 여기의 '종교'가 주체가 되어 이룰 수 있는 일이 아니리라는 것만은 분명하게 발언할 수 있습니다. 지금 여기인 우리의 당대는 다문화종교의 정황이기 때문입니다. 종교는, 그리고 종교라는 이름으로 불리는 전통적인 종교집단인 개개종교는, 자존(自存)하는 것이 아닙니다. 연속과 단절, 굴절과 비약, 창조와 소멸의 계기(契機)를 점철하는 '집합적인 사건'으로 현존하면서 마침내 그 이름조차 상실하거나 포기할 수도 있는 그러한 것입니다.

단일종교문화의 정황과 다종교문화의 정황이 다문화종교의 정황에 압축된 것으로 서술할 수 있을 한국 종교사에 대한 우리의 '기억'이 내일 우리의 '당대'에서 어떤 '힘의 정치학'을 펼치게 할지 자못 궁금합니다. 우리의 네오-에스니시티의 자의식에 이러한 사실이 어떻게 함축되어 있는지 또한 궁금하기 그지없습니다. 바야흐로 종교에 대한 인식작업이 이제 시작될 수 있고 또 그렇게 되어야 할 것 같습니다.

—

종합토론

강　연: 정진홍(울산대학교 석좌교수)

사　회 : 박규태(한양대학교 일본언어문화학과 교수)

토론 1: 김윤성(한신대학교 종교문화학부 교수)

토론 2: 이연승(서울대학교 인문대학 종교학과 교수)

토론 3: 이창익(한림대학교 연구교수)

토론 1 (토론자: 김윤성)

1. 정진홍 선생님의 강의를 듣거나 글을 읽을 때면, 아무리 그동안 다른 길로 다녔다고 자부해도, 결국 제 학문적 고민의 뿌리에 언제나 선생님의 그림자가 드리워 있었구나 하는 생각을 새삼 하게 됩니다. 그도 그럴 것이, 종교학의 새로운 지평을 모색해 온 저를 비롯한 후학들의 모든 작업은 종교를 '문화' 안에 자리매김하고 이로써 종교 문화에 대한 '인간학적 성찰'을 비로소 가능케 한 선생님의 선구적 통찰에 빚지고 있기 때문입니다. 그 빚을 갚고, 그림자를 벗어나려면 앞으로 얼마나 더 새로운 길들을 찾고 얼마나 치열하게 사유와 언어를 다듬어야 할지 마음이 무거울 따름입니다. 그 어깨에 올라타서 더 멀리 볼 수 있는 기회를 선사해 주신 것에 감사하기도 벅차지만, 이번 강연을 들으며 들었던 이러저러한 생각과 물음 중에 몇 가지만 대략 적어 보고자 합니다.

2. 1주차 강의 〈물음과 해답: 종교를 정의하는 일〉에서, 선생님께서는 종교를 이해하고자 할 때 필요한 '거리두기'를 강조하셨습니다. 말씀하신 대로, 종교를 대하는 전형적인 두 가지 상반된 관점, 즉 신앙인의 고백적 관점이나 반종교인의 비판적 관점은 종교를 냉철하게 바라보는 데 필요한 '거리두기'에 똑같이 실패하고 있습니다. 그런데 선생님께서 종종 말씀하셨고, 많은 종교학자가 늘 말해 왔듯이, 종교학이 추구하는 것이 '감정이입'과 '거리두기' 사이의 불안한 균형 잡기, 불가피한 줄타기라고 했을 때, 이번 강연에

서는 어딘지 이 균형 잡기의 줄타기 중에서 후자, 즉 '거리두기'를 좀 더 강조하신 것 같은 느낌이 들었습니다. 시카고 대학의 종교학자 조너선 스미스는 종교를 이해코자 할 때 '낯설게 하기' 못지않게 '친숙하게 하기'도 중시하는데, 그가 "인간사의 그 어떤 것도 낯선 것은 없다."라고 한 것도 이 때문일 겁니다. 인민사원 사건(1978년, People's Temple[Johnstown] 교주와 신도 918명의 집단 자살)을 사회와 언론의 일방적 매도와는 전혀 다른 시각에서 온전히 재구성해낸 스미스의 기념비적 작업은 신화와 역사 속의 선례를 통해 이 '경악스러운' 사건을 낯설지 않게, 친숙하게 만듦으로써 가능했던 것이 아닌가 싶고요. 물론 강연 전반을 따라가다 보면 '감정이입'과 '거리두기'를 고루 중시하고 계신 것은 분명해 보이는데, 강연 초반에 특히 '거리두기'를 부각시킨 특별한 까닭이 있으신지 궁금합니다. 또 '감정이입'과 '거리두기' 사이의 줄타기를 어떻게 조금이나마 제대로 수행할 수 있을지에 대한 조언도 듣고 싶습니다.

답변 : 옳은 지적이십니다. 고전적으로 말하면 종교학이 종교와 만나는 자리는 늘 '떨어진, 그러나 안(detached-within)'의 자리입니다. 그런데 '거리두기'를 강조한 것은 문제를 제기하기 위한 방법론적인 자극의 효과를 노린 것이기도 하지만 거리두기를 전제하지 않은 '친숙하게 하기'는 실은 친숙하게 하기이기보다 그 안에 아예 머물러 있기를 재확인하는 것과 다르지 않다는 생각이 들기 때문이기도 합니다. 당연히 그 둘이 함께 경험되는 것이지만 서술의 논리는 '거리두기를 전제할 때 친숙하기에 이른다'고 해야 옳지 않을까 하고 생각됩니다.

3. 3주차 강의 〈통합, 해체, 매개: 종교와 공동체〉에서 선생님께서는 종교 공동체를 '힘의 실체'로 규정하고 '갈등'을 그 핵심 속성으로 꼽으셨습니다.

이는 문화를 존재론, 의미론, 미학의 차원보다는 사회적 관계와 권력 역학의 차원에서 보려는 현대 학문의 흐름과도 상통한다고 생각됩니다. 여기서 선생님께서는 힘의 실체로서 종교 공동체가 안고 있는 갈등을 '옳고 그름'[正誤]이라는 내적 갈등과 '우리와 저들'[自他]이라는 외적 갈등으로 구분하고 계시는데요. 깔끔하고 설득력 있는 구분이기는 하지만, 좀 더 보완하거나 부연할 필요가 있을 것 같습니다.

우선, 내적 갈등에서, '옳고 그름'의 판단이 작동되는 영역과 판단을 행하는 주체에 관한 설명이나 사례가 필요하지 않을까 합니다. 예를 들어, 옳고 그름의 판단은 대개 '경전 해석'과 '교리 주장'을 둘러싸고 벌어지는데, 선생님께서 지적하신 바와 같이, 문제의 핵심은 '과연 누가 옳고 누가 그른가?'가 아니라, '옳고 그름을 판단하는 권위를 누가 거머쥐고 있는가?'일 겁니다. 이와 관련하여 '이단'이나 '사이비 종교'에 대한 일반적 통념이나 이러한 용어가 현실에서는 문제가 있다고 보이는데요. 이에 대한 선생님의 고견을 듣고 싶습니다.

답변 : 그렇습니다. 더 많은 상세한 서술이 필요합니다. 아무튼 중요한 것은 지적하신 대로 헤게모니의 문제입니다. 힘의 갈등은 언제나 헤게모니의 현상으로 서술됩니다. 문제는 그렇다고 하는 것을 염두에 두지 않는 우리의 소홀함입니다. 이단이나 사이비 종교도 그렇게 불러야 하는 특정한 실체나 현상에 대한 지칭이 아니라, 실은 당해 정황 안에서 헤게모니를 지닌 쪽에서 자기의 주장에 적합하지 않다고 판단되는 것에 붙이는 이름입니다. 그러므로 이 용어를 함부로 사용하는 것은 결과적으로 힘의 경중(輕重)에 따라 판단을 하는 것이기 때문에 정당한 인식과는 거리가 멉니다. 가치판단을 유보하자는 것이 아니라 현상 자체에 대한 기술에서부터 조심스러워야 한다는 주장을 하고 싶은 것입니다.

4. 다음으로, 내적 갈등과 외적 갈등에 두루 해당되는 이야기일 수도 있겠는데요. 계급, 인종, 젠더, 성적 지향 같은 갈등의 요인들에 관한 언급이 생략된 점이 아쉽습니다. 대표적으로 젠더(gender, 性差)를 생각해 보자면, 젠더는 오늘날 특정 종교 내부에서는 물론 여러 종교 사이에서도 가장 첨예한 갈등을 야기하는 주요 요인입니다. 같은 종교 안에서도, 양성평등을 지향하여 여성이 성직자가 되는 것을 인정하는 분파가 있는가 하면, 가부장적 전통에 따라 여성은 절대 성직자가 될 수 없다는 입장을 고수하는 분파도 있습니다(여기서 성직자란 수도자까지 포괄하는 넓은 의미가 아니라 공동체를 대표하고 다스리는 지도자에 국한하는 좁은 의미에서 쓴 말입니다). 또 종교들을 비교하자면, 분파들로 나뉘어 있는 개신교, 유대교, 불교, 그리고 교구별 자율성이 보장된 성공회 등에서는 가부장제를 고수하는 경향과 양성평등을 지향하는 경향이 공존하면서 후자가 점점 더 우세해지고 있는 반면, 단일 조직인 가톨릭, 그리고 종교라기보다는 사회 일반의 가치와 윤리로 자리 잡아온 유교에서는 가부장제를 고수하는 경향이 지배적입니다. 양성평등의 실현은 종교를 떠나 온 사회가 함께 풀어가야 할 과제일 텐데, 이와 관련해 종교들이 보여주고 있는 모습에 대해, 그리고 앞으로의 전망에 대해 어떻게 생각하시는지 듣고 싶습니다.

답변 : 제가 늘 가장 곤혹스럽게 생각하는 문제를 잘 지적해 주셨습니다. 그런데 저는 요즘 지나치게 힘-중심적 분석에 치우쳐 있는 것이 아닌가 하고 스스로 반성하면서도 지적하신 문제들도 모두 헤게모니의 구도 안에서 결정되는 양상을 보여주고 있다고 판단하고 싶습니다. 그러므로 그러한 특정한 주제를 들지 않았더라도 그 틀 안에서 사태를 기술하면 조금은 우리의 문제를 더 명료화할 수 있을 것 같습니다. 김 교수님의 더 많은 서술이 아쉽습니다. 중요한 것은 '변화'입니다. 말씀하신 어떤 주제도 그 현존이 불변

할 수는 없습니다. 변화를 촉진하든가 지체시키려는 힘의 작용이 없지는 않지만 근원적으로 존재는 변화합니다. 그렇다고 하는 사실을 우리가 유념한다면 현상을 주장하는 일에 훨씬 더 많은 '조심스러움'이 담겨야 한다고 생각합니다. 그러나 언제나 주장은 그 인식의 거리를 넘어서는 신념에 의하여 이끌리게 되는 경우가 많습니다. 그것이 풀리지 않는 문제라고 저는 생각합니다. 그리고 그 뒤에는 힘의 작용이 엄존합니다.

5. 자타 구분에 의한 외적 갈등을 서술한 마지막 부분에서, "서로 다른 종교 공동체가 함께 공존해야 한다고 하는 주장은, 그 주장 자체가 힘으로 기능하면서 여전한 힘의 갈등을 낳는다."라고 하셨습니다. 매우 흥미로운 대목인데요, 이른바 '종교 간 대화'가 일면 필요하기도 하고 그 자체로 화기애애하고 아름다운 모습으로 비치기도 하지만, 그러한 대화에는 일정한 한계가 있다는 점을 지적하고 계신 듯합니다. 독선적인 태도와 배타적 고집에 비하면 그야 관용적 태도와 대화의 노력이 더 나은 것이 분명한데, 그럼에도 이러한 관용과 대화에 한계가 있다면 어떤 점들이 있을는지 선생님의 고견을 듣고 싶습니다.

답변 : 제가 관심을 가지는 것은 공존의 주장이 함축하는 이념적 당위성의 허구입니다. '공존을 해야 한다고 주장하면서 공존하는 것'과 '이미 공존의 필요성 속에 있기 때문에 그 공존을 어떻게 다듬어야 할까 하는 데서 모색하는 공존'은 같지 않습니다. 저는 이 두 태도의 차이에서 드러나는 전자의 한계를 지적하고 싶습니다. 전자의 공존은 '하나에의 귀결'을 추구하는 데 이르러 공존이 완성된다고 여기는 데 비해 후자의 공존은 '여럿의 조화'를 추구하는 데 이르러 공존의 완성을 확인한다고 보입니다. 물론 이 두 다름이 확연하게 갈라지지는 않습니다. 현실 속에서는 늘 출렁이니까요. 그러

종합토론 **389**

나 형식적으로 서술한다면 그렇게 나누어 생각해볼 수 있고, 그래서 염려를 '한계'라는 개념으로 담아 보았습니다.

6. 4주차 강의〈다원성과 다양성, 그리고 중층성과 복합성—종교와 문화〉, 그리고 이번 연속 강연 전체의 마지막을 선생님께서는 기존 저서에서 가져온 한 구절로 마무리하고 계십니다. "우리가 해야 할 일은 '물음과 해답의 구조'를 지금 여기에서 어떻게 살아야 하는가 하는 새로운 인간상의 탐색이다. 우리가 종교인이기를 그만둔다면 비로소 우리는 인간일 수 있는데, 이를 굳이 언표한다면 우리는 그때 비로소 종교적인 인간이 된다."(『열림과 닫힘』 407쪽) 종교를 이해하고자 할 때 특정 종교 내부의 고백에 자족하거나 종교 외부의 편견에 좌우되는 일반적 태도를 벗어나 공감과 비판을 겸비한 인간학적 태도를 견지해야 한다는 강연 전반의 취지를 잘 집약한 구절이라고 생각됩니다. 저는 이 언명에 공감이 가기도 하고, 그렇지 않기도 합니다.

우선, 제가 공감하는 것은 '특정 종교의 신자가 아닌 채로도 종교적인 사람들이 있다.'라고, '종교인보다 더 종교적인 무종교인, 반종교인, 불가지론자, 무신론자도 있다.'라고 생각하기 때문입니다. 예를 들어 물리학자 알베르트 아인슈타인은 "경험할 수 있는 무언가의 배후에 우리 마음이 파악할 수 없는 무언가가 있으며, 그 아름다움과 숭고함이 오직 간접적으로만 그리고 희미하게만 우리에게 도달한다고 느낄 때, 그것이 바로 종교다. 그런 의미에서 나는 종교적이다."라고 한 바 있습니다. 또 우주 과학자 칼 세이건은 "코스모스는 과거에도 있었고, 현재에도 있으며, 미래에도 있을 모든 것이다. 코스모스를 아주 희미하게라도 응시하노라면, 그것은 우리를 뒤흔들어 놓는다. 등골이 오싹해지고, 목소리가 떨리며, 높은 데서 떨어지는 아찔한 느낌에, 아득한 기억 같은 느낌에 사로잡히게 된다. 우리는 우리가 가장 위대한 신비들에 다가가고 있다는 것을 안다."라고 한 바 있습니다. 불가지론과 무신론 사이에서 줄타기 하건 이 두 과학자의 언명은 신을 믿지 않아도, 특정 종교의 신자가 아니어도 얼마든지 깊은 종교적 감각을 지닐 수 있다는 사례로 종종 인용되고는 합니다. 어떤 종교를 가졌든, 종교가 있든 없든, 누군가가 자연의 경이 앞에서 인간의 겸손을 느끼고, 헤아릴 수 없는 존재의 깊이를 느끼며, 우주와 내가 이어져 있고 나와 네가 이어져 있다는 일체감을 느낀다면, 그 사람은 종교적이라고 말할 수 있으리라고 봅니다.

그런데 그런 감각을 서술하기 위해 굳이 '종교적'이라는 용어를 계속 고수할 필요가 있을까 하는 의문이 듭니다. 이 점에서 최근에 '영적'이라는 말이 '종교적'이라는 말을 대체하거나 보완하는 용도로 자주 쓰이는 현상을 짚어볼 필요도 있을 것 같습니다. 물론 '영적'이라는 말은 종교를 주로 인간 내면의 문제로 환원하는 듯해서 역시 만족스럽지 못하지만, 어쨌든 이런 대체적 용어가 등장하고 사용된다는 것은 '종교'나 '종교적'이라는 말이 어떤 한계를 지니고 있음을 보여주는 것일 수도 있다고 생각합니다. 나아가 강연을 들으면서 간간이 굳이 '종교적' 이야기라는 꼬리표 없이 그냥 '인간적' 이야기로 바꾸어 읽어도 될 것 같은 생각이 드는 경우가 많았습니다. '종교적'이라는 용어를 계속 사용하려면 거기에는 '영적' 또는 '인간적' 등과 같은 다른 용어로 대체할 수 없는 무엇인가가 있어야 하리라고 생각됩니다. 선생님께서는 '종교적', '영적', '인간적' 등등의 용어들이 상호 치환 가능하다고 보시는지요? 치환 불가능하다면, '종교적'이라는 용어에는 과연 다른 용어들로 완전히 대체할 수 없는 어떤 독특성이, 화용 가치가 있기에 그렇다고 보시는지요?

답변 : 지적하신 용어들의 치환 가능성을 부정하지 않습니다. 그러나 반드시 치환하고자 하지는 않습니다. 그 모든 용어는 하나같이 실은 지금 여기의 우리에게 적합성을 확보하지 못한 용어이기 때문입니다. 그렇다고 해서

우리가 언제나 새 언어를 낳을 수는 없습니다. 그것이 초래할 또 다른 혼란은 기존 용어들의 고집스러운 유지나 편리한 치환으로 인한 혼란과 다르지 않을 것입니다. 말씀하신 대로 '종교적임'을 대체한 '영적임'이 이미 그 한계를 노정하고 있습니다. 용례의 맥락이 자명할 수 없기 때문입니다. 그러므로 우리는 언제나 언어의 한계를 살 수밖에 없습니다. 우려되는 것은 언어의 한계에 대한 성찰이 간과된다는 데 있습니다. 그래서 때로 우리는 언어가 만드는 개념적 현실에 집착해서 사실을 간과합니다. 제가 종교적이라는 용어를 폐기하지 못한 것은 그것이 지닌 어떤 그 나름의 본연적인 오롯한 속성을 전제해서가 아니라 그것마저 포기할 때 벌어질 소통의 온전한 단절이 두렵기 때문입니다. 다행한 것은 문화와 역사는 의도하지 않더라도, 또는 의도하는 노작에 의하여 가속될 수 있을 것인데, 늘 새 언어를 출산하고 있다는 사실입니다. 문화도 언어도 살아 있기 때문이라고밖에 이 현상을 달리 서술할 수가 없습니다. 그런데 그렇다고 하는 것을 부정하는 커다란 힘이 학문이라는 이름으로 현존한다고 느껴질 때가 잦습니다.

그리고 저는 '종교 없는 종교'라는 개념이나 현실에 대해 조금도 불편하지 않습니다. 경험은 언어 이전이라고 말하고 싶기 때문입니다. 그렇다고 해서 언어가 경험을 짓는다는 사실을 부정하는 것은 아닙니다. 앞에서 인용하신 제 책의 인용부분에서 저는 "…새로운 인간상의 탐색이지 기존의 종교들이 제시하는 인간상을 적합성을 찾아 되다듬거나 되꾸미는 일은 아닐지도 모릅니다."라고 서술한 바 있습니다. 불가피하게 종교라는 말을 여전히 사용할 수밖에 없는데, 저는 선생님께서 말씀하신 훌륭한 분들의 예를 '종교를 깨트리고 종교를 새로 짓는 자의 발언'이라고 말하고 싶습니다. 여전한 '종교담론'의 한 모습이죠.

토론 2 (토론자 : 이연승)

지난 4주간에 걸친 정진홍 선생님의 강연은 기승전결을 갖춘 하나의 완성된 작품이라는 느낌인데, 토론의 역할을 맡았으니 어쩔 수 없이 사족을 달아 나가야 할 것 같습니다. 저는 주로 유교라는 종교적 전통에 대하여 관심을 가지고 공부해 온 입장에서 그간의 강연을 되새겨 보면서 몇 가지 문제에 대하여 정 선생님의 고견을 청해 보고자 합니다.

1. 정진홍 선생님께서는 종교(적 문화)에 대한 비판적인 인식의 내용이 개별 종교 전통들에 대한 이해 그 자체가 될 수 없다는 것을 첫 번째 강연에서부터 강조해 주셨습니다. 즉 기독교, 이슬람, 불교, 유교, 도교 등 자명하게 종교라 여겨져 왔던 소위 '종교'라는 범주, 그러나 실은 결코 자명하지도 않으며 애매하기 그지없는 기존의 그러한 종교라는 선입견에만 매몰되지 말고, 왜 사람들은 그러한 것만을 '종교'라고 이해하게 되었는가? 과연 그러한 범주가 인간의 종교적인 체험들을 편견 없이 담아낼 수 있는가 하는 문제들을 재고해 보자고 제안하시면서 강연을 열어 가셨습니다. 그러나 그렇다고 해서 세계종교라고 일컬어지는 종교전통들에 대한 이해가 배제되어야 하는 것은 아니라고 생각합니다. '종교적'이라는 것과 관련된 문화현상들을 비판적으로 이해하려면 여전히 의심 없이 '종교'라고 여겨지는 종교전통들의 흐름에 대한 이해가 중요하다고 생각합니다.

그런데 참 재밌는 것은, 일반적으로 재고의 여지없이 '종교'라고 여기는 기독교, 불교, 유교… 등에 대하여 그 내부에서 혹은 외부에서 그것은 '종교'가 아니라고 여기는 사람들이 늘 있었다는 사실입니다. 기독교는 모든 종교를 넘어서는 유일한 진리이므로 "한낱 종교에 불과한 것은 아니다."라거나, 불교는 신에게 구원을 맡기는 것이 아니라 스스로 깨달아 해탈에 이르고자 하는 것으로서 "일반적인 미신적 종교와는 전혀 다르다."라는 주장들이 있었습니다. 이런 문제가 가장 두드러지는 것이 바로 유교라고 할 수 있을 것입니다. 아마 많은 분이 공감하실 텐데, 유교는 도덕이나 윤리 강상(綱常)일 뿐 그게 어떻게 종교일 수가 있느냐 하는 말씀을 종종 듣게 됩니다. 종교를 어떻게 정의하느냐에 따라, 또 유교의 어떤 측면을 핵심적인 요소로 보느냐에 따라 끊임없이 긍정과 부정의 논의가 지속되어 온 이 문제에 대해서 심지어 그 논쟁의 역사를 정리한 단행본 서적들이 나왔을 정도입니다. 이는 비단 종교라는 개념의 불일치나 모호함 때문만이 아니라 본래 종교적인 현상들 자체가 가지는 복합성에 기인한 것이기도 합니다. 마지막 시간에 정 선생님께서 학생들이 종교와 철학이 어떻게 다른가 물어오면 "철학은 예배 안 보잖아. 제사 안 지내잖아!" 하고 간단히 답하신다고 농담을 하셨는데, 유교가 종교냐 아니냐, 혹은 유교의 종교성이 어디에 있느냐 하는 논의를 지루하게 해 왔던 그간의 연구사를 떠올릴 때 이러한 간단명료한 답변은 큰 의미를 가집니다. 유교의 경학적, 신화적 차원과 의례적 차원뿐 아니라 윤리적 차원, 정치적 차원, 예술적 차원 등을 두루 이해하고자 하는 관점은 우리로 하여금 이 같은 논쟁에 직접 뛰어들기보다는 그 논쟁사를 관조하게끔 해 줍니다. 저는 여기에서 종교 일반에 대해서뿐 아니라 한국 종교(사)의 다양한 측면에 대해서 지속적인 관심을 가지고 연구해 오신 정 선생님께 유교를 비롯한 개별 종교의 역사와 현상을 주로 연구하는 종교학 연구자들에게 연구의 주제나 방향성 등에 대해서 어떤 제시나 제안을 해주십사 요청을 드리고 싶고, 또한 어떤 기대를 하고 계신지 등에 대해서 먼저 여쭙고 싶습니다.

답변 : 이 교수님께서 지적해 주신 대로 각 종교는 서로 상대방을 종교가 아니라고 할 뿐만 아니라 자기 자신도 종교가 아니라는 주장을 합니다. 말

씀하신 대로 종교라는 개념에 대한 이해가 다르기 때문이라고 할 수 있습니다. 그런데 이 교수님은 이에 더해 종교 현상이 지닌 복합성 때문인 것도 중요한 원인이라고 말씀하십니다. 크게 공감합니다. 지적하신 이 차원에서 문제를 천착해 나간다면 우리는 이제까지의 종교 논의에 상당히 의미 있는 기여를 하리라 생각합니다. 그런데 저는 말씀하신 여러 가지 중요한 점들을 고려하면서 그래도 '물음과 해답의 구조가 표상화된 현상'이 종교라고 이해한다면 그 많은 부분을 모두 포함하면서 다듬어 나아갈 수 있지 않을까 하는 생각을 늘 하고 있습니다. 진리나 본질이나 절대적인 것 등의 개념을 전제한 자리에서는 이러한 태도가 이루어질 수가 없습니다. 저는 그래서 '무엇이 종교인가?' 하는 물음이 아니라 '사람들이 무엇을 종교라고 하나?' 하는 물음이 담고 있는 '경험의 현실'에서부터 논의를 시작하자고 주장하곤 합니다. 그 과정에서 전통적인 종교를 간과할 필요는 전혀 없습니다. 실은 잘 다듬어진 종교현상이 곧 전통종교니까요. 하지만 그 자리에 서면 어느 틈에 그 종교의 주장을 반복하면서 그것을 그 종교에 대한 인식이라고 여기게 됩니다. 저는 그것이 가지는 한계를 지적하고 싶은 것입니다.

직접적으로 질문하신 사항에 대해서는 제가 어떤 구체적인 제안을 할 자격이 없는 것 같아 답변을 삼가고 싶습니다. 더욱이 학자 개개인을 고려한다면 학문하는 자리는 자신의 실존적 동기와 단절되는 것이 아니기 때문에 어떤 문제에 어떻게 다가가야 한다는 발언은 충고나 동료 의식에서 나오는 발언일 경우에도 자칫 학문함의 태도를 훼손할 수도 있습니다. 그리고 우리가 지닌 문제도 시공에 따라 상이한 문제를 가지기 때문에 보편성의 논리에 그 다양한 문제들을 한꺼번에 담는다는 것도 쉬운 일은 아닙니다.

하지만 감히 제 기대를 말씀드린다면, 앞에서 이미 말씀드렸고 또 강의 중에 드린 말씀입니다만, "유교는 무엇인가?"하는 물음 대신에 "어떤 현상이 유교라는 이름으로 서술되고 있나?"하는 물음에 대한 답변을 시도해 주면 좋겠다는 것입니다. 우리는 흔히 "유교는 이런 것이다"라고 하면서도 '유교경험'은 어떤 것인지 서술하지 않고 있습니다. 그렇기 때문에 '살아 있는 유교'는 유교를 공부하는 틀 안에 들어가질 않습니다. 어폐가 있지만 어쩌면 '죽어 있는 유교'만이 학문적인 천착의 대상이 되고 있는 것은 아닌가 싶습니다. "현실은 없고 역사 속의 현실만이 있다"고 해도 좋을지 모르겠습니다.

2. 지난 강연에서 선생님께서는 우리가 종교를 하나의 문화 현상으로 볼 때 비로소 종교들 사이의 비교도 가능하고 종교의 변화 양상에 대해서도 기술할 수 있다고 하셨습니다. 조금 시야를 넓게 설정하여 보자면 종교들의 탄생과 소멸에 대해서도 논의할 수 있을 텐데, 그렇게 생각해 볼 때 한국 사회에서, 나아가 동아시아 사회에서 유교의 생명력은 과연 어떻게 이해할 수 있을까 하는 생각이 듭니다. 동아시아, 특히 한·중·일 삼국을 유교 문화권이라고 말하는 데에는 거의 저항감이나 불편함을 느끼지 않는 것 같습니다. 여기에는 유교와 한자 등을 핵심적 요소로 하는 '동아시아 문화권'이라는 일본산(産) 담론도 하나의 배경이 되고 있으며, 더 비근한 원인으로는 비교적 최근 동아시아 네 마리 용의 눈부신 비약적 경제발전을 바탕에 깔고 일어났던 유교 자본주의 담론을 들 수 있을 것입니다. 그런데 막상 현대를 살아가는 한국인은 유교를 어디에서 감지할 수 있는가 하는 의문을 갖게 됩니다. 중국과 일본의 경우도 크게 다르지 않을 것입니다. 물론 안동을 비롯한 특정 지역을 답사하다 보면 알게 모르게 느껴지는 어떤 분위기가 있긴 합니다만, 과연 한국인의 몇 퍼센트나 자신을 유교도라고 말할 수 있을지, 또 한 세대가 지나가면 스스로를 유교도라고 인식하는 사람이 얼마나 될지 의문입니다. 성균관의 문묘를 세계 문화유산으로 등록하고자 하는 움직임이 있었

고, 문묘의 제례악에 대해서도, 또 최근에는 소수서원에 대해서도 같은 노력이 경주되고 있다고 합니다. 또한 국학 진흥이라는 기치 아래 유교 박물관도 생겼고 유교 연구기관이나 연구자들도 많이 늘었으며, 지방자치제하에서 각 지방에 남아 있는 서원과 향교를 문화체험코스로 만들기도 하고, 그 지역 출신 유학자들의 기념관을 짓는 일이 늘어나고 있지만, 이런 모습은 오히려 유교가 점차 형해화, 박제화되어 가는 모습을 보여주는 것이 아닐까 하는 의구심을 갖게 합니다. 그럼에도 불구하고 많은 연구자들은 한국인 심성의 저변을 이루는 것이 바로 유교적인 정서라고들 말합니다. 유교에 대한 연구는 전 세계적으로 급속도로 늘어가지만, 그렇다고 유교도가 증가하지는 않습니다. 그런데 이러한 현상을 두고서도 두 가지로 이해할 수 있을 것 같습니다. 하나는 종교인구조사의 수치가 말해주는 대로, 눈에 보이는 현상 그대로 유교는 점차 노화하여 죽음을 앞둔 종교라고 보는 것입니다. 2005년도에 실시했던 한국의 종교인구조사에서 4위였던 유교의 자리를 원불교가 대신했다는 기사를 본 적이 있습니다. 원불교에서는 교단의 차원에서 종교인구조사에 성의껏 참여해 달라는 운동을 미리 전개했던 것 같습니다. 그런데 유교의 경우에는 그런 운동을 벌일 주체도 희미하고, 설령 한다 해도 누구를 대상으로 해야 할지가 애초에 불분명했을 것입니다. 신도 수가 줄어들고 있으며, 그리하여 전체의 0.2%에 불과하다는 통계 수치는 유교의 죽음을 말해 준다고 이해할 수도 있을 것입니다. 그런데 다른 한편으로 보면 유교는 1, 2, 3위를 차지하는 종교와 종교인들이 보여주는 시대착오적인 언행에서 벗어나 있는 종교라고 볼 수 있을 것입니다. 유교는 나만이 진리요, 구원이라고 외치지도 않고, 저 피안에 종착역을 두고 있지도 않습니다. 현실에 굳게 발을 딛고 서서 일상적인 삶의 고양에 초점을 두고 유교의 이상을 현실 세계에서 실현하고자 할 뿐, 내세에서의 보답을 언급하지도 않습니다.

계시의 내용을 믿고 암송하라고 하는 것이 아니라, 이 세계의 만사만물에 대한 이치와 지혜로운 선현들의 말씀을 배우고 깨우치며 실천하라고 권면합니다. 신도의 숫자나 현실 사회에서의 현저한 영향력 등을 가지고서가 아니라 성숙한 종교 문화 혹은 현대인들이 지향하는 새로운 종교 문화라는 측면을 가지고 생각한다면 유교는 기존의 익숙한 형태와는 다른 새로운 문화적 양상을 보여주고 있는 종교라고 이해할 수도 있을 것입니다. 제가 강연의 주제에서 다소 벗어나는 말씀을 드렸지만 그래도 이 내용과 연결하여 말씀을 청하자면, 종교학의 문화비판적인 기능이나 역할을 중시, 강조해 오신 선생님께서는 기존의 종교와 종교인들이 어떠한 종교문화를 전개해 나갔으면 하는 기대를 하시는지, 그러기 위하여 적어도 어떤 것이 필요한지 등에 대하여 몇 가지만 들어서 말씀해 주셨으면 합니다.

답변 : 유교의 문제, 유교에 대한 이해, 그리고 유교의 문화적 가치, 현존하는 유교 등 유교 전반에 대한 자상한 서술을 통해 유교를 새롭게 조망하게 해 주신 이 교수님께 감사를 드립니다. 이 교수님의 글을 읽으면서 저는 이제까지 생각하지 못한 주제를 발견했습니다. 그것은 '종교의 소멸 양태'라고 할 수도 있고, 아니면 '종교의 지속 양태'라고도 할 수 있는 문제들이 그것입니다. 우리는 소멸이나 지속은 이야기하면서도 소멸이나 지속이 어떤 과정을 이루어가며 진행되는가 하는 것은 간과해 왔습니다. 이를 주제로 한 폭넓은 천착이 요청된다는 사실을 새삼 생각하게 되었습니다.

유교적 자본주의라든지 유교적 가치와 동아시아 국가 및 사회발전에 대한 관심은 매우 흥미롭습니다. 그것을 긍정적으로 기술할 때 더욱 그러합니다. 그것은 유교문화권 안에 있는 이른바 서양에 의해 간과되었던 아시아인들의 자존(自尊)을 고양하는 '고마운 담론'이기도 합니다. 하지만 저는 개인적으로 그러한 주장들이 서양학자들에 의하여 주장되든 동양학자들에 의하여 주장되든 막스 베버(Max Weber) 이론의 '다른 변주(version)'라는 생각이 들어 그러한 주장의 인식 틀에 대한 충분한 동조를 선뜻 하지 못하고 있습니다. 베버가 전제한 프로테스탄티즘의 실체와 유교의 현존은 상당한 괴리가 있다고 판단되는데도 그 틀을 그대로 원용한다고 느껴지기 때문입니다. 선생님께서 말씀하신 대로 우리는 유교를 '실감'하지 않습니다. 그런데도 유교적이라고 말하지 않으면 달리 말할 수 없는 어떤 '풍토(ethos)'를 지니고 있습니다. 문제는 그것의 연원을, 또는 그러한 풍토의 '속성'을 유교로 일컬어야 하느냐 하는 것입니다. 저는 유교에서 동양적인 사유가 출현한 것이 아니라 동양인의 삶의 경험이 누적되면서 그 사유나 가치가 유교라고 일컬어졌다고 생각합니다. 그렇기 때문에 가시적인 제도적 문화로서의 유교는 쇠미해 간다 하더라도 유교적이라고 묘사하던 경험은 하비투스(habitus)로 현존하는 것이라고 생각합니다.

그렇기 때문에 다른 종교와 견주면서 신도 수를 파악하려 한다든지 타 종교에 대한 태도 여부를 통해 유교의 특성을 운위하는 것은 실은 무의미한 작업이라고 생각합니다. 그렇기 때문에 유교의 타 종교에 대한 태도를 새로운 종교의 모습, 곧 관용과 공존의 모습으로 그린다는 것도 실은 의미가 없는지도 모르겠습니다. 그럼에도 여전히 이를 종교의 울안에 넣는 것은 제 생각대로 말씀드린다면 그것이 일정한 의례를 겸하면서 인간의 물음에 대한 해답의 상징체계로 현존하고 있기 때문입니다. 그러한 의례의 지속 여부도 장담할 일은 아닙니다. 종교사는 종교의 생멸을 보여주고 있기 때문입니다. 그러나 지금 여기 우리의 현실에서 볼 때 '유교적'이라고밖에 달리 묘사할 수 없는 일정한 사유체계나 가치체계가 현존하는 것은 분명합니다.

기존의 종교와 종교인들이 어떻게 하기를 바라느냐고 물으신 것에 대한 해답이 매우 어렵습니다. 종교학은 종교를 돌보는 일을 감당하고 있는 것도 아니고 종교를 계도해야 할 책무를 지니고 있는 것도 아닙니다. 종교를 심사하여 승인하거나 배제하는 것도 아니고 종교의 주장을 소통가능하게 번역하는 작업을 하는 것도 아닙니다. 이러한 모든 일에서 무관할 수는 없습니다. 그러나 현상을 기술하고 설명하고 이론화하는 일만으로도 벅찹니다. 그러한 작업이 현실과 유리될 수는 없지만 종교학의 소산(所産)은 종교가 그것을 어떻게 활용하느냐, 또는 당해 사회나 문화가 어떻게 효과적으로 이를 이용하느냐 하는 데 따라 그 소임이 달리 운위될 수 있으리라 판단합니다.

그렇더라도 그러한 작업 과정에서 종교의 '지속'을 위해 종교학이 발언할 수 있는 것이 무엇인가 하고 묻는다면 저는 종교가 스스로 자기의 언어 곧 종교언어에 대한 성찰을 해주면 좋겠다고 말씀드리고 싶습니다. 종교언어는 인식의 언어가 아니라 고백의 언어라는 사실, 종교언어도 자신의 출생과 성장과 소멸의 역사를 가지는 것인데 그 일상적인 흐름을 의도적으로 거스를 때 그 언어는 병든 언어일 수밖에 없다고 하는 것 등을 진지하게 성찰해 주면 좋겠다는 말을 하고 싶습니다. 또한 종교도 문화–역사 의존적인 현상이라는 사실에 대하여 새삼스러운 터득이 일었으면 좋겠습니다. 누누이 말씀드렸습니다만 순수라든지 정통이라든지 절대라든지 하는 허위의식에서 벗어났으면 좋겠습니다. 그것은 실은 철저한 자기방어의 책략에서 비롯한 개념들이라는 사실을 알았으면 좋겠습니다. 현실 안에는 없는, 그리고 실재할 수 없는 개념일 뿐입니다. 뿐만 아니라 종교가 얼마나 많은 영향을 자기 밖으로부터 받아가면서 자기를 주조(鑄造)했는지를 짐작해 주었으면 좋겠습니다. 종교 스스로 자기 밖의 세상을 향해 온갖 규범적인 발언을 하는 만큼 이와 비례하여 불가피하게 자기는 그 순간 주조되고 있다는 사실을 의식해 주었으면 좋겠다고 해도 괜찮을 것 같습니다. 좀 유치한 발언이 될지 모르겠습니다만 '지성에서 영성으로' 옮기는 것이 종교가 아니라 '지성과 더불어 영성을' 호흡하는 것이 종교문화의 건강한 모습이라는 것도 종교가 유념했으면 좋겠습니다. 말씀드리다 보니 하고 싶은 말이 참 많습니다. 그러나 학문의 한계를 아는 것이 학문의 가장 기본적인 윤리라고 생각합니다.

3. 그간 선생님의 강연 중 각 종교의 독단이나 독선으로 인한 폐단의 양상 등 종교의 암영(暗影)에 대한 내용이 나올 때마다 그것은 곧 인간의 암영이라는 생각을 하곤 했습니다. 캔트웰 스미스(C. Smith)가 일찍이 종교연구에서 종교의 물상화(物象化)에 대해 경계한 바 있지만, 꼭 학문적 연구에서가 아니라 일상적 삶의 영역에서 종교와 관련된 현상들을 이해할 때도 그것은 인간이 빚어내는 현상이라는 점을 놓치지 않아야 한다는 생각이 듭니다. 얼마 전 인터넷 화면에서 '다문화(多文化) 가정'이라는 용어를 발견하고 그 기사를 클릭해 보니 다문화 가정이란 흔히 국제결혼을 한 커플을 말하는 것이었습니다. 결국 한 사람은 하나의 문화를 의미한다는 뜻인데, 가만히 생각하니 한 사람이 하나의 문화 복합체라는 말은 틀리지 않은 것 같습니다.

언젠가 그 유명한 빌리 그레이엄(Billy Graham) 목사의 설교를 우연히 듣게 된 적이 있는데, 그 설교의 주지는 하느님에게 나아가는 데에는 그 어떤 핑계도 있을 수 없다는 것이었습니다. 그중에 유독 "가정도 핑계가 될 수 없다(Family is no excuse)"라는 대목이 귀에 꽂히면서 유교인들에게도 이 말이 타당할까 하는 생각을 했습니다. 가족, 특히 부모는 하느님보다 우선하는 존재이므로 가족은 하느님 앞으로 나아가지 못하는 충분한 이유가 될 수도 있을 텐데… 하는 생각이 문득 들었습니다.

하지만 부모님께 효성스러운 한국의 기독교인들도 그 설교에 공감할 수 있습니다. 효가 무조건 유교적인 것은 아니며, 그 어떤 종교도 불효를 당연시하지는 않습니다만 유난히 유교에서 효가 강조되는 것은 사실입니다. 그럼에도 불구하고 한 사람의 생각과 신념 속에서 어느새 하느님이 부모나 효보다 우위를 차지할 수도 있고, 그럼에도 불구하고 교회에 가는 대신에 병드신 부모님을 찾아뵙기를 선택하는 행동을 할 수도 있을 것입니다. 이론적으로는 결코 융화하기 어려운 종교들이 한 사람 안에 뒤섞여 존재하기도 하고, 아주 독실한 한 종교의 신자가 개종하여 다른 종교의 독실한 신자가 되기도 합니다. 이것이 삶의 현실입니다.

하나의 종교가 주도하는 단원적(單元的) 종교 환경을 관념적으로 상정할 수는 있겠지만, 그 안에서 살아가는 많은 사람이 결코 동일한 신념을 가지고 동일하게 행동하지 않기 때문에, 설사 단원적인 종교문화상황이라고 해도 종교적인 갈등이 없을 수 없습니다. 같은 신념체계에 대한 같은 정도의 열망을 가진 이들조차 현실적인 삶의 세계에서 다른 선택을 하며 갈등을 하게 됩니다. 하물며 다원적(多元的)인 종교문화의 상황에서는 더 말할 나위도 없습니다. 그런데 결국 이러한 갈등을 야기하는 것도 인간이고 풀어가는 것도 모두 사람들입니다. 교리를 체계화하거나 종교 조직을 운영하는 것도 사람들이고, 종교 조직을 확대·재생산하려는 것도, 조직의 딜레마를 겪는 것도 사람입니다. 종교적인 신념과 열망을 가지고 정치에 임하는 종교인들이 있고, 종교인들이 정치적인 세력을 형성하려는 움직임을 오히려 백안시하는 종교인들도 있습니다. 한국 사회에서는 최근 몇 년간 많은 사람이 부쩍 종교와 정치에 관한 다양한 주제들에 대하여 생각하지 않을 수 없는 상황들이 계속 벌어져 왔습니다. 기독교정당 결성이라는 문제를 두고 그 가능성과 타당성에 대해 논의가 이루어지기도 했고, 타당한 종교교육의 양상에 대해서도 고민하게 되었으며, 종교세(宗敎稅)에 대한 논의가 불거져 나오기도 했습니다. 동시대를 살아가는 이러한 한국인들이 한국의 종교 문화를 직조해 나가고 있는 것입니다. 너무 장황하게 말씀드렸습니다만, 마지막으로 선생님께서 마지막 강연의 후반부에서 언급하셨던 종교 현상과 제반 사회, 정치 등 현상과의 중층성과 복합성에 대한 내용 가운데 특히 정치적 영역과의 관계를 조금 더 개진하여 설명해 주십사 청하고 싶습니다. 감사합니다.

답변 : 이 교수님께서 기술해 주신 내용에 대하여 전적으로 공감합니다. 문화는 인간의 소업(所業)입니다. 그리고 그런 한 종교도 인간소업의 범주에서 벗어나지 않습니다. 그러므로 이를테면 정치, 경제, 예술, 과학에서 일어나는 어떤 일도 종교에서 일어날 수 있습니다. 그렇게 나누어 서술하는 어떤 범주도 인간임을 벗어나는 것은 없기 때문입니다. 그런데 그렇다고 하는 사실은 동시에 그 모든 서술 범주들이 중첩되어 있음을 보여주는 것이기도 합니다. 종교와 여타 문화가 단절되거나 분리되어 있을 수 없습니다. 그러므로 종교는 그 현존 자체에서부터 이미 정치적입니다. 적어도 힘을 통한 다스림을 의도하고 있다는 사실에서부터 그렇게 말할 수 있습니다. 인간의 소업이라서 그러할 뿐만 아니라 개개인의 실존이 사회 안에서 중첩된 정체성을 살아가고 있다는 데서 더욱 그러합니다. 그러므로 이른바 정교분리의 주장은 그것 자체가 현실을 간과한 다만 이념적인 지향일 뿐 현실성은 전혀 없다고 저는 판단합니다. 정교분리가 논의된 역사–문화적 맥락을 살펴보더라도 그것은 이른바 정치가 종교의 정치 세력화를 억제하기 위해 만든 이념적 원칙일 뿐입니다. 그러므로 실제 적용의 현장에서는 그 주장의 논리적 명료성의 구현을 찾아볼 수 없습니다. 따라서 가장 낮은 힘 지향적인 수준의 정치적 행태를 드러내고 있으면서 스스로 종교적인 행위라고 하는 구실로 자기의 정치적 행위를 정당화하는 것도 유치한 일이고, 종교는 정치일수 없다고 하는 구실로 종교의 정치적 행위를 비종교적 행위라고 종교를 지탄하는 정치의 발언도 유치하기는 다르지 않습니다. 둘 다 실은 이기적이고 배타적인 정치를 하고 있기 때문입니다. 만약 정치를 공동체의 생존을 위한

최소한의 힘의 구사라고 이해한다면 그러한 행태는 힘의 훼손에 지나지 않습니다.

정치의 종교화 현상은 이제 불가피합니다. 자기 정당성의 기반이 불투명할수록 정치권력은 자기를 종교화합니다. 또한 종교의 정치화 현상도 불가피합니다. 다종교 현상 속에서 자신의 생존이 위협을 받는다고 느끼게 되면서 종교가 할 수 있는 출구의 모색은 자신을 힘의 실세(實勢)로 등장시키는 일이라는 것을 종교가 이미 충분히 경험하고 있기 때문입니다.

중요한 것은 이러한 현상에 대한 서술 범주를 과감히 바꾸어 보는 일입니다. 정교분리라는 원칙은 이미 그 척도로서의 효용을 잃었다고 저는 판단합니다. 새로운 서술 범주의 설정을 통하여 이를 새로운 언어에 담아 서술하지 않으면 그 갈등의 지속은 결코 중단되지 않을 것입니다.

"무엇을 이렇게 저렇게 해야 한다."라는 서술을 서두르는 것이 아니라 "무엇을 이렇게 저렇게 하고 있나"를 우선 서술해야 합니다. 전제된 규범적인 당위에 매여 있는 한, 우리가 할 수 있는 것은 아무것도 없습니다. 규범은 현상의 인식에서 도출된 적합성을 준거로 '만들어져야' 합니다. 그리고 만들어진 순간 그것은 다시 다른 규범을 요청하는 열린 것으로 있어 늘 일시적이고 잠정적이어야 합니다. 존재는 '존재하고 있는' 것이기 때문입니다.

토론 3 (토론자 : 이창익)

무엇이 될지 모르는 무엇이라도 될 수 있는 '종교라는 과정'

1. 저에게 정진홍 교수님의 전체적인 강의는 8시간 분량의 기나 긴 "종교에 대한 담소(談笑)"처럼 들렸습니다. 매번 화자는 두 시간 동안 줄기차게 미리 쓴 텍스트 안에 박힌 문자를 다시 꺼내어 구어로 번역해야 하는 힘겨운 노동을 해야 했고, 청자들은 텍스트로 제공된 문자들이 다시 산산이 부서지며 허공을 배회하다가 모호하게 그려주는 '종교의 얼굴'을 간신히 짐작해야 했습니다. 그러나 지금도 여전히 아무도 "종교는 누구인가?"라고 묻는 질문지에 자기가 보았던 그 얼굴을 그려 넣을 자신이 없을 것 같습니다. 그 얼굴은 마치 꿈속에서 잠깐 스치듯 만났던 그런 존재의 얼굴과도 같기 때문입니다.

답변 : 죄송합니다. 제가 단단히 잘못을 범한 것 같습니다. 무언지 보여 드리고 싶었는데, 그래서 말씀하신 대로 '힘겨운 노동'을 제 나름대로 했었는데, 누구도 어떤 것도 볼 수 없었다면 그것은 송구스러운 일이고 부끄러운 일입니다. 그런데 이런 꾸중을 들으면서도 무척 행복합니다. 이 교수께서 "종교는 누구인가?"라는 표현을 쓰신 데 감격했기 때문입니다. 사물에 대한 인칭 대명사의 활용은 그 사물을 살아 있는 주체로 여길 때만 가능합니다. "종교는 무엇인가?"가 아니라 "종교는 누구인가?"라는 표현을 의도적으로 선택하신 선생님께 진심으로 감사드립니다. 제가 진심으로 말씀드리고 싶었던 것을 이렇게 적절하게 다듬어 주실 수가 없습니다. 종교는 살아 있는 현상입니다. 이에 대한 인식의 어려움은 모두 그것이 살아 있다고 하는 사실에서 비롯합니다. 그것이 힘들어 사람들은 서둘러 종교를 '죽은 사물'로 만들어 그것을 향해 '누구'라 하지 않고 '무엇'이라고 호칭하면서 쉽게 이에 대한 단정을 하고 있는지도 모릅니다. 그것이 우리의 지적 게으름의 뿌리인

지도 모르고요.

2. 그러나 "종교는 무엇이다."라고 자명하게 말하곤 하던 많은 이들이 입을 닫고 침묵에 잠긴 채, 자기가 지니고 있던 '종교의 얼굴'이 왜곡된 자기만의 상상이었을지도 모른다는 불안감에 휩싸이게 된다면, 이 강연의 의도는 충분히 달성된 것이라고 생각합니다. 강연을 들으며 우리는 줄곧 종교의 이면(裏面), 종교의 그늘, 종교의 불안정성, 나아가 종교의 비종교적 모습까지도 고민해야 했습니다. 그리고 종교와 비종교의 경계선이 실은 지독하게 자의적(恣意的)인 것이라는 것, 그리고 종교에 대한 비종교적 서술과 비종교에 대한 종교적 서술이 얼마든지 가능할 뿐만 아니라 적합하다는 것도 살펴 들었습니다.

답변 : 불안감을 조장하려던 것은 아니었습니다. 그런데 말씀하신 대로 그렇게 느끼셨다면 싫지는 않습니다. 성찰의 상실이 사뭇 삶답지 못한 삶을 부추긴다는 것은 누구나 겪고 있기 때문입니다.

3. 종교는 '땅 위에 내려앉은 하늘'일 수도 있고, '하늘 위로 올라간 땅'일 수도 있습니다. 그러나 땅에 겹쳐진 하늘을 살든, 하늘로 치솟은 땅을 살든, 종교는 항상 하나의 세계만을 지니기를 거부합니다. 우리는 물음과 해답이라는 이중적인 세계로 찢긴 실존을 경험하며 삽니다. 종교는 그러한 불안정성에 붙여진 모호한 이름일 뿐입니다. 그러나 물음과 해답의 이중(二重)세계의 영원한 반복 속에서 이루어지는 '다른 세계 그리기'는 인간의 삶 어디에서나 보이는 지극히 일상적인 모습입니다. 우리에게 다른 세계는 '하나의 실재'로서 존재하지 않습니다. 우리는 그저 다른 세계를 그리는 '과정' 안에 들어가 삽니다.

답변 : 그렇습니다. 물음과 해답의 구조 안에 있다는 것은 실은 말씀하신 대로 '찢긴 실존'입니다. 하지만 그렇다고 해서 불안정성이 곧 종교일 수는 없습니다. 제가 주목하는 것은 '부유(浮游)'를 저어하는 인간의 의지가 삶이 '과정'임을, 모든 실재가 그러함을, 아니라고 선언하는 부정적에 늘 가까이 있다고 하는 사실입니다. 그래서 사람들은 '다른 세계'의 실재성을 스스로 증언한다고까지 말합니다. 감격스럽지만 불안합니다. 제가 왜 이런 불안을 지속적으로 종교와 만나 지니는지 저 스스로 아직은 한참 나 자신의 속에서 헤매야 할 것 같습니다.

4. 정진홍 교수님의 강연 내용 중에서 저에게 가장 인상적이었던 것은 그러한 '과정'에 대한 치밀한 서술이었습니다. 자신의 애초의 물음을 망각해 버린 듯한 해답 덩어리인 종교에게 다시 물음을 되돌려 준다는 것에서 출발한 강연의 논의는, 물음이 피어오르지 않는 해답은 실은 해답이 아니라는 인식으로 이어집니다. 아니 해답은 실은 터지기 위해서 존재하는 잠정적인 봉합이라고 주장하시는 것 같습니다. 이러한 논의의 이어짐 속에서 저는 해답의 위계, 해답의 성장, 해답의 도구성 같은 것을 떠올립니다. 그것을 '해답의 과정'이라고 해야 할지, 아니면 '과정으로서의 해답'이라고 해야 할지 모르겠습니다.

답변 : 지적하신 대로 해답의 위계, 성장, 도구성 등에 대한 분석적인 접근을 하지 못했습니다. 절박하게 하고 싶은 과제입니다. 그런데 그 일련의 흐름을 '해답의 과정'이라고 해야 할지, 아니면 '과정으로서의 해답'이라고 해야 할지는 저도 잘 모르겠습니다. 다만 다음과 같은 몇 가지 서술을 더 '만들어' 보고 싶기는 합니다. 이를테면 그것은 그대로 '물음의 과정'일 수도 있고, '해답의 과정과 겹쳐진 물음의 과정'일 수도 있다든지, '과정으로서의 물

음'일 수도 있고 '과정으로서의 해답과 겹쳐진 과정으로서의 해답'일 수도 있다든지 하는 무수한 조합을 의도하고 싶은 것입니다. 그런 언어 얽힘의 변주가 낳은 실재의 소리를 경청하고 싶은데, 그것을 어떻게 언어에 되실을 수 있을까 하는 것은 참 풀리지 않습니다.

그러나 주목할 것은 과정이라고 해서 해답의 기능을 과정이 끝에 이르기까지 기다려야 누릴 수 있게 되는 것은 아닙니다. 선생님의 말씀을 따른다면 어떤 위계에서든, 어떤 성장단계에서든 해답은 현실 속에서 해답으로 기능합니다. 삶의 현실은 논리 이전이거나 이후입니다. 논리가 삶을 빚을 수는 없습니다.

5. 그러나 해답이라는 것은 특정한 언표에 대한 잠정적인 절대화는 아닙니다. 그런데도 그렇게 합니다. 또 해답이 특정한 물음에 대한 '인기 있는 답변'일 수도 있습니다. 그렇게 하지 않으면 인정을 받지 못하기 때문입니다. 우리는 그렇게 무수한 해답을 만나고, 그 해답을 살고, 또 지나칩니다. 새로운 물음은 늘 기다리고 있으니까요. 그래서 해답을 잠시 발걸음을 멈추고 구경하기도 하고, 그 해답의 감옥에 들어가 살다가 "이제 그만!"이라고 말하며 파옥(破獄)과 탈옥(脫獄)을 감행하기도 합니다. 그렇다면 그러한 '총체적인 과정'에 대한 서술이 불가능하지는 않을 것입니다. 결국 누구나 '나의 물음과 해답의 연대기'에 대한 의식 속에서만 절대적인 해답을 걸어가거나 지나칠 수 있을 것이라는 생각이 들기 때문입니다. 결국 종교라고 일컬어지는 현상은 이러한 우리의 경험이 빚은 현상이라고 말할 수밖에 없습니다. 저는 그렇게 생각합니다.

답변 : 그렇군요. 생각해 보니 그렇습니다. 해답은 만나야 합니다. 그것은 나를 멈추게 하는 것이며, 구경할 만큼 정태적인 것이기도 하고, "그만!"이라

고 말할 수 있는 '깨져야 할 것'으로 있기도 합니다. 아니 그렇게 있어야 하는 것이라고 해야 좋을 듯합니다. 한데 그렇기 위해서는 '총체성'의 맥락이 전제되어야 하고 '내 연대기'가 의식 속에서 자리 잡고 있어야 한다는 사실의 지적, 참 옳은 선언입니다. 저에게 무척 즐거운 새로운 터득입니다. 정말 그렇군요.

6. 그러나 종교는 항상 우리를 자신의 해답 안에 머무르게 합니다. 종교가 지니는 자기 절대화의 현상, 종교가 지니는 본래적인 폐쇄성, 열린 종교는 존재할 수 없다는 사실, 일정한 물음과 해답의 폐쇄 회로 속에서만 종교의 존재론이 가능하다는 사실, 자기만의 은어로 자기만의 언어학을 정립할 때라야 종교라는 감동공동체의 수명이 획기적으로 향상될 수 있다는 사실 등은 익히 아는 우리의 종교개념의 일부이기도 합니다. 그렇다면 종교는 스스로 종교이기를 부정할 때만, 종교 아닌 것이 되고자 할 때만, 비종교적 지향성으로 스스로를 해체할 수 있을 때만, 정직하게 종교적일 수 있다는 역설에 빠집니다.

답변 : 그렇습니다. 그러나 그 역설이 낯선 것은 아닙니다. 저는 그 역설을 실은 우리 모두 살고 있다고 여깁니다. 그렇다고 하는 것을 부정하는 것은 이를테면 신학이나 교학뿐입니다. 그러한 '지적 체계'는 그 역설을 감당하지 못합니다. 그러나 우리는 방금 말한 이러한 사실을 이야기하면서 종교를 운위해야지 그것을 간과하고 종교를 운위하는 것은 정직하지 못합니다. 종교는 그 역설의 승인과 부정이 한데 얽혀 있는 현상이기 때문입니다. 그렇다고 하는 것을 간과하거나 부정하거나 고치려고 할 때부터 우리는 종교에 대한 인식의 문제에 직면합니다. 그러나 종교가 인간과 단절되어 있는 객체는 아닙니다. 여전히 그것은 인간의 소산(所産)입니다. 종교는 변화하고 변화시

킬 수 있는 것입니다. 저는 그렇게 생각합니다.

7. 우리는 끊임없이 '없는 것', '현실 아닌 것'을 갈망합니다. '있는 것' 너머에 존재하는 '없는 것', 현실 너머에 존재하는 현실 아닌 것을 추구합니다. 그리고 정진홍 선생님께서 원숭이가 등장하는 제3강의 힘에 대한 예화에서 설명하셨듯이 그러한 '없는 것'이 항상 힘의 실체가 됩니다. 바로 여기에서 우리는 또 다른 몇 가지 변수들을 만나게 됩니다. 그것은 욕망과 믿음입니다. 인간은 그렇게 믿고자 하거나, 그렇게 욕망하며, 그 속에서 행복해 합니다. 혹은 삶의 불행한 그늘을 끊임없이 회피합니다. 인간은 의도적으로 비현실적이고자 하며, 무의식적으로 닫힌 해답을 추구합니다. 종교는 힘이 되고자 하며, 힘이 될 때 비로소 종교다운 종교일 수 있으며, 이를 통해서 우리에게 비로소 '종교 아닌 것'이 무엇인지를 알려줍니다. 그렇다면 종교는 반(反)-다원주의(多元主義)의 실체이기도 합니다.

답변 : 제 주장에 공감해 주시는 것으로 이해한다면 이 교수님의 결론은 제 문제를 명확하게 드러내 줍니다. 다원성을 부정하는 것은 종교의 속성이기도 합니다. 더 정확히 말하면 종교는 반-다원성이지 않으면 스스로 생존할 수 없습니다. 저는 그것을 종교의 생존원리라고 호칭하곤 합니다. 그러므로 저는 종교가 공존과 대화를 운위할 때면 그 현실성을 승인하지 못합니다. 그것을 알면서도 종교가 그러한 주장을 한다는 생각을 하면 속이 상합니다. 부정직을 도덕적 덕목으로 가리는 결과를 초래하는 모습으로 보이기 때문입니다. '없음의 있음화'는 이 계기에서도 필요하고 요청되는 현상입니다. 그런데 그것이 '욕망'으로 서술되어도 괜찮은지는 모르겠습니다. 저는 현대의 의식을 잘 표현하고 있다고 여겨지는 '욕망'이라고 하는 평가적 개념의 활용에 조금은 회의적입니다. 그래서 '상상과 믿음'이라고 저는 제 글 속

에서 일컬어 보았습니다. 비록 낡은 언어이고 개념이라고 하는 판단이 없지 않겠지만 그것이 좀 더 현상에 대한 인식을 위해 투명하다고 여겨지기 때문입니다.

8. 종교는 철저하게 자기 자신으로 남고자 합니다. 마치 이것은 동그라미를 그리고 그 안에서 상상력이 자유롭게 뛰어놀게 하는 것이 아니라, 동그라미 안에 무엇이 있느냐, 무엇을 보았느냐고 질문하면서 그것을 잘 보았느니 잘못 확인했느니 하면서 만든 동그라미의 내용물을 가지고 '참(眞) 여부'를 논의하는 것과도 비슷합니다. 동그라미는 그저 실재를 확인하기 위한 의도적인 잠정적 금긋기일 뿐 실은 안팎이 텅 빈 공간일 뿐인데, 그래서 사실 동그라미는 그려진 후에 바로 사라져야 하는 것일 테지만, 우리는 동그라미의 상징성을 실재로 환원하여 그 안에 매몰되고 맙니다. 그리고 종교는 자기의 비롯함이 지닌 우연한 실재성을 항구적인 것으로 만들어 그 동그라미를 지우려 하지 않습니다. 다시 그려지는 동그라미의 지속적인 출현을 두려워하는 것이죠. 결국 동그라미가 사라지면 자기도 사라질까 두렵기 때문입니다. 이러한 두려움에 대한 선생님의 생각이 궁금했습니다.

답변 : 그렇습니다. 종교는 자기의 동그라미가 사라지는 것을 무엇보다도 저어합니다. 그러나 동그라미 긋기는 '자기의 동그라미'가 사라져도 언제나 지속합니다. 그러나 제가 관심을 갖고 싶은 것은 그러한 두려움이 생긴다고 하는 사실보다 그 두려움이 어떤 모습으로 현존하는가 하는 것입니다. 이 교수님이 사용하신 동그라미를 저도 이어 활용한다면 종교는 동그라미의 소멸을 여러 방법으로 방지합니다. 동심원을 그리면서 방어벽을 쌓기도 합니다. 주변적인 것의 이른바 '훼손이나 상실'이 중심의 실재성에 영향을 주지는 않는다는 거죠. 또 무수한 동그라미의 연쇄를 그리고는 필요에 따

라 도롱뇽처럼 꼬리자르기를 하면서 자기를 지탱하기도 합니다. 그럴 때면 잘라진 부분은 전체를 온전하게 하기 위해 깎여지는 '대팻밥'이 됩니다. 때로는 동그라미를 첩 놓아 그릴 때도 있습니다. 적당한 거리에서 겹쳐 놓으면 겹치는 부분과 겹치지 않는 부분이 생깁니다. 겹치는 부분은 상황에 따라 새로운 가능성의 자리가 되기도 하고, 때로는 혼효의 자리로 지탄을 받기도 합니다. 그런데 그 공간은 매우 중요한 의미를 갖습니다. 해석에 따라 그 공간은 '소도(蘇塗)의 자리'가 됩니다. 평계처럼 사람을 편하게 하는 것은 없습니다. 종교 문화도 이를 지닙니다. 그러한 공간을 확보하는 한 사라짐에의 두려움은 다행스럽게 잠재울 수 있습니다. 하지만 실제로 사라짐이 사라지는지는 되살펴야 할 또 다른 사태입니다. 종교는 스스로 금긋기를 한 것이 아니라 사람들의 경험에서 비롯한 어떤 '힘'이 그려 준 공간 안에서 그 금긋기를 자기가 했다고 착각하기 때문입니다. 종교의 운명은 사람들의 경험이 쥐고 있는 것이라고 해야 할는지요. 동그라미의 비유는 참 좋습니다. 고맙습니다.

9. 저는 요즘에 '종교현상'의 역사적 창궐이라는 문제를 생각합니다. 과연 백 년 전에도, 천 년 전에도, 만 년 전에도 종교가 지금처럼 문제였을까요? 우리는 예전과는 전혀 다른 종교문제에 직면해 있습니다. 과거에는 종교라는 '기계'의 생산물이 문제였지만, 이제는 종교라는 기계 자체가 문제가 되고 있는 것 같습니다. 달리 말하면 종교 자체의 시대적 적합성이 문제가 되고 있는 것 같습니다. 어떤 학자는 종교는 이미 죽어서 세속이 되었다고 말하면서, 우리가 미라가 된 종교만을 만지작거리고 있다고도 말합니다. 종교는 이제 더 이상 필요 없는 과거의 역사적 현상일 뿐이라고도 말합니다, 그러나 오히려 반대로 저는 종교는 우리 시대의 독특한 현상이자 문제라고 생

각합니다. 과거에는 이런 식으로 종교가 존재한 적이 없기 때문입니다. 종교는 근대 문화가 만들어낸 독특한 문화현상 같기만 합니다.

답변 : 동감입니다. 그러나 저는 '종교'라는 전승되어 온 전통적인 개념을 파기하지 않는 한 이러한 서술은 무의미할지도 모른다는 불안한 생각을 합니다. 그리고 어쩌면 과거에도 오늘처럼 종교가 현존했을지도 모르는데, 그래서 오늘 우리가 겪는 종교에 대한 불안을 그때 거기서도 같은 모습으로 지니고 있었을지도 모르는데, 우리가 오늘의 그늘을 그때 거기에서는 보지 않으려 했거나 확인하지 않았기 때문은 아닐까 하는 생각도 합니다. 의외로 우리는 어떤 실재를 '역사' 개념 안에 담으면 그 순간부터 마치 '주검을 다루듯'하는 '버릇'이 있습니다.

중요한 것은 기계도 생산품도 아울러 변화의 흐름을 살아야 한다고 생각합니다. 동일한 기계가 새로운 상품을 만들어낼 수는 없는 일이고, 새로운 상품의 필요는 새로운 기계를 요청할 수밖에 없습니다. 생산품이냐 기계냐 하는 서술 자체가 어쩌면 '한가한' 물음이 아닐까 하는 느낌을 갖곤 합니다. 그러한 의미에서 종교의 근대적 현상은 있지만 종교 자체가 근대만이 낳은 현상이라고 생각하고 싶지는 않습니다. 비록 근대의 종교가 드러내는 문제가 이전의 종교와 대비될 만큼 이질적인 것이라 할지라도 말입니다.

10. 사실 '해답의 집괴(集塊)'라는 의미에서 종교는 문화입니다. 그러나 "종교도 문화다."라는 서술만으로는 우리가 종교 현상을 충분히 기술할 수 없는 것도 사실입니다. 왜냐하면 종교라는 부유물이 기거하는 문화 역시 또 다른 부유물이기 때문입니다. 종교가 그러하듯이 문화도 '열린 술어'이기 때문입니다. 문화도 역시 '되어 가는 과정'일 것입니다. 그래서 자칫 우리는 '문화가 되지 못한 종교'와 '문화가 된 종교'라는 이상한 이분법에 빠지기도 합

니다. 실제로 선생님께서 줄곧 주장하신 '방법으로서의 종교문화'에 대한 고찰이 각 개별종교의 개별적인 종교문화에 대한 논의로 이상하게 전개된 것도 그 일례일 것입니다. 자기 문화가 없을까 봐 고심하는 각 개별 종교의 이상한 불안감이 생겨난 것입니다.

답변 : 결과적으로 이상한 이분법에 이른 것은 사실입니다. 개별 종교를 넘어서자면서 결국 개별종교의 논의를 기반으로 하여 종교논의를 진술하는 모순이 뚜렷하기 때문입니다. 그러나 이해를 바라는 것은 개별 종교의 고유한 언어를 넘어 그 언어의 함축을 다른 언어에 담아 현상을 서술하려 한 것은 바로 그 이상한 이분법을 넘어서려는 작은 시도였다고 하는 사실입니다. 불행히도 우리는 '흰 종이' 위에서 내 삶을 시작하지 않았습니다. 아니, 그것은 불행한 조건이 아니라 그저 소박한 삶의 조건입니다. 바로 거기에서 우리는 물음을 제기하는 것이지요. 그러므로 기존의 종교서술이 전제하는 개개 종교의 전통과 그것을 지탱하는 개개종교의 자기주장의 논리를 넘어선 종교담론은 분명한 한계를 지닙니다. 그러므로 우리의 상식을 넘어서는 인식의 전개는 의미가 있어도 그것을 무시하는 논의는 생산적이지 못합니다.

그러나 더 중요한 것은 선생님께서 말씀하신 서두의 지적입니다. 저는 종교가 기거하는 자리가 문화라고 생각하지 않습니다. 종교 자체가 이미 문화이니까요. 문화가 열린 술어라는 선생님의 말씀을 그대로 받아들인다면 문화가 된 종교라든지 문화가 되지 못한 종교라는 구분도 실은 무의미합니다. 처음부터 불가능한 언표이기 때문입니다.

따라서 종교학적인 진술과 직면하면서 종교가 자기 문화의 현존 여부를 걱정할 필요는 없습니다. 모든 종교는 곧 문화이니까요.

11. 종교 문화에 대한 논의는 곧장 우리를 문화에 대한 비판으로 이어지게

합니다. 그러나 비정치적 술어로서의 문화에 대한 비판은 결국 다시 사회라는 정치적 술어를 동원할 것입니다. 종교, 문화, 사회, 정치로 이어지는 일련의 논의의 확장은 충분히 예상 가능한 당연한 방향성을 갖습니다. 그리고 당연히 그러한 '인간의 과정'에 대한 서술은 항상 열린 이야기로 끝을 맺을 겁니다. 인간의 삶은 항상 끝을 전제한 불안 속에 내던져져 있지만, 우리는 끝을 항상 열린 끝으로, 즉 새로운 시작으로 만들어 냅니다. 그러나 새로움은 내가 기획한 것도 아니고 내가 제어할 수 있는 것도 아닙니다. 그래서 시작은 어쩌면 끝보다도 더 불안한 실체입니다. 그렇게 우리는 '새로운 시작'이라는 불안 속에 다시 내던져집니다.

답변 : 그렇습니다. 처음은 그것 자체가 불안입니다. 실존적인 긴장이죠. 문제는 이러한 삶의 총체적 맥락에 대한 조망입니다. 그 과정을 처음의 점철로 기술하는지 끝의 점철로 기술하는지 하는 것이 문제입니다. 문화비판은 바로 그 조망의 시각으로 채색됩니다. 그렇게 생각합니다. 그런데 주목할 것은 많은 경우 '열린 끝'을 사람들이 불안해 한다는 사실입니다. 그래서 '닫힌 끝'을 바라고 또 서둘러 열림을 닫으려 노력합니다. 종교는 그러한 태도의 전형이기도 합니다. 저는 이 사실을 우리가 주목해야 하리라고 생각합니다.

12. 사실 한 차례 두 시간 동안, 그것을 다섯 차례 이어 언어에만 의지한 채 '종교에 대한 이야기'를 전개한다는 것은 쉬운 일이 아닙니다. 수많은 변명의 잔가지를 쳐내야 하고, 청자의 종교와 싸우기도 하고 타협하기도 해야 하기 때문입니다. 저는 종교를 이야기한다는 것의 힘겨움을 정진홍 교수님께서 어떻게 헤쳐 나가시는지를 흥미롭게 '구경'했습니다. 종교를 이야기하는 모험과 긴장이 여전히 강연 안에 고스란히 녹아들어 있었습니다. 여전히 우리는 종교 이야기에서 이쪽/저쪽 가운데 한쪽에 서야 더 편한 것 같습니다.

그래서 저는 종교를 묻는다는 것의 고단함의 모델을 몸소 보여주고 실천해 주신 것에 대해 선생님께 감사드리고 싶습니다.

답변 : 감사합니다. 그렇게 속을 들여다보아 주셔서요. 그런데 '구경'해 주셨다니 마음이 놓입니다. 자칫 감정이입이 되면 모두 괴롭거든요. 그런데 구경하면 반드시 구경한 이야기가 풀어져야 합니다. 이미 이 논평이 그러하다고 믿습니다만 더 긴 이야기를 듣고 싶습니다. 다시 말하면 봄(眺望)뿐만 아니라 어차피 들음(傾聽)경험인데 그 '들은 이야기'를 담담하게 어떤 기회가 있으면 꼭 해주시기 바랍니다. 물론 '구경'은 봄과 들음을 아우른 개념이겠습니다만.

13. 마지막 강의가 끝난 후에 많은 사람은 다시 자기 앞에 "도대체 종교란 무엇인가?"라는 질문이 시시포스의 돌덩이처럼 회귀해 있는 것을 보고 깜짝 놀랐을지도 모릅니다. 어쩌면 우리는 인간 존재의 근원적인 한 부분을 그저 종교라고 이름 지어 이야기했던 것인지도 모르겠습니다. 처음부터 인간은 인간에게 미지의 존재, 즉 외계인 같은 존재입니다. 그런 생각을 했습니다.

답변 : 굴려야 할 돌덩이가 있다는 것, 그것을 굴려 올라야 할 산정(山頂)이 있다는 것, 저는 그것이 가장 축복받은 사람의 조건이라고 생각합니다. 그것조차 없는 황량함이 없지 않기 때문입니다. 그러므로 돌이 내 앞에 다시 회귀해 이제까지의 내 수고를 도로(徒勞)로 만들어버렸다면 그것은 절망이 아니라 다시 내가 또 다른 열림과 직면한 것일 수도 있습니다. 이 상황에서는 질식(窒息)은 다행히 불가능합니다.

14. 여행은 길을 소유하기 위한 것이 아니라, 그저 가보지 않은 길을 걸음으로써, 그 길을 내가 언제라도 걸을 수 있는 '가능한 길'로 남겨두기 위한 것

이라는 생각이 들었습니다. 우리는 그렇게 자신이 상상 속에서 걸을 수 있는 새로운 길을 하나씩 추가하기도 하고, 이제는 버려진 길 위를 걷다가 잊고 있던 '시간 여행자'의 습격을 받기도 합니다. 이미 수많은 사람이 너무 많이 걸어서 닳고 헤진 길을 걸으면서, 우리는 그 길에 감추어진 미로를 발견하기도 합니다. 우리는 너무 많은 차들이 걷지 않고 달렸던 횅한 고속도로에서 쉽게 길을 잃습니다.

답변 : 저는 가끔 길보다 더 중요한 것은, 그래서 있는 것은 길이 아니라, 걸음이라고 생각합니다. 걸음이 길을 내지 길이 걸음을 싣는다고 묘사하고 싶지는 않습니다. 있는 길을 걸어간 것은 말씀하신 대로 상황의 복합적인 현실이 아무리 엉켜 있어도 이른바 '역사적 진실'은 아닙니다. 걸음이 길을 냈습니다.

15. 어쩌면 우리가 8시간 동안 걸었던 그 길은 이제 아무도 걸으려 하지 않는 버려진 오솔길일지도 모르고, 가끔 정진홍 교수님을 기억하는 이들이 정기적으로 답사를 오게 될 '의례적인' 길일지도 모릅니다. 그러나 이제 우리가 다른 이의 힘을 빌리지 않고서도, 내 마음에 새겨진 종교의 지도(地圖)를 반추하면서, 내가 누군가와 걸어본 적이 있는 그 길을 다시 찾아 걸을 수 있으리라 생각합니다.

답변 : '버려진 길'도 있지만 '잊힌 길'도 있습니다. 앞의 길은 있지만 뒤의 길은 없습니다. 그런데 있다고 말합니다. 그 없음과 있음 사이에 무엇이 있는지 참 궁금합니다. 저는 제 길이 잊힌, 그리고 버려진 길로 '남기'를 바랍니다. 의례의 길, 곧 순례의 길은 뒤돌아봄이지 내다봄은 아닙니다. 저는 그것이 두렵습니다.

16. 모든 이야기는, 아니 모든 신화는 문제의 정확한 장소를 찾아 배회하는 데서부터 시작됩니다. 직선은 출발점에서 도착점까지의 최단 거리를 포착하게 해주는 일차원적인 접근법입니다. 그러나 이와 다르게 곡선은 사물의 주변을 어기적거리며 순회하는 방법입니다. 그러나 직선은 사물을 비켜가거나 관통해 가지만, 곡선은 사물을 껴안을 수 있습니다. 제게는 이번 강연이 그러한 껴안음 같은 것이었습니다.

답변 : 길을 걷다 보면 저는 제 걸음을 세는 저를 발견합니다. 그런데 그것도 이제는 옛날 일입니다. 저는 요즘 애써 걸음을 세며 걷는데 걷다 보면 어느 틈에 몇 걸음을 걸었는지 잊습니다. 그리고 남은 것은 이미지입니다. 길위에 떨어진 나뭇잎을 거쳐 갑작스럽게 만난 건널목을 거쳐 구름 한 점, 하늘을 거쳐 복권 파는 가게를 지나 … 등으로 기억되는 걷기….

17. 담소는 두 사람이 마주 앉아 이야기하되 서로 흥미를 느끼는 주제를 가지고 이야기를 전개해야 한다는 것에서 싹틉니다. 테이블 위에 놓인 찻잔을 사이에 두고서 "자, 이제 종교에 대해서 한 번 이야기해 봅시다!"라고 말합니다. 그런데 어디서부터? 그리고 어디까지? 이번 강연이 '말로 그리는 종교'가 아니라 '이미지로 그리는 종교'였다는 점에 감사드립니다. 이런 이상한 토론문에 대해서 정진홍 교수님께서 충분히 이상한 답변을 해주시리라 기대하면서 글을 마칩니다.

답변 : 감사합니다. 이제까지 앞의 제 글들에서 저도 충분히 '이상한' 답변을 개진했습니다. 거듭 감사드립니다.

청중질문

1. 경험의 세계와 개념의 세계를 구분하고 개념의 세계에 압도되어 경험의 세계가 잊히는 것이 문제라는 것이 네 번째 강연의 주요 주제입니다. 그러나 경험세계와 개념세계 그렇게 나누어질 수 있습니까? 경험이 개념을 통하지 않고 이루어지는지요? '원초적 경험', '언어화 이전의 경험', 이런 것이 과연 가능합니까?

답변 : 사실상 가능하지 않습니다. 그러니까 그 둘을 나눈다는 것은 현실적으로 불가능합니다. 왜냐하면 우리는 이미 경험이 개념화된 언어의 세계에서 경험을 하고 있으니까요. 그러나 만약 우선순위를 말한다면 경험이 언어 이전이겠죠. 문제는 왜 이런 생각을 하느냐 하는 것입니다. 그것은 우리가 바른 인식을 하지 못한다고 판단되는 상황에서 왜 그런 일이 벌어지는지, 그 한계를 어떻게 넘어서야 하는지 하는 문제와 부닥쳐 우리의 언어와 경험을 되살필 필요가 있다는 판단에서 그렇게 서술해 본 것입니다. 그러므로 그 둘이 별개로 있다고 설명하는 그 진술을 방법론적인 것으로 이해하시면 좋지 않을까 하는 생각이 듭니다. 참으로 중요한 점을 지적해 주서서 감사드립니다.

2. 종교를 조심성 있게, 그리고 어떤 종교인에게도 이물감(異物感) 없이 강의해 주시느라고 수고 많이 하셨습니다. 그런데 기독교, 불교 이외에 무속인을 찾아가는 자들은 어떤 종교적 가치를 갖고 있으며 그런 사람을 종교인으로 볼 수 있나요?

답변 : 저는 그분들도 종교인이라고 말씀드리고 싶습니다. 자기 자신의 문제를 스스로 풀어나가려는 간절한 희구가 그러한 태도를 가지게 한 것이고,

어떤 이유에서든 무당을 만나 자신의 얽힌 삶을 조금이라도 푸는 경험을 했다면 그것은 그분에게 종교로서 경험되었을 것이기 때문입니다. 물론 세계 종교에 드는 그러한 큰 종교에 비하면 짜임새도 없고 논리도 유치하고 원시적인 측면도 보이고 하여 마치 미신같이 보이는 것도 사실입니다. 그러나 그 드러난 형태보다 무속인을 찾아가는 분들이 경험했을 해답의 삶을 조심스럽게, 또 진지하게 우선 공감적으로 다가가 이해하면 그것이 어쩌면 '소박한 종교'라고 판단될 수도 있을 것입니다. 저는 치장보다 그 안에 있는 인간적인 절실한 희구에 초점을 맞추면 그러한 삶의 모습도 종교의 울안에 담아둔다 해서 그를 까닭이 없으리라는 생각을 합니다. 만약 질문하신 분이 기독교인의 경험, 불교인의 경험, 무당을 찾아간 사람의 경험을 종교적인 수식을 버리고 인간적인 차원에서 살피면 별로 다른 것을 찾지 못하실 겁니다. 드러난 양상의 차이를 간과하는 것은 불가능합니다. 그러나 그것을 넘어 더 깊은 실존의 바닥을 들여다보는 일도 그 드러난 차이를 확인하는 일 못지않게 중요합니다.

3. 특정 종교를 지칭하는 것 같아 조심스럽습니다만 일부 종교는 다단계식 조직운영을 하면서 가정을 파탄 나게 하고 잘못된(지나친) 종교활동으로 사회에서 외면당하는 일도 있습니다. 이러한 다단계식 인간의 사상개조 조직에 대해서 국가는 가정파탄이라는 사회분열에 대해 적절히 개입하여 이를 제어할 필요가 있다고 생각합니다. 선생님의 생각을 듣고 싶습니다.

답변 : 종교가 반사회적인 행위를 한다면 그것은 당연히 당해 사회의 법질서 안에서 제재를 받아 마땅합니다. 물론 반사회적인 행위라는 것이 때로는 그릇된 사회에 대한 혁신이나 저항의 경우도 있어 판단하기 어려운 때도 많습니다. 하지만 말씀하신 경우는 분명히 종교라는 이유로 정당화될 수 없

는 결과를 초래하는 건강하지 못한 '종교적 활동'입니다. 만약 그러한 활동에 휘말렸던 사람들이 문제를 제기하고 법적인 조치를 취해 주기를 바란다면 마땅히 법은 이 문제에 간여해야 합니다. 그러나 여전히 조심스러운 것은 많습니다. 제가 말씀드리는 것은 그러한 행위주체가 스스로 종교라고 하기 때문에 조심스럽기도 하다는 것입니다만, 이보다 더 근원적으로 어떤 일이 있을 때 즉각적으로 법에 호소하는 일의 조심스러움입니다. 무릇 법집행이란 최소화하는 것이 가장 좋은 법의 태도라는 의미에서 그렇게 말씀드리고 싶습니다. 그러니까 종교에 대해서도 한껏 신중해야 합니다. 그러한 종교의 행태를 공론화하여 이에 대한 여러 의견을 경청하는 것도 그 조심스러움의 한 모습이라고 생각합니다.

4. 강의주제가 '종교문화의 비판'인데 그동안의 강의 내용은 비판은커녕 더욱 모호한 방향으로 가지 않았나 생각합니다. 종교문화의 다양성을 강조하다 보니 비판적 접근에 어려움을 겪지 않았나 생각합니다. 비판의 측면을 넘어서 올바른 종교생활에 대해서 한 말씀 해 주시기 바랍니다.

답변 : 죄송합니다. 마음에 드는 강의를 못해 드려서요. 그런데 저는 종교에 대한 비판을 의도한 것이 아니라, 종교도 인식의 객체라는 사실을 염두에 두면서 좀 더 그 현존의 모습에 편견 없이 다가가자는 의도에서 '비판적 인식'이라는 말을 사용했습니다. 그런데 말씀하신 대로 종교에 대한 이해를 위해 제가 드린 말씀이 더 혼란스러운 결과를 초래했을 수도 있겠다는 생각이 듭니다. 그러나 그 혼란스러움은 분명히 더 나은 투명한 인식을 위한 의미 있는 바탕이 되리라 생각합니다. 죄송하지만 저는 바른 종교생활에 대한 조언을 할 수 있는 자리에 있지 못합니다. 그러나 굳이 원하신다면 저는 종교생활이 우리가 가진 마음의 결들, 곧 이성이나 감성이나 상상력이나 의지나

믿음들이 두루 조화롭게 움직이며 이루어지는 것이 가장 중요하지 않나 하는 생각을 합니다. 종교적인 생활에서 가장 조심스러운 것은 맹목적이게 된다거나 그것이 짙어져 광신적이게 되는 일이니까요.

5. 세계 전쟁사를 보면 대부분이 종교전쟁으로 시작되었습니다. 현대의 전쟁도 그와 같은 맥락으로 종교가 원인이 되는 것 같습니다. 선생님의 의견과 좀 더 깊이 연구된 내용을 알려주십시오.

답변 : 옳은 지적이십니다. 세계 종교사를 보면 그것은 전쟁사와 그리 먼 거리에 있지 않습니다. 종교는 전쟁의 원인(遠因)이기도 하고 전쟁을 정당화하는 구실을 마련해 주기도 합니다. 이를 과장하는 것은 일방적인 관찰이거나 편견일 수도 있지만 부정할 수는 없는 사실입니다. 이것은 참 가슴 아픈 일입니다. 종교는 평화를 가르치고 있으니까요. 가장 큰 문제는 개개 종교들이 자기만이 절대적으로 옳다고 판단하는 태도입니다. 그것은 자연히 배타적인 태도가 되고, 그것은 나 아닌 종교는 종교가 아닌데 종교 노릇을 한다고 하는 판단에 이르면서 그러한 잘못을 제거해야 한다는 생각을 하게 합니다. 급기야 그러한 태도는 불가피하게 폭력적이게 될 수밖에 없습니다. 우리가 요즘 누구나 직면하는 이른바 세계화 추세 속에서 문화 간의 충돌이라는 사태가 일고 있는 것도 유념할 필요가 있습니다. 비교적 쉽게 읽을 수 있으면서 현대의 종교 간의 갈등과 충돌의 원인을 살펴 정리한 찰스 킴볼(Charles Kimball)의 『종교가 사악해질 때』(에코리브르, 2005)를 참조하시면 도움이 되시리라 믿습니다.

6. 힘 있는 종교공동체를 기준으로 정통과 이단이 나누어지는 것 같은 언급이 있었는데, 이단에 대한 설명에 '힘' 말고도 필요한 설명이 좀 더 있었으

면 합니다. 종교로 인한 피해도 엄청나지만, 이단으로 인한 피해도 엄청나기 때문입니다.

답변 : 지적하신 곳에서 충분한 서술을 하지 못해 죄송합니다. 좋은 지적을 해주셨습니다. 그런데 중요한 것으로 '이단'이라는 말이나 판단을 누가 왜 하느냐 하는 것을 생각해 볼 필요가 있습니다. 그저 상식적으로 생각한다면 이단으로 판단된 집단이나 주장은 잘못을 범한 쪽이고, 이를 그렇게 판단하는 것은 옳은 쪽이라고 전제합니다. 그러나 많은 경우, 이단은 조직과 제도 안에서 이루어진 힘의 갈등이 낳은 산물인 경우가 많습니다. 그래서 어제의 이단이 오늘의 정통이 되기도 하고, 오늘의 정통이 내일의 이단이 되기도 하는 것이 종교사가 보여주는 현실입니다. '힘'을 준거로 정통과 이단을 서술한 것은 이 때문입니다. 교리의 옳고 그름은 절대적일 수 없습니다. 그것을 판단하는 기준이 객관적일 수 없기 때문입니다.

주목할 것은 우리가 종교의 밖의 자리에서 특정한 종교를 절대적인 것으로 전제하고, 다른 종교를 그 기준에 의해 적합하다고 할 수 없다는 이유로 '이단'이나 '사이비'로 지칭하는 데는 많은 문제가 있다는 사실입니다. 그래서 그러한 용어는 개개 종교 안에서 자기네들끼리 옳고 그름을 가리려는 데서는 사용할 수 있어도 종교의 울 밖에서 그러한 용어를 사용하는 것은 적합하지 않습니다. 객관적인 자리에서는 '서로 다른 주장'이 있다고 할 수 있을 뿐입니다. 가치 판단을 유보하는 이러한 태도가 마땅치 않으실 수도 있지만 종교 안에서 일어나는 일에 직접적으로 들어가 어떤 것을 잘못된 것이라고 판단하는 것보다는, 밖에서 서로 다른 주장을 냉정하게 서술하면서 그 두 다른 입장의 진전이나 영향이 현실에 끼치는 의미가 무언지를 살피는 것이 더 필요한 것 같습니다. 그러한 인식의 태도는 결과적으로 충분히 의미론적 기능을 할 것입니다. 곧 누가 옳고 그른지 판단하는 데 도움을 줄 것입니다.

7. '종교'라는 단어와 '신앙'이라는 단어가 쓰임새가 다르다는 생각이 드는데요. 종교를 문화적으로 접근하는 것은 종교를 다룰 때만 가능하지 신앙을 다룰 때는 적합하지 않은 것은 아닐까 하는 생각이 듭니다. 제 생각이 맞는지요?

답변 : 좋은 지적이십니다. 종교는 문화현상일 수 있지만 '신앙'은 그런 것에 들 수 없는 '다른 것'이라는 전제에서 말씀하시는 것 같습니다. 소박하게 말하면 신앙은 실존적인 개념이고 종교는 실존의 차원을 상당히 간과하는 것으로 이해하는 경우도 없지 않습니다. 그러나 저는 신앙도 인간의 경험내용이라고 생각합니다. 당연히 종교와 분리될 수 없습니다. 그러나 지적하신 대로 그 둘을 구분하여 종교는 일상의 영역 안에, 그리고 믿음은 일상 너머에다 자리매김하는 것은 가장 좋은 의미에서 '신학적인' 태도일 수는 있어도 제가 의도하는 학문적인 태도는 아니라고 생각합니다. 엄밀한 의미에서 학문에서 배제할 수 있는 어떤 것도 없습니다. 신학은 그러한 의미에서 학문은 아닙니다. 그것은 특정한 종교의 정당성을 확보하려는 당해 종교의 자기 논리의 전개입니다. 그러므로 학문의 자리에서 본다면 신학도 연구해야 할 중요한 종교현상 중의 하나입니다. 신학이 주장하는 내용을 학문은 무조건 수용하거나 승인하지 않습니다.

8. "종교에 악한 면이 있다."라고 말씀하신 내용을 종교 자체는 인간의 선함과 행복을 지향하지만 그 종교를 개념화하고 경험하고 세력화하고 행하는 것이 인간이기 때문에 결국 인간의 악한 면으로 인해서 종교가 악하다고 말씀하신 것으로 이해해도 괜찮을까요. 아니면 정말로 종교가 가지고 있는 속성 자체가 악한 면을 가지고 있다는 뜻인지 좀 더 언급해 주셨으면 합니다.

답변 : 제 생각은 종교도 인간의 삶 속에 있는 인간의 소업(所業)입니다. 그

렇다고 해서 종교가 무의미하거나 무가치하다는 말씀을 드리려는 것이 아닙니다. 인간이 빚은 삶의 모습 중에서 가장 창조적이고 의미 있고 귀한 것이 종교라고 저는 생각합니다. 그러나 인간의 삶이 모두 그렇듯이 인간의 삶이란 언제나 모자란 구석이 있고 넘치는 구석도 있습니다. 그래서 온전하기가 쉽지 않습니다. 그런 의미에서 우리의 삶은 선할 수도 있고 악할 수도 있습니다. 인간이 그렇기 때문에 종교도 인간의 소업인 한 그러한 한계 안에 있다고 저는 생각합니다. 종교가 따로 있는데 인간이 그것을 사용해서 종교가 악해지는 것이 아니라 종교가 인간의 삶이기 때문에 악해질 수 있다고 하는 주장을 저는 하고 싶은 것입니다. 그런데 바로 그렇기 때문에 우리는 종교가 부정적인 성향을 드러내거나 그리 기울지 않도록 최선의 노력을 경주해야 합니다. 그러한 맥락에서 종교도 악이 될 수 있다는 말씀을 드렸습니다. 악이 종교 안에 들어 있다거나 악한 종교가 따로 있다거나 하는 말씀을 드리려는 것은 아니었습니다.

9. 부모와 자식 간 다른 종교로 몹시 괴로운 상황에 있습니다. 제사를 지낼 때에도 종손은 신주(神主)를 우상이라고 하면서 절을 하지 않아 집안 제사 참사자(參祀者)들이 몹시 불안해 하는데요. 이런 일을 해결할 수 있는 좋은 방안이 없을까요?

답변 : 그리스도교 교리의 입장에서 보면 종손의 입장은 정당합니다. 그러나 우리가 이해해야 할 것은 교리는 그것 자체가 진리가 아니라 신도들의 신앙생활의 편의를 위해 만든 요람(要覽, 매뉴얼) 같은 것이라는 사실입니다. 그러므로 시대나 문화에 따라 변하기도 합니다. 실제로 그렇게 해 왔습니다. 그러한 이해를 전제한다면 지금 그 가정에서 제사를 지내면서 절을 하지 않아 모든 가족들을 불편하게 하는 것은 그리스도교의 신을 위한 돈독

한 신앙의 표현이기도 하지만 이보다 모든 사람을 사랑하라는 신의 말씀을 오히려 어기는 것이 될 수도 있습니다. 결과적으로 신을 그리스도교 교리의 울안에 가두어두는 행동을 하면서 신을 위한다고 주장하는 것과 다르지 않습니다. 자기의 신을 옹졸한 존재로 만드는 셈이죠. 이는 깊이 생각해야 할 중요한 일이라고 생각합니다. 아주 많은 해답들이 있기 때문에 저는 이러한 점만을 말씀드리겠습니다.

10. 유일신(唯一神)을 주창(主唱)하는 기독교 신자들이 이사 가는 날, 길흉화복, 입시 등에 무속인을 찾아가 길흉을 선택하는 것은 어떤 심리일까요? 민족 전통의 샤머니즘에 각인된 행동과 사고(思考) 때문일까요?

답변 : 삶은 매우 복잡합니다. 우리 마음도 마찬가지입니다. 또 우리가 호흡하고 사는 문화란 것도 단순하지 않습니다. 온갖 것이 다 섞여 있습니다. 그래서 그러한 복합적인 현상이 생길 수 있습니다. 자연스러운 현상이라고 할 수도 있고요. 문제는 정도의 차이입니다. 개인에 따라 특정종교를 선택하고 모든 기존의 전통을 끊어버리는 사람도 있고, 아직 그 정서에서 벗어나지 못하는 사람도 있고, 의도적이든 그렇지 않든 별 의식 없이 두루 '좋은 것이 좋은 것'이라는 입장을 유지하는 사람도 있습니다. 그러므로 그것이 옳으냐 그르냐 하는 것은 그 개인이나 가정을 기준으로 해서 판단할 일입니다. 보다 중요한 것은 문화 속에 순수한 것은 있을 수 없다는 사실을 유념하면서 그러한 행위를 순수를 범한 오염처럼 여기는 일은 삼가야 한다고 생각합니다. 그렇게 행동할 수 있는 의식의 바탕에 우리의 전통적인 샤머니즘이 있는 것은 아닐까 하는 말씀에는 더 긴 설명이 필요하겠습니다만 대체로 공감합니다.

11. 현재 각 종교인의 삶을 들여다보면 사람답게 착하게 살기 위해 종교를 선택하고 믿는다고 하지만, 한편으로는 믿기 위해 사는 듯한 양상을 보게 되는데 이것은 어떻게 설명해야 할까요.

답변 : 그렇습니다. 믿음과 착한 삶, 깨달음과 사람다운 삶은 마땅히 함께 있어야 옳습니다. 뿐만 아니라 종교적인 신념이 실존적인 삶을 간과한 채 그 나름의 절대적인 가치나 의미가 있다고 여긴다면 그것은 잘못된 일입니다. 말씀하신 대로 종교는 사람이 착하게 살기 위한 것으로 구체화되는 것이니까요. 따라서 그 둘이 같이 가지 못하면 위선이 되거나 독선이 되거나 하여 종교가 건강하지 못하게 되고, 그 종교인도 사람답지 못하게 됩니다.

그러나 참 이상한 것은 사람입니다. 때로는 믿음이나 깨달음 자체가 목적이 되는 경우도 있습니다. 착한 것도, 사람답게 되는 것도 중요하지만 더 중요한 것이 있다고 판단하는 거죠. 그래서 결과적으로 믿음을 위한 믿음, 깨달음을 위한 깨달음을 삶의 완성으로 삼기도 합니다. 그것이 진정한 종교인의 삶이라는 종교의 가르침도 결코 낯설지 않습니다. 종교사를 보면 어느 종교든 이러한 문제로 고민을 많이 했습니다. 그러나 언제든 결론은 그 둘, 믿음과 착한 삶은 나눌 수 없다는 것입니다. 착함으로 실천되지 않는 믿음은 공허합니다. 그러나 마찬가지로 주목할 것은 분명한 신념이 없는 실천은 때로 경박(輕薄)한 자기도취일 수 있다는 사실입니다. 만약 종교인이라면 그 둘 사이의 생산적인 긴장을 잘 유지해야 하리라고 생각합니다.

12. 종교는 인간 삶의 과정에서 삶이 직면한 물음에 해답을 주어야 함에도 오히려 문제를 제기하며 민초(民草)들의 삶과 유리되어 따로 달리는 평행열차와 같습니다. 이 혼란한 시대에 고달픈 삶을 사는 대중에게 안정과 희망을 주기 위해 종교가 어떻게 해야 한다고 보시는지요?

답변 : 옳은 말씀입니다. 우리의 현실에서 종교는 현격하게 소박한 삶과 유리되어 있습니다. 문제는 제도화된 종교가 본래의 목적을 잃고 제도 자체를 유지하려는 데서 생긴 결과입니다. 종교가 스스로 이익집단이 되었기 때문이라고 말하고 싶습니다.

그런데 생각해보면 종교만 그렇지 않습니다. 정치도 경제도 그러한 어리석음을 범합니다. 본래적인 목적이 사라지든가 퇴색하면서 자기를 상실하고 다른 것, 곧 기존 제도의 유지만이 절대적인 과제가 되곤 합니다.

그러므로 종교가, 교회나 사원이나 성당이, 그리고 그에 속한 성직자나 신도가 스스로 자신의 본래 존재의미를 간헐적으로 되물어야 합니다. 필요한 것은 끊임없는 성찰과 개혁입니다. 그것이 이루어지기 위해서는 종교가 더 정직해야 하고 겸손해야 하며 가르침을 우선 자체 안에서부터 실천해야 합니다. 사회도 끊임없이 종교를 공론화하여 감시하고, 비판하고 격려하고 아끼는 노력을 기울여야 합니다. 성숙한 시민이라면 우리 사회 안에서 일어나는 모든 문제들에 대하여 자기와 직접적인 관련이 없더라도 늘 살피고 아끼는 그러한 비판적 태도를 지녀야 합니다. 종교에 대해서도 예외는 아닙니다. 정치에 대해, 경제에 대해, 또는 예술에 대해서조차 우리가 비판적인 발언을 하듯이 그러한 태도로 종교를 대해 주는 시민들이 더 많아지면 좋겠습니다. 우리 모두 그럴 수 있는 성숙한 시민일 수 있기를 바랍니다.

13. 종교를 문화현상, 즉 생생한 삶의 현장에서 본다면, 종교를 비일상적인 영역에서 일상적인 영역으로 끌어와야 하는 것이 지금 여기에서의 실존적인 주체의 책무라고 보입니다. 종교인의 주인정신을 고양하기 위한 생활인의 특별 대책은 어떻게 세워야 하는지요?

답변 : 글쎄요. 어떻게 해야 할까요. 이원론적인 사고방식을 좀 지양하면

어떨까 하는 생각이 듭니다. 저는 종교를 일상적인 차원 안에 끌어들인다 해서 그것이 지닌 비일상성을 지우거나 배제해서는 안 된다고 생각합니다. 여전히 그 비일상성이 일상성 속에서 자기의 소임을 다하도록 해야 그 비일상성이 의미가 있는 실재일 수 있기 때문입니다. 말하자면 "하늘을 품은 땅 위에서의 하늘경험"을 유지할 수 있어야죠. 그러한 태도가 종교인의 실존적인 주체의식이어야 한다고 생각합니다. 생각해 보십시다. 산문(散文)만을 읽으면서 사는 삶은 때로 메마릅니다. 가끔 시(詩)도 읽어야 합니다. 시의 비현실성 때문에 시를 모두 산문으로 풀어버린다면 그것은 참혹한 일입니다. 저는 종교인이란 산문만이 아니라 시도 있다는 것을 인정하고, 시의 언어를 산문의 세계에서 발언할 수 있는 사람이라고 생각합니다. 시를 읊을 수 있는 그러한 사람이 곧 종교인이라고 생각합니다. 종교인이란 그러한 주체성을 가져야 하는 것 아닐까요.

14. 시적인 강의라는 인상을 받았습니다. 매력적이었습니다. 그런데 종교학을 전공하신 동기는 무엇이며, 식자우환(識字憂患)이라고 혹시 종교학을 전공하면서 고통을 느낀 적은 없으셨는지요? 선생님의 종교는 무엇이며, 선택하신 동기는 무엇입니까? 종교가 없는 분에게 권하고 싶은 종교는 무엇인지요? 보편적인 종교는 무의미하고 불가능한지요? 우리나라는 다종교사회이면서도 종교전쟁이 없다고 하는데 그 이유는 어디에 있으며, 한국 종교문화의 특성은 무엇인지요? 기독교가 들어오기 전에도 하느님(상제) 신앙이 존재했다고 볼 수 있는지요? 그 자생적 하느님 신앙과 기독교의 그것과의 공통점과 차이점은 무엇인지요?

답변 : 너무 많은 질문을 해 주셔서 당혹스럽습니다. 사사로운 말씀은 사사로운 자리에서 사사롭게 드리고 싶습니다. 또 제 학문의 동기에 관한 글

도 이미 여기저기에서 발표한 바 있으므로 이를 참고해 주시기를 부탁드립니다. 용서해 주십시오.

　종교가 없는 분에게 특정한 종교를 권하고 싶지는 않습니다. 다만 종교적인 것의 의미란 간과하거나 소홀히 할 수 없는 것임은 이야기해 드리고 싶습니다. 보편적인 종교, 곧 누구나 승인하는 하나의 종교라고 이해할 수 있겠는데, 저는 그러한 종교는 출현하지 않으리라고 생각합니다. 그것이 이상(理想)이고 추구해야 할 가치라고 생각하는 것도 현실성을 결한 환상이라고 생각하기조차 합니다. 그것은 마치 모든 인종이 하나의 피부색깔을 가지고 동일한 언어를 사용하면서 동일한 음식을 먹고 동일한 기후대에서 삶을 영위하는 것이 꿈이라고 하는 주장과 다르지 않습니다. 문제는 '하나'가 되는 것이 아니라 서로 다른 채 '조화'를 이루는 것입니다. 조화는 하나가 되는 것과 다릅니다. 서로 다르기 때문에 추구하는 가치가 조화입니다.

　그렇습니다. 우리나라는 다행히 다종교상황이면서도 종교전쟁이 없다고 말합니다. 일반적으로 보면 그렇기도 하지만 종교가 가지는 배타적인 속성은 종교적 갈등이 심한 경우와 크게 다르지 않습니다. 이미 말씀드린 바와 같이 배타와 자기 절대화는 종교의 생존 원리이기 때문입니다. 우리에게도 종교간 갈등의 흔적은 뚜렷하게 남아 있습니다. 그리고 그러한 잠재성도 현실적으로 있다고 저는 생각합니다. 이를 다듬고 삭여서 종교 간의 조화를 유지하기 위한 조심스러운 태도가 필요합니다. 문제를 담고 있다는 것을 우선 승인해야 하는 거죠. 저는 종교에 대한 이른바 우리가 행한 '비판적 인식'도 그러한 태도 중의 하나라고 판단하고 있습니다.

　글쎄요. 한국종교문화의 특성을 이야기하기는 쉽지 않습니다. 흔히 그러한 주제가 진지하게 논의되곤 하는데 늘 불분명합니다. 그것은 문화교차적인 비교연구와 겸해져야 발언할 수 있는 것이고, 또 가변적이기 때문에 상황적인 특성을 지닌 것이기도 합니다. 그래도 문화유전자(meme)라는 말도 사용하는데 어떤 특징이 있지 않겠냐고 하신다면, 저는 다듬지 못한 말씀입니다만, '편의주의와 근본주의의 기묘한 착종(錯綜)'을 이루고 있는 것이 한국 종교문화의 특성이라고 하고 싶습니다. 현실적 이익을 위해서는 편리하게 종교를 가로지르면서도, 자기의 정체성을 주장하는 데서는 극단적인 근본주의적 태도를 보여주고 있으니까요.

마지막 질문하신 것에 대해 말씀드리겠습니다. 신의 개념은 다를지라도 초월적이고 지고한 존재가 현존한다는 생각은 인류의 역사 속에서 상당히 보편적인 현상입니다. 우리도 예외는 아니었다고 생각합니다. 그리스도교의 신과 우리의 전통적인 신의 차이는 우선 그것이 출현한 문화-역사적 맥락 때문에 이루어지는 것입니다. 극히 추상화한 차원에서 초월의 범주를 전제하고 말한다면 다르지 않다고 말씀드리고 싶습니다. 적어도 우리의 경험 안에서 그러합니다. .

15. 평소 종교, 신앙에 대하여 많은 궁금증을 가지고 있습니다. 신(神)은 있는지, 하느님이 천지창조를 했는지, 전생(前生)과 사후세계는 있는 것인지, 극락과 지옥은 있는 것인지 정말 예수는 하느님의 독생자인지 등등. 이런 것을 과학이라는 잣대로 규명해 보고자 했지만 허사였습니다. 언젠가의 특강 시간에 교수님이 들려주신 코기토(cogito)와 크레도(credo)의 이론을 듣고, 종교에 대한, 종교의 존재 이유에 대한 궁금증은 많이 해소되었습니다. 그런데 그 후에 생긴 궁금증이 또 있습니다. 미신은 비과학적이라 하여 타파의 대상으로 여기는데, 왜 비과학적인 신화적 요소가 다분한 성경이나 불경이나 코란 같은 경전은 신봉의 대상이 되는가 하는 점입니다. 크레도(credo)의 개념으로 보면 신앙에 우열이 있는 것으로 보이지 않는데, 그렇다면 토속

신앙이나 더 나아가 사이비 종교는 또 어떻게 보아야 할까요?

답변 : 심각한 문제를 지적해 주셨습니다. 많은 논의를 해야 하겠습니다만 간단하게 말씀드리겠습니다. 종교가 이야기하는 것들을 실증이 요청되는 이른바 자연과학적인 방법으로 판단한다는 것은 옳은 접근이 아니라고 생각합니다. 그것은 마치 시를 읽으면서 산문의 논리로 이를 분석하고, 시는 비논리적이어서 아무런 의미도 갖지 않은 문장이라고 판단하는 것과 같은 것이라고 생각되기 때문입니다. 그러므로 말씀하신 신의 존재 여부 등의 몇 가지 지적하신 문제는 실증과는 상관없이 경험주체에 따라 그것의 존재성이 승인되기도 하고 부정되기도 합니다.

미신은 비과학적이어서 타파하는 것이 아니라 그것이 '편리한 환상'으로 있으면서 사람들을 기만하기 때문에 거절한다고 보아야 맞을 것 같습니다. 그렇다면 미신이라는 말은 특정한 현상을 지칭하는 언어가 아니고 의미의 표상에 대한 평가적 기술이라고 할 수 있습니다. 그러므로 기성종교 안에서도 우리는 얼마든지 미신적인 요소를 찾아볼 수 있고, 신도들의 행위에서도 미신적인 것을 발견할 수 있다고 해야 옳습니다.

신앙의 우열이 마치 제품의 우열처럼 있는 것은 아니라고 생각합니다. 그 신앙이 어떻게 우리의 삶의 현실 속에서 기능하고 또 존재의미를 지니고 있는가 하는 데 따라 미신이 되기도 하고 그렇지 않게 되기도 하니까요. 그러므로 모든 종교의 경전도 비과학적인 신화적 요소가 있고 없고 하는 것에 따라서 그 존재의미가 가려지는 것이 아니라, 그것이 경험주체에 의하여 어떻게 승인되고 수용되느냐 하는 데 따라서 그 존재의미가 결정되는 것 아닌가 하는 생각이 듭니다.

기타 질문

1. 기독교, 불교, 천주교 등에서는 왜 세금을 내지 않고 있는지요? 다른 나라도 마찬가지인지요?

답변 : 나라마다 자기네 문화와 전통에 따라 다릅니다. 우리나라에서는 종교를 사회를 위해 자기를 희생하며 봉사하는 그러한 조직으로 전제하고 공익을 위한 단체에 세금을 면해주는 원칙에 의하여 과세를 하지 않고 있는 것입니다. 그런데 종교가 그러한 역할을 잘하면 문제가 없는데, 종교가 기대한 바와 같이 그러한 역할을 하지 못하기 때문에 세금부과 문제가 떠오르는 것 같습니다. 단순하게 "과세를 해야 한다, 아니다"라는 이분법적 판단보다는 좀 더 진지하게 긴 맥락 속에서 생각해야 할 문제입니다. 그러나 원칙적으로 수익이 있는 곳에 세금은 있어야 합니다. 종교의 경우라고 해서 예외일 수는 없습니다.

2. 정당을 만들려는 교회를 어찌 생각하시는지요?

답변 : 교회가 정당을 만들 수는 없습니다. 하지만 종교인들이 자기네 이념을 정치의 현실에서 구현하기 위해 정당을 만드는 것은 반대할 이유가 없습니다. 종교인도 국민이니까요.

3. 통일교, 순복음교회가 정통교회인가요? 정통교회와 사교의 차이는 무엇인지요?

답변 : 정통과 이단은 개개 종교 안에서 서로 옳고 그름을 주장하면서 하는 이야기이기 때문에 밖에서 특정한 종교를 정통이나 사교로 판단하는 것은 옳지 않습니다. 사교라는 것은 기만적인 의도로 '종교를 가장한 종교'라

고 하는 뜻입니다. 그러므로 특정종교에 대하여 그러한 말을 하는 경우 판단의 준거가 분명하여 공감을 얻어야 하고, 법률적으로도 사회공익에 반한다는 판단이 가능해야 그렇게 말할 수 있습니다. 자기 마음에 들면 정통이라 하고 들지 않으면 아무 종교에 대해서나 이단이라든지 사교라든지 하는 말을 하는 것은 매우 조심해야 할 일입니다. 그러나 분명히 기만적이고 반사회적인 이른바 종교집단이 있습니다. 그런데 그것은 이미 종교는 아닙니다. 종교를 빙자한 범죄집단이죠. 이에 대한 사회적 법률적 처단은 당연합니다. 물론 법의 운용이나 판단이 적합한가 하는 것도 또 다른 숙고해야 할 문제입니다.

4. 신(神)의 유무에 대하여 종교학자로서의 자신의 견해를 말씀해 주십시오.

답변 : 신이 있다는 사람에게는 있고, 없다고 하는 사람에게는 없습니다. 제가 공부해 본 한 그렇게 말할 수 있습니다.

5. 어떤 불교학자는 불교가 깨달음의 철학이지 종교가 아니라고 말했습니다. 종교학자로서 선생님의 견해는 어떠하신지요?

답변 : 깊은 진리를 탐구한다는 뜻에서 모든 종교는 '철학적'입니다. 그러나 철학은 자신의 주장을 단정적으로 "이것이 진리다"라고 말하지 않습니다. 끊임없이 해답을 다시 물음 앞에 열어 놓고 더 깊은 곳으로 나아가려 합니다. 그러나 종교는 그것이 불교든 어떤 종교든 대체로 해답의 절대성을 전제합니다. 따라서 불교에 대하여 철학이라고 할 수도 있지만 그러한 주장의 모습에서 볼 때 순전한 철학과는 구분이 됩니다.

6. 인간 능력의 한계와 종교와의 관계를 설명 바랍니다.

답변 : 인간으로 살면서 자신의 한계를 느끼지 않는 사람은 없습니다. 어느 면에서든 그렇습니다. 그리고 바로 그 한계를 넘어서는 어떤 것을 기대하고 희구하는 것이 삶의 모습이기도 합니다. 종교는 바로 그러한 자리에서부터 비롯하는 것이라고 생각합니다. 그러므로 인간의 한계에 대한 인식과 고뇌에서부터 종교가 출현한 것이라고 이해해도 될 수 있지 않을까 하고 생각합니다.

정진홍, 《열림과 닫힘: 인문학적 상상을 통한 종교문화 읽기》, 산처럼, 2006.

정진홍, 《정직한 인식과 열린 상상력: 종교담론의 지성적 공간을 위하여》, 청년사, 2010.

Agamben, Goiogio, *The Coming Community*, trans. Michael Hardt, Minneapolis: University of Minnesota Press, 1993.

Anderson, Benedict, *Imagined Communities,* New York: Verso, 2006

Andreassen, Bengt-Ove & James R. Lewis, eds., *Textbook Gods: Genre, Text and Teaching Religious Studies*, London: Equinox Publishing, 2014.

Antes, Peter and Armin W. Geertz, eds., *New Approaches to the Study of Religion 1 : Regional, Critical, and Historical Approaches*, Berlin: Walter de Gruyter, 2008.

Arnal, William E. & Russell T. McCutcheon, *The Sacred is The Profane: The Political Nature of "Religion"*, Oxford: Oxford University Press, 2013.

Arnal, William E., Willi Braun & Russell T. McCutcheon, *Failure and Nerve in the Academic Study of Religion: Essays in Honor of Donald Wiebe*, Bristol: Equinox, 2012.

Asad, Talal, *Formations of the Secular: Christianity, Islam, Modernity*, Stanford: Stanford University Press, 2003.

Assmann, Jan, *Religion and Cultural Memory*, trans. Rodney Livingstone, Stanford: Stanford University Press, 2006.

_____, *The Price of Monotheism*, trans. Robert Savage, Stanford: Stanford University Press, 2010.

_____, *Cultural Memory and Early Civilization: Writing, Remembrance, and Political Imagination*, Cambridge: Cambridge University Press, 2011.

Barrett, Justin L., *Why Would Anyone Believe in God?*, New York: AltaMira, 2004.

Bell, Rudolph M., *Holy Anorexia*, Chicago: The University of Chicago Press, 1985.

Blanchot, Maurice, *The Unavowable Community*, trans. Pierre Joris, New York: Station Hill

Press, 1988.

Boyer, Pascal, *Tradition as Truth and Communication: A Cognitive Description of Traditional Discourse*, New York: Cambridge University Press, 1990.

_____, "Why Doctrines, Exclusion and Violence," *Religion Explained: The Evolutionary Origins of Religious Thought*, New York: Basic Books, 2001.

Braziel, Jana Evans and Anita Mannur, *Theorizing Diaspora: A Reader,* Blackwell Publishing Ltd., 2003

_____, *The Fracture of an Illusion: Science and the Dissolution of Religon*, Göttingen: Vandenhoeck & Ruprecht, 2010.

Cady, Linell E. & Delwin Brown, eds., *Religious Studies, Theology, and the University: Conflicting Maps, Changing Terrain*, Albany: SUNY Press, 2002.

Calhoun, Craig, Mark Juergensmeyer, & Jonathan VanAntwerpen, *Rethinking Secularism*, Oxford: Oxford University Press, 2011.

Carrette, Jeremy & Richard King, *Selling Spirituality: The Silent Takeover of Religion*, London: Routledge, 2005.

Chidester, David, *Empire of Religion: Imperialism and Comparative Religion*, Chicago: The University of Chicago Press, 2014.

Corrigan, John, ed., *Religion and Emotion: Approaches and Interpretations*, Oxford: Oxford University Press, 2004.

Detienne, Marcel, *Comparing the Incomparable*, trans. Janet Lloyd, Stanford: Standford University Press, 2008.

de Vries, Hent, *Religion and Violence: Philosophical Perspectives from Kant to Derrida*, Baltimore: The Johns Hopkins University Press, 2002.

_____, ed., *Religion: Beyond a Concept*, New York: Fordham University Press, 2008.

Dressler, Marku & Arvind-Pal S. Mandair, eds., *Secularism and Religion-Making*, Oxford: Oxford University Press, 2011.

Droogers, André , *Play and Power in Religion*, Berlin: Walter de Gruyter, 2011.

Dubuisson, Daniel, *The Western Construction of Religion: Myths, Knowledge, and Ideology*, trans. William Sayers, Baltimore: The Johns Hopkins University Press,

2003.

Eagleton, Terry, *Reason, Faith, and Revolution: Reflections on the God Debate*, New Haven: Yale University Press, 2009.

_____, *Culture and the Death of God*, New Haven: Yale University Press, 2014.

Fitzgerald, Timothy, *The Ideology of Religious Studies*, Oxford: Oxford University Press, 2000.

_____, ed., *Religion and the Secular: Historical and Colonial Formations*, London: Equinox, 2007.

_____, *Religion and Politics in International Relations: The Modern Myth*, New York: Continuum, 2011.

Gauchet, Marcel, *The Disenchantment of the World: A Political History of Religion*, trans. Oscar Burge, Princeton: Princeton University Press, 1997.

Geertz, Clifford, *The Interpretation of Cultures*, New York: Basic Books, 1973.

Gothóni, René, ed., *How to do Comparative Religion?*, Berlin: Walter de Gruyter, 2005.

Grimes, Ronald L., *Deeply into the Bone: Re-inventing Rites of Passage*, Berkeley: University of California Press, 2000.

Halbwachs, Maurice, *On Collective Memory*, Lewis A. Coser, ed., Chicago: The University of Chicago Press, 1992.

Harvey, Graham, ed., *Ritual and Ritual Belief: A Reader*, New York: Routledge, 2005.

Heimola, Mikko, *From Deprived to Revived*, Berlin: Walter de Gruyter, 2013.

Hervieu-Leger, Daniéle, "Religion as Memory: Reference to Tradition and the Constitution of a Heritage of Belief in Modern Societies," in Hent de Vries, ed., *Religion: Beyond a Concept*, New York: Fordham University Press, 2008.

Hinnells, John R. & Richard King, eds., *Religion and Violence in South Asia: Theory and Practice*, London: Routledge, 2007.

Hirschkind, Charles & David Scott, eds., *Powers of the Secular Modern: Talal Asad and His Interlocutors*, Stanford: Stanford University Press, 2006.

Hogg, Michael A. and Daniell Blaylock, *Extremism and Psychology of Uncertainty*, Blackwell Publishing Ltd.

Hrotic, Steven, *Religion in Science Fiction: The Evolution of an Idea and the Extinction of a Genre*, New York: Bloomsbury, 2014.

Ilkka Pyysiäinen, *Supernatural Agents: Why We Believe in Souls, Gods, and Buddhas*, Oxford : Oxford University Press, 2009.

llouz, Eva, *Saving the Modern Soul: Therapy, Emotions, and the Culture of Self-Help*, Berkeley: University of California Press, 2008.

Jensen, Jeppe Sinding, ed., *Myths and Mythologies: A Reader*, London: Equinox, 2009.

Juergensmeyer, Mark, *Terror in the Mind of God: The Global Rise of Religious Violence*, Berkeley: University of California Press, 2000.

Kimball, Charles, *When Religion Becomes Evil,* New York: HarperCollins, 2008

Kippenberg, Hans G., *Violence as Worship: Religious Wars in the Age of Globalization*, trans. Brian McNeil, Stanford: Stanford University Press, 2011.

Kunde, Jesper, *Corporate Religion: Building a Strong Company through Personality and Corporate Soul*, trans. Helle Nygaard & Nigel P. Mander, London: Prentice Hall, 2000.

LaFleur, William R., "Body," in Mark C. Taylor, ed., *Critical Terms for Religious Studies*, Chicago: The University of Chicago Press, 1998.

Lease, Gary, *"Odd" Fellows in the Politics of Religion: Modernism, National Socialism, and German Judaism*, Berlin: Mouton de Gruyter, 1994.

Leopold, Anita Maria & Jeppe Sinding Jensen, eds., *Syncretism in Religion: A Reader*, New York: Routledge, 2005.

Lincoln, Bruce, *Holy Terrors: Thinking about Religion after September 11*, 2nd ed., Chicago: The University of Chicago Press, 2006.

Luhmann, Niklas, *A Systems Theory of Religion*, trans. David A. Brenner & Adrian Hermann, Stanford: Stanford University Press, 2013.

Martin, Craig, *The Study of Religion: A Critical Introduction*, Bristol: Equinox, 2012.

_____, *Capitalizing Religion: Ideology and the Opiate of the Bourgeoisie*, New York: Bloomsbury, 2014.

Martin, Luther, *Deep History, Secular Theory: Historical and Scientific Studies of Religion*,

Berlin: Walter De Gruyter, 2014.

Marty, Martin E. & R. Scott Appleby, eds., *Fundamentalisms Observed*, The Fundamentalism Project, vol. 1, Chicago: The University of Chicago Press, 1991.

_____, *Fundamentalisms and Society: Reclaiming the Sciences, the Family, and Education*, The Fundamentalism Project, vol. 2, Chicago: The University of Chicago Press, 1993.

_____, *Fundamentalisms and the State: Remaking Polities, Economies, and Militance*, The Fundamentalism Project, vol. 3, Chicago: The University of Chicago Press, 1993.

_____, *Accounting for Fundamentalisms: The Dynamic Character of Movements*, The Fundamentalism Project, vol. 4, Chicago: The University of Chicago Press, 1994.

_____, *Fundamentalisms Comprehended*, The Fundamentalism Project, vol. 5, Chicago: The University of Chicago Press, 1995.

Masuzawa, Tomoko, *The Invention of World Religions: Or, How European Universalism was Preserved in the Language of Pluralism*, Chicago: The University of Chicago Press, 2005.

McCutcheon, Russell T., *Religion and the Domestication of Dissent: Or, How to Live in a Less Than Perfect Nation*, London: Equinox, 2005.

Mendieta, Eduardo & Jonathan Vanantwerpen, eds., *The Power of Religion in the Public Sphere: Judith Butler, J-rgen Habermas, Charles Taylor*, Cornel West, New York: Columbia University Press, 2001.

Miller, Timothy, *When Prophets Die: The Postcharismatic Fate of New Religious Movements*, Albany: SUNY Press, 1991.

Mizruchi, Susan L., ed., *Religion and Cultural Studies*, Princeton: Princeton University Press, 2001.

Needham, Rodney, *Belief, Language and Experience*, Oxford: Basil Blackwell, 1972.

Nongbri, Brent, *Before Religion: A History of a Modern Concept*, New Haven: Yale University Press, 2013.

Olson, Carl, ed., *Celibacy and Religious Traditions*, Oxford: Oxford University Press, 2008.

Patton, Kimberley C. & Benjamin C. Ray, eds., *A Magic Still Dwells: Comparative Religion in the Postmodern Age*, Berkeley: University of California Press, 2000.

Pye, Michael, *Strategies in the Study of Religions, Vol. 1: Exploring Methods and Positions, Vol. 2: Exploring Religions in Motion*, Berlin: Walter De Gruyter, 2013.

Rennie, Bryan & Philip L. Tite, eds., *Religion, Terror and Violence: Religious Studies Perspectives*, New York: Routledge, 2008.

Ricoeur, Paul, *History and Truth*, trans. Charles A. Kelbley, Evanston: Northwerstern University Press, 1965.

_____, *Memory, History, Forgetting*, trans. Kathleen Blamey & David Pellauer, Chicago: The University of Chicago Press, 2004.

Riesebrodt, Martin. *The Promise of Salvation: A Theory of Religion*, trans. Steven Rendall, Chicago: The University of Chicago Press, 2010.

Saler, Benson, *Conceptualizing Religion: Immanent Anthropologists, Transcendent Natives, and Unbounded Categories*, New York: Berghahn Books, 2000.

Segal, Robert A., ed., *The Blackwell Companion to the Study of Religion*, Oxford: Wiley Blackwell, 2009.

Smith, Jonathan Z., *Imagining Religion: From Babylon to Jonestown*, Chicago: The University of Chicago Press, 1982.

_____, *Drudgery Divine: On the Comparison of Early Christianities and the Religions of Late Antiquity*, Chicago: The University of Chicago Press, 1990.

_____, *Relating Religion: Essays in the Study of Religion*, Chicago and London: The University of Chicago Press, 2004.

_____, *On Teaching Religion*, ed. Christopher I. Lehrich, Oxford: Oxford University Press, 2013.

Smith, Wilfred Cantwell, *What Is Scripture?: A Comparative Approach*, Minneapolis: Fortress Press, 2005.

Sperber, Dan, *Explaining Culture: A Naturalistic Approach*, Oxford: Blackwell Publishers, 1996.

Sperber, Dan & Deirdre Wilson, *Relevance: Communication and Cognition*, 2nd ed., Malden: Blackwell Publishing, 1986.

Stausberg, Michael, *Religion and Tourism: Crossroads, Destinations and Encounters*, London: Routledge, 2011.

Strenski, Ivan, *Why Politics Can't be Freed From Religion*, Malden: Wiley-Blackwell, 2010.

Ter Borg, Meerten B. & Jan Willem van Henten, eds., *Powers: Religion as a Social and Spiritual Force*, New York: Fordham University Press, 2010.

Thumma, Scott and Dave Travis, *Beyond Megachurch Myths: What We Can Learn from America's Largest Churches,* San Francisco: Jossey-Bass, 2007.

Tremmel, William Calloley, *Religion: What Is It?*, 3rd ed., Fort Worth: Harcourt Brace College Publishers, 1997.

Tweed, Thomas A., *Crossing and Dwelling: A Theory of Religion*, Cambridge: Harvard University Press, 2006.

van der Kooij, A. & K. van der Toorn, eds., *Canonization and Decanonization: Papers Presented to the International Conference of the Leiden Institute for the Study of Religions (LISOR), Held at Leiden 9-10 January 1997*, Leiden: Brill, 1998.

Vásquez, Manuel A., *More Than Belief: A Materialist Theory of Religion,* Oxford: Oxford University Press, 2011.

Whitehouse, Harvey, *Modes of Religiosity: A Cognitive Theory of Religious Transmission*, Walnut Creek: Altamira Press, 2004.

Yengoyan, Aram A., ed., *Modes of Comparison: Theory & Practice*, Ann Arbor: The University of Michigan Press, 2006.

Young, Katherine K., "World Religions: A Category in the Making?," in Michel Despland & Gérard Vallée, eds., *Religion in History: The Word, the Idea, the Reality*, Toronto: Canadian Corporation for Studies in Religion, 1992.

석학人文강좌 40